U0613613

青岛市崂山区新编地方志丛书

南姜哥庄村志

《南姜哥庄村志》编纂委员会　编

中国海洋大学出版社
CHINA OCEAN UNIVERSITY PRESS
·青岛·

●村庄全貌

村庄俯瞰

晨曦

旭照

西山

前海花园住宅小区

20世纪前的老房子

小巷胡同

20世纪90年代的住宅

将军房

二层楼房

21 世纪初期住宅小区样貌

旧村改造项目奠基仪式

南姜馨苑内景

前海花园内设施

南姜馨苑

南姜馨苑内景

南姜馨苑东门

海庙

村委办公大楼

姜哥庄小学

《南姜哥庄村志》专家评审会议人员（左起）：

曲训波（小）　曲宝海（小）　曲海蓝　曲知浜　闫志群　曲知平　曲宝华（小）　曲金红　曲宝冬

林先建　钟绍群　张树枫　曲知群　辛兆山　曲成传　曲知泉

《南姜哥庄村志》编委会及编纂人员（左起）：

曲海蓝　曲金红　曲宝华（小）　曲训波（小）　曲知浜

曲宝海（小）　曲知平　曲知群　曲宝冬　曲宝洪

曲宝光　曲知典　曲知泉　曲成传　曲知尚

《南姜哥庄村志》编纂工作座谈会人员（右上起）：

曲同友　曲训海　曲同节　曲立三　曲知平

曲宝洪　曲宝光　曲知典　曲知群

舞蹈队春节会演合影

秧歌表演

2015 年鲅鱼节文艺会演合影

2018 年文艺会演

南姜社区党委书记、居委会主任　曲知群

南姜两委成员（左起）：曲知浜　曲宝海（小）　曲宝华（小）　曲金红　曲知群
曲知平　曲海蓝　曲宝冬　曲训波（小）

青岛碧湾海产有限公司

青岛鑫港水产有限公司

青岛五发海味有限公司

青岛市崂山北海游艇有限公司

Coca-Cola

南姜海鲜交易市场

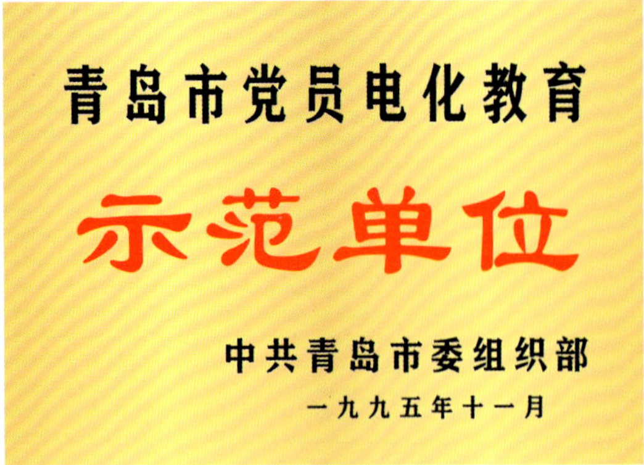

青岛市党员电化教育

示范单位

中共青岛市委组织部

一九九五年十一月

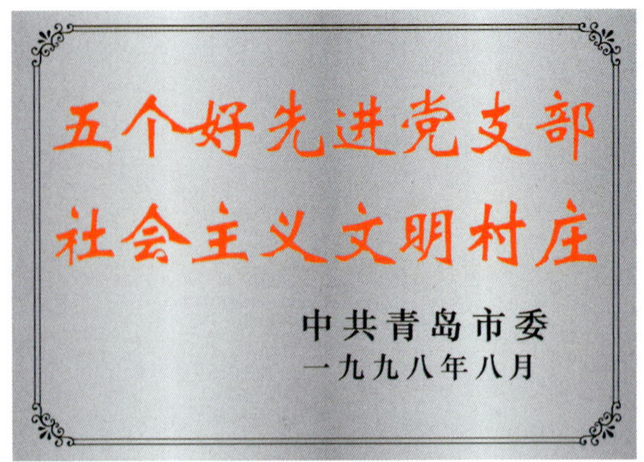

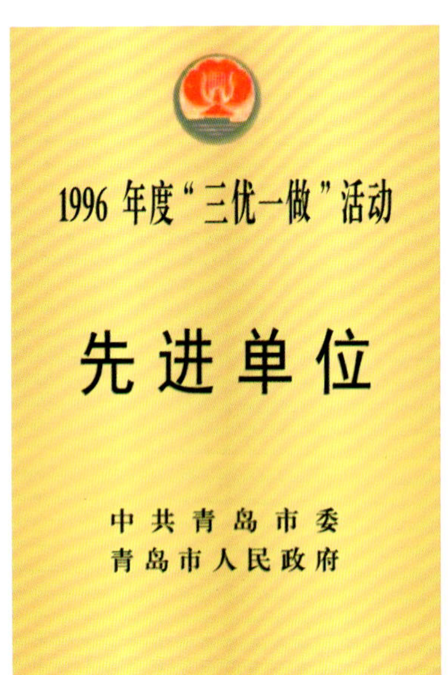

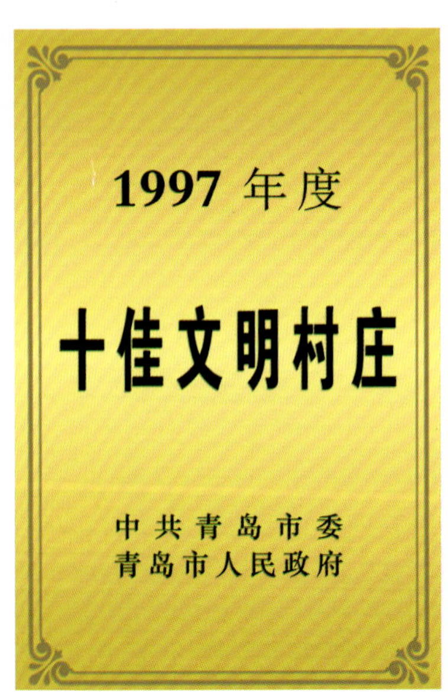

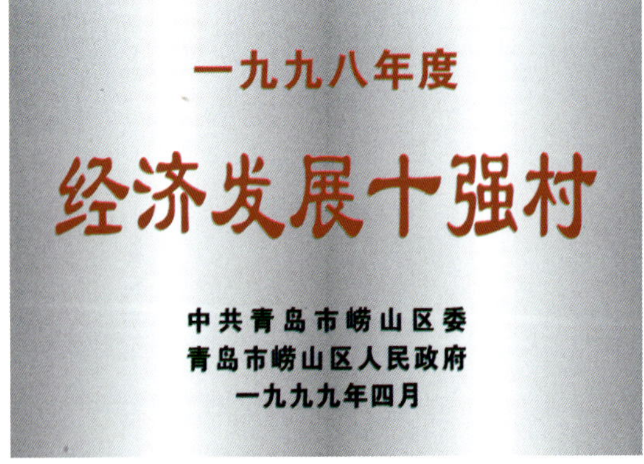

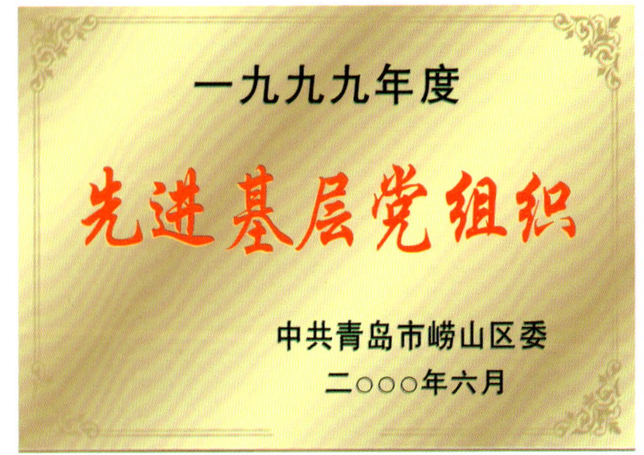

青岛市二〇〇二年度
先进基层党组织
中共青岛市委
二〇〇三年六月

奖给2002年度
经济发展先进村
中共崂山区委
崂山区人民政府
二〇〇三年三月

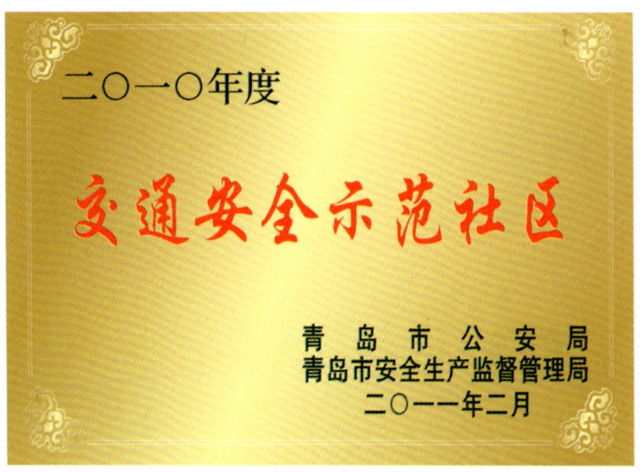
二〇一〇年度
交通安全示范社区
青岛市公安局
青岛市安全生产监督管理局
二〇一一年二月

文明社区
中共青岛市崂山区委
青岛市崂山区人民政府

军（警）民共建社会主义精神文明
先进单位
中共青岛市委
青岛市人民政府
驻青部队领导机关

军（警）民共建社会主义精神文明
先进单位
中共青岛市委
青岛市人民政府
驻青部队领导机关

《南姜哥庄村志》编纂委员会

主　　任　　曲知群

委　　员　　曲宝冬　曲知平　曲海蓝　曲训波（小）　曲知浜　曲宝海（小）　曲金红　曲宝华（小）

《南姜哥庄村志》编审人员

主　　编　　曲知群

副 主 编　　曲知平

编　　辑　　曲知典　曲宝洪　曲宝光

审　　稿　　曲知泉　曲成传

摄　　影　　刘明元　孙维和

工作人员　　曲知尚　曲　杰　李　靥　张晓萱　曲冬梅

《南姜哥庄村志》审定单位

青岛市崂山区地方史志研究中心

青岛市崂山区沙子口街道办事处

序

村之有志，犹国之有史。一方村志既可存史资政，也能教化育人、启迪后代。自古以来，盛世修志便是中华民族的优良传统，在全面推进乡村振兴的时代号角下，编修村志更是文明建村、文化兴村的重要举措，功在当代，利在千秋。

南姜哥庄于明朝初年立村，先辈在吾族这片土地上辛勤耕耘、繁衍生息，为子孙后代留下丰富的物质和精神财富。正是这些劳动者的坚实脚印，翻过封建王朝和半殖民地统治的座座大山，走过 600 余年的历史长河，迈进了人民当家作主的新时代。

这里依山傍海，物产丰饶；交通便利，景致宜人。村民崇尚礼仪，热爱生活；奋发有为，英杰辈出。翻开书稿，犹如展开一幅浓缩的乡村画卷。它纵贯古今、横陈百业，用朴实无华的文字反映了本村的地域特色、人文特色和时代精神。这些带有乡土气息的语言记叙了南姜的社会万象，读来倍感亲切。本着近详远略的原则，该志书翔实记录了新中国成立后，尤其是改革开放 40 年来，南姜人与时俱进、艰苦创业、科学发展的历程。通过它可以窥见历史变幻风云、经济发展脉络、文化倡扬轨迹和跌宕起伏的世事沧桑。其内容通俗易懂、考证详细、形式丰富，可谓南姜村的“小百科全书”。

《南姜哥庄村志》坚持唯物史观、突出时代精神，本着服务现实、面向未来的态度创作而成，该志书的编纂工作集各方之力、广征博采、数易其稿，凝结了编委会工作人员的心血，得到了热心村民的大力支持，在此一并表示感谢。

“露从今夜白，月是故乡明。”每当游子思乡之时，翻开此志，应会激起些许情感的涟漪。时移世易，唯有文化情愫铭刻于心，难以忘怀。站在“两个一百年”奋斗目标的历史交汇点，我们有幸见证祖国的繁荣发展。躬逢盛世，与有荣焉，故乡旧貌亦换新颜。祝愿南姜社区居民更加精诚团结、奋发进取，共同创造美好的明天。

是为序。

中共沙子口街道南姜哥庄社区委员会书记

沙子口街道南姜哥庄社区居民委员会主任

曲知群

2022 年 3 月 1 日

凡　例

一、《南姜哥庄村志》以马克思列宁主义、毛泽东思想、邓小平理论、“三个代表”重要思想、科学发展观、习近平新时代中国特色社会主义思想为指导，坚持辩证唯物主义、历史唯物主义观点，实事求是地记述南姜哥庄社区的历史与现状，力求达到思想性、科学性和资料性的统一。

二、本志上溯建村，下限至 2021 年 12 月 31 日，个别内容适当下延。

三、本志分篇、章、节、目层次。采用规范语体文，记述体，记事详今略古。以文字为主，辅以图表。

四、本志的文字、数字、标点、计量单位等原则上按国家规定书写，个别采用习惯用语。

五、本志所采用的时间等以事件发生时的纪年法为准（括注公元纪年）；所涉及的地名、称谓等以当时的名称为准。事物名称第一次用全称，之后提到时用简称。

六、本志人物坚持生不立传原则，“人物传略”主要记叙本籍人物。“人物简介”收录户籍或籍贯为南姜哥庄村者。地方行政科级以上、军队连级以上、科教文卫人员获副高级以上职称者，各行各业知名人士收录入志，以出生先后为序。市级以上先进工作者，区（县）级以上劳动模范，立功人员，列表收录，以授予时间为序。

七、本志所记叙的姜哥庄村，系指 1961 年以前，东、西、南、北四个姜哥庄村的统称。

八、本志所载资料主要来源于市、区档案馆，沙子口街道及南姜哥庄社区专职部门以及正史、旧志、谱牒、报刊和社会调查等。经核实鉴别、考证后采用，一般不注明出处。

目　录

第一篇　建置沿革

第二篇　自然环境

第三篇　姓氏人口

第四篇　村庄建设

第五篇　村政村务

第六篇　农业·财税

第七篇　渔业

第八篇　工商业

第九篇　教育

第十篇　文体卫生

第十一篇　民俗方言

第十二篇　村民生活

第十三篇　景观古迹

第十四篇　人物

附录

概　述

南姜哥庄村简称“南姜村”，位于黄海之滨，大岭之前，村庄东至沙子口湾西侧，西至西山与金家岭街道石老人村接壤处，南至海滨滩涂，北至烟台山东北侧胡家庵。海岸线长 10 余千米，村庄总面积 1.45 平方千米，北与东姜村毗邻，西与西姜村接壤，气候温和、湿润，四季分明，冬无严寒，夏无酷暑。山清水秀，鸟语花香，景色旖旎，崂山旅游大道穿村而过，交通便利。

一

明朝初年，曲氏先祖曲江随着移民大潮来此定居，与同时来此的王姓和另一支曲姓，相互融合，逐渐形成村落，并以曲氏先祖“江”之名讳，称为“江哥庄”，后演化为“姜哥庄”。1961 年，姜哥庄被划分为东、西、南、北四个生产大队，本村为南姜生产大队。1984 年改称南姜村，2004 年又改称南姜社区。全村现有曲姓、王姓、宋姓、刘姓、岑姓、李姓、常姓等 60 多个姓氏。截至 2020 年，社区居民共计 860 户，2653 人。

域内古属东夷地，西汉时隶瑯琊郡不其县所辖。隋开皇十六年（596）并入即墨县。唐、宋、元因之。明、清时期隶属即墨县仁化乡郑疃社。青岛 1898 年被德国占领，1914 年被日本侵占。1922 年被中国政府收回，设胶澳商埠。1929 年改为青岛特别市。1938 年再次被日本侵占。1945 年抗战胜利后，南京国民政府设青岛市崂西区，域内属之。

1949 年 6 月 1 日，村庄解放；9 月建立村政权，成立村组织。

1950 年本村隶属胶州专署崂山行政办事处。1951 年属青岛市崂山区办事处。1953 年属青岛市崂山郊区。1961 年归属崂山县沙子口人民公社。1988 年撤销崂山县，设立青岛市崂山区，本村隶属崂山区沙子口镇。1994 年青岛市作重大区划调整，设立新崂山区，本村仍隶属沙子口镇。1998 年撤销沙子口镇，设立沙子口街道。2004 年本村改称南姜社区，隶属沙子口街道办事处领导。

二

1951 年 5 月，中共姜哥庄乡支部正式成立，姜哥庄从此有了第一个党组织。1956 年 9 月，建立前进农业社、爱国渔业社两个高级合作社党支部。1958 年建立姜哥庄生产大队党支部。1961 年 3 月姜哥庄村划分东、西、南、北四个生产大队，南姜生产大队党支部随之成立。

党支部成立以后，充分发挥在村级组织中的核心领导作用，紧跟时代步伐，围绕党在各个历史时期的路线、方针、政策，积极开展各项工作，狠抓党员的思想建设，不断提高党支

部一班人和全体党员的党性观念，加强党支部的战斗堡垒作用和模范带头作用，做了大量工作。

改革开放以后，村党支部按照“一个支部一面旗，一个党员一盏灯”的要求，牢固树立公仆意识，廉洁奉公，执政为民，为发展经济，改变村庄面貌，做出了不懈努力。1998年被青岛市委授予“五好先进党支部”“社会主义文明村庄”荣誉称号。党组织重视培养新人，不断吸收新鲜血液，壮大组织队伍。2007年，经上级党委批准，成立南姜党委。2012年，党的十八大召开以后，社区党委带领广大党员群众，不断开拓进取，为全面建成小康社会不懈努力。2017年，党的十九大召开以后，广大党员以习近平新时代中国特色社会主义思想为指导，不忘初心、牢记使命，为实现中华民族伟大复兴的中国梦努力奋斗。不断加强两个文明建设，村庄面貌发生巨大变化，2021年南姜社区被崂山区委、区政府评为“文明社区”。

在党组织的领导下，村委会、民兵、共青团、妇代会等群团组织紧紧围绕党的中心工作，发挥各自优势，在各个不同的历史时期，努力工作，保证了党的各项方针政策在村里的贯彻实施，为两个文明建设和社会主义和谐新农村建设做出了重要贡献。

以共青团员为骨干的民兵组织，在村里一直发挥着重要作用。新中国成立初期，担负着站岗、巡逻、防奸、反特和维护社会治安的任务。集体经济时期，充当青年突击队，兴修水利，利用业余时间参加义务劳动，参加业余剧团排练演出，给社会注入青春活力。其中许多优秀青年积极响应国家号召，踊跃参军入伍，奉献青春年华，保卫国家安全。新中国成立以来，村里先后有102名青年加入了人民解放军，为保家卫国，舍生忘死、无怨无悔，其中有十几人立功受奖。拥军优属，军民共建，一直是南姜村的优良传统，村里先后多次被评为“军民共建先进单位”。

妇代会充分发挥“妇女能顶半边天”的作用，在集体经济时期，与男劳动力一样，积极参加农业生产和社会活动，为集体经济的发展发挥了不可替代的作用。在两个文明建设中，组织广大妇女学习《中华人民共和国妇女权益保障法》等法律，提高妇女的社会地位，积极配合做好计划生育工作，发动妇女参加“双学”“双比”“五好家庭”“十星文明户”等活动。先后获得青岛市“先进妇代会”、崂山区“红旗妇代会标兵”、崂山区“三八红旗集体”等荣誉称号。

三

农业乃立村之本，“千买卖、万买卖，不如砸土块”的俗语，充分反映出了这一产业在历代村民心中的重要位置。早期，由于耕种方式落后，种植品种原始，缺乏水利灌溉条件等原因，粮食产量很低，每亩单产仅200斤左右。新中国成立后，大力推行科学种植，不断更

新优良品种，兴修水利，大搞农田基本建设，粮食产量大幅上升，集体经济时期，玉米亩产可达 800 斤。20 世纪 90 年代后，随着海洋渔业经济的蓬勃发展和退耕还林政策的实施及城市化建设进程步伐的加快，村里出现了第一次转型升级，农业作为一个最传统的产业逐渐退出了村子的历史舞台。

海洋孕育了生命，也养育了世世代代的南姜人。先祖从最早用简陋的渔具在近海捕捞，逐渐走向深海。在长期的劳动实践中，创造出各种各样的捕捞工具和捕捞方法，渔业慢慢成为一个重要的产业，为村子的繁荣发展，发挥了极其重要的作用。20 世纪 80 年代以后，随着改革开放大潮的到来，渔业生产发展迅猛，从集体经济时期的十几条渔船发展到最多时的 280 条，同时海水养殖业也蓬勃兴起。渔业生产的发展带动了海产品加工、销售等相关产业的同步发展，形成了一条较为完整的蓝色经济链，成为村子经济发展的主要增长点。与此同时，制造业、工商业、餐饮业、建筑业等各行各业，也如雨后春笋一般，不断涌现出来，村庄呈现出一派欣欣向荣的新气象。

1996 年村里被评为“青岛市一级经济强村”，2002 年被评为“崂山区经济发展先进村”。2008 年全村总产值为 2 亿多元，人均收入 8000 余元。2019 年人均收入 15000 元。

四

尊师重教，一直是南姜人的优良传统。村里很早以前就办有私塾，供孩童们读书识字，学习中国传统文化。但受当时经济条件的限制，能读书识字的人有限，特别是妇女，绝大部分是文盲。1905 年，姜哥庄蒙养堂的建立，开始了新式教育，从此读书识字的人逐渐增多。20 世纪 40 年代以后，村中男童大多能上学，但多数只能接受初小教育。新中国成立之前，村里接受新式教育的最高学历是中专。新中国成立以后，高小教育逐渐普及，60 年代初中学生逐渐增多，但接受高等教育的人很少。整个五六十年代，村里只有几人考上大学，中专毕业生也寥寥可数。“文化大革命”期间，高考制度取消，村里只有为数不多的几个人被推荐为工农兵大学生。1977 年，恢复高考制度后，村里开始有人陆续考上中专、大专和本科学校。目前全村共有大专以上学历者 261 人，硕士 20 人，博士 5 人，中等职业教育已经普及。

文化娱乐活动、群众性体育运动历久不衰。村里很早以前就有业余剧团，利用农闲时间，排练各种各样传统剧目和文艺节目，为村民提供文化大餐。踩高跷、舞狮、扭秧歌、抬灯官、跑驴、锣鼓等项目更增添了节日的欢乐气氛。21 世纪，各种新型文艺表演项目更加丰富多彩。2003 年在崂山区举办的“庆新春广场文艺会演”中，南姜村表演的花伞舞获“优秀表演奖”。2006 年获“庆新类”文艺会演创新奖。

打秋千、跳绳、拔河、武术等体育运动项目和各种各样的民间游戏世代传承，既丰富了人们的业余文化生活，又增强了人们的体魄。农民运动会的举办又出现了新的体育竞技项目，在2006年沙子口街道举办的第一届农民运动会上，村里获“最佳入场方队奖”，展现出村民们的风采。

医疗卫生事业从无到有、逐步完善。新中国成立前，村里没有任何医疗机构，亦无医务人员，人们生病只能用土法治疗，大多是“小病挺，大病扛，遇到重病把命丧”。孕妇、婴儿无任何医疗保障。传染病横行肆虐，病死率极高。1956年，沙子口联合诊所在本村设立保健站，村里开始有了医疗机构。1965年，成立大队卫生室，开始为村民防病治病。1968年，实行合作医疗制度，村里的医疗条件逐步得到改善，同时，推行科学接生法和产前检查，并按时接种疫苗，各种传染病得到有效控制，妇女、儿童的身体健康得到有效保障。2003年，实施大病统筹。2010年，又将居民全部纳入医疗保障体系，解除了居民的治病之忧。

村庄处于青岛崂山风景名胜区沙子口风景恢复区内，有较为丰富的自然景观和人文景观资源。烟台顶上的西晋摩崖刻石，距今已有1700余年的历史，是崂山地区摩崖刻石中之最古者。创建于明朝崇祯年间的沧海观，久负盛名，属于崂山道教建筑群（国家重点文物保护单位）。烟台山、夹尖山、驮篓岛、大公岛、小公岛等自然景观，亦各具特色，是开展风景旅游的重要资源。

五

村民生活日新月异，过去村里地少人多，粮食不能自足，吃饭是最大的问题。“半年糠菜半年粮”是旧时大多数人家祖祖辈辈的生活常态。地瓜、地瓜干是主食，遇上饥荒年，则以地瓜叶、野菜充饥。米、面、肉、蛋是节日食品，平日很少享用。20世纪80年代以后，生活逐步好转。如今大米、白面、鸡、鸭、鱼、肉应有尽有，地瓜、粗粮反倒成了稀罕物。

燃料与吃饭同样重要。早年当地的主要燃料以柴薪为主，拾草砍柴是生活中的一件大事。当时的男孩子，从能撅动草篓子开始，就要上坡拾草，成年人更要远赴崂山深处，收集柴草，异常艰辛。20世纪40年代，随着煤炭的出现，情况有所好转。80年代以后，液化石油气替代了传统燃料。如今，天然气、电能已经成为生活中的主要能源。

“新三年、旧三年、缝缝补补又三年”，“老大穿了老二穿，老三穿了老四穿”，一件衣服穿上十几年，补丁摞补丁，这是很多人家旧时穿衣服的真实情况。如今各种服饰花样百出，家家户户都实现了祖祖辈辈人们盼望的“衣服满箱”的愿望。

住所是人们赖以生存的最主要条件之一。过去人们住的是低矮的茅草屋、土坯房，十来口人住在一栋老旧的房子里，四五个人挤在一铺土炕上，人畜共用一个大圈，居住条件很差。20世纪70年代以后，住房条件逐渐改善，大多数人家住上了砖瓦房，人均居住面积不断增加。

21 世纪，新建造的住所都被设计为套房，客厅、卧室、卫生间、厨房一应俱全。有些家庭还建造了二层楼房，有的则住上了商品房，所有房屋都进行了装修，居住条件实现了质的飞跃。“楼上楼下，电灯电话”已不再是梦想。2021 年，南姜馨苑的建设完工，更使村庄呈现出崭新的面貌。

出行是人们生活的一项重要内容，早年村里人出门主要靠步行，有些条件好的家庭可以驴代步，独轮车是主要货运工具。自行车的出现，使这一情况有所改善。湛流干路的修建，使村里有了一条外出通道，但仅有一路公交车从村边经过，每天仅有数班车可供乘坐。20 世纪 80 年代以后，摩托车、汽车开始进入普通百姓家。21 世纪，绝大多数家庭拥有了属于自己的摩托车、汽车，有些家庭甚至拥有两辆以上的汽车。公交车四通八达，人们出行极为便捷。

通讯是人们相互交流的桥梁和纽带，过去村里人的通讯主要靠信函。20 世纪 50 年代，村里安装了一台手摇式电话机，可以通过交换台与外界沟通。90 年代，程控电话和家庭固定电话的安装，开启了通讯联络的新时代。21 世纪，手机成为主要通讯工具，各种手机不断更新换代，网络高度发达，村庄已进入信息化的新时代。

目前，旧村改造工程已经全面启动，一座座高楼大厦拔地而起，一个崭新的南姜社区即将呈现在人们的面前。新的机遇已经来临，新的挑战也如期而至。如何适应新形势的发展，如何实现产业转型升级，与时俱进，始终走在时代发展的前列，是摆在我们面前的一个重大的命题。我们坚信，有党的坚强领导，有南姜人吃苦耐劳、坚忍不拔的精神，团结一心，开拓进取，砥砺前行，南姜的明天一定会更好。

大事记

明朝（1368—1644）

初年

先祖曲江在此立村。

天顺八年（1464）

大饥。

成化八年（1472）

大饥。

正德元年（1506）

八月　地震。

嘉靖三年（1524）

正月　地震。

万历二十一年（1593）

大水。前湾海圈为波浪损坏，村民合力重修。

万历二十二年（1594）

大饥。

万历四十三年（1615）

蝗灾，旱灾，大饥，不久瘟疫大流行。

崇祯七年（1634）

始建沧海观（俗称海庙）。

清朝（1644—1911）

康熙七年（1668）

七月二十五　地震。

康熙九年至十一年（1670—1672）

即墨知县康霖生立土地清丈法，查清农民实有土地，按亩计税，遏制“田归大户，赋责贫民”的宿弊，并到崂山巡视，派人教授山民种植花椒之法。

康熙十一年（1672）

地震，“大蝗蔽天”。

康熙四十三年（1704）

大饥，疫。

雍正十二年（1734）

裁除卫、所制，改设府县，本域归即墨县仁化乡郑疃社所辖。

乾隆十三年（1748）

五月　旱、蝗、饥、疫并发。

乾隆十七年（1752）

山东布政使李渭刊布《种植红薯法则》，在本地推广种植红薯（甘薯、地瓜），成为域内主粮之一。

乾隆二十四年（1759）

六月二十九　“大风雨一日夜，木尽拔，禾更损。”

乾隆五十九年（1794）

十一世祖恒祥、得文率族人在西茔为一世祖曲江立墓碑，题曰“曲氏始祖”。

道光十七年（1837）

暴雨成灾，域内大量梯田被毁，粮食作物大面积歉收，大饥。

咸丰七年（1857）

暴雨成灾，粮食歉收。

咸丰十一年（1861）

崂山窝梨南运。清政府设“海关沙子口分卡”，征收税金。

同治三年（1864）

村民与海庙道人在庙中议事立碑。

光绪初年　(1875)

重修沧海观。

光绪二年（1876）

三伏无雨，庄稼干枯绝产。

光绪三年（1877）

春　饥荒严重，草根、树皮食尽，饿死者甚众。

光绪八年（1883）

冬　曲氏世德族修撰《曲氏族谱》。

光绪二十三年（1897）

十一月十四　德国武装侵占胶州湾。

光绪二十四年（1898）

三月初六　德国强迫清政府签订《胶澳租借条约》，砖塔岭以西划入胶澳租借地，本域属之。

光绪二十五年（1899）

四月十七　德人在沙子口设立胶海分关，始收税。

十月　胶澳租借地划为青岛区和李村区，域内属李村区。

是年秋　虫灾，食谷几尽。

光绪二十六年（1900）

五月二十五　暴风雨袭击崂山，风力达十二级，域内损失严重。

光绪三十一年（1905）

建立姜哥庄蒙养学堂，这是新式教育的开端，村民受益。

是年　德军在南岭沟修建军事基地，在东洼（今青岛啤酒五厂处）打水井，当地人称“鬼子井”。

光绪三十三年（1907）

四月十七　大雨，雹夹风暴，坏树木，鸟多死，熟麦全损。

宣统二年（1910）

除夕　大雨，村街汪洋，为青岛历史所罕见。

是年　青岛馆陶路汽车站竣工，通往沙子口的长途汽车开通，本村设有车站（滚水桥南侧）。

中华民国（1912—1949）

民国元年（1912）

除夕夜　大雨倾盆，河水暴涨。

民国二年（1913）

德国人在烟台顶镌摩崖石刻。

是年　民国政府严令男子剪辫，多数男性剪去发辫。

民国三年（1914）

9 月 18 日　日军堀内支队在仰口湾登陆，经劈石口抵李村与先期进占李村的师团汇合。南岭沟德军兵营炸毁营房设施，退至市区。

11 月 16 日　日本侵占青岛。

民国四年（1915）

是年　朝连岛建雾灯塔一座，每隔 27 秒吹鸣 3 秒，村民受益。

是年　姜哥庄蒙养学堂更名为“姜哥庄公学堂”。

民国五年（1916）

冬　极寒，港口冰冻，船舶不能入港。

民国六年（1917）

春旱秋涝，农业歉收。

民国十一年（1922）

12 月 10 日　中国政府收回青岛主权，胶澳租借地改为“胶澳商埠”，设胶澳督办公署，市郊区划未变。

是年　“姜哥庄公学堂”更名为“公立姜哥庄小学”。

民国十三年（1924）

姜哥庄 588 户，总人口 2852 人。其中，男 1612 人，女 1240 人。

民国十四年（1925）

5 月　姜哥庄小学正式成为两级（高级）小学。

8 月 10 日，暴雨引发水灾，村庄受灾。

10 月　胶澳警察厅通告，禁止男子蓄发辫和女子缠足。

民国十七年（1928）

大雨连绵，山洪暴发。

民国十八年（1929）

4 月 16 日　南京国民政府派员接收青岛，将“胶澳商埠”改为“青岛特别市”。胶澳商埠李村区改称青岛特别市李村区，本域属之。

是年　公立姜哥庄小学更名为姜哥庄高级小学。

民国十九年（1930）

8 月 1 日　暴雨成灾，损失惨重。

9 月　取消特别市名称，改称青岛市，域内属青岛市李村区。

民国二十年（1931）

青岛市政府扩大市郊区，划为 5 个区，域内属青岛市崂山区。

民国二十一年（1932）

9 月　大旱，庄稼枯槁。

是年　重建姜哥庄小学。

民国二十二年（1933）

1932 年 9 月至本年 5 月末未降雨，水源枯竭。

民国二十五年（1936）

青岛市政府发出布告，禁止妇女缠足，在沙子口集市上，有警察为男性剪辫子。

民国二十六年（1937）

是年　海水入陆，渔民伤亡严重，周边农田被淹。

民国二十七年（1938）

1 月 10 日　日本海军陆战队在山东头登陆，开入市内，第二次占领青岛。域内再次沦入日寇统治之下。

5月　日本侵略军在后湾投弹扫射，炸毁渔船数艘，死亡数人。

秋　本村村民曲成经等人合伙装崂山窝梨南运，在海上遇日本舰艇，梨被抢走，船舱被倒入沥青，曲成经被杀害，抛尸海中。

是年　渔民曲振存等8只渔船在连云港以东海域被日寇海匪烧毁。

民国二十八年（1939）

春　大旱。

8月30日　台风在青岛沿海登陆，引发本地区海啸，域内粮果深受其害，船只严重受损。

秋　暴雨成灾。

民国二十九年（1940）

春荒，食物匮乏，周围野菜被采光。

民国三十年（1941）

春旱，数月无雨。

秋旱，庄稼枯竭，豆类、地瓜基本颗粒无收，叶草树皮削食殆尽。

民国三十一年（1942）

12月　设立青岛市崂山行政办事处，域内属崂山办事处崂西区所辖。

民国三十二年（1943）

7月21日　国民党李先良部5000余人，与日伪军激战于崂山。

民国三十四年（1945）

8月15日　日本宣布无条件投降。

李村分局辖7处分驻所，域内治安属沙子口分驻所管辖。

9月13日　李先良率青岛保安队从崂山进入市里，就任青岛市市长。

民国三十五年（1946）

春　“胜利百号”（俗称“一窝猴”）地瓜在崂山地区推广。

3月　国民党青岛市政府在本地区推广保甲制度，境域属崂西区第11保。

是年冬　曲氏世德族重修《曲氏族谱》，并重新粉屏。

民国三十六年（1947）

农历八月二十七日　夜间暴雨成灾，街道桥涵多被损坏。

民国三十七年（1948）

7月6日　遭遇台风袭击，发生海啸。渔船、庄稼受损严重。

民国三十八年（1949）

5月　国民党第三十二军溃逃之前，抓丁拉夫充军，域内有青壮年被抓。

5月31日　拂晓，国民党军队溃逃前，将设在海庙的浮动码头炸毁。

6月1日（端午节）　本域解放。

7月初　区派工作组进驻域内。

7月26日　遭受台风、暴雨、海啸袭击，灾情严重。有庄稼被毁，房屋倒塌。

8月　成立农会、妇委会、民兵、儿童团等群众组织。

8月　崂山教育科派员接收姜哥庄小学。

9月　中共崂山工委、崂山办事处进行区划，崂山行政办事处原辖3个区改划为8个区。域内属第六分区所辖。

中华人民共和国成立后
（1949年10月1日—　）

1949年

10月1日　中华人民共和国成立，村民集会庆祝。

是月　域内学校成立“少年儿童队”组织。

是月　建立分区青年团工委。

12月　建立村级政权。

1950年

5月1日　《中华人民共和国婚姻法》正式颁布实施。这是新中国颁布的第一部法律，域内广泛宣传学习，引起很大反响。

6月30日　《中华人民共和国土地改革法》颁布。随后，土地改革运动展开。

8月　沿海遭飓风、海啸侵袭，域内损失严重。

是年　对全村的农户进行阶级成分划分，年末基本结束。

1951年

1月19日　中共崂山工委发出关于土地改革中对庙宇处理的指示，强调名胜古迹、历史文物、庙堂、神像等风景点，由政府登记并加以保护，不得破坏。域内的家庙、配殿及海庙被列在内。

4月1日　崂山行政办事处由胶州专区划归青岛市，更名为青岛市人民政府崂山办事处，辖9个区，域内属崂西区。

4月11—12日　根据《中华人民共和国惩罚反革命条例》，第六、七区在南宅科召开诉苦大会，控诉反革命罪行，处决反革命分子13名，域内派员参会并控诉。

5月　青岛市崂山行政办事处进行行政区划调整，第六、七区合并重组崂西区，机关驻南宅科，辖董家埠、段家埠、姜哥庄、沙子口等10个乡。姜哥庄乡辖姜哥庄东村、姜哥庄西村、姜哥庄南村、姜哥庄北村、石湾村。

冬　土地改革工作在本域展开。

是年　大旱。小麦、杂粮等作物几乎绝产。

1952 年

3 月 6 日　美国军用飞机侵入青岛境内，散布带菌昆虫，域内开展爱国卫生运动。

5 月 10 日　土地改革工作结束，姜哥庄乡有土地 3576 亩，有人口 627 户、3188 人。

5 月　本村办识字班，开展扫盲工作。

是年　市政府向村民颁发市长签名的房产证和土地使用证。

1953 年

6 月 16 日　青岛市崂山办事处更名为青岛市崂山郊区人民政府，域内属之。

6 月 30 日　全国进行第一次人口普查。域内共有人口 3205 人，其中女性 1620 人，男性 1585 人。

11 月　实行粮食计划供应。机关工作人员、工人、教师和完全不种庄稼的果农、菜农等分等级控制、凭证购粮。

是年　冻害，小麦减产。

是年　域内成立初级农业合作社。

1954 年

4 月 27 日　暴风袭击崂山，域内受害。

9 月　国家对棉布计划供应，村民可凭布票购买棉布。

1955 年

3 月 1 日　国家实行币制改革，同时发行第二套人民币，新旧币之比为 1 ∶ 10000。村民开始使用第二套人民币。

4 月 1 日　崂西区评选“劳动模范”和先进代表，曲经绪、牟喜忠被评选为劳动模范。

是年　沙子口成立联合诊所，设姜哥庄保健站，域内村民开始到保健站就诊看病。

1956 年

8 月　崂山郊区撤区设乡，将崂西区所辖域内划分为汉河、宅科、登瀛、沙子口 4 个乡。域内属沙子口乡。

9 月 4 日　暴雨成灾，农田被淹，河坝决口，域内农作物受灾严重。

9 月　姜哥庄村成立前进农业社，与石湾村一起成立爱国渔业生产合作社。

1957 年

1 月　青岛市组织干部下乡，与社员同吃、同住、同劳动（时称“三同”）支援农村生产。

1958 年

9 月　撤销乡建制，汉河、南宅科、登瀛、沙子口 4 个乡的 14 个农业生产合作社和 1 个渔业生产合作社改为 15 个生产大队，组成东风人民公社。

是月　前进农业生产合作社改为姜哥庄生产大队，爱国渔业生产合作社改为姜哥庄渔业生产大队（石湾村析出）。

是月　开展大炼钢铁运动。

是月　开办集体食堂，社员到公共食堂吃饭或领饭。

12 月 9 日　东风人民公社改称沙子口人民公社。

冬　始建姜哥庄水库，姜哥庄生产大队社员、青岛市下乡干部以及沙子口公社其他生产大队民兵参加建设。

是年　台东至流清河公交线路开通，穿经域内，时为 4 路。

是年年底　沙子口公社成立海带养殖场（海带营），场址设域内海庙。

1959 年

1 月　开展“整社”工作，调整人民公社“三级所有、队为基础”的体制。集体食堂撤销。

3 月　姜哥庄水库停建。

12 月　中共青岛市崂山郊区区委召开公社、生产大队、生产小队等干部大会，开展“反右倾”运动。

是年　粮食歉收，社员开始吃地瓜叶、野菜等充饥。

是年　推广回笼火炕培育地瓜芽。

是年　“小喇叭”进户，每天分早、午、晚三次播音，社员足不出户就可以及时了解国内外大事。

1960 年

12 月 18 日　遭 10 级大风袭击，域内损失严重。

是年　由于严重的自然灾害，粮食产量大幅下降，村民口粮严重不足，村民靠食野菜、树叶、草根充饥，出现大量浮肿病人。

是年　农业实行“包产到户”，渔业实行自负盈亏政策，自由市场开放。

1961 年

2 月 27 日（农历正月十三）　渔民自发组织“请龙牌”活动。

3 月　姜哥庄生产大队划分为东、西、南、北 4 个生产大队。党、政、人、财、物各村独立，撤销姜哥庄生产大队和姜哥庄渔业生产大队。

9 月 7 日　暴雨成灾，损失严重。

10 月 5 日　崂山郊区改为青岛市崂山县，域内属之。

1962 年

2 月 17 日　再次举办“请龙牌”活动，规模超上届。

是年　大队安装一部办公电话。

是年　恢复集体化生产，所有承包下的土地一律收回，归生产队管理。

是年　清理整顿渔民队伍，有海外关系的一律不准出海作业。

1963年

1月20日　遭大风袭击，损失严重。

2月6日（农历正月十三）　家庙开放，供奉祭品，燃放鞭炮，祭祀天后圣母、东海龙王神位。

是年　开展以“清账目、清仓库、清财务、清工分”为内容的“小四清”运动。

是年　域内进驻工作组。

1964年

1月21日　以“四清”（清政治、清经济、清组织、清思想）为内容的社会主义教育运动全面展开，“四清”工作队进驻域内，与群众同吃同住同劳动。

2月20日　贯彻中央《林业十八条》，实行林木确权发证。

10月　始实行计划生育，号召已有3个孩子的夫妻节制生育。

是月　成立南姜大队贫下中农协会。

是年　26人（每生产小队2人）到青岛料石厂任合同工。

1965年

2月　第二批数十人到青岛料石厂当合同工。

是年秋　平坟头、挖坟坑，还坟头为农田，并推行火葬。

是年　农民自留地收归集体所有。

是年　为进一步落实计划生育政策，对已生育4个孩子以上的家庭实行结扎。

1966年

7月　青岛部分大、中学生红卫兵来沙子口地区砸庙宇、毁古迹，域内的沧海观神像及设施大多被毁，帽子碑的石碑被砸毁，土地庙拆除，家庙设施被清除，各家的祝子、家谱上交、烧毁。

是月　学校停课。

10月3日　“四清”工作队撤离。

1967年

是年　成立“毛泽东思想宣传队”，深入田间地头，宣传毛泽东思想。

是年　大队组织大批社员参加海庙门前“工大”船坞工程建设。

是年　中国人民解放军“三支两军”工作队进村，域内工作组由南岭沟海军五人组成。

1968年

是年　大队贫下中农协会组成“贫管会”进驻学校、管理学校。

是年　生产队派部分青壮年到南窑参与挖河、修桥工程。

是年　生产大队推行合作医疗制度，建立卫生室。

1969年

1月　村中通电，开始用电灯照明。

3月　沙子口公社革命委员会正式批准成立南姜哥庄大队革命委员会。

4月1—24日　中国共产党第九次全国代表大会召开，域内组织社员集会庆祝。

秋　在村前挖防空洞，民兵与当地驻军一起进行防空降、防空袭军事演习，在后湾搞抢滩演习。

是年　崂山县推行中小学一贯制（小学五年，初中两年），姜哥庄小学改称为姜哥庄学校。

1970年

7月　恢复南姜哥庄大队党支部。

是年　开始在东茔、西茔批建民宅。

1971年

10月　大队党支部传达中共中央关于林彪反党集团的文件。

是年　东风水库破土动工，本村派劳动力参与建设。

是年　姜哥庄水库一期工程竣工。

是年　国家提出“一个不少，两个正好，三个多了”的计划生育政策。

是年　组织53名青壮年劳动力到青岛汽车五队搞副业。

1972年

11月　崂山县召开四级干部大会，动员开展“农业学大寨”运动。

是年　大队派部分生产队长去黄县下丁家、莒南县历家寨参观学习，学大寨经验。

是年冬　中央号召“备战、备荒、为人民”“深挖洞、广积粮、不称霸”，本村积极响应。

1973年

2月　“南姜哥庄贫下中农协会”改称“南姜哥庄贫下中农委员会”。

7月17—19日　遭遇3号台风海潮袭击，域内损失惨重。

9月　“三支两军”人员撤回。

是年　姜哥庄水库竣工，库容量为20.8万立方米。

1974年

2月4日　海城地震，波及本域，地微动。

是年　沙子口公社成立渔业生产联合办公室，对各生产大队的渔船统一管理。

是年　成立麻袋组。

1975年

8月13日　遭特大暴雨袭击，东河下游决堤。

是年　国家提出“一对夫妇一对孩”的计划生育政策。

是年　农业学大寨工作队进村，村里开始修建大寨田。

1976年

1月8日　国务院总理周恩来逝世，大队举行悼念仪式。

6月30日　近海风力10级，渔船损失严重。

是年夏　阴雨连绵，数天不停，小麦发芽腐烂，夏季收成减半。

7月2日　沿海遭受大风、海潮袭击，冲走海带，刮坏渔船，损失严重。

7月28日　河北唐山发生7.8级地震，根据上级部署，大队组织社员进行防震演习。

9月9日　毛泽东主席逝世，大队举行追悼仪式。

10月22日　村民参加公社集会，庆祝中共中央10月6日一举粉碎王洪文、张春桥、江青、姚文元"四人帮"反革命集团。

是年　建设知青点，安置青岛市下乡知识青年。

是年　"沙子口公社渔业生产联合办公室"解散，域内渔船回归。

1977年

10月　大旱，水源枯竭，农作物严重减产。

1978年

春　经上级批准，在公路南可耕地中规划建造民房。

是年　开始对7周岁以下儿童进行"四苗"预防接种，并建立接种登记卡制度。

是年　下乡知识青年全部返城。

是年　在小东山建设水貂养殖场，购进种貂约100只。

1979年

2月17日　对越自卫反击战打响，域内曲知清、曲学遂参战。

3月12日　根据中共中央指示，取消"地主""富农""四类分子"之称谓，改称社员。

3月12日　全国首个植树节，植树活动在域内再次掀起热潮。

是月　"文化大革命"中受到迫害的老干部开始得到平反。

是年　崂山县开始为实行计划生育的夫妇颁发独生子女优待证。

1980年

9月1日　大风和冰雹袭击本域，树木、房屋、高秸作物损失严重。

是年　东姜哥庄、西姜哥庄、南姜哥庄、北姜哥庄四村集资新建姜哥庄小学。

1981年

1月　撤销南姜哥庄大队革命委员会，成立南姜哥庄大队管理委员会。

11月　旱灾。粮食减产，损失严重。

1982年

春　旱灾。域内受灾严重。

6月30日　全国进行第三次人口普查。

10月18—19日　遭风暴灾害，农作物受损。

是年　集体土地实行农民承包制。

1983年

春　渔船、渔具实行承包经营。

是年　在东窝子建磨光厂。

是年　全国取消布票，棉布敞开供应。

是年　村民兵连的枪械上交，由公社武装部统一保管。

1984年

6月　撤沙子口公社设沙子口镇。“南姜哥庄生产大队管理委员会”更名为“南姜哥庄村民委员会”。

是年　在东河东岸场园中建篮球场。

是年　政府规定农村头胎为女孩的夫妻，可以生二胎。

1985年

1月　民办教师实行工资制，月均工资55元，由当地财政支付。

8月18日　第九号台风袭击沙子口，最大风力11级，至22日连降暴雨，平均降雨284毫米，域内受灾惨重。

是年　在黍子礓建立青岛拉链厂南姜分厂。

是年　架设东河桥梁。

9月7日　姜哥庄小学隆重庆祝第一个教师节（9月10日）。

11月下旬　投资12万元，建成自来水饮水工程。

1986年

4月12日　全国人大六届四次会议通过《中华人民共和国义务教育法》。7月1日实施。至此，崂山地区全面实施义务教育。

1987年

2月10日　上午8点30分，春雷响起，为域内50年来最早的记录。

10月14日　晨，东海洋面上出现“双日”奇观。

是年　村卫生室转包给个人，“赤脚医生”更名为“乡村医生”。

1988年

4月21日　颁发居民身份证。

6月18日　自1988年起，凡年满退休年龄（男性60周岁，女性55周岁）的民办教师享受退休待遇。

12月30日　崂山撤县设立崂山区，南姜哥庄村隶属不变。

是年　国家确立农历九月九日为“老人节”。

是年　从沙子口自来水公司枣山蓄水池引饮水至村庄。

1989年

3月5日　沙子口镇党委、政府制定《关于建立和实行村务公开制度的意见》，村委执行民主理财。

1990年

是年　建新型建筑材料厂。

是年　拆除了位于村中心的10余户居民住宅，修建了一条宽约20米的柏油路。

是年　开建前湾顺岸码头。

是年　修建自村委办公楼门前通往前湾码头的道路。

7月1日　为全国第四次人口普查日，本村人口普查工作全面展开。至12月5日，普查任务完成，全村共有536户、1747人。

9月　普及九年义务教育。

1991年

年初　镇党委、政府明确1991年要办的修建南姜哥庄码头等十件大事。

5月9日　村里安装程控电话交换机，村民开始使用拨号电话。

是年　修建前湾港池一处，面积25000平方米。

1992年

9月1日　14号热带风暴袭击域内。

是年　全村通闭路电视。

是年　建起顺岸码头、渔业仓库。

是年　建青岛玻璃钢游艇厂。

是年起　前海通过回填建起港池码头后，建起冷库、酒楼6处。

是年　在村东侧，规划建设居民楼。

1993年

是年　南姜村被国务院批准为对外开发村。

是年　村民开始使用自动拨号电话。

是年　全国开放粮食市场，取消粮证、粮票。

1994年

4月23日　青岛市区行政区划重大调整，设立新的崂山区。

是年　新崂山区成立，域内隶属未变。

是年　引进外资企业巨星电子厂（韩企）。

是年　建起崂山胶粘剂厂。

是年　建起南姜塑钢厂。

是年　崂山区人大常委会主任、副主任视察南姜哥庄码头建设情况。

1995年

2月　姜哥庄及石湾五个村主要领导组建“姜哥庄小学建校委员会”，负责整体规划、筹措资金等工作。

2月12日农历正月十三日　姜哥庄、石湾五村联合举办第一届民间“龙王节”焰火晚会。

是年　村委被山东省建设委员会、山东省人事厅授予“村镇建设明星村”称号。

是年　在黍子礓规划了12座专家服务楼。

5月　村委办公楼奠基。

8月22日　遭受百年未见的大暴雨，域内损失严重。

1996年

1月18日　新建姜哥庄小学奠基，于11月16日竣工，全体师生迁入新校。

3月12日　前海花园小区被评为青岛市崂山区“环境文明示范小区”。

4月1日　石老人至姜哥庄路段公路改建工程开工，于11月16日竣工，并举行通车典礼。

4月9日　沙子口镇根据区委、区政府关于拆迁拓宽湛流干路石老人到姜哥庄路段的整体部署，全面完成了本村路段民房的拆迁工作，保证了工程的顺利进行。

是年　在村西南侧建造了6座居民回迁楼，总建筑面积约15000平方米。

是年　自筹资金，修筑一条长1050米、宽24米，西接湛流干路，东至国防路的公路。

是年　村委被评定为省级旅游民俗对外开放村。

是年　被青岛市授予“红旗村党支部”。

8月28日　新建办公楼落成。

11月8日　石老人至姜哥庄公路通车仪式举行，青岛市人大、政府、政协等有关领导出席。

11月12日　山东省妇联领导对南姜哥庄村妇代会进行工作检查。

11月15日　沙子口镇党委在南姜哥庄村召开精神文明建设现场会，各村党支部书记参观了南姜哥庄村等六个示范村。

1997年

1月1日　第一次全国农业普查正式进入普查登记阶段。

2月19日　邓小平同志逝世。25日，村民观看追悼大会电视实况转播。

6月20日　青岛市崂山区“廉政勤政工作交流演讲会”举行，南姜哥庄村在会上作了交流发言。

7月1日　香港回归祖国，村民热烈庆祝。姜哥庄小学举行“迎回归”长跑纪念活动。

7月29日　青岛市军警民共建社会主义精神文明经验交流会在本村召开。市委领导徐世甫、孔心田，驻青部队首长、崂山区委书记宗和等参加会议。

8月　在村委办公楼隆重举行庆祝“八一”建军节大会。

8月19—21日　遭遇11号台风袭击，域内损失严重。

1998年

是年　被青岛市委授予“五个好先进党支部，社会主义文明村庄”称号。

4月27日　青岛市委副书记程友新、崂山区委书记徐宝站到本村，就二类开放口岸、渔港码头建设进行调研。

5月18日　沙子口撤镇设街道办事处，南姜哥庄村隶属未变。

7月23日　崂山区政府确定海庙为“区级文物保护单位”。

9月15日　美国客人一行12人，在市对外友好协会领导的带领下，到本村参观交流。

10月16日　崂山路南姜哥庄至流清河9.7千米路段拓宽修整开工。

1999年

1月14日　沙子口街道办事处下达三年发展计划，完成“一街、一港、五场”工程，其中“一港”即为南姜哥庄渔港建设，“五场”之一为南姜哥庄水产品批发市场。

2月13日　青岛市委常委会讨论通过“南姜哥庄渔港码头发展规划”。

4月2—9日　村（居）委进行换届选举。

6月12日　崂山路（沙子口—流清河）拓宽改造工程竣工通车。

是年　修复海庙部分建筑物，恢复庙会活动。

是年　撤销程控电话，安装住宅固定电话。

2000年

4月　村民开始办理职工养老保险。

6月21日　街道召开第五次人口普查工作会议，本村参加会议并签订人口普查责任书。

是年　被青岛市人民政府授予“文明村庄”称号。

是年　被评为“文明村庄示范点”。

是年　姜哥庄小学创建成为沙子口街道第一所市级规范化学校。

2001年

12月29日　颁布《中华人民共和国人口与计划生育法》，翌年9月实施。

2002年

4月　村委换届选举。

7月9—16日　持续高温，百年不遇。7月15日，极端高温39.5℃，地面最高温度达65.6℃。

10月　青岛市崂山区政府下发《青岛市崂山区农村大病统筹医疗实施方案》和《崂山区农村大病统筹医疗规章制度》文件。

是年　沙子口街道办事处投资400万元，治理姜哥庄、大河东、登瀛三条河道的防洪工程。

2003年

1月　“崂山区大病统筹医疗保险”开始实施。

4月　全国动员抗击、防止“感染性非典型肺炎”。学校实行日测、日报制度，时间持续两个多月。

6月　成立南姜哥庄村党总支，并举行了总支换届工作。

6月　王哥庄青山近海发生4.0级地震，域内有明显震感。

6月20日　受6号台风“苏迪罗”影响，域内近海呈巨浪，养殖业受损。

9月7日—12月20日　对持证残疾人进行13年来首次普查。

12月　《曲氏族谱》续修任务完成，举行曲氏《世德族》拜谱、请谱仪式。

2004年

6月　南姜哥庄党总支换届。

8月　南姜哥庄村更名为南姜哥庄社区。南姜哥庄村党总支更名为南姜哥庄社区党总支。

是年　建起南姜冷藏厂。

12月　社区居委会换届。

2005年

1月　南姜哥庄社区党总支换届选举。

1月　崂山区第一次经济普查开始登记。

11月　崂山区政府下发《青岛市崂山区新型农村合作医疗管理办法》（简称“新农合”），并组织实施。

是年秋　发生“禽流感”疫情。

2006年

4月1日　启动新型农村合作医疗“四减四免”惠民新政策。

是年　青岛市农村义务教育阶段学杂费全部免除。

是年　国家全部免除农业税，村民受益。

2007年

1月　全国第二次农业普查正式登记工作在全区139个社区展开，域内组织专门班子参与其中。

3月9日　成立南姜哥庄社区党委。

9月19日　受台风“韦帕”影响，连降暴雨，域内降雨达221.5毫米，为50年不遇。

11月　崂山区将所有的农村社区“三项资金”纳入街道专管中心专户统一管理，并由街道会计站实行代记账制度，各社区统一设报账员一名。

是月　社区居委会换届选举。

2008年

1月1日　崂山区政府将“调整新农合报销比例，为参合居民免费健康体检，提高农村社区居民的医疗保障水平”列为为民要办的10件实事之一。实施40岁以上参合居民免费健

康体检工作。

1月8日　青岛市城市规划委员会审查通过了姜哥庄片区控规。

5月12日　四川省汶川地区发生8.0级地震，村民捐款救助。

6月　社区共出动渔船200余条次，人员600余人次，在指定海域打捞浒苔50多天，为奥帆赛顺利举行做出了贡献。

7月　奥运火炬在青岛传递，域内居民参与庆祝。

10月　《世德族》东北分支曲树人来本族认祖归宗，受到“两委”的热情接待。

是年　全村通数字电视。

2009年

1月　为全区90～99周岁高寿老人每人每月发放100元生活补贴，为80岁以上低保老人每人发放800元的济困助老金。

是年春　大旱。

10月　村两委领导与世德族族人代表一行13人，赴吉林省梅河口市接受东北分支认祖归宗。

11月2日　大雪。

12月14日　市政府以青政字〔2009〕89号文件批复《沙子口街道姜哥庄片区控制性详细规划调整》。

2010年

6月　青岛市城乡建设委员会转发《青岛市2010年城市房屋拆迁年度计划》，确定崂山区姜哥庄片区整村改造（含沙子口规划1号线）项目被列入计划。

6月30日　崂山区隆重举行“四姜”片区“两改”项目开工典礼仪式。

2011年

3月15日　社区两委换届选举工作会议召开。

是年　域内参加农工商养老保险的人员，享受青岛市城镇职工基本医疗保险的相关惠民政策。

2012年

5月　全面启动旧村改造，开始签订拆迁协议。

8月2日　台风“达维”影响本域。

9月26日　四姜片区规划方案公示。

11月8日　中国共产党第十八次全国代表大会召开，域内组织学习、收看。

是年　崂山路西起梅岭路，东至沙子口桥东扩建工程开工。

是年　“四姜一湾”成立“姜哥庄片大社区”。

是年　前海花园小区及拆迁楼开通天然气。

2013 年

9 月 12 日　《南姜村志》编纂工作第一次会议召开，并开始工作。

9 月 27 日　崂山路改造工程全线双幅通车。

是年　沧海观被确定为“崂山道教建筑群”国家重点文物保护单位。

2014 年

5 月 20 日　姜哥庄小学获评全国海洋科普教育基地。

6 月　《南姜村志》的编纂工作，因主笔身体健康原因被搁置。

12 月　社区居委会换届。

2015 年

9 月 8 日　曲金成、常青辉等在离青岛海岸 60 余海里海域，从失火船只救起 8 名船员。

9 月 16 日　维修前海渔港码头。

2016 年

是年　南姜哥庄党委获“优秀党课二等奖”。

是年　对前海花园各楼门前路面铺砖硬化。

2017 年

11 月 18 日　中国共产党第十九次全国代表大会召开，域内组织学习、收看。

是年　在前海码头周边拆除违章建筑 3 万余平方米。

是年　对前海花园小区及拆迁楼粉刷涂料。

2018 年

6 月 9—10 日　上合青岛峰会，本社区志愿者圆满完成任务。

是年　硬化前海花园道路。

是年　对前海花园和拆迁楼进行保温加固。

是年　对河道、居民楼环境卫生进行整治。

2019 年

5 月 31 日　南姜哥庄社区股份经济合作社成立。

8 月　台风“利奇马”登陆，域内风起浪涌。

是年　平整坟头 831 个，拆除坟头围堰多处，倡导文明祭祀。

2020 年

2 月　全球抗击新冠病毒，域内设卡防疫。

2 月 17 日　因新冠肺炎疫情影响，学校延期开学，开始网上授课。

是月　全村举行“防疫情，献爱心”捐款活动。

3 月　南姜哥庄安置楼一期工程正式启动，并于 9 月举行封顶仪式。

4 月 16 日　通过居民安置区管理办法。

4 月 26 日　成立南姜哥庄股份合作社。

5 月　村志编纂工作重新启动。

6 月 6 日　前海花园启动一户一表工程。

7 月　连降暴雨，数十年罕见。

7 月　开展全国第七次人口普查工作，全村共 860 户，2653 人。

11 月　前海花园集中供暖。

2021 年

1 月　发放股民证。

1 月　重修海港码头，设鱼货交易市场。

4 月　党委换届选举与居民委员会换届选举工作圆满结束。

7 月 1 日　全体党员集中收看建党 100 周年庆祝大会实况。

7 月 18 日　社区重新修订了《居民公约》，获社区居民大会表决通过并实施。

是月　社区党委为党龄 50 年以上党员发放荣誉证书及奖牌。

8 月 29 日　南姜海鲜交易市场举行启动仪式。

是年　前海花园小区实施一户一表改造工程。

12 月 11 日　南姜哥庄股份经济合作社理事会，监事会换届选举。

是年　南姜社区被崂山区委、区政府评为“文明社区”。

第一篇

建置沿革

第一章　地理位置

南姜村位于黄海之滨，大岭之前，村中心位置地理坐标为北纬36° 06′ 11″，东经120° 31′ 48″，海拔10米。东距沙子口街道办事处驻地2千米，西距崂山区政府驻地5千米。

南姜渔港

村庄地域东至沙子口湾西侧海岸，西至西山山脊线与金家岭街道石老人村接壤，南至海滨滩涂，北至烟台山东北侧之胡家庵。海岸线长10余千米，村庄总占地面积1.45平方千米，北与东姜村毗邻，西与西姜村接壤，三面环山，一面临海；崂山旅游大道穿村而过，交通便利，景色旖旎。

第二章　村名渊源

相传，明初曲氏从云南迁此，以一世祖“江”之名，村名江哥庄，后演化成姜哥庄。姜哥庄原为一个大的自然、行政村，由王姓和另一支曲姓共同组成，1961年3月，姜哥庄按居住位置划分为东、西、南、北4个生产大队，本村为南姜哥庄生产大队，简称“南姜大队”，1984年改称南姜村，2004年又改称南姜社区。

第三章　隶属沿革

本村所处区域，古为东夷地，周为夷国，秦属琅琊郡，西汉时为琅琊郡不其县所辖。隋开皇十六年（596）并入即墨县，唐、宋、元因之。明、清时期，隶属即墨县仁化乡郑疃社。

1897年，德国侵占胶州湾，域内划于德国租借地。

1899年10月，胶澳租借地划为青岛区和李村区，域内隶属李村区，归沙子口警察支署管辖。

1914年，第一次世界大战爆发，日本攻占青岛，取德国而代之，域内仍属李村区沙子口警察支署管辖。

1922年12月10日，中国政府收回胶澳。置胶澳商埠督办公署，设青岛区、海西区和九个分驻所，域内隶属第五分驻所。

1929年4月15日，南京国民政府接收青岛，设青岛接收专员公署。

1929年9月，胶澳商埠改为青岛特别市，域内隶属青岛特别市李村区第三分驻所管辖。

1930年，取消特别市，称青岛市，其市制仍属直辖市，域内仍属之。

1935年7月，青岛市政府将市区扩大，设李村、夏庄、崂东、崂西、阴岛5个区，域内隶属青岛市崂西区。

1938年1月，日本再次侵占青岛，将崂西、崂东、李村3个区划为8个区1个镇，域内隶属伪八联区联合办事处。

1941年末，撤销八联区联合办事处，设立青岛市崂山行政办事处，域内属之。

1942年，崂山行政办事处重组崂西区，辖乌衣巷、下河、九水、沙子口4个乡，域内隶属沙子口乡。

1945年9月，抗日战争胜利后，南京国民政府收回青岛，设崂山行政办事处，辖李村、夏庄、崂西、崂东、阴岛5个区，域内隶属崂西区。

1949年6月1日，村庄解放。同年9月，建立村政权，成立村组织。域内隶属南海专署，崂山行政办事处崂西区管辖。

1950年6月，改属胶州专署崂山行政办事处。同年8月，崂山行政办事处区划为8个区，域内隶属于六区。

1951年4月，胶州专署划归青岛市，设青岛市人民政府崂山办事处，域内属之。

1954年8月，崂山行政办事处更名为崂山郊区人民委员会，其区划未更。

1956年8月，撤区设乡，本域隶属青岛市崂山郊区人民委员会姜哥庄乡。

1958年9月，成立沙子口人民公社，域内属之。

1961年3月，姜哥庄划分为东、西、南、北4个生产大队，本村为南姜生产大队，隶属沙子口人民公社。

1961年10月，设立山东省崂山县，域内改属崂山县，仍隶属沙子口人民公社。

1967年3月，成立南姜大队革命委员会，隶属沙子口人民公社革命委员会。

1981年1月，改称为南姜生产大队管理委员会，仍隶属沙子口人民公社。

1984年6月，沙子口人民公社改称沙子口镇人民政府。本村属之，改称南姜村民委员会。

1988年12月30日，撤销山东省崂山县，设立青岛市崂山区，域内隶属崂山区沙子口镇。

1994年4月23日，青岛市市区行政区划做重大调整，设立新崂山区，辖中韩镇、沙子口镇、

北宅镇、王哥庄镇，域内隶属沙子口镇。

1998 年 5 月 18 日，撤沙子口镇设沙子口街道办事处，域内隶属沙子口街道办事处。

2004 年 8 月，南姜村民委员会改称南姜社区居民委员会，仍隶属沙子口街道办事处管辖。

2012 年，“四姜一湾”成立姜哥庄片大社区， 仍隶属沙子口街道办事处管辖。

姜哥庄立村后行政区划隶属沿革图

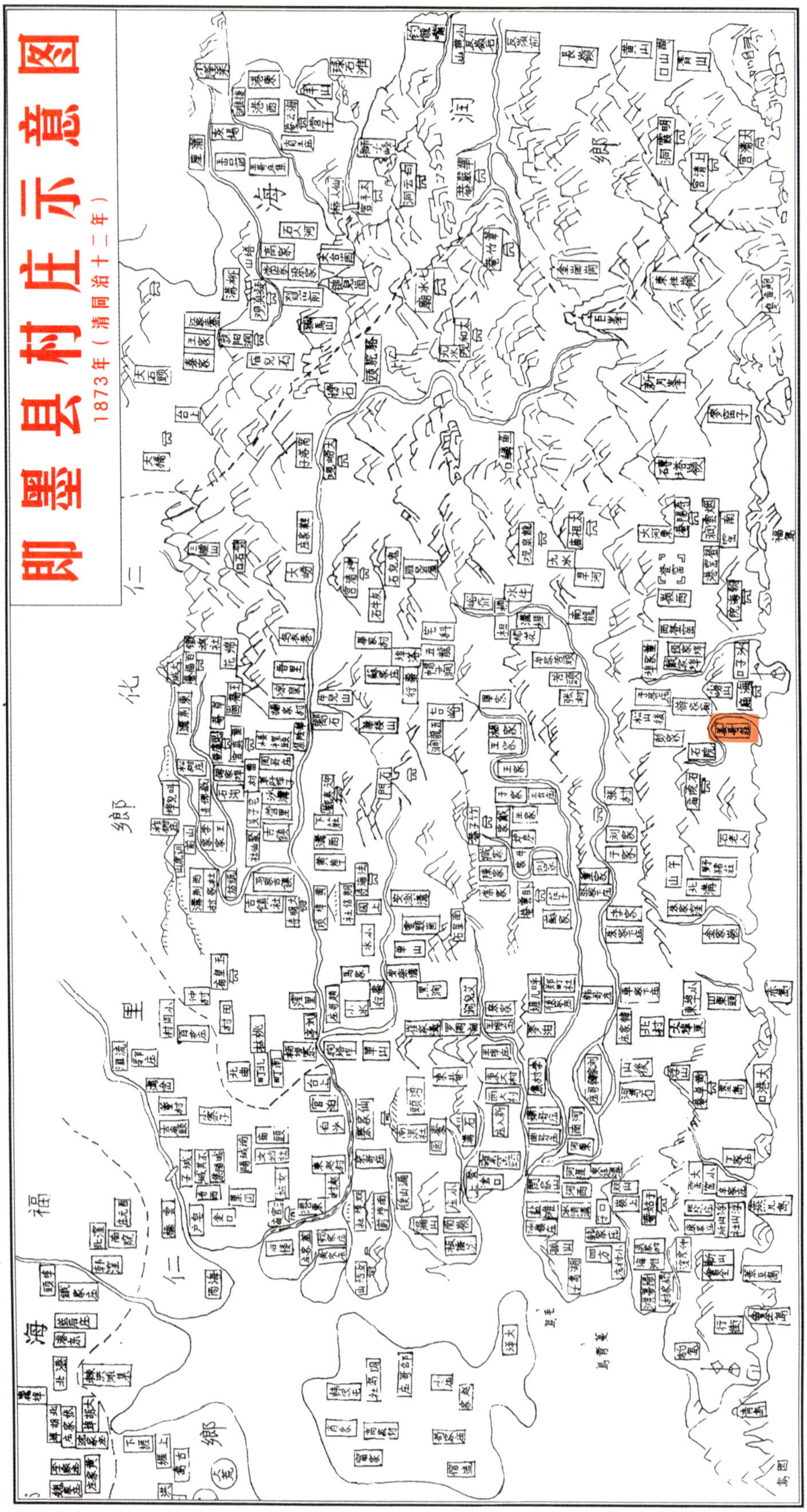

即墨县村庄示意图
1873年（清同治十二年）

即墨县村庄示意图（1873年）

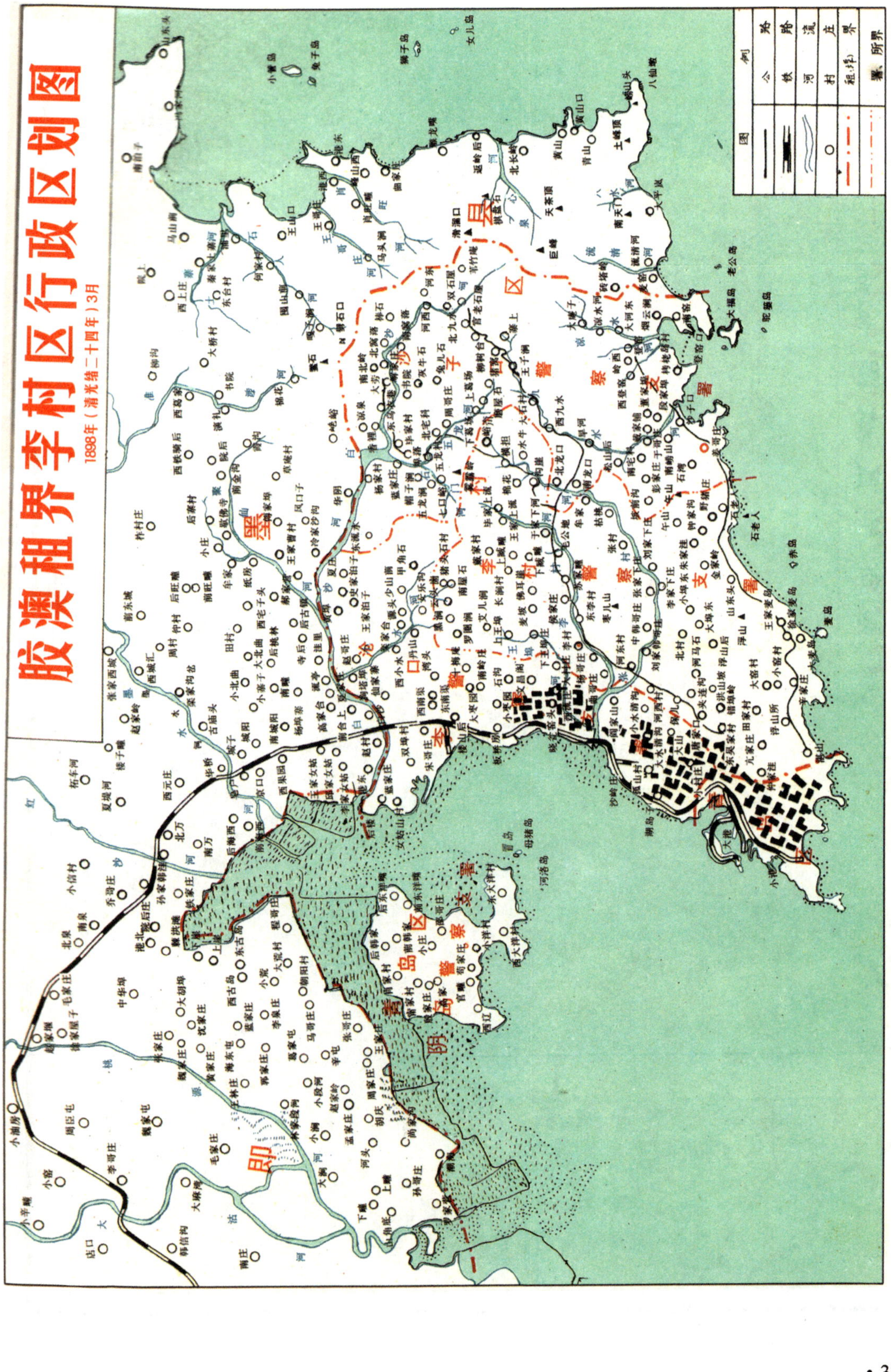

胶澳租界李村区行政区划图（1898年3月）

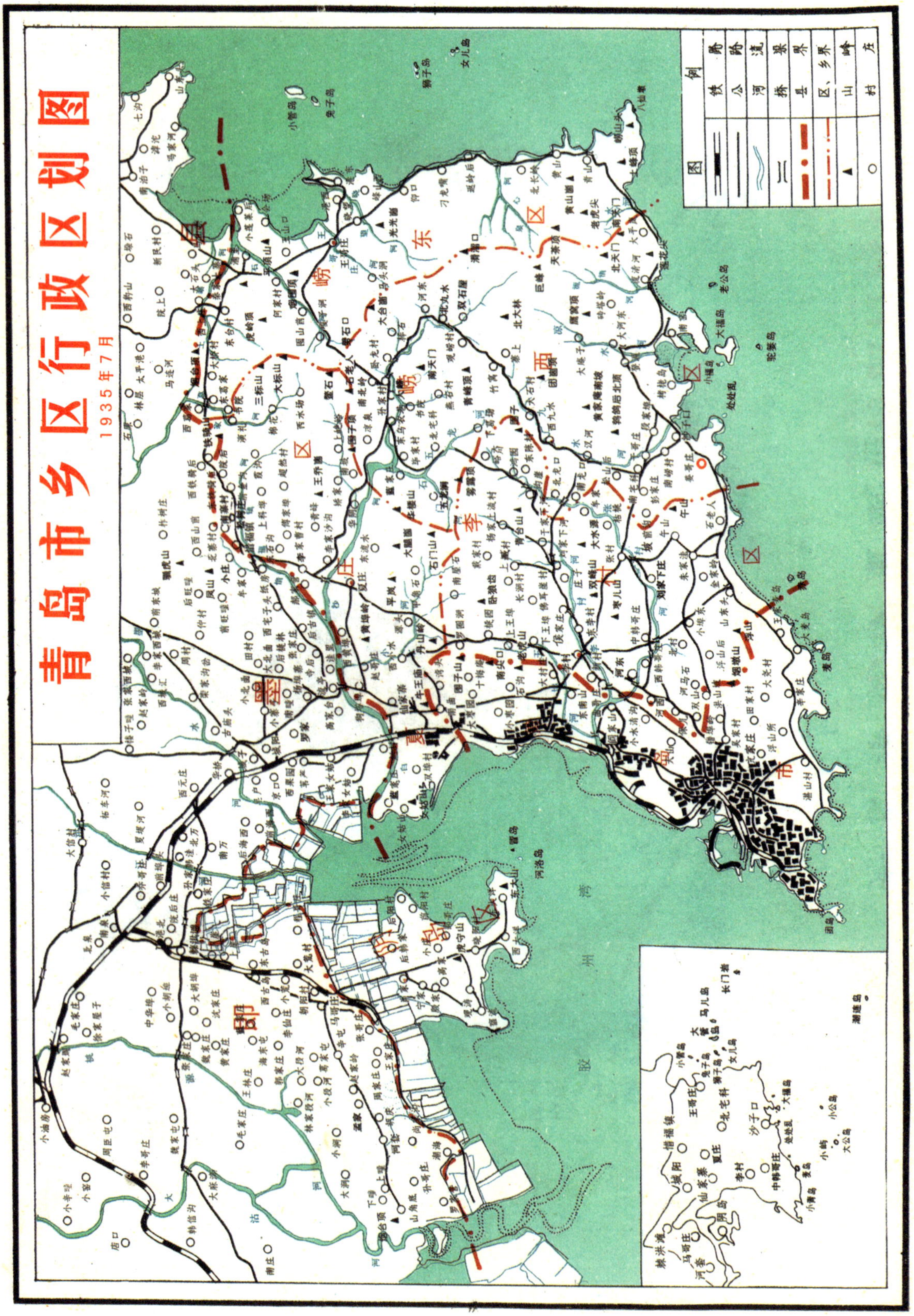

青岛市乡区行政区划图

1935年7月

青岛市乡区行政区划图（1935年7月）

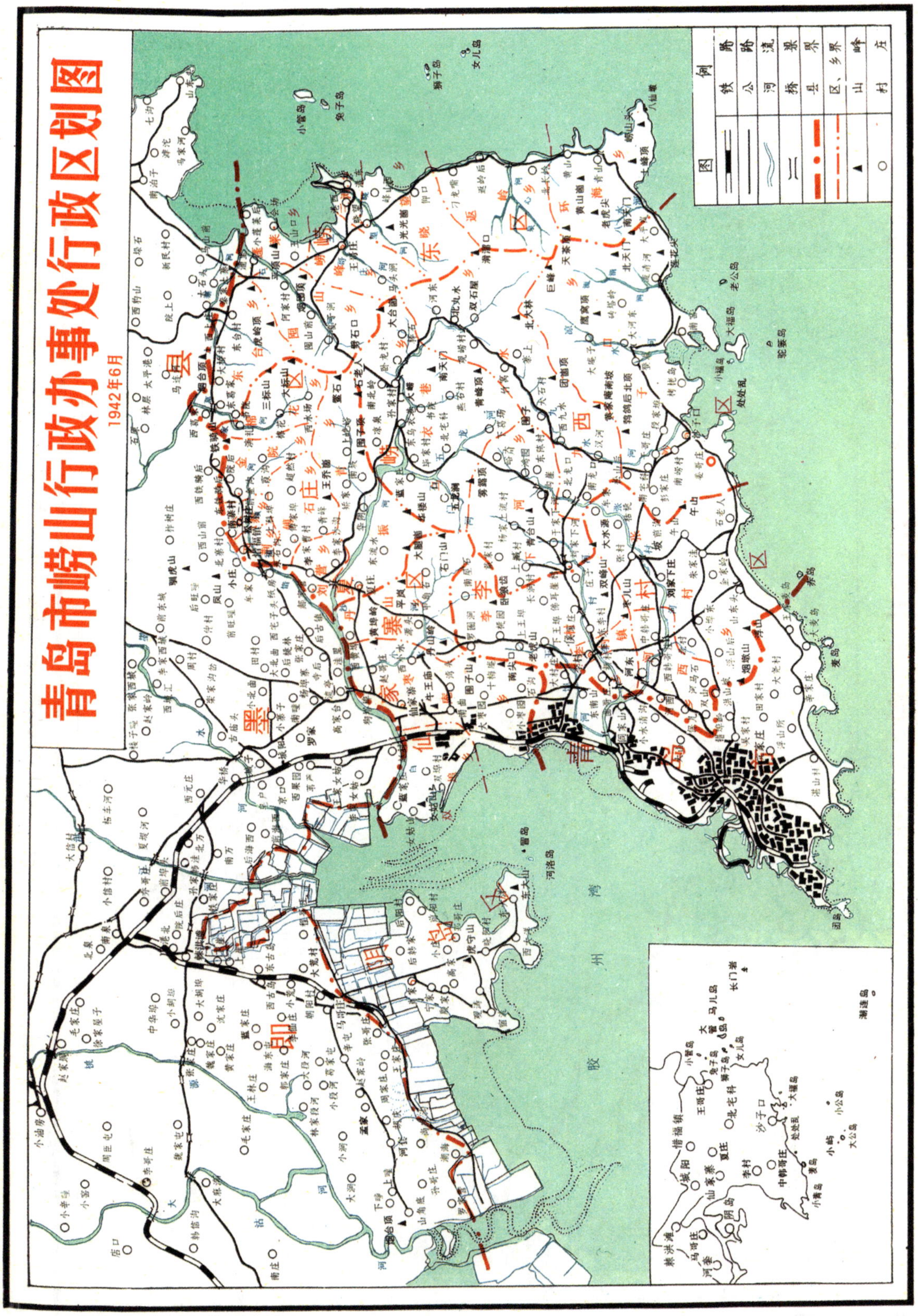

青岛市崂山行政办事处行政区划图

1942年6月

青岛市崂山行政办事处行政区划图（1942年6月）

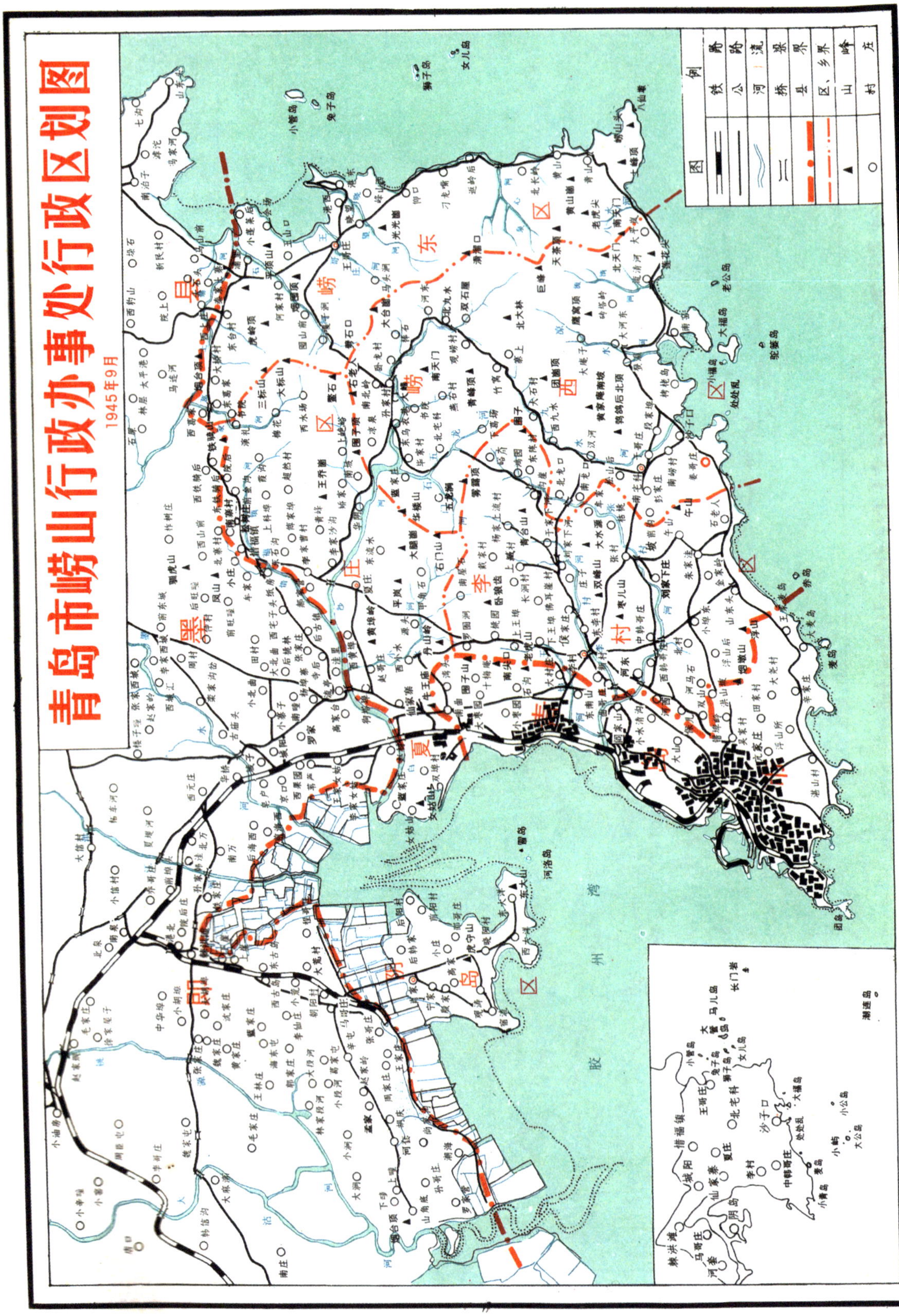

青岛市崂山行政办事处行政区划图
1945年9月

青岛市崂山行政办事处行政区划图(1945年9月)

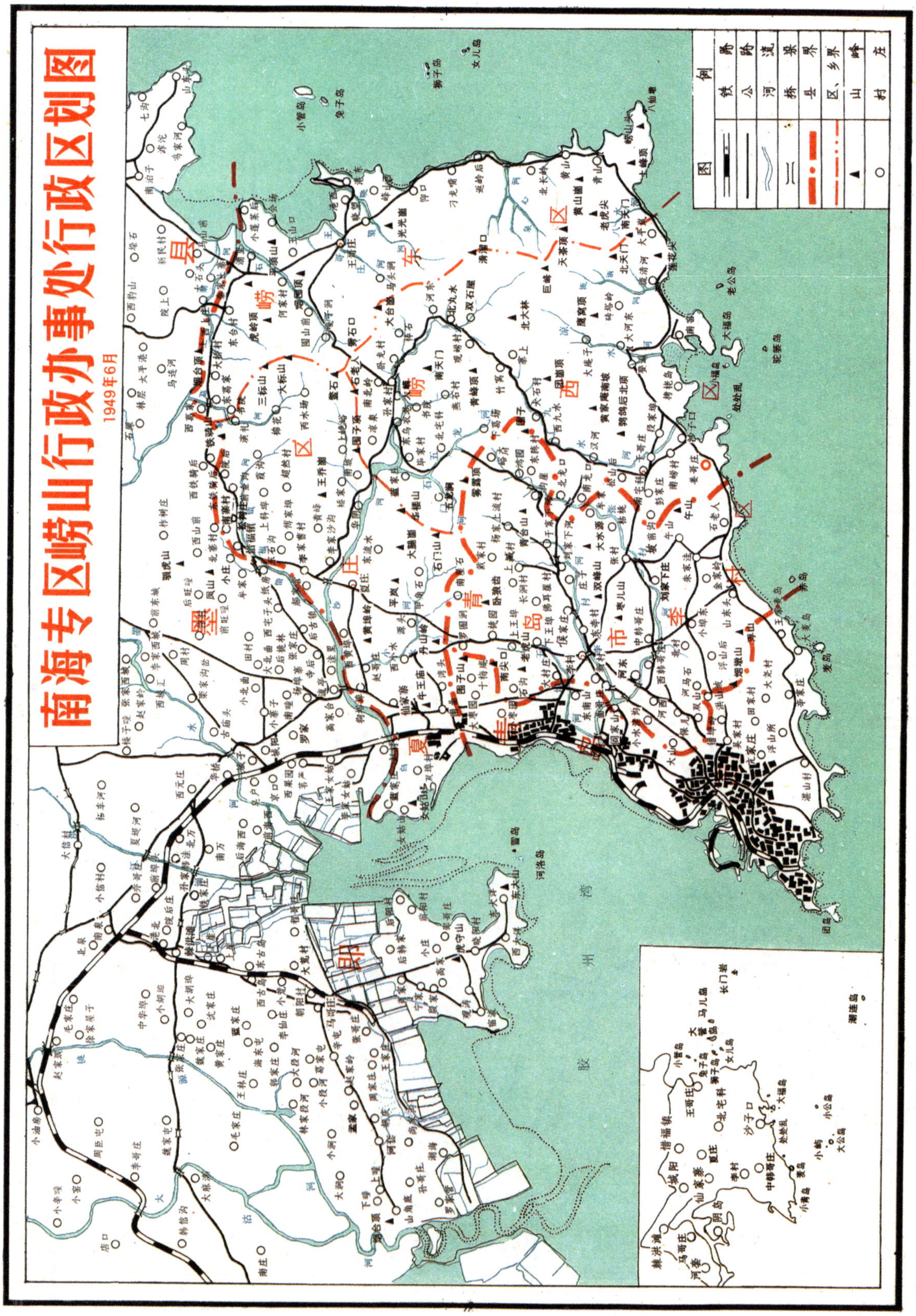

南海专区崂山行政办事处行政区划图（1949年6月）

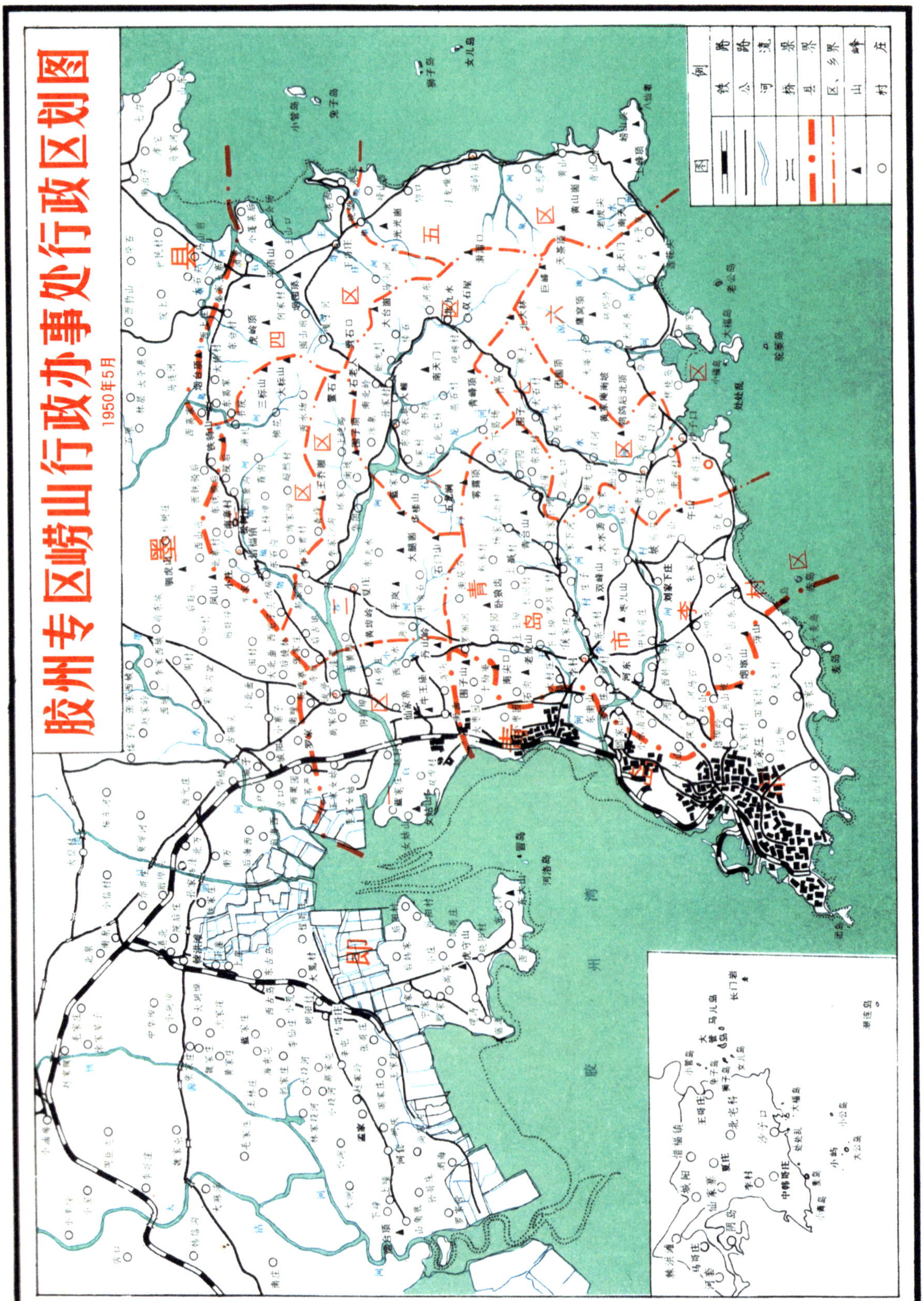

胶州专区崂山行政办事处行政区划图

1950年5月

胶州专区崂山行政办事处行政区划图（1950年5月）

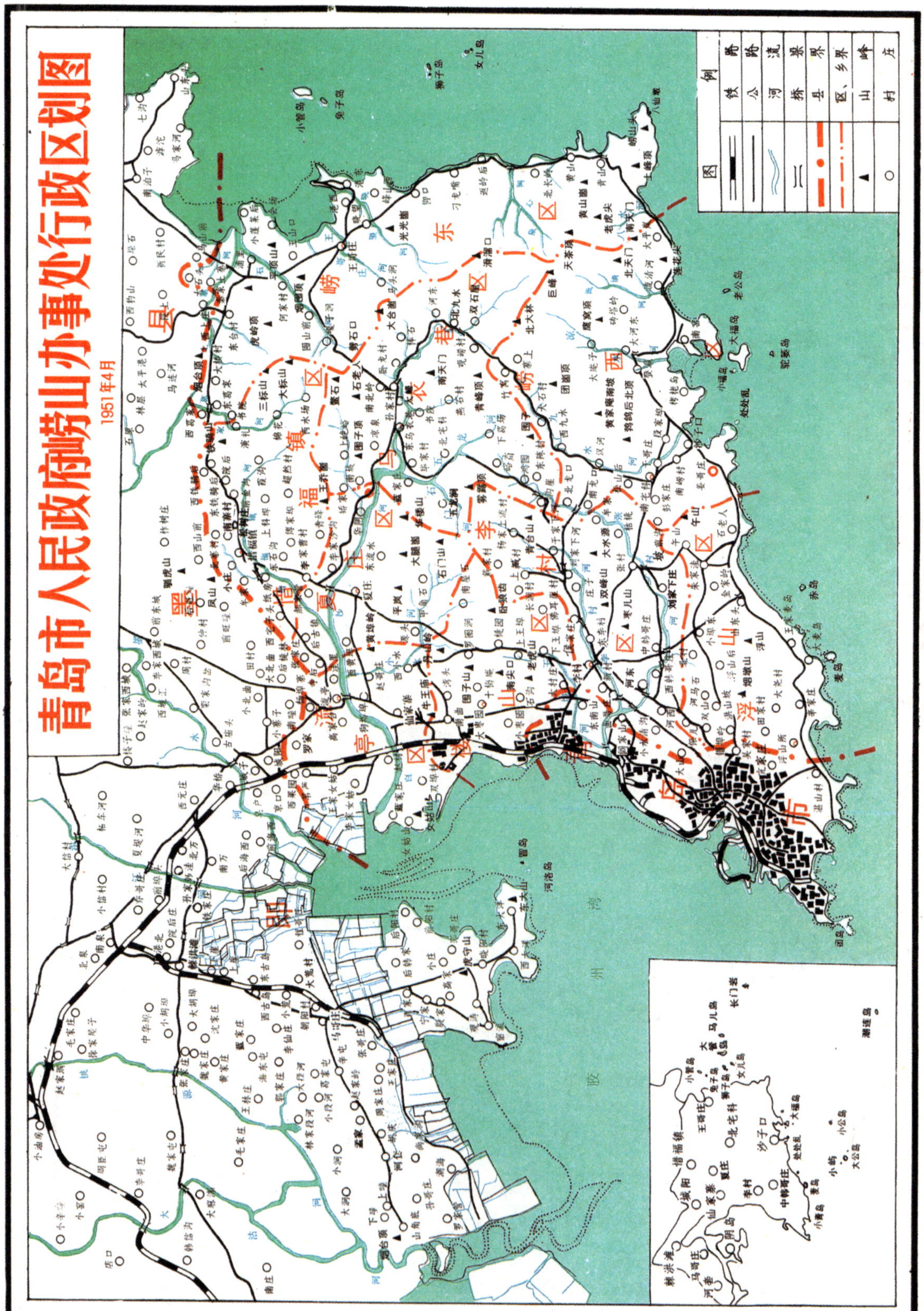

青岛市人民政府崂山办事处行政区划图

1951年4月

青岛市人民政府崂山办事处行政区划图（1951年4月）

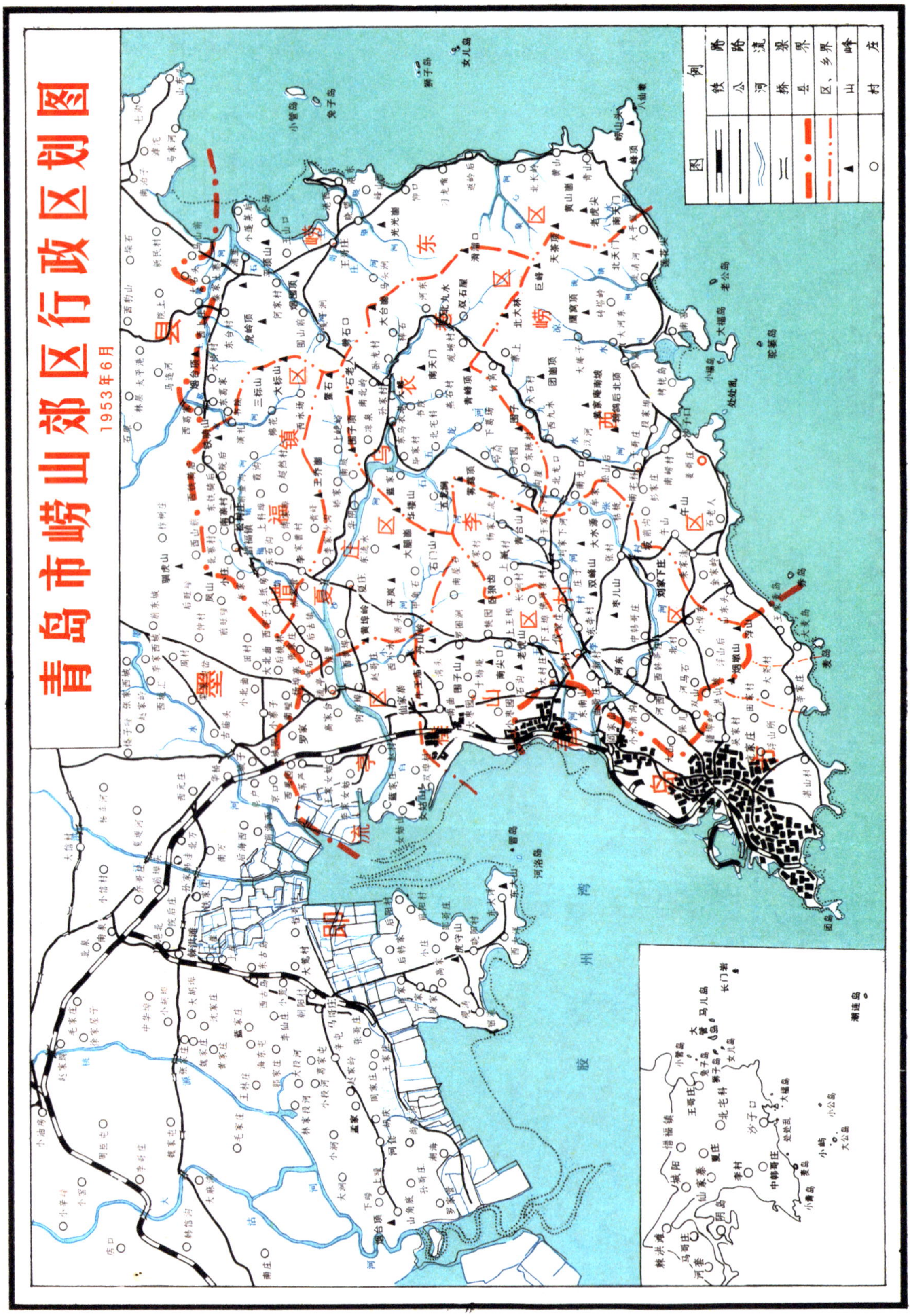

青岛市崂山郊区行政区划图
1953年6月

青岛市崂山郊区行政区划图(1953年6月)

青岛市崂山县行政区划图

1961年10月

1961年3月，姜哥庄村划分为东姜哥庄、南姜哥庄、西姜哥庄和北姜哥庄村。

青岛市崂山县行政区划图(1961年10月)

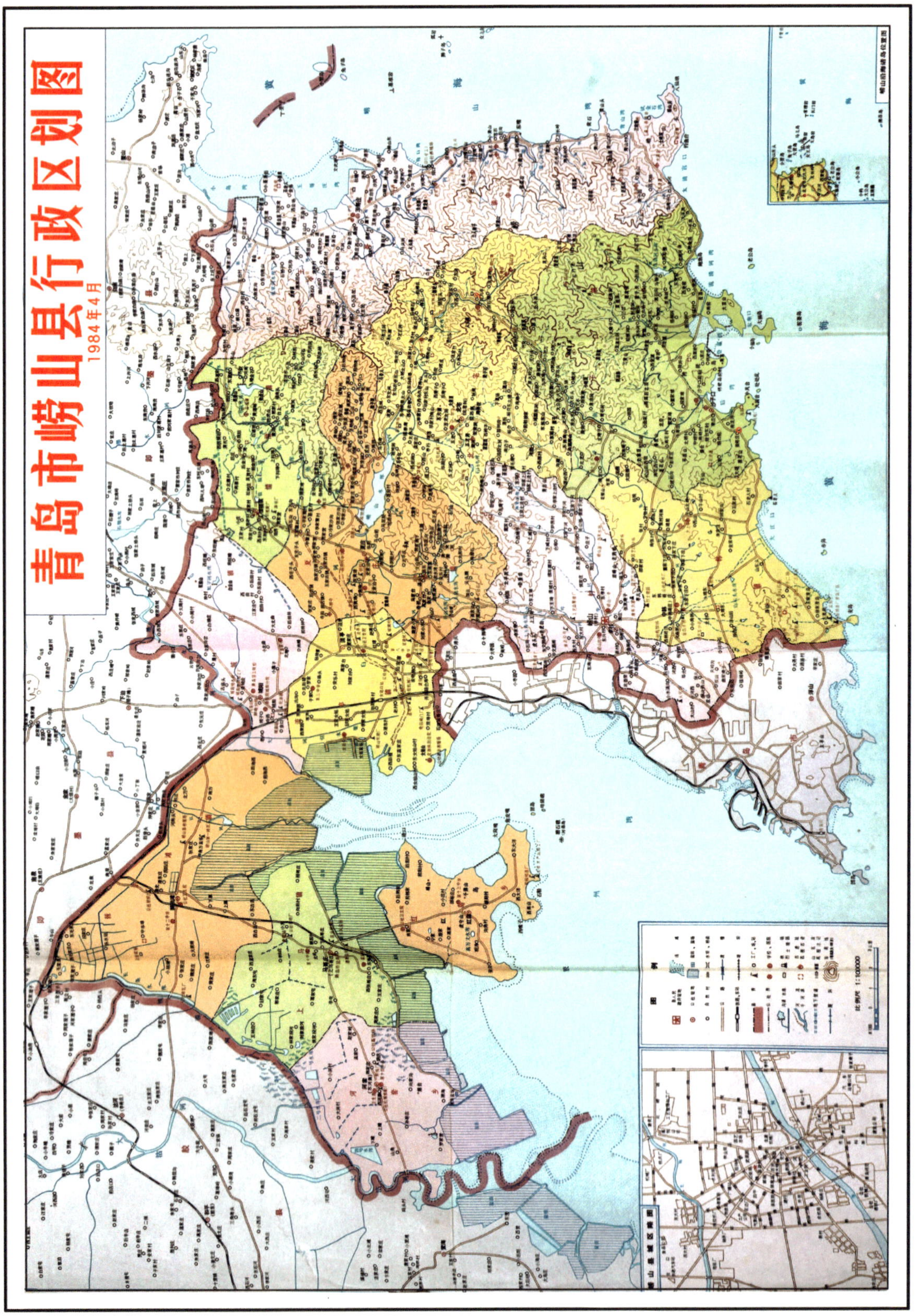

青岛市崂山县行政区划图
1984年4月

青岛市崂山县行政区划图（1984年4月）

崂山区行政地图

崂山区行政区划图

第二篇
自然环境

第一章　地质 地貌

域内山地诸峦属胶东低山丘陵的一部分，位于中朝古陆胶辽地盾的南部，构造体系属新华夏系第二隆起代的构造部位。元古代晚期震旦纪（距今19亿～5.7亿年）吕梁运动时期形成复背褶皱。距今1.29亿～0.8亿年的燕山运动晚期，从地壳深处上涌的炽热熔融的岩浆，在地面以下几千米的地方冷凝结晶，形成了质密坚硬的花岗岩。中生代末期至新生代（距今0.67亿年），地壳抬升，上面覆盖着的岩石和泥土被风化侵蚀，流水冲刷，使花岗岩露出地面，造山运动使山体进一步抬升。到新生代中期，经过多次海浸海退和外营力的再造，逐步形成现在的地质轮廓，主体为花岗岩，村庄及南部河流下游形成局部小面积的平原。

第一节　地质

地层构造　　区域地层出露按形成时期依次为：元古界变质岩、中生界白垩系碎屑岩和新生界第四系松散堆积物。

地质构造　　地质构造属断块隆起，以中生代压性及压扭性断裂为主，山区地质构造分为华夏系构造、新华夏系构造、东西向构造。

第二节　地貌

村庄周围三面环山，一面临海，中间为冲积平原。地貌起伏较大，切割较深，沟壑纵横，局部岩石裸露，属山地切割构造，海蚀地貌。花岗岩节理垂直发育，海蚀洞穴多层分布，峰峦突兀，群峰巍峨。山体下半部分，溪涧边分别有裸岩石地，荒坡岭，陡坡梯田，东河下游入海处形成小平原。前湾、后湾、南爪木、西海、鹁鸽窝等海岸处，有滨海滩地等不同的地貌。

第三节　山脉

周边山脉属崂山四大支脉之一的午山山脉的一部分。以烟台顶为中心向四周延伸，东支到小山子，转而向南经东礓、小东山、黍子礓、弯岭，到大凤台、小凤台入海；西支经大岭到夹尖山，折而向南沿西山、棉花山、南爪木等山脉入海。

西山

烟台山、小山子

第四节　土壤

域内土壤大致分为棕壤、棕壤性土壤、沙壤、沙质黏土几种。

棕壤　俗称黄坚土，包括中层黄坚土、厚心黄坚土、薄心黄坚土3种。该土中其成土母岩为洪积物，发育完全，肥力中等，淋溶淀积层较厚，富含铁锰结核，无石灰反应，通体呈棕褐色，有利于小麦、玉米、蔬菜及水果种植。主要分布在村子周围的平坦地带和南岭沟、小东山、黍子疃西侧下坡地块。

棕壤性土壤　俗称石渣或粗砂土，主要分布在小山子、西山、黍子疃顶、弯岭等山地地片，多种地瓜、花生等作物。

沙壤、沙质黏土　主要分布在后湾西侧、南川子、海屋后等海湾周围。

第五节　地名

域内地名有烟台山、大岭、夹尖山、西山、棉花山、西海、淡咸水、鹁鸽窝、南爪木、南川子和小山子、胡家庵、东疃、南岭沟、小东山、东石棚、马肚带、大头地、黍子疃、疃前、弯岭、海屋后、东茔、西茔、南茔、东窝子、葛家院、大凤台、小凤台、东河、河东崖、东浆、浆东崖、东圈、庙后、庙西坡、南沙等。

第二章　海域

第一节　海岸带

域内海岸带东起后湾，西至西海与金家岭街道石老人村相接，全长10余千米，由于受燕山运动晚期花岗岩侵入影响，境内山地丘陵延伸入海，构成了沿海的陡壁、岬角、岛礁、海湾、沙滩等奇特的海滨风光。

海岸主要以花岗岩组成的海蚀崖、海蚀洞、海蚀柱等地貌现象和潮滩地带构成。其特点是：抗蚀性强，海蚀后退速度缓慢。大凤台、小凤台、南爪木、鹁鸽窝等处海岸带陡峭、险峻，有的地方离岸后不远处，水深10米以上。尽管花岗岩石质坚硬，仍可见海蚀洞穴、海蚀裂隙等痕迹。

海岸带上分布着后湾、前湾、东圈、爪木圈、鹁鸽窝、洋岚子圈、菊花圈7个海湾。

后湾　位于黍子礓东侧，是沙子口湾西侧的一个组成部分。海滩为黄色细沙，底部为沙泥。海湾中盛产蛤蜊、蛏子、海螺、鱼、蟹等海产品。曾是传统的岸基拉网渔场和天然的海水浴场，正南有处处乱、驮篓岛等岛屿，景色旖旎。

后湾沙滩

前湾　位于村庄东南，东河入海口处，东起大凤台，西至南川子，海滩为灰褐色细沙。东侧有一砾石滩，称“东圈”。西侧建有岸基码头，周围有望儿石等诸名胜。南侧有小公岛等岛礁，形成了绚丽多姿的海滨风光。

前湾

爪木圈　位于村庄正南，东为南川子，是一个与前湾毗邻的砾石海湾，堆积有各种各样的鹅卵石。

鹁鸽窝　位于村庄西南，东为南爪木，西至西海，海滩为黄色细沙，东南侧建有北海

分局科学考察基地码头，海岸上有鹑鸽窝海蚀洞和天然形成的神仙桥等奇特的海蚀景观。

洋岚子圈 位于大小凤台之间，为砾石滩，有牡蛎、海螺、蛤蜊等海产品。

菊花圈 位于村庄西南方向，汇海山庄前方，西侧为半半山，是西山沟的入海处，为一砾石滩，因周边生长有大量野菊花而得名。海湾南侧大海中，低潮位时可显露出一块状如牛心的岩礁，称为“牛心石”，是一处海洋自然景观。

第二节 海岛

域内沿海分布着大小岛屿8座，这些岛屿在地质构造上和大陆紧密相连，是陆地地质构造和地层级岩体向海域的延伸。它们在历史上曾是陆地的山体或丘陵的一部分，后因海蚀而成为现在的海岛。

处处乱 位于大凤台东南侧，最高点海拔7.2米，距陆地最近点300米。岛呈椭圆形，无主峰，岩石犬牙交错，乱石杂陈，故名。

大福岛 位于村庄东南方向。面积0.584平方千米，海岸线长5.85千米，最高点海拔87.5米，距陆地最近点0.18海里。相传秦始皇遣徐福出海求仙药时，在此登船，故亦名“徐福岛”。

小福岛 位于大福岛西侧。面积0.0136平方千米，海岸线长0.58千米，最高点海拔10.6米，距陆地最近点0.27海里。因面积较大福岛小，故名。

驮篓岛 位于村庄东南侧。面积0.0094平方千米，海岸线长0.52千米，最高点海拔17米。岛形中间凹，两头凸，状似驮篓，故名。

小公岛 位于村庄正前方。面积0.0121平方千米，海岸线长0.54千米，最高点海拔37米。岛上生长有草本植物。

小公岛

大公岛 位于村庄南侧偏西方向，面积0.1555平方千米，海岸线长1.93千米，最高点海拔120米。岛上植被茂密，鸟类繁多。

小屿岛 位于村庄西南侧。面积0.0113平方千米，海岸线长0.61千米，最高点海拔41.9米。岛上生长有草本植物和各种海鸟。

小屿岛

潮连岛 位于村庄前方较远处。

由太平角岛、西山头岛、潮连岛三部分组成。生长有多种草本和木本植物。

第三节　海洋水文

海洋水文包括潮汐、潮流、海浪、海水温度及盐度等要素。

一、潮汐

本域沿海潮汐属半日潮类型，即每个太阳日（24 小时 48 分）有两次高潮、两次低潮，平均潮差 2.8 米至 3.4 米。高潮出现在月亮中天后 4 小时 50 分，低潮出现在月亮中天后 11 小时零 2 分。潮汐形成时间的计算公式为：高潮时间（时）= 当日阴历日期－ 1（如农历十六日以后应减 15）×0.8+5 低潮时间 = 高潮时间的前后 6 小时。

在一个月当中，每日潮汐涨落的高低也不尽相同。按农历计算，一般规律是：初五小，十三大，二十小，二十七大，谓之四信，每月四信，每信七天。二十七起信，大潮开始，到初三，十八最大，初七，二十三最小，大潮涨落俱大，小潮涨落俱小。大潮后三日续大，小潮后三日续小。当地有各种关于潮汐的谚语，如“初一、十五正响干，初八二十三两头响嘣干”“初三潮，十八水，十月一日晒干底”。

二、潮流

沿岸海域属半日潮类型，受季风影响，潮汐现象可能略有差异，但并不明显。一般来说，涨潮西向潮流，流速 1.5 海里，落潮潮流东向流速 2.5 海里，海岛周边海域为沿岸流（俗称转岛流），最大流速 3 海里。

三、海浪

沿海全年以风浪为主，兼有涌浪和混合浪，四季中最多风浪方向分别是东、东南东、北西、西北，频率分别是 5%、4%、6%、12%，累计最多风浪方向是北西，频率是 5%。最多涌浪方向四季分别是南东、东南、东南东，以南东频率最高为 24%，累计平均波高 0.7 米。

四、海水温度及盐度

温度　近海面海水表层年平均水温为 13.5℃，最低水温在 1 月，平均 1.77℃。严寒时期，海湾浅滩结薄冰。最高水温在 8 月，平均 24.5℃。

盐度　沿海水表层盐度历年保持在 30‰～ 32‰。河口附近因淡水流入过多，盐度多在 26‰～ 28‰之间，雨季可降至 25‰。

第三章　水系

第一节　河流

域内自成水系，无外来水汇入，主要河流有5条，分别为东河、西沟、西山沟、北岭沟、东浆沟，均属季节性河流，源短、流急，全部为南北流向，直流入海。

东河　位于村庄东侧，源自午山顶，全长3.6千米，流域面积4.7平方千米，流经石湾、北姜、东姜村，在村庄东南侧注入前湾，下游曾生有小胱鱼、河蟹等。

西沟　源自午山顶，全长3千米，自北向南经北姜、西姜村到南姜村后折而向东，穿村而过，在村东侧与东河汇合后，向南注入前湾中。

西山沟　位于村庄西侧，源自夹尖山，汇集西山诸条溪水向南注入菊花圈中。

北岭沟　位于村庄东北方向，源自烟台顶，流经胡家庵、东洼，向南注入后湾中。

东浆沟　位于村庄东南侧，汇集了小东山南岐、疆前、黍子疆西岐一带的溪流，经东浆大湾、豁子嘴注入前湾中。

第二节　山泉 水井

一、山泉

泉是地下水的露头，本地属花岗岩山地，岩石天然缝隙为存储地下水提供了条件。因此，西山的溪涧中渗水的地方很多，水质清澈、甘洌。最大的一股泉水位于村庄中央，家庙前的河沟中，称为“小窝”，泉中之水，冬暖夏凉，终年不涸，久为村民洗濯之处。

二、水井

水井有饮用水井与灌溉水井两种。饮用水井主要是北井，其他为灌溉水井。

北井　位于村庄东北侧，公路西侧，是村民的主要饮用水水源地，井深约6米，井底为花岗岩石，严重干旱时，井可露底，但水很快就会渗出。

窝子井　位于村庄东侧，东河东沿上，水质较差，不可饮用，主要用于灌溉。

小井　位于村子东南侧，窝子前方，东河东沿上，甜水井，水质较好，可饮用，但因距村较远，平时主要用于灌溉，严重干旱时，成为辅助饮用水水井。

海庙井　海庙西侧和后侧各有一口水井，可以饮用。

东窝子井　位于东窝子，为灌溉用水井。

机井　主要用于农田灌溉，是20世纪70年代农业学大寨运动期间所建，共有3口，

都分布在村庄东侧，小东山前，海屋后一带。另外，村庄南侧东河下游西侧亦有一口灌溉用水井。

第三节　水库 池塘 水湾

姜哥庄水库　位于北姜村与石湾村之间，库容量 20.8 万立方米。于 1958 年冬破土动工，1959 年 3 月停工。1972 年二期工程动工，由东姜、西姜、南姜、北姜四村共同出劳力，按照统一分配的任务修建，1973 年竣工。随着“四姜一湾”旧村改造工程的推进，该水库现已成为海信集团所建高档小区的一处景观。1985 年村里曾尝试以该水库为水源拉自来水，后因各种原因放弃。

姜哥庄水库

西山池塘　位于西山溪涧的中段，汇海山庄之上，分三层共三个池塘，为 21 世纪初建造汇海山庄时作为景观而建，属租赁性质，所有权归本村所有。遇到旱天，山上种地的村民都到此取水浇地。

大湾　位于东河东侧，常年有水，用于灌溉河东大片农田。夏天会有村民到湾内洗澡解暑。1975 年兴建大寨田时改建为机井，盖起了机房，安装了抽水机，用于灌溉附近农田。

蛤蟆湾　位于老村西南端，西茔前方，公路北侧，因湾内有大量蛤蟆而得名。20 世纪 50 年代末，沙子口水产站曾在此养殖过黄鳝鱼。平日里村中孩童常来此嬉戏玩耍，水清时会有妇女到此洗衣服。随着村庄扩建，村民建造房屋，该湾于 20 世纪 80 年代消失。

东浆湾　位于村庄东侧，前湾北方，因湾中有大量黑色淤泥而得名。湾内曾生长有寨花鱼、随仔鱼、胱鱼、河蟹等。湾南侧曾生长有大片芦苇，吸引众多鸟类在此栖息。

第四章　气象

第一节　气候

域内气候四季分明，特征突出，受北温带季风性大陆性气候影响，一年中四季变化和季风进退都较明显，具有雨水充沛、年温适中、夏无酷暑、冬无严寒、气候宜人等特点。由于濒临黄海，受海洋的调节作用，又表现出春冷、夏凉、秋暖、冬温，昼夜温差小，多雾，湿

度大和无霜期长等海洋性气候的特点。四季中，温凉宜人的春秋季较久，炎热的夏季较为短促，冬季虽稍长，但亦无冰封覆盖。

一、四季

春季 3月1日至6月20日，计112天，占全年的30.7%。由于受海洋表面水温回暖较慢和从大陆入海的干冷的高压环流影响，气温回暖较内地晚，降水少，南北风交替且风速大。季均温12.5℃，季均降水量占年平均降水量的20%，其中，前半季仅有59.7毫米，加上风速大、湿度小、气候干燥，可谓“十年九春旱，又有春风裂石柱”。后半季随着海洋表面水温回暖及海上高压环流影响，南风频率增多，空气温度渐增，云、雨、雾等天气明显增多。

夏季 6月21日至9月5日，计77天，占全年的21.1%。因受副热带高压的控制，多为东南季风，表现出海洋性气候的特点。气温虽高，但极少酷暑炎热天气，季均温24.5℃。8月份气温最高，有极端高温出现，日最高气温大于30℃的日数为20.1天，占全夏季的33.1%。6月末、7月初进入汛期，常出现连续阴雨天气，称为“连阴天”，季均降水444.8毫米，占全年的57%。

秋季 9月6日至12月5日，计91天，占全年的24.9%。随着副热带高压南撤，气温渐低，水汽渐少，降水日减，冷空气开始活跃，但由于暖湿空气还有一定的强度，多雨之秋也间有发生。此外，还可能受台风影响或侵袭，造成暴雨和大风天气。9月下旬至10月下旬，南下的冷空气逐渐加强，暖湿空气强度明显减弱。10月上中旬起，天气渐凉，能见度高，可谓“秋高气爽”，有“小艳阳”之称。11月中旬起，蒙古高压南移，冷空气日渐活跃，每旬气温以3℃之差下降，北风渐多，冬季季风明显增强，降水量149.3毫米，占全年降水量的22%。

冬季 12月6日至翌年2月底，计85天，占全年的23.3%。受大陆干冷高压控制，多西北季风，气候干燥寒冷。1月最冷，季均温为-0.8℃，低于-5℃的平均日数为52.2天，占全季天数的61.4%，低于-10℃的平均日数为12.9天，占全季的15.2%，低于-15℃的平均日数为0.6天，占全季的0.7%。极端低温出现在1月或2月上旬，且昼夜温差小，季均降水量155.4毫米，最大积雪深度19厘米。

二、日照 云雾

日照 据气象资料记载，域内历年平均日照时数为2515.5小时，最高日照在1968年，为2274小时，极少日照在2003年，为1759.5小时。月份日照，1992年5月最多，为301.3小时，2003年8月最低，为90.2小时。

南姜地区太阳出没时间表

表2－1

节气	日出	日落
立春	6时58分	17时28分

续表 2－1

雨水	6 时 42 分	17 时 43 分
惊蛰	6 时 23 分	17 时 57 分
春分	6 时 02 分	18 时 10 分
清明	5 时 40 分	18 时 23 分
谷雨	5 时 19 分	18 时 36 分
立夏	5 时 02 分	18 时 49 分
小满	4 时 49 分	19 时 02 分
芒种	4 时 42 分	19 时 19 分
夏至	4 时 42 分	19 时 19 分
小暑	4 时 48 分	19 时 19 分
大暑	4 时 58 分	19 时 12 分
立秋	5 时 11 分	18 时 58 分
处暑	5 时 24 分	18 时 40 分
白露	5 时 35 分	18 时 18 分
秋分	5 时 47 分	17 时 55 分
寒露	5 时 59 分	17 时 33 分
霜降	6 时 13 分	17 时 13 分
立冬	6 时 27 分	16 时 58 分
小雪	6 时 42 分	16 时 47 分
大雪	6 时 56 分	16 时 44 分
冬至	7 时 06 分	16 时 48 分
小寒	7 时 10 分	16 时 58 分
大寒	7 时 07 分	17 时 12 分

南姜地区部分年度日照时数情况统计表（1951 — 2011）

表 2－2　　单位：小时

年＼月	1	2	3	4	5	6	7	8	9	10	11	12	累计
1951	143.5	102.8	207.4	206.2	203.7	271.8	181.2	183.3	207.6	244.0	157.7	179.0	2288.2
1963	253.1	247.4	258.9	166.8	198.8	308.2	143.8	255.8	202.5	292.4	206.7	201.9	2736.3
1975	157.0	185.1	240.6	187.6	276.4	219.0	124.8	209.6	179.4	135.3	160.2	165.8	2240.8
1981	182.1	176.4	224.3	225.1	281.9	227.5	237.4	217.1	237.3	204.5	162.8	177.7	1554.1

续表 2－2

1988	183.0	187.2	191.8	258.5	275.4	251.5	176.0	284.2	248.4	203.2	234.7	175.0	2668.9
1993	165.0	182.9	251.7	251.2	258.8	186.5	163.1	199.3	240.3	239.9	130.9	187.3	2456.9
2000	147.1	200.1	236.7	249.2	224.9	214.1	209.2	188.8	194.9	184.6	146.8	169.3	2365.7
2001	149.4	179.4	251.5	247.5	274.9	194.6	194.7	239.3	236.1	181.3	197.1	160.6	2506.4
2002	187.7	195.8	210.3	207.5	211.9	198.4	190.2	162.6	219.1	169.1	176.2	107.9	2236.7
2003	165.9	154.1	149.1	168.2	166.9	161.3	117.6	90.2	146.6	166.2	123.0	150.4	1759.5
2004	165.8	198.4	206.8	223.2	199.2	158.3	126.0	96.4	181.1	196.6	157.6	98.9	2008.3
2005	173.0	153.3	212.3	238.2	265.0	190.2	143.7	140.0	133.2	198.8	147.6	153.4	2148.7
2006	70.1	124.0	261.8	194.5	214.7	174.8	75.1	173.4	196.4	156.0	117.8	100.3	1858.9
2007	136.4	161,8	182.7	197.4	226.5	171.7	164.5	148.0	140.6	138.1	161.9	123.5	1953.1
2008	128.1	180.6	194.5	215.8	222.7	163.8	151.1	215.5	214.6	203.1	178.8	187.6	2256.2
2009	213.2	112.5	215.3	246.3	257.7	219.1	220.0	229.3	207.1	217.6	161.7	144.7	2444.5
2010	159.7	103.2	170.7	218.6	227.2	229.4	209.4	133.4	174.4	235.4	208.7	215.5	2285.6
2011	193.7	160.3	271.7	257.3	215.7	180.2	157.3	135.7	173.1	195.3	139.7	156.6	2236.3

云 域内年平均总云量在5.0成至5.5成之间，夏季平均总云量最多，达7.1成至7.9成，冬季总云量最少。1月和12月平均在2.0成至4.0成之间。由于本域濒临黄海，水汽充足，加之重峦叠嶂之影响，雨过天晴时，气流运动活跃，白云随风飘浮，回旋舒展，形成浮云景观。

雾 域内地处太平洋西岸的一个多雾中心，据历年气象资料记载，年平均雾日为50天，多为平流雾，即海雾，雾季集中在春末夏初。每年自4月起雾最盛，7月下旬减弱，8月因海水表面温度高于空气露点温度，海雾几乎绝迹。

三、气温、地温

气温 域内地处季风气候区，又受海洋气候影响，具有温度适中，冬暖夏凉，年振幅和昼夜温差小的特点。1954至2003年均温12.4℃，历年均温在11℃至12.5℃之间。冬季从12月下旬开始，温度一般降至0℃以下，2月下旬逐渐回升到0℃以上，春季温度逐月回升在5℃至6℃之间，均温为12.4℃。夏季8月最热，季均温为23.7℃，秋高自9月下旬气温降至20℃以下，11月可降至5℃以下。四季变化与同纬度其他地区相比，季节明显推迟。

极端最高气温出现在7月中旬至8月中旬。历年最高气温出现在2002年7月9日至16日，持续7日高温在35℃以上。7月15日极值温度39.5℃，地面温度65.5℃，为近百年不遇。极端最低气温出现在1月下旬到2月上旬，1957年1月22日极值温度为-20.5℃。

南姜地区平均温度逐月统计表（1988—2005）

表2－3　　单位：℃

年＼月	1	2	3	4	5	6	7	8	9	10	11	12	平均
1988	-0.7	-0.3	4.3	12.0	17.5	21.8	25.6	25.1	21.7	15.9	7.9	1.3	12.7
1989	0.2	1.8	6.2	14.1	18.1	20.9	24.3	25.2	21.7	16.2	6.7	2.4	13.1
1990	-1.9	1.5	7.3	11.6	16.6	21.3	25.4	26.4	21.9	16.0	10.5	1.8	13.2
1991	-0.2	1.3	4.8	11.6	16.5	21.5	25.2	25.6	21.7	15.2	8.1	2.1	12.8
1992	-0.4	1.9	5.3	13.1	18.0	20.7	26.7	25.4	21.5	13.9	7.4	2.8	13.0
1993	-1.5	2.3	6.4	11.6	17.7	20.6	23.2	24.6	22.5	15.3	8.1	1.1	12.7
1994	0.4	1.2	5.1	14.0	18.7	22.9	27.3	27.1	21.8	15.6	10.1	2.2	13.9
1995	-0.2	2.1	6.5	11.2	17.5	21.5	24.9	26.4	20.9	15.9	8.5	1.0	13.0
1996	-0.8	0.0	4.9	10.6	18.5	21.9	24.0	25.4	22.1	15.2	6.5	2.9	12.6
1997	-2.0	1.4	7.0	12.8	18.8	23.5	26.9	26.8	21.0	16.1	8.6	2.7	13.6
1998	-0.9	3.1	6.7	12.9	17.4	20.4	26.7	25.8	23.7	18.0	10.4	3.1	13.9
1999	1.4	3.5	6.8	13.2	18.6	21.9	25.5	26.0	23.2	16	8.9	2.8	14.0
2000	-1.4	0.1	7.6	13.3	17.7	22.9	26.6	26.7	22.8	15.8	7.7	3.6	13.6
2001	-0.7	2.0	6.5	12.5	19.6	22.8	26.0	26.1	22.5	17.1	8.5	0.7	13.6
2002	2.2	4.8	8.9	13.3	17.9	22.0	26.3	25.8	22.7	14.7	7.0	1.6	13.9
2003	-1.2	2.3	6.0	12.9	17.8	22.0	23.2	25.0	22.2	15.9	8.7	2.2	13.1
2004	-0.3	3.9	7.4	13.4	18.5	22.9	26.1	25.6	22.9	16.5	9.9	3.7	14.2
2005	-0.9	-0.7	5.5	14.2	18.0	24.1	26.6	25.2	22.0	16.1	10.9	0.0	13.5
平均	-0.7	1.8	6.3	12.7	18.0	22.0	25.6	25.8	22.2	15.9	8.6	2.1	13.4

地温　地面温度的分布变化趋势和气温基本相同，距地表向下5厘米地温，累计平均为13.9℃，1月份最低为-0.8℃，8月份最高为27.7℃。地面温度极值出现在1957年1月24日，为－24.8℃。2002年7月9－16日，地表温度65.5℃，为近百年不遇。

四、　降水

域内的降水量随季节而变化，大致为：冬季降水量少，春季次之，夏季最多，秋季多于春季。春季平均降水28.7毫米。1999年1－3月连续3个月无降水，2000年、2001年的3月均无降水，故春季经常出现干旱。夏季（6－8月）的降水多集中于7、8月，平均降水量为111.5毫米。1985年8月降水441.3毫米，7、8两月共降水555. 9毫米。夏季降水最少为1992年6－8月，共降水131.2毫米。秋季平均降水42.3毫米，多于春季，最大降水为2000年237毫米，最少是2002年64毫米。

南姜地区降水量历年逐月情况（1988—2011）

表 2－4　　单位：毫米

月	1	2	3	4	5	6	7	8	9	10	11	12	累计
1988	2.6	0.0	10.0	5.8	23.4	55.7	219.7	140.7	9.8	33.9	5.6	8.9	516.1
1989	33.0	0.8	82.6	7.4	31.7	70.9	77.4	130.8	21.9	3.6	43.8	1.2	505.1
1990	20.6	22.0	21.2	21.4	142.5	137.4	237.3	139.8	74.1	1.7	4.5	4.1	826.6
1991	9.9	13.1	30.9	39.0	74.9	95.0	149.5	59.5	40.3	11.1	25.0	23.5	571.7
1992	13.2	9.7	3.1	6.7	38.1	3.9	93.2	34.1	106.1	18.5	4.0	29.7	360.3
1993	3.4	40.6	4.1	29.1	75.7	110.2	286.3	26.0	33.4	20.2	121.3	4.6	755.5
1994	0.0	1.1	33.1	45.7	15.9	56.5	161.0	200.2	36.4	128.7	39.4	23.6	741.6
1995	2.2	0.0	30.8	11.8	43.4	37.1	117.6	226.2	37.1	31.0	3.4	0.3	540.9
1996	12.9	0.0	26.1	47.8	2.3	164.1	114.5	124.2	1.4	79.1	19.5	17.5	621.4
1997	2.8	15.3	14.5	30.9	26.5	12.1	29.7	200.7	7.1	1.8	75.0	16.1	432.5
1998	6.5	36.1	23.8	53.1	89.3	39.2	118.1	347.9	44.3	41.9	1.3	3.4	804.9
1999	0.0	2.2	0.7	22.1	91.7	104.9	68.7	102.8	112.7	71.4	14.0	0.3	591.5
2000	42.5	5.5	0.9	15.4	67.7	57.7	70.8	239.0	130.8	76.8	42.6	1,7	751.4
2001	31.7	16.9	4.5	12.8	11.0	39.7	296.8	182.4	11.5	7.9	20.7	13.7	649.6
2002	17.4	0.1	20.7	52.2	66.4	58.2	111.0	45.8	40.0	20.6	6.9	5.3	444.6
2003	8.5	28.2	25.5	57.1	57.5	160.4	138.0	124.6	100.1	30.8	33.9	14.0	778.6
2004	1.3	23.5	6.6	60.4	62.3	90.1	129.5	152.6	36.2	12.0	62.6	14.6	651.7
2005	0.5	24.3	8.4	29.7	47.7	68.5	56.5	298.9	261.6	18.8	5.2	5.0	825.1
2006	7.3	5.1	3.0	42.5	66.1	41.4	151.2	194.3	19.5	4.8	41.1	22.1	598.4
2007	4.1	8.9	59.9	38.4	45.2	147.7	115.6	391.5	220.2	11.4	—	18.8	1061.7
2008	16.0	—	16.0	41.0	105.0	49.0	178.0	87.0	39.0	20.0	4.0	3.0	558.0
2009	0.4	13.4	29.5	40.2	65.2	39.8	316.7	97.5	14.1	41.0	23.7	14.4	695.9
2010	1.9	27.7	24.0	25.3	87.2	27.7	87.6	196.8	125.3	16.0	0.3	—	619.0
2011	0.2	19.2	5.2	19.4	42.8	69.4	200.7	198.7	85.3	10.5	35.1	15.4	701.9

五、 湿度、蒸发

湿度 域内三面环山，一面临海，气流中水汽含量充沛，湿度较大，年平均相对湿度为70%。7－8月湿度最高，分别为85%、82%以上；1－5月较低，在68%以下。夏季海雾出现时，相对湿度为90%以上。

蒸发 根据气象记录的蒸发器皿中观测到的水面蒸发量，年平均蒸发量为1568.6毫米，多于降水近1倍。1968年最大为1711.8毫米，1964年最小为1234.4毫米。月蒸发量1月份

最小为49.2毫米，由此逐月上升。5月份最大为212.4毫米，6月份以后逐渐减少。

六、风、气压

风　域内11月到翌年3月多西及西北风，4－8月多南及东南风，9－10月北风和南风风势基本相等。历年平均风速为2.7米/秒，4月最大为3.8米/秒，9月最小为2.0米/秒。极大风速出现在1985年8月19日，沿海风速20米/秒以上。

气压　域内的气压变化季节性明显。冬季受蒙古高压外围控制，气压最高；夏季受副热带高压的控制，气压低。1988年以来，历年平均气压为1015.9毫巴。其中，1月最高，平均为1025.7毫巴，7月最低，平均为1002.8毫巴。一年当中，1－3月和10－12月的平均气压高于年平均值，4－9月低于平均值。

七、霜、雪

霜　每年的初霜期一般在10月中旬，最早10月2日，最晚11月2日。终霜期一般在4月中旬，最早3月24日，最晚4月26日，无霜期累计年平均为179天。历年的霜冻平均始日为10月30日，终日为4月11日，约为谷雨节之前，但也有例外。因此，当地有"谷雨断霜不断霜"之说。冰期累年平均为109.2天，最少91天，最多124天。

雪　域内降雪日数较少，冬季水分状况很差。20世纪80年代后，历年最大积雪深度19厘米。降雪最早日是11月8日，最晚日是1月12日。降雪终日最早是1月31日，最晚是4月6日，故有"清明断雪不断雪"之说。年降雪最多17天，最少3天。

第二节　物候

物候是指域内那些受环境因素影响而出现的以年为周期的自然现象。域内的物候变化属暖温带物候规律，虽受山脉、海湾等小气候的影响，但物候表现时间差距不大。

一、动物类

鸟候　大雁阴历九月南飞，次年仲春北返。燕子3月始见，霜降南返。因此有"大雁不过九月九、小燕不过三月三"的谚语。布谷鸟于立夏前后返回，有"立夏到，布谷鸟叫"之说。

其他如鹌鹑、窜草鸡、斑鸠等候鸟南迁北徙，同大雁、小燕大体相同。

鱼候　沿海海域与洋流相连，每年春秋两季，鲅鱼、白鳞鱼、鲐鱼、带鱼、对虾、梭子蟹等在此觅食、生长、繁殖，形成鱼汛。春汛时间在谷雨到夏至之间，当地有"谷雨船上网，立夏鱼上车，小满前后挖厚"的谚语。梭子蟹到的较早，有时清明即可见苗，因此有"清明的蟹子谷雨的虾"之说。秋汛时间在白露到霜降之间，见雪之后鲅鱼绝迹。

虫候　蝉始叫，夏至到；蟋蟀叫，秋天到；蚂蚁秋后蛰居，谷雨出洞；蛇、蛙、蜥蜴立冬蛰眠，清明前后复苏。

兽候　獾、刺猬冬至蛰居，清明出洞。

二、植物类

小麦 寒露前下种，来年谷雨后打苞，立夏开花，芒种灌浆，夏至收获。有“白露早，寒露迟，秋分种麦正适宜”“麦熟一晌”和“麦割夏至”的谚语。

谷子 谷雨下种，六月开花，处暑后收获。有“处暑三日无青穇”的谚语。

地瓜 小满栽培，八月十五后开始收获。

白菜 萝卜 中伏种萝卜，末伏种白菜，立冬收萝卜，小雪收白菜。有“中伏萝卜，末伏菜”和“立冬的萝卜，小雪的菜，再不收拾要冻坏”的谚语。

树木 梧桐树清明前开花发芽，立冬前落叶。刺槐树清明后发芽开花，霜降落叶。

第五章 自然资源

第一节 土地、水、矿产资源

一、土地资源

1961 年本村有耕地 717 亩，山岚 380 余亩。现有土地总面积 832.5 亩，其中耕地 383 亩，林地 400.5 亩，港池 39 亩。

二、水资源

域内拥有较丰富的地表水和地下水资源，东河、西沟、西山沟 3 条河沟全年大部分时间有水流淌，东河上游的水库是东、西、南、北姜 4 个村共同修建的一座用于农田灌溉的水库，蓄水量约 20.8 万立方米。村内有名为小窝的泉眼，水势旺盛。村东侧有北井、窝子、小井、机井等水井 6 眼，常年有水，大旱不涸。

三、矿产资源

域内矿产资源主要为花岗岩，分布在西山和南爪木海岸带周围。西山的花岗岩为白色，南爪木圈的花岗岩为青绿色，另外在西山还储有石英和氟矿等。

第二节 动物资源

域内的野生动物资源包括兽类和鸟类两大类。

一、兽类

清代以前，村庄周围的山上有狼出没，并常入村骚扰，村中有其固定通道，称为“马虎径道”。1930 年青岛市政府令第十六号公布准许狩猎的野生动物有野猪、狼、兔、狐狸、野猫、鼬、蝙蝠等。1949 年后，域内主要野生动物有狐狸、野兔、獾、貉、黄鼬等。现常见的野生动物

主要有野兔、獾、刺猬、蝙蝠、黄鼬、家鼠、田鼠等。

二、鸟类

域内留鸟主要为麻雀、喜鹊、鸽子、鹰等，主要候鸟有燕子、斑鸠、鹌鹑等。村庄上空为鸟类迁徙通道，每年有大量旅鸟通过，并在山上做短暂停留、栖息。1983 年，崂山县鸟类自然保护区管理站对崂山鸟类资源进行调查，发现的鸟类有230余种，隶属10目、30科、63属。其中食虫鸟86种，食鼠鸟17种。1984年就225种鸟类进行调查，计有留鸟15种，夏候鸟85种，冬候鸟 18 种，旅鸟 107 种。其中属国家保护的珍禽一类的 4 种，二类的 28 种，主要有短尾信天翁、白尾海雕、虎头海雕、金雕、斑嘴鹈鹕、褐鹈鸟、海鸥、黄嘴白鹭、苍鹰、雀鹰、白尾鹞、乌灰鹞、鹊鹞、乌雕、鹗、猎隼、游隼、燕隼、红隼、灰鹤、棕背田鸡，草鸡、红角隼、长耳鸮、短耳鸮等。

喜鹊

海鸥

第三节　植物资源

域内气候温和湿润，无霜期长，适宜于各种植物生长。本地植物分为木本植物和草本植物两大类，在繁茂的植被中还生长有大量的中草药。

一、木本植物

木本植物主要有赤松、黑松、雪松、圆柏、侧柏、梧桐、楸树、刺槐、国槐、麻栗、柳树、杨树、山茶、流苏、枫树、水杉、朴树、无花果、柿树、紫穗槐、山合欢、香椿、臭椿、花椒、紫薇、黄杨、女贞、刚竹、淡竹等。

黑松

板栗

二 、草本植物

草本植物以禾本科、藜科、菊科、豆科、石竹科、毛茛科等为常见品种。主要有野麦莛、雀麦、疏花雀麦、拂子茅、茅草、稗、芦根草、牛鞭草、香茅、雀稗、苇子、糙毛鹅观草、黄花蒿、青蒿、黑蒿、米蒿、野艾蒿、艾蒿、刺儿菜、大刺菜、山菊、野蒿、野曲曲菜、山牛蒡、苦菜、地丁、光滑米口袋、狭叶米口袋、糙叶黄耆、直豆黄芪、鸡眼草（掐不齐）、白三叶、草藤、小巢菜、二齿巢菜、野豌豆、野大豆、甜菜、藜灰菜、灰绿藜、地肤子（扫帚菜）、猪毛菜（刺蓬）、盐蓬（海蓬菜）、羊皮叶等。

三、药用植物

药用植物的种类很多，主要有丹参（杂杂花）、瞿麦（石竹子）、扁蓄（扁主牙）、桔梗（包袱花）、威灵仙（铁扫帚）、白头翁（老卜嘟花）、地榆（枣儿香）、车前草（车轱辘）、大蓟（驴饽饽）、小蓟（荠荠菜）、葎草（拉狗蛋）、百合（山墩子）、枸杞（狗奶子头）、土大黄（羊皮叶）、蜀葵（光光叶）、曼陀罗（洋金花）、射干（马虎扇子）、马齿苋（姜马虾菜）、斑地锦（铁皮血）、地丁、蒲公英、败酱草（苦菜子）、荆芥、茵陈、紫胡、酸枣、野菊花、葛根、玉竹、金银花、苍耳子、打碗花、半夏、薤白（小根蒜）、黄花菜、黄花蒿、野艾蒿、合欢、郁李、月季花、翻白草、红蓼（火蓼子）、马兜铃（秋木香罐）、旱麦瓶草（蚂蚱菜）、凌霄、玉兰、牡丹、芍药、枳、爬山虎、防风、桂花、迎春、瓜蒌等。生长在海岸带上的海藻、海带、裙带菜、紫菜等也是重要的药用植物资源。

崂山百合

石竹子

桔梗

第四节　水产资源

本村濒临黄海，海洋水产资源丰富，沿海鱼种约87科，155属，200余种。主要有鲅鱼、鳓鱼（白鳞鱼）、鲐鱼、黄鱼、带鱼（刀鱼）、鳕鱼（大头鱼）、鲽鱼、梭鱼、寨鱼、鲭鱼、针亮鱼、古眼鱼、青板鱼、加吉鱼、白姑鱼、鲳鱼、牙鲆鱼、鳘鱼、鳗鲡（白鳝鱼）、鳐鱼、鲱鱼、海鲋鱼、即钩鱼、红头鱼、高眼鱼、古力鱼、摆甲鱼、舌头鱼、卷鳝鱼等，另外海豚、鲸等海洋哺乳动物也常在周边海域游弋。

15米等深线以内生物主要为贝类、甲类、软体及藻类，共310余种。其中常见的有菲律宾蛤、短肌蛤、蛏、毛蚶、毛虾、对虾、虾虎、梭子蟹、日本大眼蟹、海螺、日本鲟、乌贼、枪乌贼、章鱼、海葵、海胆、海星、扇贝、贻贝、牡蛎、水母、海带、裙带菜、紫菜、石花菜、谷穗菜、海藻、叶谷菜、海麻线、老鼠尾巴等，盘鲍、刺参、西施舌为当地海中珍品。盘鲍、刺参

鲅鱼

对虾

分布在沿海岬角和海岛水下岩礁带，以东圈、羊岚子、南北流子较为多见，西施舌主要生长在后湾沙滩中。20 世纪 90 年代，人工养殖鲍鱼、海参成功。淡水鱼类主要有河白鳝、草鱼、鲢鱼、鲫鱼等。东河下游原生长有河蟹、河虾等，20 世纪 70 年代后绝迹。

第六章　自然灾害

域内地质结构稳定，无地震、滑坡、崩塌及泥石流等灾害发生，所发生之灾害主要为旱、涝、风、霜、冰雹、海啸等自然灾害。

第一节　旱灾 水灾 风灾

一、旱灾

旱灾为最常见灾害之一，多发生在春季，有“十春九旱”之说，秋季次之。全年平均连旱日数为 35 天，最长连旱日数为 174 天。1997 年 1 － 7 月仅降水 146.2 毫米，出现百年一遇的旱灾。据有关资料记载，严重干旱每 7 年一遇，有时也发生连续干旱。

二、水灾

域内夏季时常有暴雨出现，且因山陡流急，遭遇大潮汛时，泄洪不及，易出现水灾，河堤决口，损毁庄稼。1975 年 8 月天降大雨，东河下游堤坝决口，上游水库中的淡水鱼被水流冲入下游堤坝两侧的庄稼地中。20 世纪 80 年代后，河道疏通，堤岸加固，杜绝了水灾发生。

三、风灾

风灾主要发生在海上，以夏秋季节最为严重。危害性最大的是台风，对海洋作业、海水养殖、沿海设施具有极大的威胁。尤其在木帆船时代，每遇狂风恶浪，都有可能发生船毁人亡的惨剧。1965 年平整坟头时，在西茔挖出了不少衣冠冢，多为海难所致。据有关资料记载，20 世纪，台风北上，对域内天气产生影响的有 120 次之多，其中造成灾害的台风有 16 次，因台风与天文大潮叠加而引发的灾害有 13 次，直接在域内登陆的台风有 6 次。每次台风的登陆，都会造成巨大的经济损失，有时还会造成人员伤亡。

第二节　冰灾 雹灾 虫灾

一、冻灾

1916 年冬，天气极度寒冷，村中不少树木被冻死。1953 年，小麦受冻害致死。1968 年 11 月 8 日夜间，突然降雪，村民的萝卜、白菜均被冻坏。1976 年 12 月 26 日－ 1977 年 2 月

28 日，气温持续在 -10℃以下，极端气温 -17℃，越冬小麦冻死 15% 左右。

二、雹灾

雹灾多发生于 5 到 7 月，1 日中多发生于午后或傍晚，持续时间 2 — 3 分钟。冰雹直径一般为 1 — 3 厘米。据有关资料记载，1907 年大雨雹夹风暴，坏树木，鸟多死，熟麦全损。1909 年飓风带雹，损坏庄稼、树木无数。1938 年大雹，大如鸡卵，有人员伤亡。1979 年遭遇冰雹袭击，损坏农作物。

三、虫灾

1899 年秋天，粘虫成灾，虫如蚕，谷食尽，伤寒病流行，死亡病人甚多，翌年春大饥。1960 年旱、风、虫、水灾兼有，粮食大面积减产，灾情严重，人们以野菜、海菜充饥，导致严重营养不良性水肿病多发。

1594—2020 年自然灾害年表

表 2 — 5

年度	灾情
明万历二十一年（1593）	大水。前湾海圈被波浪损坏，村民合力重修
明万历四十三年（1615）	蝗灾，旱灾，不久瘟疫大流行，死亡甚众
清康熙十一年（1672）	蝗灾，“大蝗蔽天”
清乾隆十三年（1748）	五月，旱、蝗、饥、疫并发，村民多逃亡
清乾隆二十四年（1759）	六月，大风雨一日夜，木尽拔，禾更损
清道光十七年（1837）	暴雨成灾，大量梯田被毁，粮食作物大面积歉收，大饥
清咸丰七年（1857）	暴雨成灾，粮食歉收
清光绪二年（1876）	三伏无雨，庄稼干枯绝产
清光绪三年（1877）	春，旱灾，饥荒严重，草根、树皮食尽，饿死者甚众
清光绪二十五年（1899）	秋，虫灾，食谷几尽
清光绪二十六年（1900）	五月二十五日，暴风雨来袭，风力达 12 级，域内受灾严重
清光绪三十三年（1907）	四月，大雨，雹夹风暴，坏树木，鸟多死，熟麦全损
清宣统二年（1910）	除夕，大雨，村街汪洋，为青岛历史上所罕见
民国五年（1916）	冬，极寒，港口冰冻，船舶不能入港
民国六年（1917）	春旱秋涝，农业歉收
民国十四年（1925）	8 月 10 日，暴雨引发水灾，村庄受灾严重
民国十九年（1930）	8 月 1 日，暴雨成灾，损失惨重
民国二十一年（1932）	9 月，大旱，禾稼枯槁

续表 2－5

民国二十二年（1933）	持续大旱，水源枯竭
民国二十六年（1937）	海水入陆，周边农田被淹，有渔民伤亡
民国二十八年（1939）	春，大旱。秋，暴雨成灾。8 月 30—31 日，台风引发海啸，域内受灾严重
民国二十九年（1940）	春荒，食物匮乏，周围野菜、草根、树皮被采光
民国三十年（1941）	春旱，数月无雨，秋旱，庄稼枯竭，豆类、地瓜几乎颗粒无收，野菜、草根、树皮剥食殆尽
民国三十六年（1947）	农历八月二十七夜间，暴雨成灾，街道、桥涵多被损毁
民国三十七年（1948）	7 月 6 日，遭遇台风袭击，渔船、庄稼受损严重
1949 年	7 月 26 日，遭受台风、暴雨、海啸袭击，有庄稼被毁，房屋倒塌
1950 年	8 月，遭飓风、海啸侵袭，域内损失严重
1951 年	大旱，小麦、杂粮等作物几乎绝产
1953 年	冻害，小麦减产
1954 年	遭暴风袭击，域内受害
1956 年	9 月 4 日，暴雨成灾，农田被淹，河坝决口，农作物受灾严重
1960 年	12 月 18 日，遭 10 级大风袭击，域内损失严重
1961 年	9 月 7 日，暴雨成灾，损失严重
1968 年	11 月 8 日，突然降雪，村民的萝卜、白菜被冻坏
1973 年	7 月 17 日，遭遇台风袭击，域内损失惨重
1975 年	8 月 13 日，遭特大暴雨袭击，东河下游决堤
1976 年	6 月 30 日，近海风力 10 级，渔船损失严重。7 月 2 日，遭受大风、海潮袭击，冲走海带，刮坏渔船，损失严重
1977 年	10 月，大旱，水源枯竭，农作物严重减产
1980 年	9 月 1 日，大风和冰雹袭击本域，树木、房屋、高秸作物损失严重
1981 年	11 月，旱灾，粮食减产，损失严重
1982 年	春，旱，受灾严重。10 月 18 日，遭风暴灾害，农作物受损
1985 年	8 月 18 日，遭 9 号台风袭击，最大风力 11 级，至 22 日，连降暴雨 284 毫米，域内受灾惨重
1992 年	9 月 1 日，14 号热带风暴袭击域内
1995 年	8 月 22 日，遭受百年未见的大暴雨，域内损失严重
1997 年	8 月 19 日，遭遇 11 号台风袭击，域内损失严重
2002 年	7 月 9－16 日，持续高温，7 月 15 日，极端高温 39.5℃，地面最高温度 65.6℃
2003 年	6 月 20 日，受 6 号台风“苏迪罗”影响，域内近海呈巨浪，养殖业受损
2007 年	9 月 19 日，受台风“韦帕”影响，连降暴雨，域内达 221.5 毫米，为 50 年不遇

续表 2－5

2009 年	春，大旱
2020 年	7 月，连降暴雨，数十年罕见

第三篇

姓氏人口

第一章 姓氏构成

第一节 姓氏渊源

据史料记载，南姜哥庄村是曲氏先祖讳江于明朝初年迁居于此，并以先祖“江”之名讳，称为“江哥庄”，后演化为“姜哥庄”。后有王、宋、刘、辛、牟、岑、常、李等姓氏家族，先后在此安家居住。

一、曲姓

曲姓是南姜哥庄村的主要姓氏之一。曲姓在我国汉族众多姓氏中排名第164位，约占全国总人口的0.06%。曲姓的来源有多种说法，较为流行的说法主要有两种。一为源于鞠姓，一为源于山西曲沃桓叔，以地为姓。但无论是源自鞠姓还是曲沃桓叔，穷根溯源两姓均出自姬姓。所不同的是，源于鞠姓的是出自周文王之子召公，是周王族燕国王室之后。而源于曲沃桓叔的则是周武王之子，唐叔虞之后，都是周文王苗裔。

二、王姓

王姓为我国的一个大姓，来源说法较多。如源于姬姓，子姓，妫（guī）姓及少数民族改姓，其中最主要的是源自姬姓。据传，周灵王之子太子晋因直谏而被废为庶民，但人们因其是王族的后代，都将他们称为“王家”，后来这支族人也都用王来作为姓氏。

三、宋姓

宋姓起源以国为氏，出自子姓。据《唐书宰相世系表》所载，公元前10世纪周公平定了武康叛乱之后，商纣王的庶兄微子启受封于宋国，建都商丘。公元前286年，宋国被齐国所吞并，其子孙以原国名“宋”为姓。

四、刘姓

刘姓起源也有多种说法，但主要有两种：一是出自祁姓，为帝尧陶唐氏之后。相传祁姓是黄帝的后裔所分得的姓氏之一。后来祁氏被封于刘国，其子孙以国为姓，史称刘氏正宗，这就是陕西刘氏。二是出自姬姓，为周王室的后裔，相传周成王封王季的儿子于刘邑，其后代以邑为氏，世代相传姓刘，这就是河南刘氏。

五、辛姓

辛姓源出主要有三方面：一是出自莘姓，由莘氏所改。据《元和姓纂》等所载，夏王启封庶子于莘。建立莘国，其后世子孙以地为姓，称莘姓，后去“艹”头，为辛姓。二是出自高辛氏所改。相传黄帝之后有高辛氏，其后代去高改为辛姓。三是出自上古有辛氏的后裔，有以辛为姓者。

六、牟姓

牟姓起源的主要说法为周朝，是火神祝融之后，以国为姓。据《姓氏考略》所载，牟国为周时子国，相传为祝融之裔，春秋末灭国，其后人以国名为姓。

七、岑姓

岑姓出自姬姓，为西周王室姬渠之后，属于以国为姓。周武王将其堂弟姬渠封于岑，建立岑国，其后代以国名为姓。

八、常姓

常姓是一个古老的多民族、多源流的姓氏群体，但主要源于姬姓。周武王姬发封其弟姬封于康，周成王时转封于卫，卫康叔支庶，食采于常，子孙以邑名为姓。春秋吴王封支庶于常，子孙以邑名为姓。

九、李姓

李姓的来源有多种说法，但主要的说法是出自嬴姓，为颛顼帝高阳氏之后裔。尧时，皋陶担任大理的职务，其子伯益被赐为嬴姓。后子孙历三代世袭大理的职务，其子孙后代遂以官为姓，称理姓。后皋陶后裔理徽，因直谏得罪商纣王，而被处死，其妻带着儿子理利贞逃难时，因食李子充饥，得以活命，怕被商纣王追杀，故不敢姓理，便改姓李氏。

第二节　世系传承

一、曲姓《世德族》

据《世德族》光绪八年（1882）重修曲氏族谱谱序记载："余家世传，明初自云南迁至即墨，而原其始至未知卜居何里，今按宗谱所载，移居于姜哥庄南头町已十数世矣。"当时重修的家谱上，已记载有十七世，现已繁衍至二十二世，历600余年。一世祖曲江为本族始祖，二世以后有几支先后迁去石湾村、错埠岭村、王埠庄村、坡前沟村、东李村、彭家庄等村定居。后另有几支先后迁往于家下河、佛尔崖、后登瀛、小河东、于哥庄、松山后、大埠东、金家岭、午山、上臧、刘家下河、侯家庄、小水清沟、沙子口、流清河等村居住。2008年又有东北一支760余人，认祖归宗。目前共有八代（十六世至二十二世）7000余人存世，其中居住于本村者480户，1430人。

《曲氏族谱》

曲姓《世德族》一世至八世先祖名讳表

表3－1

世系	名讳
一	江

续表 3－1

二	山　万
三	隆　豹　铿　琏
四	常　宫　文秀　崇　爽　添福　添禄　添兴　当　代
五	存信　存仁　甫贤　存荣　子迴　存知　存忠　存礼　昇　存德　存成　存财　存爱 存深　尚贤　尚亮　足　聪业
六	应元　应运　应魁　大振　大坤　大钦　大文　大清　大海　大和　大有　大亮　大林 大甫　大敬　大湖　大朋　大业　大全　应忠　应正
七	之雅　叁　两　延贞　延乐　进胜　进刚　进信　进枝　进行　进也文正　进春 进夏　之法　之正　之芳　之德　之玘　之化　之业　之香之全　之理　之学　之柏 之孝　之杳　之喜　之安　进者　延胜　宾　进俸　之椁　之松　从安　之苗　从正
八	一高　一增　一清　一明　全伸　全禄　全荣　全盛　全才　文学　一□　一□　一报 一金　一汉　一音　一禄　一芳　一兰　一登　一贤　一成　一茂　一乾　一□　一虎 一蛟　一傲　一彪　一山

注：□为名讳缺失。下同。

曲姓《世德族》九世至十六世辈序范字表

表 3－2

南姜支		石湾支	
世系	范字	世系	范字
九	永	九	永
十	復	十	秉
十一	恒	十一	得
十二	中	十二	洪
十三	士	十三	正
十四	元　允	十四	元
十五	经	十五	瑞
十六	成	十六	成

曲姓《世德族》十六世至二十五世辈序范字表

表 3－3

南姜支		石湾支		坡前沟支	
世系	范字	世系	范字	世系	范字
十六	成	十六	立	十六	乐
十七	学	十七	心	十七	贤
十八	知	十八	知	十八	知

续表 3－3

十九	宝	十九	先	十九	嘉
二十	训	二十	世	二十	行
二十一	守	二十一	守	二十一	守
二十二	道	二十二	法	二十二	善
二十三	锡	二十三	修	二十三	肇
二十四	良	二十四	良	二十四	良
二十五	才	二十五	书	二十五	基

注：东北分支自二十二世开始使用南姜支辈序范字。

2003年，南姜村、石湾村、坡前沟村续修《曲氏族谱》，三村修谱人员议定，自二十六世开始，《世德族》统一使用辈序范字。2008年，东北分支新修族谱时，亦使用了这些辈序范字。

曲姓《世德族》二十六世至三十五世辈序范字表

表 3－4

世系	范 字	世系	范 字
二十六	盛	三十一	钧
二十七	绍	三十二	焕
二十八	启	三十三	伟
二十九	兴	三十四	泽
三 十	浩	三十五	顺

二、曲姓《古风族》

据《古风族》谱序记载：“余家隶籍墨邑，莫知所从来，卜居姜庄，亦莫知所自始，但考宗图所载，已历十数世于兹矣。”此谱序撰于光绪七年（1881），当时已传至十六世，现已繁衍至二十一世。历600余年，一世祖曲堂胜为本族始祖，三世祖曲京西迁往石老人村定居。后又有几支先后迁去佛尔崖、于哥庄、上王埠庄、大村庄、车家下庄及东北等地居住。古风族最早居住在东厓（今东姜村）一带，后来逐渐向南扩展与世德族毗邻而建，融为一体。1961年姜哥庄村划分为东、西、南、北四个生产队时，居住在南部的人员与世德族共同组成南姜生产大队，即现在的南姜社区。目前本族共有七代人（十五世至二十一世）存世，总人口未做详细统计，其中居住于本村者200户，597人。

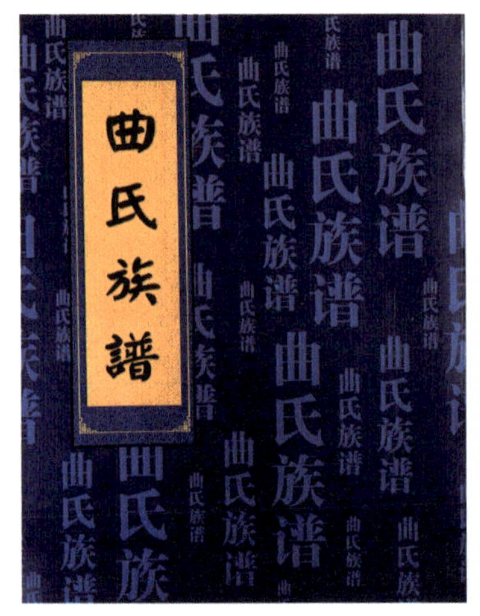

《曲氏族谱》

曲姓《古风族》一世至八世先祖名讳表

表 3－5

世系	名讳
一	堂胜
二	通　瓒　稳
三	京西　京东
四	景　宗　位　泰　厚
五	从良
六	兆枫　兆林　兆柽
七	玉律　玉爽　玉来　一音　魁音　正音　五音
八	光　高　惠　修　能　端　丕平　丕□　丕伸　丕勋　丕著　丕烈　丕兴　丕口　丕诚　丕振　丕彰　丕显
九	世洛　云方　增方　文方　錡方　镇方　铨方　元方　才方　澄方　溪方　淞方　彦方　曰方　德方　立方　廷方　世方　泽方　基方　世佐　世倨　世绪　世哲　世济　世溪　世伋　世倛　世倡　世兰　世薪　世萸　世德　世崑　世崙　世彬　世宗　世英　世俭　世华　世福　世乾　世纲　世康　世球　世玲　世锡　世铜　世锘　世鏻　世铎　世镐

曲姓《古风族》十世至十六世辈序范字表

表 3－6

世系	范字
十	声
十一	守
十二	中　曰　直　元
十三	希　宗　先
十四	训　凤　才　皋
十五	瑞　德　春　志
十六	维　克　贵　振　序　修

曲姓《古风族》十七世至二十六世辈序范字表

表 3－7

世系	范字	世系	范字
十七	立（在中）	二十二	存（在中）
十八	同（在中）	二十三	信（在中）
十九	成（在下）	二十四	生（在下）
二十	兴（在中）	二十五	意（在下）
二十一	广（在下）	二十六	茂（在中）

三、王姓、宋姓、岑姓、刘姓、辛姓、牟姓、李姓、常姓

1. 王姓　王姓共有5支，其中3支来自西姜村，1支来自北姜村，1支来自东韩村。

王书德　于20世纪初迁来本村居住，现已传5代，共38人。

王诵云　于1941年迁来本村居住，现已传4代，共10人。

王诵峰　于新中国成立以前迁来本村居住，20世纪80年代病故，无后人。

王可宝　原籍北姜村，于新中国成立初期迁来本村居住，现已传3代，共5人。

王清志　原籍东韩村，于1956年迁来本村居住，现已传3代，共5人。

2. 宋毓润　原籍即墨县洼里村，于新中国成立前迁来本村居住，现已传4代，共17人。

3. 岑作福　原籍小河东村，于1952年迁来本村居住，现已传3代，共4人。

4. 刘士升　原籍日照县石臼所四村，于1956年迁来本村居住，现已传4代，共9人。

5. 辛培贵　原籍日照县寨里河村，于新中国成立前迁来本村居住，现已传3代，共5人。

6. 牟喜忠　原籍中韩街道牟家村，于新中国成立前迁来本村居住，1988年病故，无后人。

7. 李正柏　原籍即墨上疥村，于新中国成立前迁来本村居住，1997年病故，无后人。

8. 常玉友　原籍诸城市贾悦镇韩庄村，于1963年迁来本村居住，现已传4代，共11人。

9. 李云环　原籍济南市齐河县百寺镇大代村，于1966年迁来本村居住，现已传3代，共4人。

另外，还有臧、袁、张、提、由、陈、支、董、刑、朱、胥、苟、赵、郭、隋、高、苏、闫、杨、尹、于、颜、曹、崔、费、林、初、许、雷、毛、徐、公、娇、栾、神、韩、乔、房、蒋、冯、郑、魏、殷、宿、姜、孙、单、戴、马、田、金、徐、唐、周、潘、段等共65个姓氏先后在本村落户。

第三节　居住位置

1970年以前，曲姓《古风族》主要集中居住于村庄东侧和中部一带，曲姓《世德族》分布于全村各处，王姓、宋姓、刘姓、牟姓、辛姓、常姓、岑姓、李姓等姓氏则散布于村庄之中。1970年以后，村民住宅实施统一规划，不分姓氏，只按实际需要批建，各姓氏之间相互融合居住。

第二章　人口规模

第一节　人口数量

村里早期没有关于人口数量的记录，仅在1928年出版的《胶澳志》上载有1924—1926年，老姜哥庄村的总人数。1924年为588户，2852人。1925年为591户，2880人。1926年为600户，2878人。1965年后，开始有翔实记载，1965年本村有278户，1457人。截至2020年共860户，2653人。

南姜村部分年份人口变化统计表（1965—2020）

表3－8

年份	户数	人口
1965	278	1457
1971	330	1548
1976	357	1620
1989	526	1778
1990	536	1747
1991	602	1854
1992	771	1906
1993	788	1928
1994	596	1951
1995	660	1960
1996	619	1948
1997	628	1946
1998	697	1997
1999	719	2015
2000	721	2058
2001	726	2141
2002	738	2098
2003	756	2125

续表 3－8

2004	756	2125
2005	799	2203
2006	814	2087
2007	766	2130
2008	806	2200
2009	817	2369
2010	815	2381
2011	811	2403
2012	813	2426
2013	808	2451
2014	807	2469
2015	805	2486
2016	803	2513
2017	805	2529
2018	803	2543
2019	800	2556
2020	830	2653

第二节　人口变动

村里早期的人口变动主要是不断有人迁出，自 20 世纪初开始有人迁入，迁出的人呈不断增多的趋势。

一、迁出

最早的迁出，见于曲氏《世德族》家谱记载，当在明代，二世祖曲万（也有说三世一支）迁往石湾立村定居；六世祖曲应魁迁往错埠岭定居；清朝时，七世祖曲之孝迁往坡前沟立村定居，八世祖曲一山迁往于家下河居住；曲一登、曲一方、曲一兰兄弟三人迁往王埠庄居住，曲一封、曲一财兄弟二人一起闯关东，到辽宁省岫岩县五道沟定居；九世祖曲永珠迁往东李村居住，曲永周迁往彭家庄村居住。

清朝末年，随着沙子口渔港、货运码头逐渐繁荣和青岛的开埠，不少人开始到这些地方创业、经营、安家落户。亦有一些人因种种原因，迁往其他地方安家居住。

20 世纪 50 年代以后，开始实行农业户口和非农业户口两种户籍管理。一些在国家单位、工厂工作的干部、职工成为非农业户口，在青岛市内和其他一些城市定居，成为城镇居民。

20世纪90年代初，有些人是非农业户口，但配偶与子女是农业户口，通过各种渠道转为非农业户口。90年代后期，根据有关政策，一些在社办企业工作的人员，通过缴纳相关费用，成为地方性非农业户口，亦称“自理户口”，不纳入南姜村委管理。

二、迁入

自20世纪初开始，王氏、宋氏、辛氏、牟氏、李氏等先后迁入村里。1952年岑氏迁入村里，1955年有石湾村曲心堂家族迁入，1956年又有刘姓迁入。其后，常氏、李氏又相继在村里落户。改革开放以后，又有臧氏、张氏、陈氏等50余姓氏，陆续在村里入籍。同时，原来一些农转非的人员又将户口迁回本村。另外，有些居住在外地的退休人员，也叶落归根，举家迁回域内。

三、出生、死亡

村里早期的出生死亡人数没有进行详细统计，仅做了2015年以来的数字统计。从2015年到2020年6年间，全村共出生220人，死亡97人。其中男性出生110人，女性出生110人，男性死亡56人，女性死亡41人。

南姜社区2015—2020年出生人数表

表3－9

年份	总人数	出生人数	其中	
			男	女
2015	2486	25	13	12
2016	2513	52	32	20
2017	2529	39	17	22
2018	2543	32	11	21
2019	2556	46	24	22
2020	2653	26	13	13

南姜社区2015—2020年死亡人数表

表3－10

年份	总人数	死亡人数	其中	
			男	女
2015	2486	15	9	6
2016	2513	21	12	9
2017	2529	12	6	6
2018	2543	14	8	6
2019	2556	15	10	5
2020	2653	20	11	9

第三节　人口构成

一、性别构成

根据2020年户籍记载，全村共有人口2653人，其中男性1199人，约占总人口数的45.19%；女性1454人，约占总人口数的54.81%。

二、姓氏构成

村里的主要姓氏是曲姓，占绝大多数，还有王姓、宋姓、刘姓、李姓、岑姓、常姓等60多个姓氏。

南姜社区姓氏情况统计表

表3－11

姓 氏	人口数	占比（%）	姓 氏	人口数	占比（%）
曲	2234	84.20	苟	2	0.07
王	84	3.16	赵	3	0.11
宋	26	0.98	郭	1	0.03
岑	7	0.26	隋	2	0.07
刘	30	1.13	高	7	0.26
辛	5	0.18	苏	3	0.11
李	30	1.13	闫	1	0.03
常	14	0.52	杨	4	0.15
臧	5	0.18	尹	3	0.11
袁	3	0.11	于	7	0.26
张	29	1.09	颜	9	0.33
提	1	0.03	曹	3	0.11
由	1	0.03	崔	6	0.22
陈	13	0.49	费	1	0.03
支	1	0.03	林	2	0.07
董	9	0.33	初	3	0.11
刑	3	0.11	许	3	0.11
朱	4	0.15	雷	2	0.07
胥	2	0.07	毛	2	0.07
徐	1	0.03	金	2	0.07
公	1	0.03	徐	6	0.22

续表 3－11

矫	4	0.15	唐	5	0.18
栾	1	0.03	周	4	0.15
神	1	0.03	潘	7	0.26
韩	5	0.18	段	3	0.11
乔	4	0.15	宿	2	0.07
房	9	0.33	姜	4	0.15
蒋	1	0.03	孙	5	0.18
冯	1	0.03	单	5	0.18
郑	2	0.07	戴	5	0.18
魏	2	0.07	马	5	0.18
殷	1	0.03	田	2	0.07

三、年龄构成

2020 年南姜社区 0—17 岁 551 人，占总人口数的 20.77%，18—40 岁 705 人，占总人口数的 26.57%，41—60 岁 792 人，占总人口数的 29.85%，61 岁以上 605 人，占总人口数的 22.81%。

四、文化构成

20 世纪以前，村里没有学校，只有私人塾馆，进塾馆学习的人寥寥无几，绝大部分人都是文盲。1905 年姜哥庄蒙养学堂建立之后逐渐有人进入学校，学习现代文化知识，但人数有限。20 世纪 30 年代以后，学生人数开始增多，并开始出现最早的初中毕业生和中专毕业生。20 世纪 40 年代以后，村中的男童大部分都能入校学习，但大多只是初小毕业生，高小毕业的人数很少，女孩大部分是文盲。新中国成立以后，国家开始重视文化教育，成立扫盲识字班，普及文化知识，适龄儿童、少年基本上都能入校学习。20 世纪 50 年代后期，大多数人都能高小毕业，部分人接受初中和高中教育，并开始出现了最早的大学生。20 世纪 70 年代，实行九年一贯制普及教育，个别人被推荐为工农兵大学生。1977 年高考制度恢复后，村里开始有人考取中专学校，个别人考入大专院校。

21 世纪，随着大学的扩招和函授、网络、远程教育等各种教育方式的不断出现，接受高等教育的人员越来越多。至 2021 年，全村具大专学历者 109 人，本科学历者 127 人，硕士 20 人，博士 5 人。基本已普及中等教育。

五、职业构成

立村伊始，村民主要从事农业生产，后逐渐有人从事海上捕捞作业。20 世纪以后，随着

木帆船的出现和青岛市区的开埠，从事海上渔业生产的人员不断增多；同时，围绕海产品的加工、销售又出现了新的行业和从业人员，最多的是鱼贩子，个别人开办虾庄、渔行、货栈等进行水产品加工、销售和渔需物资经营业务。另有一些人从事木匠、石匠、锔匠、教学和搞运输等工作。新中国成立以后，集体经济时期，农业是重中之重，大部分劳动力都投入农业生产，渔民所占比例很小，全村不过百人。由于国家实行统购统销政策，围绕渔业而产生的其他行业和从业人员全都消失。由于人多地少劳动力过剩，从 20 世纪 70 年代起，生产队开始组织部分青壮年劳动力去青岛市区搞副业。同时，沙子口人民公社和南姜生产大队开办了一些企业，部分人员可进入这些企业工作。20 世纪 50 年代末，出现了民办教师，60 年代以后又出现了赤脚医生、兽医、拖拉机驾驶员、电工、理发员、小卖店售货员等职业。20 世纪 80 年代以后，随着改革开放政策的深入实施，渔业生产迅猛发展，全村大部分劳动力都从事水产捕捞工作。同时海洋水产养殖业、海产品加工销售业也蓬勃兴起。到 20 世纪 90 年代以后，基本已无人专门从事农业生产，渔业成为村里的支柱产业。21 世纪，海洋捕捞和养殖业效益下滑，有些船局入不敷出，被迫出让、转行，渔业已不再是村里的支柱产业，代之而起的是水产品加工业、制造业、工程建筑业、商品销售业、服务业等各种行业。目前村里注册成立的各种公司和工商业户共有数十家。另外，随着高等教育的不断发展和职业教育的普及，新一代年轻人大都掌握了一定的专业技能，在社会上自主择业，其职业构成涉及各行各业。

第三章　计划生育

第一节　管理机构

村里的计划生育工作开始于 20 世纪 60 年代，经历了传统生育观念与科学生育观念的碰撞与转变。受“多子、多孙、多富贵”传统思想的影响。人们一直把“人丁兴旺”视为家族的荣耀。因此，最初人们对计划生育很不理解，甚至抵触。后来随着社会经济的不断发展，人们的生育观念慢慢地发生了转变。

1964 年 9 月，沙子口人民公社成立计划生育领导小组。10 月，村里设立相应机构，由党支部书记兼任领导小组组长。

1976 年成立计划生育办公室，设专职主任并配备相关工作人员。

1987 年，沙子口镇成立计划生育协会。村里设置相关机构与计生办共同开展计划生育工作。

第二节　管理办法

计划生育的主要管理办法是“晚婚晚育”和“有计划地进行生育”。

晚婚晚育　新中国成立以前，当地早婚现象比较普遍，一般16～17岁结婚属于正常现象，有些甚至年龄更小。1950年国家颁布《婚姻法》，明确规定男20岁、女18岁以上为结婚年龄，早婚情况开始减少。1980年国家新颁布《婚姻法》，鼓励“晚婚晚育”，男25周岁、女23周岁以上为晚婚。晚婚后，领取准生证后怀孕生育为晚育。

计生措施　1964年在“四清”工作队的领导下，村里开始宣传、贯彻中共中央、国务院《关于认真提倡计划生育的通知》，对多子女的育龄夫妇进行宣传动员，提倡节制生育。当年即有人响应并做了绝育手术。

1971年，计划生育工作全面展开，当时的口号是“一个不少，两个正好，三个多了”，对所有具有生育能力的夫妇分别采取了计划生育措施，有效地控制了人口的过快增长。1976年以后，进入常态化管理，对自觉落实计划生育政策，采取计划生育措施者给予奖励，对计划外生育者，给予罚款处理。

1978年，计划生育政策正式写入宪法，“提倡一对夫妇生育一个孩子”。1979年，村里开始正式实施，并为落实政策的夫妇发放“独生子女光荣证”，给予物质奖励。

1982年，计划生育被定为国家的基本国策。

1985年，村里开始执行国家在农村“生一个女孩，在间隔时间外，可生二胎”的规定。

2016年1月1日，国家全面放开生二胎政策。2021年6月1日，国家放开三胎政策。

第三节　管理成果

南姜村一直积极响应和跟进国家颁布的计划生育政策，尤其在1978年，党的十一届三中全会提出“一对夫妇一个孩子”和1982年全国计划生育工作会议提出“实行计划生育是我们国家的一项基本国策”以后，广大干部群众不断提高觉悟，更新观念，自觉践行国家的晚婚晚育与计划生育政策，连续多年在计划生育考核中取得优异成绩。

计划生育奖牌

南姜社区（村）计划生育与晚婚情况统计表（2000—2019年）

表3－12

年份	总人数	计划生育人数	计划生育计划内人数	结婚人数	晚婚人数	晚婚率（%）
2000	2027	523	22	15	14	93.33
2001	2065	669	18	13	12	92.30
2002	2093	728	29	22	19	86.36
2003	2126	748	17	21	16	76.19
2004	2155	641	34	23	16	69.56
2005	2176	651	24	16	12	75.00
2006	2210	672	24	16	14	87.50
2007	2248	505	28	16	11	68.75
2008	2329	516	26	17	14	82.35
2009	2362	515	23	15	9	60.00
2010	2378	519	21	22	15	68.18
2011	2415	526	23	14	10	71.42
2012	2461	522	23	26	22	84.61
2013	2508	514	26	20	19	95.00
2014	2542	505	35	22	17	77.27
2015	2571	503	26	19	16	84.21
2016	2585	485	42	13	13	100
2017	2612	478	35	14	13	92.85
2018	2624	471	28	16	14	87.50
2019	2652	454	46	10	10	100

南姜村计划生育成果所获相关荣誉统计表（部分）

表3－13

荣誉名称	授奖单位	获奖时间
一九九六年度《计划生育目标管理责任书》考核一等奖	中共沙子口镇委员会 沙子口镇人民政府	1997.03
一九九七年度人口与计划生育工作考核一等奖	中共沙子口镇委员会 沙子口镇人民政府	1998.04
一九九八年度人口与计划生育工作考核一等奖	沙子口街道党委 沙子口街道办事处	1999.05

续表 3 — 13

一九九九年度计划生育考核工作一等奖	中共沙子口街道委员会 沙子口街道办事处	2000.03
二〇〇一年度人口与计划生育目标责任考核一等奖	中共沙子口街道委员会 沙子口街道办事处	2002.03
2000—2002 年度计生工作先进村	青岛市崂山区人民政府	2003.04
二〇〇四年度人口与计划生育目标考核二等奖	中共崂山区委沙子口街道工委 崂山区沙子口街道办事处	2005.03
二〇〇五年度人口与计划生育目标考核一等奖	中共崂山区委沙子口街道工委 崂山区沙子口街道办事处	2006.03
二〇〇六年度人口与计划生育目标考核一等奖	中共崂山区委沙子口街道工委 崂山区沙子口街道办事处	2007.04
二〇〇七年度《计划生育目标管理责任书》考核一等奖	中共沙子口镇委员会 沙子口镇人民政府	2008.03
二〇〇八年度人口与计划生育工作考核一等奖	中共沙子口镇委员会 沙子口镇人民政府	2009.04
二〇一一年度人口与计划生育工作考核一等奖	沙子口街道党委 沙子口街道办事处	2012.05
二〇一五年度人口与计划生育目标考核二等奖	中共崂山区委沙子口街道工委 崂山区沙子口街道办事处	2016.04
二〇一六年度人口与计划生育目标考核二等奖	中共崂山区委沙子口街道工委 崂山区沙子口街道办事处	2017.04

第四章　婚姻家庭

第一节　婚姻

婚姻是指适龄男女，按照法律或世俗在经济生活、精神物质等方面的自愿结合，并取得法律、伦理、医学、政治等层面的认可，双方共同生产、生活并组成家庭的一种社会现象，其因时代之变化而变化，具有时代的明显特征。

一、旧时婚姻

旧时当地婚姻完全由父母做主，本人没有选择的权利，父母多托亲友或媒人给物色撮合。一般情况下，多由男方父母主动张罗，女方父母则要在对方人品、家庭行事、经济条件等方面进行抉择。受“早养儿子早得济”传统思想的影响，当时的结婚年龄都很小，16—17 岁为正常婚姻年龄，有的甚至更小，女子 18 岁不出嫁，已属大龄青年。

旧时村中，世系传承较短，有同宗不通婚的习俗，但表亲通婚比较多见，存在近亲结婚的现象。有的还出现亲上加亲的现象。另外，还有“娃娃亲”和“换亲”等婚姻形式。受当时交通、经济等各方面条件的限制，通婚范围多局限于周边村庄中，极少与外地人通婚。

二、新时代婚姻

1950 年，第一部《中华人民共和国婚姻法》正式颁布。该法中明文规定：婚姻自由，禁止包办、买卖婚姻和其他干涉婚姻自由的行为，还规定结婚必须男女双方完全自愿。对结婚年龄，也做了明确的规定，男 20 岁、女 18 岁以上为结婚年龄。从此，人们对婚姻逐步有了新的认识。男女双方可以根据自己的意愿选择意中人，不再完全由父母做主。早婚现象开始消除，娃娃亲、换亲等陋习被杜绝。1980 年以后，国家提倡晚婚，村中绝大部分青年男女都积极响应国家号召，晚婚已成为人们的自觉行为。

20 世纪 50 年代以后，随着交通条件的不断改善和村里人与外界的接触增多，通婚的范围发生了很大的改变，不再局限于周边地区。有些女青年，或因随军，或因参加工作而远嫁外地。外地的女青年则不断嫁入本村，尤其是 20 多年来随着当地经济的繁荣发展，这种婚姻现象越来越多，已初步呈现出城市化婚姻迹象。

第二节　家庭

家庭是社会的最基本单位，家庭的变化与社会的变化息息相关。私有制时代，一个家庭就是一个生产单位。所有家庭成员都要围绕家庭的生产资料生存，在家长的主持下，大家分工合作，共存共荣。因此，出现了四世同堂，十几口人共同生活的大家庭，这也被当时的人们视为治家有方、家庭和谐的典范。分家则被认为是一件很不光彩的事情。

集体化以后，生产资料共有，这种传统的大家庭越来越少。20 世纪 70 年代以后，儿子多的家庭，儿子结婚以后，基本上都要分家单过。分家已经成为一种十分正常的社会现象。21 世纪，大多数家庭为独生子女家庭，很少再有人分家，但两代人之间，有的也并不经常在一起生活居住，而是各起炉灶。

1965 年以前，村里没有户均人口的统计资料。从 1965 年到 2019 年部分的统计资料中可以看到，1965 年户均人数为 5.24 人，而 2008 年仅为 2.73 人。三代人或四代人的家庭虽然不少，但大多数不在一起居住生活。

南姜村年度户均人口统计表（1965—2019）

表 3 － 14

年份	户数	人口数	户均人数
1965	278	1457	5.24

续表 3 — 14

1971	330	1548	4. 69
1976	357	1620	4. 54
1994	596	1951	3. 27
1995	660	1960	2. 97
1996	619	1948	3. 15
1997	628	1946	3. 10
1998	697	1997	2. 90
1999	719	2015	3. 03
2000	721	2058	3. 03
2001	726	2141	3. 03
2002	738	2098	2. 84
2003	756	2125	2. 81
2004	756	2125	2. 81
2005	799	2203	2. 76
2006	814	2087	3. 38
2007	766	2130	2. 78
2008	806	2200	2. 73
2009	817	2369	2. 90
2010	815	2381	2. 92
2011	811	2403	2. 96
2012	813	2426	2. 98
2013	808	2451	3. 03
2014	807	2469	3. 06
2015	805	2486	3. 09
2016	803	2513	3. 13
2017	805	2529	3. 14
2018	803	2543	3. 17
2019	800	2556	3. 195

第三节　长寿老人

1949年后，随着生活水平的不断提高和医疗卫生条件的不断改善，村里人的平均寿命不断增加，达到74.6岁，并出现了许多80岁以上的长寿老人，年龄最长者已近百岁。

南姜社区2019年80岁以上健在男性登记表

表3－15

姓　名	出生日期	年龄（岁）
曲振增	1925.04.15	95
曲学仁	1926.04.23	94
曲学慈	1928.12.16	92
曲宝忠	1932.03.16	88
曲知税	1932.01.23	88
曲立友	1934.01.29	86
曲立诚	1934.01.27	86
曲学达	1934.07.28	86
曲振臣	1935.07.22	85
曲学宽	1935.04.10	85
曲知京	1936.12.16	84
曲成传	1936.04.01	84
曲成存	1936.12.30	84
曲知秋	1936.03.25	84
曲知玉	1936.10.15	84
曲成贵	1937.04.18	83
曲知海	1937.09.05	83
曲知文	1937.08.30	83
曲学锐	1937.01.26	83
曲学栓	1937.05.23	83
曲学东	1937.09.24	83
曲立秋	1938.12.27	82
曲成苏	1938.12.18	82
曲知明	1938.07.28	82
曲立忠	1938.09.24	82

续表 3 — 15

曲学乐	1938.07.30	82
曲学渐	1938.12.09	82
曲学岐	1939.11.04	81
曲同友	1939.11.24	81
曲学家	1939.08.17	81
曲立桃	1939.03.12	81
曲成淑	1939.12.19	81
曲智冬	1939.06.29	81
曲立高	1940.04.05	80
常玉友	1940.02.01	80
曲知钦	1940.11.16	80
曲知维	1940.10.17	80

南姜社区 2019 年 80 岁以上健在女性登记表

表 3 — 16

姓名	出生日期	年龄（岁）
朱秀英	1923.08.01	97
王彩英	1924.03.12	96
李桂园	1925.04.28	95
王相云	1926.08.05	94
林淑贞	1927.03.08	93
宋桂香	1928.11.13	92
王淑芳	1928.10.21	92
王桂英	1928.10.30	92
张秀兰	1930.05.15	90
徐玉珍	1930.04.14	90
董美香	1930.09.29	90
王瑞兰	1931.12.04	89
董芝香	1931.10.22	89
王淑珍	1932.12.26	88
董秀珍	1932.01.26	88

续表 3 — 16

宋翠英	1932. 09. 16	88
胡秀珍	1933. 07. 26	87
王素连	1933. 11. 03	87
刘桂珍	1933. 01. 01	87
曲瑞兰	1933. 12. 30	87
王玉珍	1933. 03. 11	87
胡秀美	1933. 01. 29	87
王淑珍	1933. 01. 25	87
王淑珍	1934. 10. 29	86
曲淑清	1934. 07. 28	86
王欣美	1934. 11. 02	86
张秀珍	1934. 04. 14	86
朱桂清	1934. 04. 11	86
王秀芳	1935. 04. 24	85
王秀珍	1935. 11. 22	85
王淑芬	1935. 08. 04	85
曲爱香	1935. 08. 01	85
王秀庭	1935. 07. 18	85
牟淑华	1935. 04. 25	85
王珍先	1936. 02. 06	84
王爱英	1936. 11. 12	84
王秀廷	1937. 06. 20	83
陈秀美	1937. 02. 18	83
王素英	1937. 05. 20	83
曲爱香	1938. 03. 27	82
段瑞玉	1938. 10. 01	82
王秀香	1938. 12. 30	82
刘秀花	1938. 08. 22	82
王爱琴	1939. 08. 12	81
曲瑞英	1939. 10. 05	81
马秀芳	1939. 12. 03	81

续表 3 — 16

徐爱美	1939. 12. 11	81
李廷真	1939. 01. 02	81
王玉珍	1939. 03. 28	81
陈淑平	1939. 07. 31	81
王瑞华	1940. 11. 16	80
王秀珍	1940. 11. 11	80
宋桂芬	1940. 11. 04	80
孙学芳	1940. 02. 25	80
王淑香	1940. 04. 01	80
曲慧珍	1940. 01. 01	80
段秀香	1940. 03. 24	80
刘爱兰	1940. 02. 21	80
刘桂芳	1940. 01. 19	80
朱春英	1940. 01. 14	80

南姜社区 2000—2019 年 80 岁以上去世男性统计表

表 3 — 17

姓名	出生日期	去世时间（年）	年龄（岁）
曲成恂	1915. 10	2000	85
曲学进	1920. 08. 21	2000	80
曲学介	1920. 04. 30	2001	81
曲学寿	1915. 05. 27	2001	86
曲同松	1910. 01. 22	2001	91
曲学喜	1922. 11	2002	80
曲振山	1919	2002	83
曲学真	1920	2002	82
曲学丰	1923	2005	82
曲学谦	1920	2005	85
曲知宝	1914	2006	92
曲学爱	1923	2006	83
曲学吉	1923	2006	83

续表 3 — 17

曲成布	1926	2006	80
曲知善	1915	2006	91
曲学根	1920. 09. 23	2008	88
曲振良	1927. 03. 27	2008	81
曲知茂	1925. 07. 17	2009	84
曲立喜	1930. 01. 01	2009	80
曲立节	1924. 01. 13	2010	86
曲宝崙	1917. 11	2010	93
曲知培	1921. 04. 06	2010	89
曲立欣	1927. 02. 11	2011	84
曲学培	1921. 01. 28	2012	91
曲立域	1927. 07	2012	85
曲成昌	1927. 05. 25	2013	86
曲知年	1929. 06. 16	2013	84
曲学布	1930. 11. 03	2013	83
曲振竹	1933. 10. 06	2014	81
曲立孟	1933. 10. 07	2014	81
曲立孔	1933. 07. 17	2014	81
曲学精	1932. 12. 17	2015	83
曲立坤	1927. 12. 10	2015	88
曲知源	1930. 06. 26	2015	85
曲学绪	1932. 02. 28	2016	84
曲学高	1936. 02. 05	2016	80
曲学华	1928. 08. 09	2016	88
曲学诺	1930. 04. 14	2016	86
曲知香	1934. 01. 12	2016	82
曲知业	1935. 04. 03	2017	82
曲学安	1935. 07. 29	2018	83
曲立先	1931. 12. 21	2018	87
曲知悦	1930. 07. 16	2018	88
曲学淑	1933. 11. 23	2018	85

续表 3 — 17

曲立合	1934. 04. 27	2019	85
曲知恩	1935. 12. 23	2019	84
曲振福	1930. 08. 25	2019	89
曲学宣	1931. 06. 12	2019	88
曲学宽	1935. 04. 10	2019	84

南姜社区 2000—2019 年 80 岁以上去世女性统计表

表 3 — 18

姓名	出生日期	去世时间（年）	年龄（岁）
段秀香	1917. 04. 27	2001	84
朱芝英	1917	2003	84
曲王氏	1919	2003	84
王美华	1920	2004	84
曲秀英	1920	2004	84
曲美芳	1914	2004	90
曲薛氏	1919	2005	86
王美英	1923	2005	82
王秀花	1921	2006	85
王淑贞	1921	2006	85
宋桂禹	1921	2006	85
王秀珍	1920	2007	87
段淑章	1924. 03. 31	2008	84
张桂芬	1928. 10. 10	2008	80
朱秀英	1917. 12. 19	2008	91
王秀英	1922. 03. 14	2009	87
王淑香	1928	2009	81
李秀兰	1928. 05. 22	2010	82
姜爱华	1925. 10. 02	2010	85
曲宋氏	1911. 11. 28	2010	99
朱桂花	1922. 12. 26	2010	89
张淑清	1916. 08. 07	2010	95

续表 3 — 18

王秀英	1922.03.12	2011	89
张淑英	1925.09.16	2012	87
高桂芳	1925.05.12	2012	86
段玉鱼	1919.12.02	2013	94
胡翠英	1930.11.10	2013	82
王素英	1921.08.31	2013	92
王秀英	1928.12.07	2013	85
姜芳云	1920.09.08	2013	93
潘玉珍	1922.04.25	2014	92
李桂珍	1923.11.06	2015	92
刘香亭	1926.05.14	2015	89
段秀章	1935.02.16	2015	80
王淑英	1930.10.03	2016	86
宋爱云	1931.06.10	2016	85
王玉清	1931.04.15	2016	85
窦美英	1926.03.23	2016	90
孟秀英	1926.02.26	2017	91
段秀君	1931.01.26	2017	86
王秀珍	1932.02.06	2018	86
王秀美	1925.04.05	2018	93
胡珍庭	1934.06.14	2018	84
尹翠香	1938.08.22	2018	80
王淑清	1929.10.30	2018	89
王淑英	1934.03.19	2018	84
曲宋氏	1922.11.25	2018	96
纪秀兰	1933.03.03	2019	89
朱瑞芳	1936.04.04	2019	83

第四篇

村庄建设

第一章　村庄规划

第一节　早期规划

早期村落主要是随地就势，自村内向村外，依地势而建，并以大街为中心，向四周扩展。20世纪60年代以前，老村的范围大致为西侧到西沟和西茔边缘，东侧和南侧位于湛流干路东、西路段的北侧和南、北路段的西侧，北侧则与东姜村相连。

1965年，域内开展了平整坟头运动，将村边的东茔、西茔、南茔等地方全部夷为平地，村子周围增加了大片空地。1970年后，经上级批准，陆续开始在东茔、西茔和村庄周围空地中批建住宅。新批建的住宅整齐划一，排列有序。1978年，根据住房需要，开始在公路南侧批建住宅，俗称“小南庄”。一期批建50处，新批建的住宅实施统一规划。主胡同宽4米，支胡同宽2米。住宅占地南北12.5米，东西9米，而后陆续向西、向南扩展，住宅占地面积有所增加。

第二节　中期规划

1985年，村里开始在东河东侧平地上批建小楼房，所有楼房均为二层，两户一体，独门独院。

1990年，因老村没有一条宽敞的进村道路，经村两委研究决定，拆除了位于村内中心位置的10余户居民住宅和部分院落，修建了一条宽约20米的柏油路，方便居民出行。

从1993年开始，在村东侧规划建设居民楼。

1995年，在黍子疃规划建设了12栋专家服务楼。

1996年，在村庄西南侧规划建设了6座居民回迁楼。

1999年至2000年，规划建设了两栋商住楼。

1999年至2003年，规划建设21号楼到30号楼，建筑面积20000平方米，占地28亩。

前海花园

第三节　新时期规划

从1999年下半年开始，按照青岛市和崂山区城市化建设的总体部署，村里酝酿实施旧村改造计划。

2003年11月，青岛市政府下发《关于崂山区姜哥庄片区整体改造控制性详细规划》。

2004年3月，青岛市规划局和青岛市规划设计研究院将控制性规划制图予以公示。

新小区

2009年12月，青岛市政府《沙子口街道姜哥庄片区控制性详细规划调整》发布。

2010年6月，青岛市城乡建设委员会转发《青岛市2010年城市房屋拆迁年度计划》，确定崂山区姜哥庄片区整村改造项目被列入计划。

2010年6月30日，崂山区隆重举行“四姜”片区“两改”项目开工典礼仪式。

2010年10月，村庄改造工作初步启动，社区两委进行了广泛宣传，出台了部分优惠政策，当年有 92户居民签订了拆迁协议。

2011年10月，崂山区政府下发了关于对《崂山区沙子口街道南姜社区村庄改造住宅房屋搬迁安置补偿方案》审核意见的报告，对社区村庄改造方案予以批准。

2012年5月，村庄改造工程正式启动，社区开始全面动员拆迁，并签订拆迁协议。2012年12月31日，崂山区姜哥庄片区村庄改造项目奠基仪式举行。

至2020年，全村900多栋民房和公房已拆除98%以上。2020年3月，在原老村旧址上规划了13个楼座，并正式开工建设，建筑总面积124683平方米。2021年底，一期工程竣工。

南姜馨苑东门

第二章　村庄道路

第一节　旧时道路

旧时，村边的主要交通道路就是自西向东转而向北绕村而过的湛流干路，村民称其为“南大路”。南大路最初只是一条简易的土路，宽 6—7 米，后来进行过多次拓展，路面逐渐加宽。至 1986 年底，青岛市政府为发展崂山旅游，拓宽了市区东部湛流公路并对进入崂山风景区的道路全面整修改造，南姜村受益。除南大路外，另有四条与湛流干路相连，通往海庙、南岭沟、南爪木和小山子的国防公路，这几条路也都是简易土路。

除上述道路外，还有两条通往前湾和后湾的简易小道，以及通往小东山、黍子礓、弯岭、南川子、淡咸水、西山、胡家庵等地片的田间和山间小道。这些小道比较狭窄，仅可容独轮车通过。

第二节　新修道路

1985 年，随着东河东岸居民住宅的批建，为了方便居民出行，村里出资，修建了一条自东河西岸通往小东山一带的宽阔道路。

崂山路南姜路段

1990 年，为方便前湾鱼货交易，又修建了一条自村委办公楼门前通往前湾的道路，长 360 米，宽 8 米，并对路面进行了硬化。

1995 年，为改善村庄东部居民楼的交通状况，新修建了西连湛流干路，东接国防路的交通道路，该路段长 1050 米，宽 21 米。为修建该路段，拆除了居民平房及二层楼房 8 处，全部做了妥善安置。2012 年，崂山旅游大道拓宽时，该路段被一并修建于其中。

第三节　村内大街

大街位于旧村的中心地带，是村子的政治、文化中心，承载着历代村民的精神寄托，也是村落的一个文化符号。大街西起西沟拐弯处，东与湛流干路相接，全长约 200 米。大街北侧的中心地段为曲氏宗祠（世德族），两侧分列民居。街的最宽处约 30 米，向南直达沟边。大街的西南侧有一规模较大、很有气派的四合院建筑，该四合院建筑是民国时期本村官宦曲学准的私人住宅。1949 年以后，该四合院建筑收归国有，成为村里的办公场所，一直使用到 20 世纪 80 年代。大街北侧自东向西安置有 3 盘石碾，供村民使用。

宗祠亦称“家庙”，是族人们祭祀祖先的地方，也是旧时孩童们读书学习的场所，所以备受人们的敬重。每到过年和正月十五的时候，庙门大开，人流不断，庙中灯火通明，香烟缭绕，孩子们在大街上和家庙中嬉戏玩耍。

大街还是文艺演出、放电影和召开村民大会的地方，早年的村民集会，也都是在大街进行。除此之外，大街还是开展群众性体育活动的场所，旧时，每到清明节，大街上都会树立起高大的秋千架子，供人们休闲娱乐。荡秋千的人，一个个摩拳擦掌、跃跃欲试、大显身手；看热闹的人则兴高采烈，其乐融融。

第四节　小巷胡同

旧村的巷道主要有两条：一条位于老大队西侧，向南通向湛流干路，向北沿着西沟西岸与西姜村和北姜村相连；一条位于村中东侧，西沟向南拐弯处，沿沟岸西侧向南与湛流干路相通，路段不是很长。

胡同则纵横交错、数量众多。旧村大的胡同主要有两条，一条是大胡同，一条是南胡同。大胡同起自于大街，向北而去，与东姜村相连。其北段为东姜村，通过东姜村可与北姜村、西姜村、石湾村相通连。南胡同位于大街中段，沟南岸，向南与湛流干路相接。这两条胡同相对较宽，都在 3—4 米。两侧还有东西走向的支胡同。除上述两条胡同外，大街北侧还有十几条南北走向的胡同。这些大多为死胡同，不与外界相通。沟南岸村子两侧亦有数十条纵横交错、长短不一的大小胡同，这些胡同虽然宽窄各异，但基本上都能推进独轮车。

小巷胡同

20 世纪 70 年代以后，集体批建的住宅，胡同逐渐加宽，达到 2—4 米。20 世纪 80 年代后，新建的住宅胡同更加宽阔，

主胡同可容汽车通过。

第五节　桥梁涵洞

村外的桥梁，旧时只有位于村子东北侧、湛流干路上，跨越东河南北两岸的一座。这座桥，原为滚水桥，发大水时，行人、车辆都难以通过。后来，在道路扩建时，设置了桥墩，架设了桥梁，始成现在的模样。

村庄中间原有八座桥梁，横跨在沟的南北、东西两岸上，均为简易花岗岩石桥。

另外在大街西侧，老大队北面、沟的上方，用加工花岗岩条石铺设了一段距离较长的桥面，与街面呈一体，形成一个较大的涵洞。

1985 年，为通行方便，村集体出资在东河上修建了一座东西向的桥梁，将河东岸新建的住宅与老村连为一体。1994 年，为开发建设黍子疃一带的住宅小区，又在其南侧新建了一座桥梁。2012 年，崂山路拓宽建设时，将此桥拆除，重建了现在的桥梁。

第三章　交通运输

第一节　公交客运

新中国成立以前，村域没有公交客运。20 世纪 50 年代后，青岛成立市区交通站，开通了“青沙南线”，命名为“青岛市郊 4 路线”，即 104 路线的前身。104 路车始发于台东，终点站是流清河。乘坐 104 路公交车向北行进一站，即到达沙子口十字路站，在此可转乘 113 路公交车去往李村方向。

公交车站

后来逐渐增加了 301 路、304 路、380 路、612 路、629 路、630 路等多条公交线路。2020 年下半年，104 路、301 路公交车不再到达本域，380 路、630 路也调整了运行路线，但又增加了 37 路公交车，现在居民出行较为便利。

第二节　货物运输

最早的货物运输主要靠人力和畜力，如肩扛、手提、担担、驴驮。

毛驴是旧时的一种重要的货运载体，中等收入以上的家庭一般养着毛驴。毛驴既可用于向农田运粪，往家驮农作物；也可用于外出驮运货物以及推磨、拉碾等家务活。

独轮车也是过去的一种重要的货运工具，既可在农田使用，亦可外出运货。独轮车早期为木轮，木车架结构，后来改为橡胶轮、木架和铁架两种结构。集体生产时期，被广泛使用。20世纪80年代以后，逐渐被淘汰。

民国时期，村中有人置办过两挂马车，专门作货物运输使用。集体化以后，不复存在。

海上运输也是域内的一项重要业务。过去，每到渔闲季节，大的流网船主要从事海上运输。航运路线南达江苏省，北到烟台市。抗日战争和解放战争时期，由于日、伪、顽封锁，山东抗日根据地和解放区物资供应匮乏，不少渔民冒着生命危险，向解放区运输货物，为抗日战争和解放战争的胜利，做出了一定的贡献。

20世纪70年代，村里先后购置了两台12匹马力的拖拉机，后又购置了一台20匹马力的拖拉机，这3台拖拉机基本上都是用于运输货物。80年代初，组装了一台柴油发动机的汽车，80年代末又购置了一辆新型货车，同时也有私人开始购买汽车。

自行车出现于德占时期，最早是村里人用于向青岛市区贩运海货，后来逐渐成为较广泛使用的运输工具。20世纪90年代中期，摩托车逐步取代了自行车，人们开始用摩托车载运货物。21世纪以来，汽车已经成为主要的货物运输工具。

第四章　村庄建筑

第一节　传统住宅

村内传统住宅，基本上都是单檐硬山式建筑，正房坐北朝南，多为三间，也有四间或五间，建有前后二院。除正屋外，有些住宅还建有厢房、平房和南倒屋，为节省土地，很多房屋都是接山连墙，院子面街或胡同处设有大门，大门南向、东向、西向的都有，上面建有门楼，有些厢房或南倒屋的院落，则将门楼与厢房或倒屋连为一体，形成一个过道。进大门后，建

老房子

有影壁，有些影壁设在厢屋或平房的山墙上。

早期的房屋建筑材料，主要是用当地的河乱石砌外墙，黄泥黏结，内墙壁则用墼（土坯）垒成，再用沙泥抹平，刷上白粉即可。屋顶起脊，呈“人”字形，梁檩结构，胡秸勒屋笆，麦楷草覆顶（也有用山齐草），正屋设有屋门、后门、前窗、后窗，房间中设有房门，后门不到底，只有半截，主要用于进出后院使用。前窗较大，后窗较小，门窗全为木质结构，窗上有纵向木窗棂。院子门口装有大门，所有木门全用户枢转动。屋门外设有风门，有的人家只在屋门下方设一半风门，因此也称“半门”。早期的风门用草制作，后来改为木制，又加装了玻璃。其他门窗于20世纪60年代以后，也慢慢改为玻璃门窗，屋顶也由草换成了瓦。

正屋室内，进门称正间，两侧称梢间。正间面积较大，一般当客厅用。南部两侧各有一个灶台。梢间是卧室，面积较小，垒有土炕。土炕位于房间南侧，北侧的空地称为“炕旮旯”，炕内设有烟道，与嵌入山墙中的“釜台”（烟筒）相通，将炊烟排出室外。这种传统的住宅建筑一直延续到20世纪70年代。

第二节 新房建设

20世纪80年代以后，住宅建筑逐渐发生变化，先是建筑材料全部采用砖石结构，水泥黏结。另外，在房间面积布局上，开始三间平分，正间的灶台被移出户外。一般人家只保留一铺炕，而且改用砖砌，水泥板盖顶，另一间放床。90年代又出现了一种由正屋一侧向前方院内伸出的一间拐屋，被称“将军房”。从70年代末期开始，新建住宅的大门已全部改用铁制，窗户变得越来越大，家中宽敞明亮。

将军房

二层楼

随着改革开放和社会经济的发展，村民的收入逐渐增加，人们对住房有了更高的要求。1985年，经上级批准，村里开始在东河东岸平地上批建楼房，全部楼房均为二层。一开始的楼梯有的设在室外，后来都转入室内。自90年代以后，新建房屋内部都开始进行装修，住房建设呈现出新的面貌。

第三节　住宅小区建设

自1993年，村里开始在村庄东侧建设居民住宅小区，至1996年，共建设竣工20个楼座，每座楼均为砖混结构，平屋顶，外墙镶贴马赛克，或刷涂料，建筑面积70000平方米左右。

1995年，在黍子礓开发建设了12栋专家服务楼，均为二层，建筑面积为330～380平方米。

1996年5月，在村庄西南侧位置建设了6座居民回迁楼，每座楼设计5层，砖混结构，总建筑面积约15000平方米，11月底，拆迁户顺利回迁。

新小区

1999年在村东开发建设了两座商住楼，下面两层为网区，上面三层为居民住宅，后又建设了10个楼座。这些住宅小区，大多与开发商合作建设。

2020年4月，南姜安置楼一期工程建设正式启动，共建设13个楼座，占地面积57136平方米，总建筑面积124683平方米，其中地上91417平方米，地下33266平方米，住宅层高2.9米，为剪力墙结构，车库为框架结构。其中4、5号楼为17层，其余为18层，共设车位972个，2021年底竣工。工程竣工的同时，对小区环境也进行了全面绿化，绿化面积约40000平方米。新建住宅小区命名为“南姜馨苑”，门牌号为崂山路51号。

通过转让土地开发建设的小区有山海天、翡翠花园、汇海山庄、海涛园、锦绣花园(部分)等。

南姜馨苑

南姜馨苑

南姜新住宅小区绿化苗木表

表 4－1　常绿禾木数量统计表

序号	名称	规格		数量（株）
		高度（米）	冠幅（米）	
1	造型油松 A	4—5	4.5	1
2	造型油松 B	3—4	3.5	4
3	雪松 C	4.5	3.0	288
4	白皮松 B	2.5	2.0	258
落叶乔木数量统计表				
5	银杏 B	9—10	4.0	32
6	丛生朴树	8	5	
7	银杏 C	7.0	3.0	93
8	白蜡 A	6.5	4.0	110
9	国槐 C	5.0	4.0	65
10	柿树 C	5.0	3.0	55
11	五角枫 C	5.0	3.0	90
12	白蜡 B	4.5	3.5	101
13	紫叶李 D	4.0	2.5	224
14	金枝槐 C	3.0	2.0	79
15	山杏 C	3.0	2.0	105
16	日本晚樱	3.0	2.0	224
17	美人梅 B	2.5	2.0	109
18	北美海棠 C	2.5	2.0	94
19	紫薇 B	2.0	2.0	85
20	碧桃 C	2.0	2.0	146
灌木数量统计表				
21	木槿 B（红花）	1.8	1.5	209
22	丛生榆叶梅	1.8	1.5	106
23	蜡梅 C	1.5	1.2	227
24	连翘 B（丛生）	1.2	1.2	395
25	大叶黄杨球 D	1.2	1.5	431
26	大叶黄杨球 E	1.0	1.0	391
27	金森女贞球 C	1.0	1.0	391
28	金森女贞球 D	0.8	0.8	370

地被、草皮面积统计表

表 4 — 2

序号	名称	面积（平方米）
1	金森女贞	2498.8
2	瓜子黄杨	2981.2
3	红叶石楠	1582.1
4	早园竹	274.7
5	丰花月季	822.5
6	大叶黄杨	3123
7	锦带	796.2
8	珍珠梅	393
9	大花蔷薇	203.9
10	下凹绿地	1984.8
11	草坪	16252.6
12	麦冬草	503.3

第四节　办公楼

1995 年 5 月，社区综合办公楼正式开工建设，该楼坐落在村庄东侧，小东山前方，占地 9.9 亩，建筑面积 2400 平方米，共 4 层。外墙砌崂山红花岗岩蘑菇石，砖混结构，平顶，上人屋面。有前后两院，周围筑有院墙，前院正前方原筑有花岗岩台阶 20 余级，两侧有道路与公路相连，可供车辆进出。1996 年 8 月 28 日办公楼竣工并正式启用。2012 年，崂山旅游大道拓宽时，前院被征用一部分，重新筑建了前院墙与大门，原车行道取消，改由从东侧道路进出办公楼。

办公楼

第五节　其他建筑

一、老大队部

老大队部亦称“大屋”或“老大队”，坐落在旧村大街西南侧，西沟南岸，始建于20世纪20年代，为一规模较大的四合院建筑，占地面积400余平方米。大门北向，东西两侧各有房屋三大间，屋门南向。大门门楼与左右两侧房屋屋脊融为一体，形成一个宽阔的过道，房屋建筑为单檐硬山式，青色小瓦覆顶。外墙通体用加工精细的花岗岩砌筑而成。石灰黏结，大门两侧有一对雕刻精细的石鼓。进门后，正南方有一月亮门，前有影壁，两侧有便门，与院内互相通连，院内东、西两侧各有厢房3间，院子南侧有房屋7间，屋门北向，在厢房与南北房中间有夹道。过道与月亮门前为水磨石地面，院子内全部用加工平整的花岗岩条石铺砌。20世纪60年代中期，为了出入方便，将月亮门、影壁等建筑拆除。20世纪90年代后，由于缺乏维护、维修，逐渐损毁。旧村改造时，大部分屋顶已坍塌，继而被拆除。

二、知青点

1976年，为贯彻落实国家知识青年上山下乡政策，当时的生产大队在村前、公路南侧修建了一个知青点，共建有房屋10余间，并建有一个比较大的院落，总占地面积1000余平方米。知识青年回城之后，这里成为村委新的办公场所。1995年，村办公大楼落成后，这里又成为沙子口镇姜哥庄片区治安联防办公室的办公地点。

知青点的房屋建筑与当时的民居相似，1996年，湛流干路拓宽时被拆除。

第五章　供水 供电

第一节　井水

先祖初来立村之时，即逐水而居。旧时，在家庙前河沟北侧有一股山泉水，村民在其周围用石块砌成一个方形小池，称其为“小窝”。这股山泉水清澈甘洌，是村民们最早的生活用水水源地。随着人口的不断增加，“小窝”已不能满足人们的生活需要，村民遂去村外东北侧开挖了一口水井，村民称其为“北井”。自此，“北井”成为村民们最主要的生活用水水源地。“北井”深6米左右，井底为花岗岩石崮，主要汇聚的是周围的地表水，遇到极端干旱天气，井可见底。每逢干旱井水枯涸，村民们只能下到井底，用瓢向水桶中舀水，需要很长时间，才能舀满一担水，着实不易。在村子东侧，东河东岸，有一口灌溉用的水井，称为“小井”，其水也可以饮用，是村里的附属生活用水水源地。另外，在海屋后亦有一口不太深的水井，其水亦可饮用，但因距村较远，少有人用。

第二节　自来水

1984年，沙子口镇成立自来水公司，负责向辖区内村庄供应自来水。村里于1991年，开始集体安装自来水。最初，只在每家每户的院子内安装一个水龙头，有些人家自己接入室内。后来，新建造的房屋直接将自来水管道设计于建筑物中。沙子口自来水公司的主要水源地来自流清河水库，后来又增加了小河东和中崂两个井群。2021年起，旱季用黄河水。

第三节　家庭用电

旧时村民照明用豆油灯，光线昏暗，费用很高，人们大多舍不得长时间燃点，晚上一般都早早就寝。自20世纪初开始，洋油灯（也叫煤油灯或火油灯）逐渐取代了豆油灯，照明条件有所改善。当时的煤油灯有带玻璃罩的大灯（亦称罩子灯），和不带玻璃罩的小灯两种，罩子灯燃油多，费用高，一般人家多只能点小煤油灯，因此，照明效果依旧很差。

1969年，村里开始通电，家家户户都装上电灯，结束了煤油灯时代。当时村里每户基本上只安装两个15瓦的灯泡，故而全村的用电量很小，加起来不足1万瓦。因此，本村与东姜村共用一个50千伏安的变压器。随着人们照明需求的不断增加，安装的灯泡数量增多，瓦数越来越大，特别到过年的时候，家家都换上了瓦数较大的灯泡，严重超负荷，导致经常出现跳闸的现象，有时候一夜甚至出现多次，影响了人们的生活质量。

1985年，村里自己安装了一台160千伏安的变压器，从此村民供电情况得到了改善。随着人们生活水平的不断提高，家用电器越来越多，用电需求也开始加大，1989年又安装了一台250千伏安的变压器。1992后随着冷藏厂等各种企业的建立，和村东部住宅小区的开发建设，用电量越来越大，又安装了2台315千伏安的变压器。2000年后，又先后安装了几台315千伏安和630千伏安的变压器。目前，村里共有9台变压器，3000余千伏安。

现在，几乎家家户户都购置了空调、电冰箱、电冰柜、电热水器等各种各样的家用电器，有些用电大户的用电量一家就超过了当初全村的用电量。

豆油灯

煤油灯

白炽灯

第四节　公共用电

最初的公共用电，只是麦收时，生产队使用脱粒机用电和大队的机磨用电及办公用电等。后来村里先后建立了水貂养殖场、金属拉链厂、聚乙烯抽丝厂、冷藏厂等企业。集体用电开始逐年增多。

从1984年开始，每到过年，村里都要安装路灯，以增加节日气氛。1993年后，开始正式安装照明路灯，公共用电进一步增加。

自村里开始供电以来，曲振佩、曲立地、曲知强、曲知峰、曲立全、曲知兴、曲同春、曲宝洲等人先后担任过电工。

第六章　生活能源

第一节　柴草

早年间，村民们只烧柴草和庄稼秸秆、根茎等，再无其他能源。但是庄稼的秸秆、根茎能用于做生活燃料的很少，大部分另作他用，如麦秸草用于修理屋顶；干草（谷秸）用于喂牲口；高粱秸用于勒屋笆、勒棚，其梢部用于缝制盖垫，空穗可以扎笤帚、炊帚等；而地瓜蔓、地瓜叶则是喂猪的主要饲料。所以可以留给人们做燃料的只有麦子根、谷根、高粱根、玉米根、茎等少数几样东西。因此，主要依靠柴草来做生活能源。

柴草的来源早期是在村庄周围的山间、地堰中收集野草、枯枝、败叶等。随着人口的增加，村庄周围的资源已不能满足人们的生活需要，只好到崂山的官山去获取，有时候都要深入到天门后、五叉等崂山的腹地区域。由于路途遥远，人们需要在山中食宿，当时人们上山带的食物主要是汽馏（一种用地瓜干、豆面混合做成的窝窝头），喝的是溪涧中的凉水，就这样需要在山中借宿住好多天，直到带的食物将要吃完，才能下山。下山的时候，需将所割的草一捆一捆扛回家。其劳作之艰辛，可想而知。这种情况，至少持续了几代人。每年秋收结束以后，村里的青壮年大部分都要进山拾几天草，那时候，家家都在村边设有一个草垛，以备长年之需。儿童、少年只要能撅动草篓子，就要到村周围拾草，代代如此，这种情况一直延续到20世纪60年代，70年代后逐渐消失。

第二节　煤炭

煤炭在当地最早出现于德占时期，开始只是个别人家从青岛买回一些煤炭，冬天取暖用，

后来才慢慢用于烧火做饭。但因受经济条件和交通运输条件的限制，在生活能源中占比不是很高。

1949 年以后，人们的生活燃煤开始增多。计划经济时代，煤炭限量供应，也不能完全满足人们的生活需要，只能以柴薪补充。改革开放以后，煤炭市场完全放开，缺媒时代宣告结束。

第三节　新能源

新能源包括太阳能、液化石油气、天然气和电能等。自 20 世纪 80 年代中期开始，村民们开始陆续使用灌装液化石油气，不久得以普及。2013 年和 2015 年，前海花园住宅小区与拆迁楼住宅小区先后安装了天然气管道，居民们全部使用上了天然气。有些住宅安装上了太阳能，但数量不是很多，而且仅限于应用热水器。

电能是应用最广泛的新能源，村民生活中，不管是烧水、做饭、取暖、纳凉，都离不开电，电已经成为最主要的生活能源。

太阳能

燃气灶

第五篇

村政村务

第一章　中共南姜哥庄村党组织

第一节　组织建设

南姜哥庄村在新中国成立以前，未建立中共党组织。

1949 年 6 月，村庄解放后，上级党组织选派工作队在村里发展党员，建立党组织。为村庄的土地改革与合作化运动奠定了坚实的基础。

1951 年 5 月，由姜哥庄村和石湾村共同组建姜哥庄乡，同时，建立姜哥庄乡党支部，先后由曲同义、曲同深任书记。

1956 年 9 月至 1958 年 9 月，姜哥庄乡同时组建前进农业社和爱国渔业社，并建立党支部，书记由王诵禄担任。

1958 年 9 月，人民公社化后，撤销前进农业社和爱国渔业社，组建姜哥庄生产大队，建立姜哥庄生产大队党支部。先后由曲同深、王吉祝任书记。但由于新中国成立初期乡、社体制不断变更，村党组织的名称多有变化。

1961 年 3 月，为缩小生产大队规模，按照中央提出的“调整、巩固、充实、提高”八字方针，将姜哥庄生产大队划分为东姜哥庄、西姜哥庄、南姜哥庄、北姜哥庄四个生产大队，实行党、政、人、财、物各村独立。从此，南姜生产大队党支部正式成立，大队党支部书记由曲学教担任。

1966 年，“文化大革命”开始，党的工作受到冲击。7 月，随着造反派夺权，党的组织生活受到严重干扰。

1970 年 4 月，在上级党的核心领导小组直接领导下，南姜生产大队成立党的核心领导小组，组长由曲知诰担任。

1970 年 7 月，撤销党的核心领导小组，恢复党支部，曲知诰任支部书记。1979 年改革开放后，拨乱反正，村级党组织得到加强。

1984 年 9 月，撤销南姜大队，建立南姜村委会，南姜村党支部建立，由曲成悦任书记。

2004 年 6 月，村党员队伍不断壮大，发展到 50 多名。经上级党委批准，成立南姜哥庄社区党总支，曲训海任书记。

2007 年 3 月，中共沙子口街道南姜哥庄社区委员会成立，曲训海任党委书记。

1961—2021 年南姜哥庄村（社区）历届党组织负责人名单

表 5 — 1

南姜哥庄生产大队党支部

书记	副书记	委员	任职时间
曲学教	—	曲立节　曲知诰　曲学订　曲知根	1961.03—1966.08
曲知诰	曲知根	曲立节　曲学订　曲知先　曲学眺　曲知明	1966.08—1969.01

南姜大队革命委员会党的核心领导小组

组长	副组长	成员	任职时间
曲知诰	曲知根	曲立节　曲学订　曲知明　曲知先	1970.04—1970.07

南姜哥庄生产大队党支部

书记	副书记	委员	任职时间
曲知诰	曲知根	曲立节　曲学订　曲知明　曲知先	1970.07—1974.04
曲知诰	曲知根	曲知喜(大)　王悦花　王可和	1974.04—1979.03
曲知诰	曲知根	曲学订　曲知明　曲知先　曲知喜(小)　王悦花	1979.03—1982.04

南姜哥庄村党支部

书记	副书记	委员	任职时间
曲成悦	—	曲知根　曲知清　曲学订　王悦花	1982.04—1984.08
曲成悦	—	王悦花　曲同良　曲立刚	1984.08—1987.04
曲成悦	—	王悦花　曲同良	1987.04—1990.08
曲训海	—	王悦花　曲同良　曲同峰　曲立刚	1990.08—1993.04
曲训海	—	曲立刚　曲同良	1993.04—1996.08
曲训海	—	曲立刚　曲同良	1996.08—1999.04
曲训海	—	曲立刚　曲同良	1999.04—2001.08
曲训海	曲同良	曲同峰　曲立刚　曲知平	2001.08—2004.06

南姜哥庄社区党总支

书记	委员	任职时间
曲训海	曲知平　曲立刚　曲立大	2004.06—2007.03

南姜哥庄社区党委

书记	委员	任职时间
曲训海	曲知平　曲立刚　曲知美　曲知群　曲同伟　曲立大	2007.03—2011.03
曲知群	曲立刚　曲同节　曲知美　曲训波(大)　曲同伟　曲立大	2011.03—2014.10
曲知群	曲训波(小)　曲训波(大)　曲立刚　曲学胜	2014.11—2017.10
曲知群	曲训波(小)　曲训波(大)　曲知平　曲宝冬	2017.11—2021.5
曲知群	曲宝冬　曲知平　曲海蓝　曲训波(小)	2021.05—

第二节　组织活动

党员教育　20 世纪 50 年代，对党员的教育是在党支部和党小组组织下进行的，主要以批评和自我批评的方式，进行积极的思想斗争，以增强党内团结，提高党的战斗力、凝聚力；对党员进行系统的马克思列宁主义、毛泽东思想教育，党的基本知识、优良传统、路线、方针、政策教育；在社会主义建设的各个时期，还根据不同的形势任务，开展有针对性的教育活动，提高全体党员对社会的认知水平。

1958 年开始，开展以三面红旗为号召的“总路线”“大跃进”和“人民公社”运动，着重宣传、贯彻、落实“鼓足干劲、力争上游、多快好省地建设社会主义”的总路线。提倡破除迷信、解放思想、向科学进军。

1961 年，南姜大队党支部成立后，充分发挥在全村工作中的领导核心作用，带领广大党员群众开展生产救灾、恢复经济等各项工作。1963 年 3 月 5 日，毛泽东主席题词“向雷锋同志学习”，党和国家其他领导人也相继题词。随之学习雷锋活动在全国各地迅速开展起来，村党组织同全国各地一样领导广大党员群众掀起了学习雷锋热潮，好人好事层出不穷。1964 年开始，开展“清政治、清经济、清组织、清思想”的“四清”运动。1966 年，“文化大革命”运动开始，主要贯彻落实“抓革命、促生产”的方针，村里的各项生产经营活动没有受到大的冲击。1969 年党的“九大”召开以后，广大党员热情高涨，工作积极性进一步提高。1975 年，在全国农业学大寨会议精神的指引下，掀起了以整地改土、增产增收为主要内容的农业学大寨新高潮，政治、经济局面进一步好转。

1978 年起，广泛宣传党的十一届三中全会精神。解放思想，实事求是，突出以经济建设为中心，坚持改革开放，进行革命传统教育，“五讲四美三热爱”（讲文明、讲礼貌、讲卫生、讲秩序、讲道德；心灵美、语言美、行为美、环境美；热爱祖国、热爱中国共产党、热爱社会主义）教育。

20 世纪 90 年代以后，每年利用三个月时间，组织农村社会主义思想教育和党员冬训活动，全面提高农村党员的理论水平，丰富社会主义市场经济知识，以增强法治观念、市场观念和党性原则，村党支部带领党员群众在村的“三个文明”中做出成绩，1994 年被崂山区委表彰为先进党支部。

2017 年起，根据上级党委指示精神，结合“三会一课”教育活动（支部委员会、党员大会、党小组会、党课），积极开展“主题党日”教育活动。通过重温入党誓词、给党员过政治生日等活动，教育党员不忘初心，牢记使命。

南姜党支部（党委）一直坚持“三会一课”制度，坚持民主评议党员制度，积极推行党务公开。

集中教育活动　开展党内集中教育活动，是解决党内存在的突出问题，加强党的自身建设的重要措施。南姜党支部（党委）在历次教育活动中，都紧紧围绕上级党委安排，结合自

身实际，认真组织活动。

1983—1987 年的整党活动。这次整党的任务是统一思想，整顿作风，加强纪律，纯洁组织。整党的步骤是从中央到基层组织，自上而下、分期分批地整顿。每个单位党组织的整顿，也自上而下，先领导班子、领导干部，然后领导党员群众。整党的基本方法是在认真学习文件，提高思想认识的基础上，开展批评和自我批评，分清是非，纠正错误，纯洁组织。

1999—2000 年的“三讲”教育活动。“三讲”即讲学习、讲政治、讲正气。讲学习，主要是学理论，学知识，学技术。讲政治，包括政治方向、政治立场、政治纪律、政治鉴别力、政治敏锐性。讲正气，就是要继承和发扬我们党在长期革命和建设事业中形成的好传统、好作风，坚持真理，坚持原则，坚持同一切歪风邪气和各种腐败现象作斗争。以整风精神进行的“三讲”教育，是切实解决领导干部队伍党性党风方面突出问题的一次实践。

2005—2006 年的保持共产党员先进性教育活动。这次活动，以“增强党员素质、加强基层组织、服务人民群众、促进各项工作”为目标，重点在于解决实际问题，特别是解决群众反映强烈的突出问题，以群众是否满意作为衡量标准。通过先进性教育活动，基层党组织的创造力、凝聚力、战斗力进一步增强，党群关系更加密切。

2008—2009 年的深入学习实践科学发展观活动。这次活动紧紧围绕“党员干部受教育，科学发展上水平，人民群众得实惠”的总要求，牢牢把握坚持解放思想、突出实践特色、贯彻群众路线、正面教育为主的原则，基本实现了提高思想认识、解决突出问题、创新体制机制、促进科学发展、加强基层组织的目标。

2010 年开始开展的创先争优活动是深入学习实践科学发展观活动的继续。开展这次活动，是推动科学发展、促进社会和谐的需要，是加强基层党组织建设的需要，是进一步调动和激发广大党员积极性、创造性的需要。2012 年党的十八大召开以后，社区党委带领广大党员群众，不断开拓进取，为全面建成小康社会不懈努力。

2013—2014 年的党的群众路线教育实践活动。这次活动，以“为民、务实、清廉”为主

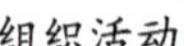
组织活动

党员活动日组织学习（2021 年 5 月）

要内容，以贯彻落实中共中央“八项规定”为切入点，突出作风建设，坚决反对形式主义、官僚主义、享乐主义和奢靡之风，教育引导党员干部牢固树立宗旨意识和马克思主义群众观点。

2016年以来，积极开展“两学一做”学习教育，即“学党章党规、学系列讲话，做合格党员”学习教育。这是推动党内教育从“关键少数”向广大党员拓展，从集中性教育向经常性教育延伸的重要举措。这是落实党章关于加强党员教育管理要求、面向全体党员深化党内教育的重要实践，是加强党的思想政治建设的重要部署，对于进一步增强广大党员政治意识、大局意识、核心意识、看齐意识，坚定正确政治方向；进一步树立清风正气，严守政治纪律政治规矩；进一步强化宗旨观念，勇于担当作为，在生产、工作、学习和社会生活中起先锋模范作用，具有重要的意义。

2017年党的十九大召开以来，广大党员以习近平新时代中国特色社会主义思想为指导，不忘初心，牢记使命，为实现中华民族伟大复兴的中国梦努力奋斗，不断加强“两个文明”建设，村庄面貌发生巨大变化。2021年，南姜社区被崂山区委、区政府评为“文明社区”。

第三节　党员管理

域内党组织成立之后，便十分重视党员发展工作。域内的第一位党员是曲立节，于1949年加入中国共产党。截止到2020年，南姜社区党委在册党员159名，他们为社区的社会经济发展做出了应有贡献。

南姜哥庄社区党委2020年在册党员一览表

表5－2

南姜哥庄生产大队党支部						
姓 名	性别	民族	出生日期	文化程度	籍贯	入党时间
曲学栓	男	汉	1937.05.23	高小	青岛崂山	1959.07
曲同友	男	汉	1939.11.24	初中	青岛崂山	1961.06
曲成苏	男	汉	1938.12.18	小学	青岛崂山	1963.06
曲知明	男	汉	1938.07.28	高小	青岛崂山	1966.03
曲知海	男	汉	1937.09.05	初小	青岛崂山	1966.04
曲知玉	男	汉	1936.10.15	高小	青岛崂山	1966.06
曲立正	男	汉	1942.08.16	初中	青岛崂山	1966.08
曲玲娟	女	汉	1949.08.17	高小	青岛崂山	1966.08
曲知京	男	汉	1936.12.16	初小	青岛崂山	1971.01

续表 5－2

张会芬	女	汉	1952.11.19	高中	潍坊坊子区	1974.04
曲成悦	男	汉	1952.11.13	初中	青岛崂山	1974.07
刘益夫	男	汉	1951.12.06	初中	潍坊坊子区	1974.09
曲桂花	女	汉	1951.04.15	初中	青岛崂山	1975.01
曲知喜	男	汉	1954.07.14	大专	青岛崂山	1975.01
曲立兑	男	汉	1953.09.07	初中	青岛崂山	1976.05
王克华	女	汉	1946.07.19	中师	青岛崂山	1976.07
曲学岐	男	汉	1939.11.04	高中	青岛崂山	1976.01
曲知泉	男	汉	1947.12.09	初中	青岛崂山	1976.01
冯　珍	女	汉	1956.11.29	初中	青岛崂山	1976.01
曲知山	男	汉	1953.10.14	初中	青岛崂山	1977.01
曲学柱	男	汉	1949.02.08	高中	青岛崂山	1977.02
陈长和	男	汉	1956.05.06	初中	青岛崂山	1978.05
曲知清	男	汉	1956.04.27	高中	青岛崂山	1978.12
曲知恂	男	汉	1955.09.02	初中	青岛崂山	1979.07
曲立刚	男	汉	1959.08.27	大专	青岛崂山	1979.07
曲立泽	男	汉	1960.08.25	大专	青岛崂山	1982.12
曲宝栓	男	汉	1963.01.06	初中	青岛崂山	1985.01
曲宝财	男	汉	1967.04.04	高中	青岛崂山	1986.07
曲同良	男	汉	1960.06.24	大专	青岛崂山	1986.11
曲知寿	男	汉	1964.11.14	初中	青岛崂山	1986.12
曲知浩	男	汉	1964.01.22	初中	青岛崂山	1987.03
曲同亮	男	汉	1966.01.25	初中	青岛崂山	1987.07
曲训海	男	汉	1951.10.19	大专	青岛崂山	1989.01
曲桂琴	女	汉	1962.10.26	初中	青岛崂山	1989.01
曲宝光	男	汉	1951.03.05	大专	青岛崂山	1991.01
曲学云	男	汉	1960.10.03	初中	青岛崂山	1991.05
王　晖	男	汉	1971.11.13	高中	青岛崂山	1991.01
曲知春	男	汉	1959.09.21	大专	青岛崂山	1991.12
曲宝海	男	汉	1972.08.01	大专	青岛崂山	1992.07
曲学绪	男	汉	1947.08.23	初中	青岛崂山	1992.12

续表 5－2

曲知喜	男	汉	1953.07.09	大专	青岛崂山	1993.06
邢树增	男	汉	1970.08.18	初中	山东滨州	1994.06
曲爱亭	女	汉	1957.12.05	高小	青岛崂山	1994.07
刘赛红	女	汉	1969.02.01	大专	青岛崂山	1994.07
乔乃强	男	汉	1974.08.24	高中	山东潍坊	1994.07
曲知典	男	汉	1958.02.08	大专	青岛崂山	1994.07
闫有平	男	汉	1973.06.09	高中	山西五台	1994.09
曲学芳	男	汉	1949.02.14	高小	青岛崂山	1994.12
曲知全	男	汉	1955.01.21	大专	青岛崂山	1995.07
杨耀武	男	汉	1972.01.17	大专	河南宝丰	1995.07
曲知臻	男	汉	1948.10.22	高小	青岛崂山	1995.12
曲知平	男	汉	1967.09.14	大本	青岛崂山	1996.01
曲宝潭	男	汉	1955.08.08	大专	青岛崂山	1996.01
房师政	男	汉	1974.05.24	大专	山东青州	1996.09
孙秀荣	男	汉	1976.04.18	高中	青岛胶南	1997.01
李加博	男	汉	1974.10.17	大专	山东临沂	1997.07
曲训凯	男	汉	1977.01.07	初中	青岛崂山	1997.01
戴洪波	男	汉	1977.04.06	大专	青岛崂山	1997.01
王岩青	女	汉	1963.06.28	大专	青岛崂山	1997.12
曲训波（小）	男	汉	1975.08.24	大本	青岛崂山	1997.12
曲宝冬	男	汉	1980.11.23	中专	青岛崂山	1997.12
曲同钦	男	汉	1978.07.06	初中	青岛崂山	1998.04
曲同杰	男	汉	1977.09.01	初中	青岛崂山	1999.07
马照平	男	汉	1978.11.09	大专	青岛崂山	1999.11
马守同	男	汉	1979.06.03	大专	山东莒县	1999.11
曲冬梅	女	汉	1977.12.20	中专	青岛崂山	2000.01
曲秀秀	女	汉	1969.06.25	初中	青岛崂山	2001.01
王继元	男	汉	1969.10.28	初中	山东临清	2001.06
曲同节	男	汉	1955.09.17	高中	青岛崂山	2001.12
张梅红	女	汉	1958.05.27	高中	青岛崂山	2001.12
曲宝东	男	汉	1981.11.19	大专	青岛崂山	2002.09

续表 5－2

曲同伟	男	汉	1958.07.27	初中	青岛崂山	2002.11
曲知群	男	汉	1961.01.04	初中	青岛崂山	2002.11
曲进成	男	汉	1983.04.22	高中	青岛崂山	2002.11
王勤苗	女	汉	1981.06.30	大专	青岛崂山	2003.07
曲文华	女	汉	1973.08.05	高中	青岛崂山	2003.01
曲知达	男	汉	1970.11.24	初中	青岛崂山	2003.12
曲立建	男	汉	1968.12.05	初中	青岛崂山	2003.12
岑　超	女	汉	1982.09.10	大本	青岛崂山	2003.12
李　杰	女	汉	1984.02.26	本科	山东潍坊	2004.12
曲立全	男	汉	1968.07.14	初中	青岛崂山	2004.12
崔丽玲	女	汉	1982.12.08	初中	青岛崂山	2005.05
曲强强	男	汉	1985.11.02	大专	青岛崂山	2005.05
曲瑞会	女	汉	1965.01.23	初中	青岛崂山	2005.06
曲雪雷	女	汉	1982.03.04	大本	青岛崂山	2005.07
曲知尚	男	汉	1972.08.21	高中	青岛崂山	2005.12
曲文娜	女	汉	1981.01.14	大学	青岛崂山	2005.12
韩洪亮	男	汉	1984.03.10	中专	泰安东平县	2006.06
曲训浩	男	汉	1986.03.20	初中	青岛崂山	2006.09
曲同一	男	汉	1987.04.13	中专	青岛崂山	2006.01
曲立训	男	汉	1965.01.04	初中	青岛崂山	2006.12
黄秀美	女	汉	1980.04.02	大专	青岛崂山	2006.12
曲超（大）	女	汉	1986.04.10	研究生	青岛崂山	2006.12
曲俊俊	女	汉	1985.11.09	大本	青岛崂山	2007.06
曲学智	男	汉	1960.04.08	初中	青岛崂山	2007.12
曲蓓莉	女	汉	1987.01.28	硕士	青岛崂山	2008.01
孙华敏	女	汉	1975.09.07	本科学士	青岛崂山	2008.01
曲知峰	男	汉	1967.05.04	初中	青岛崂山	2008.03
曲朝霞	女	汉	1985.01.30	大专	青岛崂山	2008.06
张志伟	男	汉	1988.04.12	中专	东营广饶	2008.06
曲宝康	男	汉	1988.05.05	本科	青岛崂山	2008.07
初晓晓	女	汉	1987.06.01	大本	青岛崂山	2008.08

续表 5－2

丛　丹	女	汉	1988.08.28	初中	菏泽巨野县	2008.09
曲学胜	男	汉	1966.04.07	初中	青岛崂山	2008.01
曲训鹏	男	汉	1988.11.09	中专	青岛崂山	2008.11
曲训波（大）	男	汉	1970.12.28	大专	青岛崂山	2008.12
曲盛华	女	汉	1976.03.09	初中	青岛崂山	2008.12
田　磊	男	汉	1987.08.14	本科	河南驻马店	2008.12
曲宝浩	男	汉	1988.06.03	高中	青岛崂山	2009.03
曲沙沙	女	汉	1987.01.19	本科	青岛崂山	2009.05
王　晓	女	汉	1988.06.02	大专	青岛崂山	2009.07
曲炳桦	男	汉	1989.08.11	中专	青岛崂山	2009.08
曲银成	男	汉	1987.01.03	高中	青岛崂山	2009.01
宋　佩	女	汉	1989.07.31	大本	青岛崂山	2009.11
曲晓帅	男	汉	1990.05.23	高中	青岛崂山	2009.11
曲　杰	女	汉	1976.06.07	大专	青岛崂山	2010.03
陈　红	女	汉	1986.07.04	高中	山东单县	2010.04
曲同飞	男	汉	1987.09.29	大专	青岛崂山	2010.06
李连杰	男	汉	1989.12.07	大专	青岛崂山	2010.1
曲朝辉	女	汉	1977.06.15	初中	青岛崂山	2011.01
曲训磊	男	汉	1987.04.30	大专	青岛崂山	2011.03
曲星宝	男	汉	1990.07.19	大专	青岛崂山	2011.06
曲　静	女	汉	1992.06.01	本科	青岛崂山	2011.06
曲　湃	女	汉	1990.01.31	本科学士	青岛崂山	2011.06
曲朝波	男	汉	1980.11.17	大专	青岛崂山	2011.07
曲　群	男	汉	1990.07.23	大专	青岛崂山	2011.12
曲训东	男	汉	1990.02.18	本科	青岛崂山	2012.04
曲延宗	男	汉	1989.09.06	高中	青岛崂山	2012.06
曲霁霁	女	汉	1990.07.22	大专	青岛崂山	2012.06
曲文慧	女	汉	1991.08.18	本科	青岛崂山	2012.06
曲冬冬	女	汉	1983.12.21	大专	青岛崂山	2012.08
曲宝雷	男	汉	1992.11.13	高中	青岛崂山	2012.11
曲凯妮	女	汉	1991.04.14	大专	青岛崂山	2012.12

续表 5－2

曲宝顺	男	汉	1982.08.09	中专	青岛崂山	2012.12
高珊珊	女	汉	1991.05.05	本科	吉林长春	2012.12
曲佳佳	女	汉	1991.08.21	大专	青岛崂山	2013.06
曲宝超	男	汉	1991.03.13	大专	青岛崂山	2013.06
王栋子	女	汉	1976.11.02	中专	青岛崂山	2013.12
曲晓冰	女	汉	1982.12.18	初中	青岛崂山	2013.12
曲超(小)	女	汉	1992.01.28	大专	青岛崂山	2013.12
曲　凯	男	汉	1995.02.18	大专	青岛崂山	2013.12
曲海阳	男	汉	1991.08.08	中专	青岛崂山	2013.12
曲　赏	女	汉	1992.09.30	大专	青岛崂山	2014.07
常　存	男	汉	1991.10.14	本科	青岛崂山	2014.08
曲宝晓	男	汉	1992.10.21	大专	青岛崂山	2014.09
孙卫卫	女	汉	1973.11.16	初中	青岛崂山	2014.11
曲训江	男	汉	1994.03.07	大专	青岛崂山	2014.12
曲峻成	男	汉	1995.03.22	本科	青岛崂山	2015.03
曲宝成	男	汉	1995.08.23	本科	青岛崂山	2015.04
曲训涛	男	汉	1966.12.12	初中	青岛崂山	2015.12
王勤梅	女	汉	1993.12.30	研究生	青岛崂山	2015.12
曲泓任	男	汉	1996.05.25	大专	青岛崂山	2016.07
曲顺顺	女	汉	1996.07.11	大专	青岛崂山	2016.11
曲训杰	男	汉	1995.07.20	大专	青岛崂山	2017.11
曲　波	男	汉	1980.03.28	中专	青岛崂山	2017.12
张　静	女	汉	1992.03.31	研究生	山东乳山	2018.05
曲训启	男	汉	1995.03.07	大专	青岛崂山	2018.06
曲彩红	女	汉	1991.10.24	硕士	青岛崂山	2019.06
曲海蓝	女	汉	1975.10.26	大专	青岛崂山	2019.11

第二章　行政组织

第一节　组织沿革

旧时村组织　村庄早期为宗法制度，村中事务由族长处理。支派增多以后，由各支派门

头族长协商处理。清末民初，姜哥庄村开始设立管理机构，主要负责替旧政府征收钱粮及招募兵员，并参加调解民事纠纷等社会事务。

1922年，中国政府收回青岛后，胶澳商埠督办公署规划编制地方行政组织。

1925年7月，改为胶澳商埠局，在各自然村内设村长、首事、地保等，负责办理村中的社会治安、征收官税、征召兵员、纳粮纳饷、户籍管理等事务。

1940年日占时期，在全市推行保甲制，一村一保，十户一甲。域内属崂西区第11保，设保长、甲长等。这一时期的村政权主要负责维持社会治安、征粮收税、派丁拉夫、户籍管理等事宜。

1946年后，村中旧政权工作重点是招募兵丁，征派民夫，有时为完成指标，只能采取强征强派的办法，村民们苦不堪言。

村政府　1949年6月，域内解放，属南海专区崂山行政办事处崂西区姜哥庄村。

是年8月，崂西区委发动农民建立农民协会（简称农会），村中事务由农会协助办理。

是年9月，建立姜哥庄村政府，同时将姜哥庄村按居住地域、姓氏等因素划为4个管理村并推举一名村长。村中事务由村长、村政府办理。

姜哥庄乡政府　1951年5月，崂西区办事处划分为10个乡。姜哥庄村和石湾村成立姜哥庄乡，设乡政府，乡下设村，村设村长、副村长，由姜哥庄乡政府负责村的工作。乡长由曲立节担任。

1952年，姜哥庄乡增设8个专业委员会：财粮委员会、文教委员会、调解委员会、民政委员会、生产委员会、治安委员会、民兵委员会、卫生委员会。每个委员会一般由5～7人组成。

沙子口乡政府　1956年8月，崂西区撤销，同时撤销乡政府，成立乡人民委员会，原十个乡合并为四个乡，即沙子口乡、汉河乡、宅科乡、登瀛乡。姜哥庄与沙子口、栲栳岛、石湾、董家埠、段家埠等村组成沙子口乡。

前进农业社、爱国渔业社　1956年9月，由姜哥庄四个村组建前进农业社，由姜哥庄和石湾村共同组建爱国渔业社，分别处理社内的日常事务。曲立节、曲修君先后担任农业社社长。曲立慈担任爱国渔业社社长。

姜哥庄生产大队、姜哥庄渔业生产大队　1958年9月人民公社化后，撤销前进农业社、爱国渔业社，另行组建了姜哥庄生产大队和姜哥庄渔业生产大队。曲修君任生产大队长。

南姜哥庄生产大队　1961年3月，为了缩小生产大队规模，在沙子口公社的主持下，将姜哥庄划分为东姜哥庄、南姜哥庄、西姜哥庄、北姜哥庄四个生产大队。

南姜生产大队在建村的同时建立行政机构，行使行政职能。曲立域任第一届南姜哥庄生产大队长。

南姜哥庄生产大队革命委员会　1966年5月，“文化大革命”开始。1969年1月，建立南姜生产大队革委会，曲知根任革委会主任。1970年4月，由曲知诰任革委会主任。1979年3月，重建生产大队，曲知根任大队长。

南姜哥庄村民委员会 1984年6月，农村实行体制改革，沙子口人民公社更名为沙子口镇。9月，南姜生产大队管理委员会更名为南姜村民委员会，曲成悦任主任。

1998年5月，沙子口撤销镇政府，改称为崂山区沙子口街道办事处，域内属之。

南姜哥庄社区居民委员会 2004年8月，南姜村民委员会改称为南姜哥庄社区居民委员会，委员会设主任、委员，负责管理居民的工农业生产、民政调解、计划生育、卫生等事宜。

12月，社区居委会进行换届选举，曲同节任居委会主任。

1961—2021年南姜哥庄村（居委）历届行政领导班子成员一览表

表5－3

南姜哥庄生产大队			
大队长	副大队长	委员	任职时间
曲立域	—	—	1961.03—1963.06
曲知诰	—	—	1963.06—1966.08
曲知根	—	—	1966.08—1969.01
南姜哥庄大队革命委员会			
主任	副主任	委员	任职时间
曲知根	曲知诰	曲知明　曲学订	1969.01—1970.04
曲知诰	曲知根	曲知明　曲学订　曲知喜(小)	1970.04—1979.03
南姜哥庄生产大队			
大队长	副大队长	委员	任职时间
曲知根	—	王悦花　曲知喜(小)　曲学订　曲学悦　曲知铎	1979.03—1984.09
南姜哥庄村民委员会			
主任	副主任	委员	任职时间
曲成悦		王悦花　曲同良　曲知兴	1984.09—1987.05
王悦花	曲同良		1987.05—1990.07
曲训海	—	曲同峰　曲同良　曲立刚　王悦花	1990.07—1992.03
曲同良	—	曲知喜(大)　曲立刚　曲同峰　王悦花	1993.04—1996.07
曲同良	—	曲知喜(大)　曲知喜(小)　刘赛红　曲同峰　曲立刚	1996.07—1999.04
曲同良	—	曲同伟　曲知喜(大)	1999.04—2002.01
曲春红	—	曲同伟　曲同节	2002.01—2004.11
南姜哥庄社区居民委员会			
曲同节	—	曲知美　曲知群　曲立训　曲同伟	2004.12—2007.10
主任	副主任	委员	任职时间
曲学胜	—	曲训波(大)　曲知峰　曲立训　曲同节	2007.11—2011.03
曲学胜	—	曲训波(小)　曲知平　曲宝海(小)　刘赛红	2011.03—2014.11
曲训波(大)	—	曲知平　曲宝冬　曲宝海(大)　曲海蓝	2014.11—2017.10
曲训波(大)	—	曲宝海(小)　曲海蓝　曲知浜　曲宝勇	2017.11—2019.10
曲知群	—		2019.11—2021.04
曲知群	—	曲知浜　曲宝海(小)　曲金红　曲宝华(小)	2021.04—

一、村政选举

旧时村政选举　1930年，南京国民政府公布《市组织法》，将青岛市划为区、坊、闾、邻。在村内设首事，由村民推选代表参加选举。首事的选举办法是由村中经济条件好、有权威的族长出面推举。

居民选举投票

1949年以后的村政选举　1949年，中华人民共和国成立以后，国家实行民主管理，由人民选出代表参与管理国家。县（区）、社（乡、镇）、村（居）三级代表由村民直接投票选出。最初，村政领导人员一般由村党组织提名，报上级党委，经上级党组织考察后进行直接选举。

1982年，《中华人民共和国村民委员会组织法（试行草案）》下发。1984年，在村级建立村民委员会，举行首届村民委员会选举。村民委员会组成人员由村级党组织提名，报上级党组织考察同意后，由村民代表大会选举产生。

1999年，《中华人民共和国村民委员会组织法》正式颁布，实行“海选”，选举按照《中华人民共和国选举法》（1995年版）执行。选举程序为：设立选举委员会；设立资格审查委员会；选民登记；颁发选民证；选举候选人名单；确定正式候选人；采取无记名投票的方式经预选和正式选举“两选两过半”的程序，选举产生村（居）委主任、副主任和委员，任期三年。2021年4月开始修改为任期5年。

二、上级政府选举

上级政府选举，按照《中华人民共和国选举法》的规定，是由下级基层组织按人口比例选出代表，由代表直接选举本届政府组成人员。

《中华人民共和国选举法》是中央政府制定的由广大人民群众选举代表参政议政的法律。该法律制定于1953年，“文化大革命”期间一度废止。“文化大革命”结束后，全国人大多次修改完善。根据该选举法的规定，南姜村先后有曲宝伦、曲晾华、曲训海等多人被村、片区选为人民代表，参与崂山区（县）政府的选举。

第二节　人民调解

1949年，中华人民共和国成立后，党和政府非常重视人民调解工作。1952年，崂西区姜哥庄乡人民政府设民政、调解两个委员会。

1959年，人民调解工作由沙子口人民公社民政组织管理，在所辖的15个生产大队均设1

名委员负责人民调解工作。

20 世纪 80 年代以后，新当选的人民调解委员会主任必须经过上级培训考试，合格后，由县（区）司法局统一颁发《调解员证》，持证上岗。

调解委员会的主要工作内容为：负责受理调解辖区内民间纠纷；负责对辖区内民间矛盾纠纷的排查；掌握了解社情动态，并对排查出的矛盾纠纷提出处置意见，及时向上级党委、政府上报重大疑难纠纷等。2004 年，南姜村被评为沙子口街道民事调解工作先进单位。

第三节　治安保卫

新中国成立以前，实行保、甲长负责制，称“联保制”。村里自行组织青壮人员，夜间轮流值班巡逻，俗称“打更”，维护社会秩序。

1949 年 6 月 1 日，村庄解放。解放初期，群众尚未充分发动起来，建立人民政权的条件尚未成熟，中共崂山工委和崂山行政办事处决定，先建立人民治安委员会，代替村政权的职责。崂山行政办事处公安局在六区设公安助理员。同年 7 月，取缔民国时期的保甲制，成立治安委员会，由治安委员会、民兵组织共同维护村域秩序和社会治安。

1951 年，姜哥庄乡人民政府治安保卫工作委员会（治保会）成立。治保会的主要工作是协助公安部门开展“镇压反革命”“肃清反革命”运动，侦查追捕潜伏特务，对各种会、教进行登记，取缔 “道会门”组织，对不法分子和组织及时上报进行打击取缔，维护新中国的安定。

1964 年，社会主义革命和社会主义建设时期，结合“四清”运动，对“四类分子”（地主分子、富农分子、反革命分子、坏分子）分别进行监督改造，确保社会主义革命和社会主义建设顺利进行。

1979 年，“四类分子”改称社员后，治安工作的主要任务是普法宣传、民事调解，配合创建“平安社区”开展工作。制定了《村规民约》，提高村民的法制观念和意识。

1998 年、2003 年，村先后被崂山区评为“安全村庄”。

第四节　生产小队

1961 年，南姜生产大队成立，下辖 13 个生产小队。生产小队的划分基本以居民的居住位置，自东向西依次划分。每个生产小队初期约有 20 来户，后来逐渐增多，到 20 世纪 80 年代，有的生产小队已达 30 户。集体经济时期，每个生产小队就是一个独立的生产经营核算单位，生产小队收入的高低，与每个社员的切身利益息息相关。每个生产小队设小队长一名，会计一名，计工员一名。“文化大革命”期间，有一段时间，还设政治小队长一名。这些人

员都是兼职，与其他社员一样，参加集体生产劳动。各个生产小队都设有仓库，专门存放大型农具和生产队里的其他物品。

生产小队的生产计划，由生产队长与队里的主要劳动力商量决定，每天的生产任务由生产队长随机安排。1982 年秋季，实行联产承包责任制后，延续了 20 多年的生产小队，随之消失。

南姜哥庄大队历届生产小队长名单

表 5 — 4

队别	片别	队长姓名
1	东片	曲立节　曲学孝　王勤铎　曲立平
2	东片	曲经环　曲成存　曲学悦　曲同良　曲同家　曲同爱
3	东片	曲成提　曲成传　曲振仁　曲成明　曲立章　曲知同
4	东片	曲经璞　曲振民　曲振恂　曲立绪
5	东片	曲经诺　曲立廷　曲振庆　曲学丰　曲成山　王可宝
6	中片	曲知祥　曲立坎　曲立地
7	中片	曲知明　曲知铎　曲知庆
8	中片	曲振欣　曲知京　曲悦枫　曲宝居
9	中片	曲学山　曲知珉　曲知随　曲宝杭　曲知骞　曲知梅
10	西片	曲学科　曲知训　曲学吉　曲知奎
11	西片	曲学义　曲学梓　曲学岐　曲学三　曲学业　曲知顺　曲知增　曲学志
12	西片	曲学谋　曲知茂　曲学仓
13	西片	曲学培　曲学精　曲学胜
技术队		曲学丰

第三章　村务记略

第一节　大炼钢铁

1958 年，党的八届二中全会通过了“鼓足干劲，力争上游，多快好省地建设社会主义”的总路线，随之“大跃进”蓬勃兴起。工业方面制定了“以钢为纲”的方针，于是大炼钢铁运动在全国展开。村里也紧跟时代步伐，积极投入到这场运动中去，每家每户都将自己的铁质器具、物品无偿地奉献出来，包括铁钉、铁锤、铁秤砣、铁质把手，甚至铁锅、铁盆、铁壶等都一起上交，每户只保留一口铁锅。但由于冶炼技术落后，最终没有炼出多少优质钢材。

第二节　外事活动

1993年，南姜村被国务院批准为对外开放村。作为青岛市第一个对外开放的渔村，南姜村每年都要接待来自世界各国的旅游团、考察团10余个，年累计接待人数达1600人次。

1997年，来自美国、德国、日本、澳大利亚、希腊等17个国家的驻华外交官、外籍教师、外商子女考察团的100名中学生来到本村参观访问。百名外国学生先后参观了村内的数百亩扇贝养殖场，并向渔民了解扇贝的养殖知识，同时观看渔民的现场操作。晚上，学生们分组到村里10户村民家中做客，和村民们共进晚餐。当地媒体进行了跟踪报道。

第三节　抗击非典疫情

非典全称为“非典型性肺炎”，又名严重急性呼吸综合征（SARS），是一种由SARS冠状病毒（SARS-CoV）引起的急性呼吸道传染病。2002年11月至2003年3月，疫情主要发生在粤港两地，2003年3月以后，疫情开始向全国扩展，其中尤以北京最为剧烈。为防止疫情进一步向全国各地扩散，危害人民身体健康和生命安全，在党中央的统一部署下，全国各地都开始了抗击疫情的工作。南姜社区两委认真贯彻落实上级指示精神，以保障社区居民安全为目标，扎扎实实地做好防控工作，成立了领导小组，全面领导指挥疫情防治工作，在所有进村路口都设立了监测点，对进出社区车辆人员认真排查，确保做到万无一失。直至夏季，病情得以完全控制。

第四节　打捞浒苔

2007年青岛周边地区出现大量浒苔。作为2008年奥运会协办城市，青岛近海承办奥运赛事。6月初，大量浒苔从南方飘入青岛近海，此时距离奥帆赛开始仅剩一个多月的时间，为了保障赛事顺利举办，各方力量打响“青岛保卫战”。村中渔民积极参与，共出动渔船200多条次，人员600多名，打捞50多天，主要打捞海域在石老人海水浴场到奥帆基地一段，总计打捞浒苔7000多吨。

打捞浒苔

第五节　旧村改造

2010年10月，旧村改造工作初步启动，当年共有92户居民签订了拆迁协议。

旧村改造建设中

2012年5月，该项工程全面展开，社区两委在广泛宣传的基础上，成立了面积确认组、发动动员组、协议签订组、腾房验收拆迁组等专门组织，并出台了部分优惠政策，按照《沙子口街道南姜哥庄社区村庄改造住宅房屋搬迁安置补偿方案》的规定，居民陆续与开发商签订拆迁协议。安置房产权，确定为大产权。安置房屋的户型和建筑面积：套一房为68平方米，套二房有85平方米和98平方米两种，套三房有115平方米、130平方米、150平方米三种。安置区建设方案为建设用地57136.1平方米，总建筑面积124683.74平方米，其中住宅13栋，高层住宅建筑面积90814.86平方米，商业、社区配套752.9平方米，容积率为1.6，建筑面积13%，绿化率40%，内墙填充，剪力墙结构，铝合金门窗，入户门为防火防盗门，暖气片、太阳能供暖，选用巨人通力电梯乘载。新住宅小区命名为“南姜馨苑”。

2020年4月，该项工程一期建设破土动土，2021年底竣工。2022年1月16日，举行了隆重的回迁仪式。

第六节　抗击新冠病毒肺炎疫情

2020年新春佳节之际，正当人们沉浸在节日的欢乐气氛中时，一场新型冠状病毒肺炎疫情发生。疫情打乱了人们的正常生活节奏，为了防止疫情扩散，避免交叉感染，全面维护辖区群众生命安全和身体健康，保障社会稳定有序，根据上级的统一部署，南姜社区迅速启动一级响应预案，落实疫情防控责任，成立了以党委书记为组长，两委委员为成员，包村干部、网格员、公安片警、村医等组成的联防联控领导小组，负责领导指挥疫情防控工作 。先后制定了《南姜社区疫情防控工作方案》《南姜社区疫情防控工作响应预案》《南姜社区疫情防控预案》等文件，牢固树立防控意识，明确责任分工。全面排查人员往来情况，密切关注与疫情地相关人员，并设立监测点6处，每处安排16—18名值班人员分三班对进入社区人员测温、登记，确保不漏过一人。积极开展疫情防控相关知识的宣传，通过微信群、网格群、电话、张贴通知等方式，要求与疫情地相关联居民主动进行报备，报备电话24小时值班。并引导居

抗击新冠肺炎疫情

民加强自我保护，提高健康意识，养成勤洗手、戴口罩、常消毒、分餐制、少聚集的良好习惯，社区始终把保障生命安全和身体健康放在首位，筑牢安全防线。由于防控工作扎实到位，受到上级表扬。

2020年5月12日，青岛市疫情防控指挥部印发《青岛市全面做好新冠肺炎疫情常态化防控工作方案》，把新冠疫情防控由多管齐下的应急状态转为科学精准的常态化防控，解除封闭式管理措施，在严格执行防控措施的情况下，基本恢复正常的生活秩序。

从2021年3月开始，全市开始组织进行新冠疫苗接种工作。根据上级的统一部署，村里从4月开始积极组织居民，按规定如期接种，基本做到“应种尽种”的要求。

第四章　群众团体

第一节　农会

1949年8月，中共崂西区委在所辖的91个自然村组织成立农民协会（简称农会）。

1951年春，由姜哥庄和石湾两个村组建姜哥庄乡，同时成立农民协会。

农会组织发动农民开展诉苦、反霸、划分阶级成分、实行土地改革活动，组织成立农、渔业生产合作社。结合“土地改革”运动，配合“土改”工作队，没收“上层户”的部分土地、房屋和生产资料，分给无土地、少土地和无房屋的“下层户”，并发放土地证、房产证等。自有农会以来，对防治病虫害、改良施肥、农场示范、农民福利等工作均有相当成绩。

1955年，随着高级合作社的成立，农会组织撤销。

第二节　贫协

贫协是群众性的阶级组织，全称是“贫下中农协会”。是在以土地改革时期划定的阶级成分的基础上，由贫农、下中农自愿组成的队伍。加入贫协的成员均持有“贫下中农协会证书”。1965年10月，南姜大队贫下中农协会正式成立。

主　任　曲学订

副主任　曲学丕、曲知先

委　员　曲学山、曲学丰、曲振仁、曲立欣、曲学省

贫协组织参加大队的生产和管理工作。1968 年至 1972 年，贫协参与学校、供销社和集市等的管理。

1981 年 8 月，贫下中农协会正式撤销。

第三节　少年先锋队

中国少年先锋队，简称“少先队”，是中国少年儿童的群众组织，其前身为中国少年儿童队，成立于 1949 年 10 月 13 日，1953 年 6 月改名为中国少年先锋队。

姜哥庄小学少年先锋队成立于 1949 年，全校设一个大队，每个教学班为一个中队，每个中队设三个小队。1966 年下半年以后，“文化大革命”期间，少先队活动中断。1978 年，党的十一届三中全会以后，恢复少先队组织。

20 世纪 50 年代，少先队在共青团的领导下，积极参加土地改革、镇压反革命和抗美援朝三大运动，和“三要三不要”（要爱护公务，要爱惜时间，要艰苦朴素，不要损人利己，不要浪费，不要贪小便宜和拿别人东西）的活动。

1963 年，党中央，毛泽东主席发出“向雷锋同志学习”的号召，学校的少先队组织积极开展“向雷锋叔叔学习”的活动，成立了“积肥组”“义务理发组”等学生组织，利用课余时间，为群众做好人好事，并遵照毛泽东主席“好好学习、天天向上”的题词，引导少先队员刻苦学习科学文化知识，掌握建设社会主义本领。开展优良传统教育和热爱祖国、热爱党、热爱社会主义教育活动，推动少先队员德育、智育、体育的全面发展。

新时代的少先队组织创造性地开展组织教育、自主教育、实践活动、保护和关心少年儿童的成长，坚持以社会主义思想和共产主义精神教育少年儿童，从小学习做人，从小学习励志，从小学习创造。爱祖国、爱人民、爱劳动、爱科学、爱社会主义、锻炼身体，培养能力，学习和实践社会主义核心价值观，努力成长为担当民族复兴大任的时代新人，做共产主义事业的接班人。

第四节　共青团

共青团原称中国新民主主义青年团。1949 年 10 月，青年团南海专署崂山行政办事处六区工作委员会成立。域内进步青年积极响应各级团委号召，踊跃参加各项工作。

1952 年，青年团姜哥庄乡支部委员会成立。村里广大青年积极申请加入团组织，在组织

的领导下，积极参加站岗、放哨，治安巡逻，镇压反革命等各项活动，为维护社会稳定发挥了重要作用。

1957年，经中共中央批准，中国新民主主义青年团更名为“中国共产主义青年团”，简称“共青团”。颁布了共青团章程，制作了团徽，确定了共青团的义务、权利和社会责任，确定5月4日为共青团纪念日，即“五四青年节”。

1961年3月，共青团南姜哥庄支部委员会成立，新的团支部带领广大团员青年积极投身于兴修水利、生产救灾等各项经济建设活动中去，成为一支突击队和生力军。

1963年，团组织积极响应毛泽东主席“向雷锋同志学习”的号召，广泛开展各项公益活动，好人好事层出不穷。

1978年，党的十一届三中全会召开后，共青团组织活动有序开展。认真学习党的方针政策，紧紧围绕党的中心工作开展活动。广大青年团员转变思想，改进作风，投身于经济建设和精神文明建设中来。

20世纪90年代后，青年志愿行动成为动员广大青年参与群众性文明建设的载体。村团支部深入开展“发扬五四精神，开展革命传统”教育和爱国主义教育，通过拓展领域、丰富内容、加强管理、完善机制等，呈现出蓬勃发展的态势，构筑年青一代强大的精神支柱，帮助青年树立正确的世界观、人生观和价值观。

随着共青团组织的扩大，在“青年突击队”“植树造林”“向雷锋同志学习”“争当新长征突击手”“五讲四美三热爱”“做‘四有’新青年”等活动中，南姜共青团员都积极参加，并取得好成绩。

20世纪，大部分适龄青年在校学习，参加所在学校的组织活动，村团组织人员减少，活动受到影响。

1968—2011年共青团南姜哥庄支部历届负责人名单

表5－5

姓名	职务	任职起始时间
曲学柱	书记	1968—1969
曲知喜(小)	书记	1970—1975
曲立韶	书记	1975—1981
曲同良	书记	1981—1993
曲盛华	书记	1993—1996
曲知平	书记	1996—2011
曲同杰	书记	2011—

第五节　妇代会

新中国成立以前，广大妇女没有任何社会地位，甚至没有名字（只有乳名），生前只能以姓氏和“嫚”相称，身后上宗谱、立碑只写姓氏。绝大多数妇女都没有接受文化教育。

1995 年妇代会组织学习法律知识

1949 年 6 月 2 日，青岛解放。6 月 27 日，成立青岛市妇女民主联合会，简称“妇联”。1952 年姜哥庄乡设立妇女代表会，简称“妇代会”。本村妇女从此有了自己的组织，摆脱了封建羁绊，走上社会，参加各种社会活动。

新中国成立初期，妇女工作的主要任务是在党的领导下，组织妇女读书认字，参加扫盲学习和土地改革，宣传贯彻党的各项政策，宣传贯彻《婚姻法》。其后，组织妇女积极参加拥军优属，爱国卫生和各项文体活动。宣传、教育、发动妇女实行计划生育。

集体经济时期，广大妇女走上生产第一线，与男劳力一起参加集体生产劳动，为集体经济发展发挥了“半边天”作用。

改革开放以后，村妇女组织在社会主义精神文明建设中发挥了重大作用。村妇代会按照党的要求，开展“四自”（自尊、自爱、自强、自重）和“五爱”（爱祖国、爱人民、爱劳动、爱科学、爱社会主义）教育，提高了妇女队伍的政治素质。组织学习《中华人民共和国婚姻法》《中华人民共和国妇女儿童权益保护法》等法律、法规，依法维护妇女儿童权益。积极参加“双学”“双比”和争创“五好家庭”等活动，取得显著成绩。先后获得青岛市“先进妇代会”，崂山区“红旗妇代会标兵”，崂山区“三八红旗集体”等荣誉称号。涌现出一大批优秀个人。1997 年，刘赛红被评为“青岛市三八红旗手”；2003 年王会超被评为崂山区“致富女能手”，同时授予“三八红旗手”称号；2011 年李金梅被评选为青岛市“敬老奉献明星”；2012 年曲桂琴被评为“崂山区道德模范”。

南姜哥庄妇女组织历届负责人名单

表 5 — 6

姓名	职务	任职起始时间
曲秀香	主任	1961—1970
王悦花	主任	1970—1984

续表 5 － 6

曲美芳	主任	1984—1987
曲桂琴	主任	1987—1993
刘赛红	主任	1993—1999
王悦花	主任	1999—2000
张梅红	主任	2000—2002
刘赛红	主任	2002. 01—2014. 12
曲海蓝	主任	2014. 12—2021. 04
曲金红	主任	2021. 05—

第六节　工会

工会是“工人联合会”的简称，原是由工人基于共同利益而组织的社会团体。南姜村于1993 年 5 月成立青岛市崂山前海工贸总公司后，建立工会组织。村工会的主要职责是：认真贯彻落实党的农村政策，推动农村经济发展；做好会员的接收、登记、管理、教育和服务工作；帮助指导会员发展主导产业，增加收入；组织开展技能培训活动；组织开展切合村庄实际的文体活动，丰富村民生活；开展互帮互助活动，搞好困难家庭帮扶工作。

南姜哥庄工会历届负责人名单

表 5 － 7

姓名	职务	任职起始时间
曲同良	主席	1993. 05—2004. 05
曲知平	主席	2004. 05—2011. 05
曲同节	主席	2011. 05—2014. 05
曲训波(小)	主席	2014. 05—

第七节　慈善救助

一方有难，八方支援，慈善救助，村里早已有之，但未有翔实资料记载。2003 年崂山区成立慈善总会，面向社会募集慈善资金，社会各界积极响应，曲知群当年参加捐款活动，成为首批创始人之一。

自 2008 年四川汶川大地震捐款以后，村里开始有了比较完整的捐款资料。2009 年设立南姜社区慈善工作站，具体负责这项工作。慈善捐款分为两种形式：一种是党员群众捐向

社区，由社区统一捐往上级慈善机构；一种由企业自行捐往慈善机构，村里两种形式都有。

一、党员群众捐款

南姜社区党员捐款表

表 5 — 8

时间	名称	捐往机构	数额（元）
2008 年	汶川地震	青岛市红十字会	106909.8
2009 年	慈善一日捐	崂山区慈善总会	5150
2010 年	慈善一日捐	崂山区慈善总会	38620
2011 年	慈善一日捐	崂山区慈善总会	27226
2012 年	慈善一日捐	崂山区慈善总会	4800
2013 年	慈善一日捐	崂山区慈善总会	1700
2014 年	慈善一日捐	崂山区慈善总会	23400
2015 年	慈善一日捐	崂山区慈善总会	21240
2017 年	慈善一日捐	崂山区慈善总会	9580
2018 年	慈善一日捐	崂山区慈善总会	3830
2020 年	抗击新冠疫情	崂山区慈善总会	17020
2021 年	慈善一日捐	崂山区慈善总会	3640

二、企业单位捐款

域内参与慈善捐款活动的企业有 3 家，先后参加了各种不同名目的慈善捐款活动。

青岛市崂山北海游艇有限公司　2001 年，在青岛市“新世纪爱心捐资助残”活动中，向组委会捐款 5000 元。

青岛鑫港水产有限公司　2008 年四川汶川发生大地震，公司向灾区捐款 2000 元。2020 年，为抗击新冠肺炎疫情，公司向崂山区慈善总会捐款 16000 元。

青岛碧湾海产有限公司　2008 年，四川汶川发生大地震，公司向灾区捐款 100000 元。2020 年，为抗击新冠肺炎疫情，公司向崂山区慈善总会捐款 100000 元。

另外，2020 年，由青岛市崂山区水产商会组织进行了一次抗击新冠肺炎疫情慈善捐款活动，曲立哲、曲宝海、曲同群、曲同岩、曲同飞、曲建成、曲训涛、曲宝章等人，各捐款 2000 元，这些善款全部由水产商会捐往崂山区慈善总会。

除了捐款之外，在抗击新冠肺炎疫情过程中，还有许多党员、群众踊跃捐赠口罩、消毒液、矿泉水、食品等各种物资，为抗疫工作献上了一份爱心，贡献了自己的力量。

第八节　农村工作队

农村工作队是新中国成立以后，党和政府在各个不同的历史时期，根据形势发展的需要，派往农村帮助指导农村开展工作的队伍。进驻村中的先后有土改工作队、下放干部、“四清”工作队、医疗卫生工作队、“三支两军”工作队、农业学大寨工作队等多支队伍。

一、土改工作队

1950年中华人民共和国中央人民政府通过了《中华人民共和国土地改革法》，随即土地改革运动在全国已经解放的区域内全面展开。是年冬天，上级派遣土改工作队进驻村中。工作队队员大多是来自老解放区的入城干部，他们与村民吃在一起，住在一起，深入群众，调查了解，广泛听取群众意见，摸清情况，在村农会的协助下，于1952年上半年完成了土地改革工作任务。工作队还为帮助巩固村政权，维护社会治安，做了大量工作，为解放初期村庄的发展建设，发挥了重要作用。

二、下放干部

下放干部始于1957年的干部下放劳动。1958年2月28日，中共中央发出《关于下放干部进行劳动锻炼的指示》，要求各级政府组织干部、知识分子到农村参加劳动锻炼。村里于1958年上半年开始进驻下放干部，这些下放干部都来自青岛市的企、事业单位，他们与社员同吃、同住、同劳动。由于这些下放干部有知识，有文化，因此，部分下放干部还到学校担任教师，增强了学校的师资力量，并帮助指导社员开展文体活动，丰富了社员的业余文化生活，对广大社员产生了积极影响。

三、“四清”工作队

“四清”工作队是专为搞“四清”运动组建的工作队，“四清”运动又称社会主义教育运动，分为两个阶段，第一阶段始自1963年下半年，称为“面上四清”或“小四清”，最初是“清账目、清仓库、清财务、清工分”，旨在防止出现农村基层干部贪污、腐败现象发生。1965年10月进入第二阶段，改为“清政治、清经济、清组织、清思想”，运动性质发生了改变。

“四清”工作队队员由国家干部、工人、大学生等多种成分的人员组成，“四姜一湾”为一个片区，设一个工作队，队长为青岛市公安局副局长李鸿才（兼），副队长为青岛市公安局隋迪昌处长，工作队下设工作组，南姜工作组组长为张志明。

工作队进村后，深入群众，广泛宣传“四清”运动政策，发动群众积极参加到运动中来，并帮助大队成立了贫下中农协会，协助监督各级领导干部树立全心全意为人民服务的思想，帮助搞好农业生产，提高社员生活水平。1966年10月，工作队撤离。

四、医疗卫生工作队

1965年，为贯彻落实毛泽东主席提出的“把医疗卫生工作的重点放到农村去”的6.26指示精神，青岛市派遣医疗工作队到农村进行巡回医疗，进驻本村的是青岛市台西医院的医务人

员，他们吃在社员家，住在社员家，并登门为社员免费诊治，宣讲防病知识，提高群众的防病意识，为群众解除病痛疾苦；同时还为村里培训初级卫生人员，为建立大队卫生室和实行合作医疗，奠定了有力的基础。

五、“三支两军”工作队

“三支两军”是解放军在“文化大革命”中执行“支左、支农、支工、军训、军管”任务的简称，是人民解放军介入“文化大革命”的标志。1967 年 3 月由海军北海舰队青岛水警区扫雷舰大队官兵组成的工作队进驻村中，工作队的主要任务是宣传毛泽东思想，贯彻落实毛主席的无产阶级革命路线，何元洪、程永源等人先后担任工作队队长。

1972 年“三支两军”工作队与民兵合影

1973 年 9 月，解放军官兵奉命调回部队，扫雷舰大队一直与村里保持着军民共建关系。

六、农业学大寨工作队

1975 年 9 月 15 日至 10 月 19 日，国务院召开农业学大寨会议，会议提出了“全党动员，大办农业，普及大寨县”的号召，全国各地迅速掀起农业学大寨的新高潮。是年秋收以后，上级派出工作队，来村里帮助指导开展农业学大寨运动，工作队队员由青岛市机关、企事业单位和沙子口公社干部及周边村子里抽调的一些优秀共产党员共同组成，杜兴泉任工作队队长。

在工作队的组织指导下，村里在东河东岸、小东山前方平整、修建了一块面积约 20 来亩的大寨田，第二年春天，全部修建完成，投入耕种。工作队继续留在村中，参加集体生产劳动，一直到 10 月份，方才撤离。

第五章　军事

第一节　兵役制度

一、旧时兵役制度

明代至清雍正年间，实行“世袭军户制”，寓兵于民，且耕且战，与普通民户分开编制。清雍正十二年（1743）撤销军户制度。

清雍正年间至民国初年，实行征募制度。征募士兵多是为生计所迫的穷人，且终身服役，老死营中，后继以儿孙。

民国时期，国民党军队的兵员除招募外，还强行征兵。由县级政府将应征兵员的名额分配到区、乡，再由区、乡分配到村，各村或按地亩筹款雇兵，或让适龄青年抽签抓阄决定服役者。

抗日战争时期，崂山游击队在当地坚持对敌斗争，兵员主要是崂山本地人，村里曲成斗、曲知仁、曲振尧、曲立吉、曲知财、曲知敏等人先后参加游击队，坚持抗日作战。

解放战争时期，国民党军队急于补充兵员，则招募、强征、抓丁三者并举。村里有曲京璠、曲学湖、曲学竹、曲振浩、曲成桥、曲知祥、曲振武、曲知敬、曲知礼、曲学年、曲知竹、曲学亭等人于新中国成立前夕被国民党军队强行抓走，先到海南岛，后辗转去了台湾，有的至今仍长眠于异乡。

二、新中国成立以后的兵役制度

中国人民解放军陆海空三军、中国人民武装警察部队担负着保卫国家不受外来侵犯，保证社会平安，救灾援助等任务。1949 年，开始实行志愿兵役制，根据战时需要，随时发动广大青壮年参军。抗美援朝时期，赴朝作战部队称为中国人民志愿军。1955 年，开始实行义务兵役制。1978 年，开始实行义务兵与志愿兵相结合的兵役制，根据部队需要、本人志愿的原则，部分义务兵转为志愿兵。1984 年，开始实行义务兵为主体的义务兵与志愿兵相结合，民兵与预备役相结合的兵役制度。20 世纪 90 年代又分为等级士官制。自 2020 年起，将义务兵征集由一年一次征兵、一次退役，调整为一年两次征兵、两次退役。2021 年 8 月起，实行以志愿兵役为主体的志愿兵役与义务兵役相结合的兵役制度。

新中国成立后，国家政治清明，解放军与人民群众鱼水情深，广大青年以入伍为荣，争相参军，兵源得到有力保证。

南姜哥庄村（社区）1949—2020年度服役人员统计表

表5－9

序号	姓　名	入伍时间	退役时间	军种	立功情况（三等功以上）
1	曲知祥	1949.07	1955.03	陆军	三等功四次
2	曲振锷	1950.11	1958.04	海军	三等功三次
3	曲立庆	1950.12	1953	陆军	二等功一次、三等功一次
4	曲立吉	1950.12	1953.12	陆军	二等功两次、三等功三次
5	曲学智	1950	1953	陆军	二等功三次、三等功三次
6	曲立廷	1951	1957	陆军	
7	曲立忠	1958.03	1961.09	陆军	
8	曲成苏	1958.03	1966.07	海军	
9	曲学令	1959.01	1961.03	陆军	
10	曲知勇	1960	1999	海军	
11	曲立刚	1960	1963	海军	
12	曲知华（女）	1960.08	1966.12	海军	
13	曲立祝	1961	1978	陆军	
14	曲学栈	1965.04	1969.04	陆军	
15	曲同森	1965.12	1969.03	陆军	
16	曲同金	1968.02	1977.01	海军	
17	曲同爱	1969.02	1973.01	海军	
18	曲知康	1969.12	1975.03	海军	
19	王绪良	1969.02	1973.01	海军	
20	曲知兴	1969.02	1973.01	海军	
21	曲学海	1969.12	1975.12	海军	
22	曲成悦	1971.01	1976.03	海军	
23	王可和	1971.01	1976.03	海军	
24	曲同峰	1973.01	1976.03	陆军	
25	曲宝玉	1973.01	1978.04	陆军	
26	曲宝胜	1973.01	1978.01	陆军	
27	曲知山	1973.01	1978.04	海军	
28	曲立胜	1973.12	1999	海军	三等功两次
29	曲立密	1974.12	1987.01	海军	

续表 5－9

30	曲淑欣（女）	1974.12	1980.01	陆军	
31	曲知勇	1975.01	19790.3	海军	
32	曲知恂	1976.02	1980.01	陆军	
33	曲知青	1976.02	1980.01	陆军	三等功一次
34	曲学遂	1976.12	1983.01	陆军	三等功一次
35	曲立同	1976.02	1978.04	陆军	
36	曲立刚	1978.02	1982.01	海军	
37	曲同康	1978.03	1982.01	海军	
38	曲知利	1978.11	1985.01	海军	
39	曲立泽	1978.12	1992.08	海军	三等功一次
40	曲宝波	1979.01	1983.01	海军	
41	曲宝臣	1979.11	1982.01	陆军	
42	曲知欣	1979.12	1985.01	海军	
43	曲先臣	1979.12	1985.01	海军	
44	曲宝栓	1981.10	1986.01	空军	
45	曲立大	1982.10	1985.12	陆军	
46	曲知寿	1982.10	1986.01	陆军	
47	曲知浩	1983.10	1988.01	海军	
48	曲同亮	1984.01	1987.12	陆军	
49	曲宝刚	1986.11	1990.12	海军	
50	曲知勇	1987.01	1999.01	武警	
51	曲知尚	1989.03	1991.12	陆军	
52	曲同晓	1990.12	2004.03	空军	三等功三次
53	曲江颂	1992.10	1997.09	武警	
54	曲训波	1993.12	2016.05	海军	三等功两次
55	曲宝欣	1993.12	1994.05	空军	
56	曲训凯	1993.12	1997.12	空军	三等功一次
57	曲守辉	1993.12	2013.01	武警	三等功一次
58	戴洪波	1994.12	2005.04	海军	
59	曲同波	1994.12	1997.11	陆军	
60	曲宝冬	1995.12	1998.11	武警	

续表 5－9

61	曲同杰	1995.12	1999.12	海军	
62	曲同钦	1995.12	1998.12	海军	
63	曲训东	1997.12	2002.12	海军	
64	曲进成	1999.10	2004.04	武警	
65	于　翔	1999.12	2001.12	海军	
66	曲宝东	1999.12	2003.11	海军	三等功一次
67	曲宝凯	2000.12	2005.12	海军	
68	曲同青	2002.12	2005.12	空军	
69	曲训浩	2003.11	2005.11	陆军	
70	曲　正	2004.12	2021.06	海军	
71	徐宁宁	2004.12	2007.12	海军	
72	曲银成	2004.12	2009.12	陆军	
73	曲宝群	2005.12	2010.12	陆军转海军	
74	曲同一	2005.12	2007.12	武警	
75	初　晓（女）	2005.12	2012.12	陆军	
76	曲训鹏	2006.12	2008.12	武警	三等功一次
77	曲晓帅	2006.12	2009.01	陆军	
78	曲　云	2006.12	2015.12	陆军	
79	曲俊龙	2006.12	2019.06	海军	
80	曲宝浩	2007.12	2009.12	武警	三等功一次
81	曲延宗	2007.12	2012.12	海军	
82	曲柄桦	2007.12	2009.12	武警	
83	宋文杰	2008.12		海军	
84	常　存	2009.12	2014.12	海军	
85	曲宝雷	2010.12	2012.12	武警	
86	曲宝晓	2011.12	2016.12	海军	
87	曲宝帅	2011.11		海军	
88	刘志丹	2011.11		海军	
89	曲炳峄	2012.12	2018.12	海军	
90	曲训杰	2012.12	2017.11	武警	
91	曲宝群	2013.09		海军	

续表 5 — 9

92	曲泓任	2013.09	2018.09	海军	
93	曲宝泉	2014.09		海军	
94	曲训启	2014.09	2019.09	海军	
95	曲小童	2015.09		海警	
96	曲丰晓	2016.09	2021.09	海军	
97	曲聪聪	2016.09	2021.09	海军	
98	曲桓庭	2016.09	2021.09	海军	
99	曲同文	2017.09		陆军	
100	曲同斌	2017.09	2019.09	陆军	
101	曲尧尧	2017.09		空军	
102	曲学顺	2020.09		陆军	

第二节　地方武装

一、青岛保安总队

青岛保安总队，简称“青保”，亦称崂山游击队。组建于 1938 年春，原为国民党第五战区游击指挥部第二纵队直属第三大队。组成人员以爆破日本纱厂的爆破队员和纺织工人为主，包括农民和小学教员等，共计 300 余人，200 余条枪，大队长为孙式庵。他们以崂山为根据地，开始了抗击日寇的艰苦斗争。

1939 年该大队被改编为鲁东行署独立营。1941 年改称“青岛市保安大队”，孙廷镛任大队长。1942 年，李先良以国民党青岛市代市长身份进驻崂山，制定崂山治理方针，提出“抗战”“除暴”“安良”三大行动口号。同时增设保安第二大队，高芳先任大队长。稍后又增设一个特务大队，由南龙口人许京武任大队长。到 1944 年青保已增至 4000 余人，李先良不再兼任总队长，而由高芳先担任。1945 年抗战胜利前夕，青保总队已辖 5 个大队，共 6000 余人，其重要成员和士兵多为崂山当地人。

据李先良《青岛与八年抗战》记载，自 1941 年 10 月至 1945 年 8 月，青保部队共与敌交战 78 次，发生在域内周边地区的近 10 次，其中以 1945 年 4 月 10 日的登瀛之战，最为激烈。是役毙敌 37 名，伤 25 名，给敌寇以沉重打击。日寇投降前夕，李先良将青保总队改为“青岛保安师”，并自任师长，高芳先任副师长。1948 年，国民党政府对地方武装整编，更名为“青岛保安旅”，高芳先任旅长。1949 年 6 月，青岛解放前夕，该旅溃散，余部撤往台湾。

本村村民曲成斗、曲知仁、曲振尧、曲立吉、曲知财、曲知敏等人都曾参加青保队伍，曲知敏在战斗中手部负伤，曲成斗、曲知仁战死疆场。

二、民兵组织

民兵组织是新中国成立以后村里最早成立的群众组织之一，在各个不同的历史时期，为村庄的发展建设都发挥了不同的重要作用。

队伍建设　1949 年 6 月村庄解放后，成立姜哥庄村民兵大队。1953 年成立姜哥庄村民兵连。1958 年，沙子口人民公社成立后，实行全民皆兵，进行军事化管理，姜哥庄大队成立民兵营，下设连、排、班等单位。1961 年南姜生产大队成立，建立南姜大队民兵连，下设三个排，有基干民兵 60 余人，1969 年扩充到近百人。1984 年，改称南姜村民兵连。2004 年改称南姜社区民兵连，延续至今。

南姜村民兵连历任民兵连长（队长）名单

表 5 － 10

姓名	任职时间
曲学忻	20 世纪 50 年代初
曲知夏	20 世纪 50 年代初到 1953 年
曲知根	1953—1968
曲学眺	1968—1970
宋芬修	1970—1976
曲立祥	1976—1981
曲宝良	1981—1982
曲同良	1982—2004
曲知平	2004—

工作任务　1949 年初，民兵的主要任务是站岗，巡逻，维护社会治安，参加土地改革，镇压反革命，巩固新政权。

集体经济时期，积极参加兴修水利，整地改土，防灾救灾，备战备荒等各项重大活动，成为一支突击队和生力军。

改革开放以来，为适应新时期“两个文明”建设，以及治安综合治理需求，对民兵工作做了新的调整，成立应急小分队，主要执行护林防火、防汛、抢险救灾，维护社会稳定等应急任务。

军事训练　1949 年初，上级主管部门分期组织民兵干部、基干民兵参加军事训练。训练科目有射击、投弹、刺杀、利用地形地貌侦查分析敌情，以及擒拿格斗等；对武装民兵进行步枪、冲锋枪、机关枪等武器的构造、性能、拆装、保养和射击要领的训练及投掷手榴弹训练。

1962 年公社武装部分片组织民兵干部、基干民兵进行集训，以射击、拼刺刀为主，辅以单兵战术训练。

1969 年中苏珍宝岛边界冲突发生，国际局势陡然紧张，全国开始进入备战状态，村民兵连的军事训练和战备任务进一步加强。基干民兵每天早晨进行持械列队跑步训练，夜间进行紧急集合训练，在村庄前方挖了很多防空洞，与联防单位共同进行反空降、反空袭战术演练，与“扫雷舰大队”一起在后湾进行军舰抢滩维修演练。全体基干民兵都参与演练，取得预期效果。

1970 年公社武装部组织民兵开展拉练活动。自沙子口出发，携带枪械，绕崂山一周，约 60 公里。拉练结束后，又在南窑靶场进行实弹射击，村民兵连选派 20 余名基干民兵参加了这次行动。

武器装备 早期的武器装备主要是老式 7.9 步枪，20 世纪 60 年代主要配备 7.62 步枪，另有轻机枪、冲锋枪、掷弹筒等武器。1968 年民兵连共配备步枪 86 支，苏制铁托冲锋枪 2 支，轻机枪 1 挺，掷弹式迫击炮（掷弹筒）3 门，子弹若干。

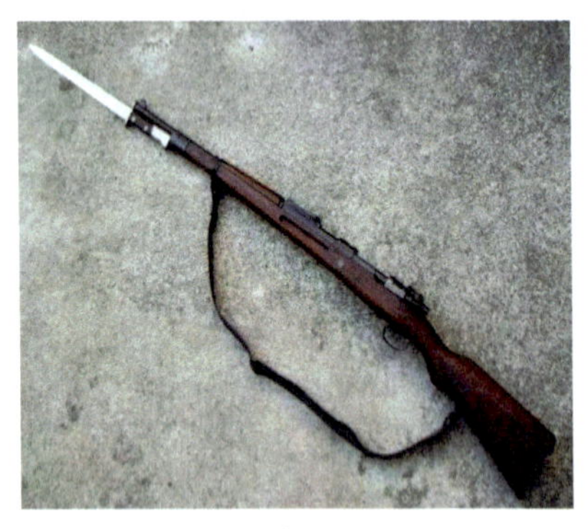

步枪

冲锋枪

掷弹筒

1949 年初至 20 世纪 60 年代，枪支弹药都由民兵个人携带，存放在各自家中。60 年代以后，枪械由民兵连统一保管。枪械仓库设在老大队西厢屋，夜间值班民兵到枪械库领取枪支弹药，每支步枪配备五发子弹，下岗时交回，有训练、执行任务时另行分发。

1972 年，武器装备更新为 56 式半自动步枪和冲锋枪，并对持枪人员进行严格审查和培训，无特殊任务不配发子弹。1984 年，民兵连所有武器全部上交，由公社武装部统一管理。

工作业绩 1968 年，南姜民兵连被评为崂山县“四好连队”，在共建单位的帮助下，组织材料，由崂山县武装部统一组织，到全县各公社巡回演讲，得到好评。

1970 年，民兵连作为骨干力量，参加了东河上游水库和大寨田机井的建设工作，发挥了主力军作用。

1999 年，被评为崂山区党管武装先进单位，2004 年被评为沙子口街道民兵预备役工作先进单位。

第三节　军民共建

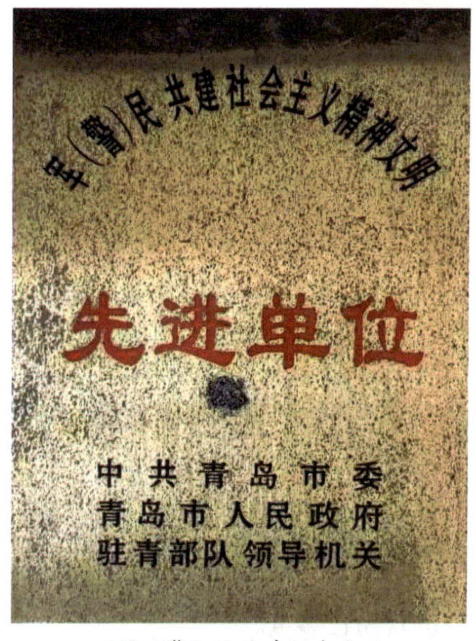

“军（警）民共建社会主义精神文明先进单位”奖牌

新中国成立后，南姜村与周边驻军关系十分融洽，相互开展丰富多彩的军爱民、民拥军活动，真正体现鱼水之情。本村曾先后与“扫大”“工大”等驻军单位“手拉手”进行军民共建。大集体时，逢农忙时节，部队会派出官兵到村里帮助干农活。平时或逢传统节日，到“军属”“五保户”家打扫卫生、挑水等。村民兵、妇女等组织逢节日也会派人到军营从事一些力所能及的劳动，进行慰问演出等。

村里先后多次被市、区、街道评为“军民共建先进单位”。

南姜哥庄村（社区）军民共建荣誉一览表

表 5 — 11

荣誉名称	授奖单位	获奖时间
一九九八年度双拥共建先进单位	中共沙子口街道委员会 沙子口街道办事处	1998.02.06
党管武装工作先进单位	中共青岛市崂山区委 青岛市崂山区人民武装部委员会	1999.01
一九九八年双拥共建先进单位	沙子口街道办事处	1999.02
双拥共建先进单位	沙子口街道党工委、办事处	2001.01
民兵预备役工作先进单位	沙子口街道党委办事处	2001.01
二〇〇二年度军民共建先进单位	中共崂山沙子口街道委员会 崂山区人民政府沙子口街道办事处	2003.02
军（警）民共建社会主义精神文明先进单位	青岛市人民政府、驻青部队领导机关	2003
二〇〇三年度军民共建先进单位	中共崂山沙子口街道工作委员会 崂山区人民政府沙子口街道办事处	2004.02
二〇〇四年度军民共建工作先进单位	中共崂山区沙子口街道工作委员会 崂山区沙子口街道办事处	2005.01
二〇〇五年度军民共建先进单位	中共沙子口街道工作委员会 沙子口街道办事处	2006.01
二〇〇六年度军民共建先进单位	中共沙子口街道工作委员会 沙子口街道办事处	2007.02

第四节　战事

一、德占时期

1914年第一次世界大战爆发，日本为取得德国在青岛及胶济路沿线的利益，趁德国无力东顾之机，联合英国于8月23日对德宣战。9月，日本军舰在村外近海海域向南岭沟德军营房开炮，但未击中目标。德军出动飞机两架，在周围地区盘旋后离去，双方没有交火。9月18日，德军为收缩兵力，守护青岛市区，于夜间自行将南岭沟营房炸毁撤离。此役虽未听说造成当地人员伤亡，但引起村民的极大恐慌，人们都纷纷外出避难。

二、日占时期

1937年7月，日寇发动全面侵华战争，1938年1月第二次占领青岛。5月，正值春汛季节，一天上午10时许，人们正在后湾海滩上进行渔货交易，日本飞机突然飞临上空轰炸扫射，无辜群众伤亡惨重。

1942年某日，日本飞机又一次飞到本村上空投弹。村民们恐惧万状，四处躲藏，有一人不幸被炸身亡。不少村民受到过度惊吓，每遇巨大的飞机轰鸣声，都心惊肉跳、惶恐不安。

1944年12月12日，青保第七中队在石老人一带活动，与日军遭遇，敌众我寡，遭敌人追击，青保队员自石老人北侧山脉沿本村西山一带向北撤退。此役青保将士6人阵亡，击毙敌寇2名。

三、村庄解放

1949年5月，解放军发动了即（即墨）青（青岛）战役。5月31日，解放军突破了国民党军在青岛外围的第二道防线，直逼沙子口，切断青岛敌军撤退之路，国民党军残部将海庙的浮动码头炸毁后逃走。6月1日，村庄获得解放。

第六篇

农业·财税

第一章　农业生产

第一节　土地所有制

域内土地所有制经历了封建土地所有制、农民土地所有制、集体土地所有制、土地承包所有制等几个不同阶段。

一、封建土地所有制

新中国成立前和新中国成立初期域内为封建土地所有制。所有土地除老茔地以外归个人所有，以家庭为单位，分散经营管理。由于村落处于丘陵地带，可耕种土地有限，且多为山壜薄地，人均不足一亩，最多者不过二亩。有部分村民只有几分地，个别赤贫户仅有极少量的土地。

二、农民土地所有制

1951 年，根据《中华人民共和国土地法》和《城市郊区土地改革草案》，本村开展土地改革运动。由土改领导小组与农民协会一起进行宣传政策、丈量土地，按户登记人口、土地房屋、劳力和农具的工作。经过自报共议，群众评定，评出地主、富农、中农、贫农成分。按照全村人口和土地数，换算出人均标准，按照人均标准分配给每户村民，随后由青岛市人民政府颁发给“国有土地使用证”和“土地房产所有证”，封建土地所有制时期结束。村民成为拥有土地自主权的新型农民，农民所有制形成之初，仍为各家各户单独生产，称为“单干”。后根据中央《关于农业生产互助合作的建议（草案）》的指示，成立互助组。互助组成员，农忙时期结伙生产；农闲时期，各自生产。其土地、大牲畜和农具仍归村民个人所有。1954 年，在互助组的基础上，成立初级农业合作社，社员以土地、劳动力、农具和大牲畜入股，统一经营，土地所有权仍归社员个人所有。

三、集体土地所有制

随着农业合作化事业的不断发展，农民土地所有制已不再适用生产力发展的需要。在原初级农业合作社的基础上，1956 年成立高级农业合作社，名为“前进农业合作社”。将土地个体所有制变革为集体所有制。社员自有的牲畜、大型农具，均折价入社，各队平均搭配，实行统一管理、统一经营、统一分配，土地取消报酬，收益按劳分配。

1958 年，成立人民公社，村中所有土地全部归入集体。实行三级所有，队为基础的制度，即公社、生产大队和生产小队三级所有，以生产小队为基本核算单位，组织生产经营。1961 年，成立沙子口人民公社南姜生产大队，下辖 13 个生产小队。

四、土地承包所有制

1982 年秋季，域内开始实行联产承包责任制，以当时的生产小队为单位，将土地按人口平均分配到各家各户。每人分得承包土地 0.3 亩左右，承包期间生产经营权由各家各户自主安排，土地所有权仍归集体所有。

第二节　农业管理

一、生产管理

新中国成立以前，村中未专设农业管理机构和人员，农户们自主生产。1950 年，政府开始对农业生产进行管理，但无硬性计划和指标，只是一般号召改进耕作制度、选育优良品种、推广先进生产经验。农业合作化以后，合作社负责制订生产计划，安排生产任务。

1958 年，成立人民公社后，实行由人民公社统一核算的供给制，由人民公社对全社的生产统一管理，并实行军事化管理体制，所谓的“三化”，即组织军事化、生产战斗化、生活集体化。“组织军事化”就是将全体社员一律按军事化编制，编为班、排、连、营、团。“生产战斗化”是由公社调配劳动力和农具，积肥、除草、灭虫及兴修水利工程。社员平时上工、下工都要以军号声为准。“生活集体化”是全体社员一律到大食堂就餐。家庭中禁止开灶（铁锅都已上交用于炼钢铁），也不允许私存粮食。民兵营在南岭沟露营，随军号声作息，就餐，参加生产劳动，一切都实行军事化管理。是年冬天，以生产小队为单位，建起小食堂，社员们凭饭票到食堂领取食物后回家就餐。

1960 年春季，开始分给社员少量自留地。年底，实行“包产到户”，由农民自主生产经营，生活逐渐有了起色。1963 年春，土地又收归集体经营，以生产小队为单位，负责制订每年的生产、管理、分配计划。1982 年，实施“联产承包责任制”，生产队时代宣告结束，土地由村民自行经营、管理。

二、用工管理

封建土地所有制时代，村里农民大多以户为单位，自行耕种，个别地多人少的家庭，需雇人帮工。雇人有两种形式，一种是常年雇佣，一种是季节性雇佣。前者称“长工”，按年计酬，后者称“短工”，按日计酬。

互助组时代，在劳动过程中，村民互相合作，以工换工或以人工换畜力。年终结算时，缺工户给余工户适当的经济补偿。集体化以后，采用记工分制，男劳力每天记 10 分，女劳力每天记 8 分。半大孩子，按身体强弱、劳动技能，记分不等。平时的劳动分工由生产队长根据每天的生产情况随机安排。一般情况下，每天上午、下午各出半天工。农忙时，早晨出工，加记 2 分；到冬季农闲时，每天只出一次工。由于当时冬季每天只吃两顿饭，早晨 9 点以后才出工，下午 2 点以前收工，也记一天的工分。每个生产队由 1 名记工员统一计工，按时公

布核对。当时有些农活如打地瓜垄、锄地、翻地瓜蔓、挑水浇地等，女劳力和男劳力工作量完全相同，但女劳力只能挣8分工，男劳力却挣10分工，存在同工不同酬的现象。实行家庭联产承包责任制后，集体用工管理制度取消，农民开始自主生产。

第三节　种植业

一、粮食 油料作物

村里的主要粮食、油料作物有地瓜、小麦、谷子、黍子、高粱、玉米、大豆、花生、芝麻等。

地瓜　地瓜亦称红薯和番薯，据史料记载，它原产于南美洲。明朝万历年间，经东南亚传入我国闽广一带。清乾隆年间，引入胶州，继而在即墨崂山推广。分为窝瓜、芽瓜、二芽子、蔓瓜四种。

地瓜

窝瓜　窝瓜又称母瓜，是最早期的栽植品种，需将第一年收的小地瓜留种，第二年春天栽种，让其生出新地瓜。这种栽植方法成本高，产量低，后被芽瓜替代。

芽瓜　将地瓜种秧于火炕上，用沙掩埋，待地瓜芽长到20多厘米以后，即可拔除栽种。栽植开始的时间多在谷雨以后，收获的时间，多自八月十五前后开始。这种地瓜产量高（每亩产量可达4000多斤），品质好，可以加工地瓜干、地瓜丝等食用，但一年只能种一季。

二芽子　二芽子地瓜秧的种较芽子地瓜晚，一般秧在天井的池子里，可见到阳光，因此又称晒芽子。栽种时间多在豌豆、大麦收割以后，蔓子地瓜栽种之前，产量较芽子地瓜低很多。20世纪50年代后逐渐被淘汰。

蔓瓜　将芽瓜上长出的地瓜蔓，剪成段栽植，即为蔓瓜。蔓瓜的栽植时间是在麦收以后，收获时间，较芽瓜稍晚一点。因生长期较短，故产量不及芽瓜（每亩产量3000斤左右），但可多收获一季，且可留作第二年的地瓜种用。

小麦　小麦种植有正茬和倒茬两种地块。在同等肥力下，正茬地比倒茬地小麦产量要高一些。小麦的播种时间为寒露以后，收割时间为第二年夏至以前，有“麦割夏至”之说。过去，本地的小麦为墩播，耗力大、产量低，每亩产量只有200多斤。1965年，上级推广条播，实行合理密植以后，小麦产量稳步提高，最高亩产量逾500斤。

谷子　谷子是当地的传统农作物，很早就有种植，其播种与收获时间为谷雨到处暑之间。

播种行距 25 厘米，株距 10 厘米左右，播种后要踩压，出苗后要剜苗、定苗，生长期间要反复锄草，“锄禾日当午，汗滴禾下土。谁知盘中餐，粒粒皆辛苦”，描绘的就是锄谷的场景。谷粒称“小米”，可以焖干饭，熬稀饭，过去当地人吃干饭就是指小米干饭。秸秆称“杆草”，是喂养大牲畜的主要饲料。

黍子 黍子也是当地的传统农作物之一，其种植与管理与谷子类似，但因其产量较谷子低，所以种植面积要比谷子少很多。黍粒称“大黄米”，可以包糕，或磨成粉做年糕，是重要的节日食品。大黄米还可以用于酿制黄酒，是当地酿制的酒中之上品。脱粒后的黍穗可以轧制扫炕用的笤帚。

高粱 高粱当地人称“胡黍”，是高秸作物，其种植时间与谷子差不多，种植方法为墩播，行距 40 厘米左右，株距 30 厘米左右。高粱通身皆可为人所用，高粱米可以焖干饭，做稀饭，或磨成粉做面食。高粱穗脱粒后，可以轧制饭帚和扫地用的笤帚。高粱秸可以勒屋笆，扎顶棚使用。高粱秸的梢部称作“挺杆”，可以订制盖垫。

高粱

玉米 玉米又称“苞米”，20 世纪 60 年代中期被引入当地种植。因其产量高，所以很快取代了谷、黍子等传统农作物。其分为春玉米与夏玉米两种。春玉米 4 月 25 日左右种，9 月 10 日左右收。夏玉米是麦收后种，10 月下旬收获。本村主要种春玉米，很少种夏玉米。

玉米

油料作物 花生、大豆、芝麻属于当地的油料作物，但本村极少用其榨油，只是过去曾有人拿花生米去油坊兑换花生油用，大豆主要用于做豆腐和磨面汤面，芝麻只是作为调料使用，种植面积都很有限。种植花生和大豆的另一用途是用于“正茬子”。所谓“正茬子”就是将经常栽植地瓜的地块换种一次花生或大豆，以改善土壤环境，利于农作物生长。

南姜哥庄生产大队 1971 年粮食产量分配情况

表 6－1

队别	小麦			春玉米			春地瓜			秋地瓜		
	亩	单产（斤）	总产（斤）	亩	单产（斤）	总产（斤）	亩	单产（斤）	总产（斤）	亩	单产（斤）	总产（斤）
1	29	332.1	9632	14	576	8064	14.58	836	12191	29	435.5	12630
2	27	347.8	9391	12	573.2	6880	9.89	911	9110	28	411	11506
3	25	371.4	9286	17	705	12752	14.52	1036	15043	20	545.6	10913
4	28	272.7	7631	14	597.8	8369	12.01	675.3	8111	25.5	445.5	11361
5	30	315.5	9465	18	577.4	10393	13.05	667.6	8713	26.5	380	10071
6	28	357	9997	14	768	10750.5	13.4	766.2	10268	21.5	518.8	11156
7	32	386	12346	18	727	13086	11.13	685.4	7629	24	471.5	11318
8	31	376.4	11668	15	630.5	9458	11.58	416.1	4818.5	23.5	471.7	11083
9	30	369.5	11081	15	625.5	9379	11.16	628.4	7013.5	23.5	476.3	11195
10	31	407.5	12633	14	652	9124	14.3	751	10737	25.5	409.5	10443
11	30	352.4	10572	15	646	9690	11.8	644.3	7603	26	401	10420
12	30	216.8	6504	17	527.3	8964	2.02	1996	4032	27.5	376.5	10353
13	27	296.6	8009.5	15	588.2	8823	11.33	752	8520	22.3	350	7802
计	378	339.2	128215.5	198	635	125732.5	150.77	754.7	113789	322.8	434.4	140251

二、蔬菜 果业

蔬菜 域内可种植蔬菜的地块，只有东河下游两岸、海屋后、大头地和村庄周围，房屋前后的地方。田园中种植的蔬菜主要有：萝卜、胡萝卜、大头菜、天津绿白菜、茼蒿、芹菜、苔菜、碎筋子、香菜、韭菜、大葱、芥菜、海瓜、黄瓜、丝瓜、冬瓜、芸豆、扁豆、菠菜、油菜、茄子、生菜、莴苣、南瓜、土豆、芋头等。菜豆（豆角）主要种在地阡上，由于采摘量较大，是夏、秋季的主菜。另外家前屋后、院子中主要栽种西红柿、葫芦、北瓜、拉瓜等瓜果。

胡萝卜

大头菜

果业 早在清朝咸丰年间，村中就开始种植梨树。清末民初栽种面积最广。村周围适合种果树的地大部分都栽上了梨树。抗日战争爆发以后，崂山窝梨滞销，村民开始伐树种粮。20 世纪 40 年代以后，基本伐净。新中国成立以后，堰前植有一片桃树，弯岭植有一片苹果树。20 世纪 60 年代末，相继伐除。80 年代以后，又有人开始栽植桃树、杏树、柿子树等果树，但规模都不很大。

梨树

三、其他作物

旧时，为小农经济时代，生活各方面尽量能够做到自给自足。因此，在种植粮食、蔬菜等作物的基础上，也种植一些其他作物，如棉花、麻、黄烟、葫芦、洋金花等。棉花用于纺线织布，制作棉袄、棉裤、棉被等。麻可搓制麻绳，用于纳鞋底、钉盖垫、打苫、扎笤帚、捆绑物品等。黄烟叶可以自己抽。葫芦则可做瓢，放物品使用，还可制作农具（点葫芦），以及潜水拿冻菜的工具使用。洋金花晒干后可以用于止咳平喘。另外，向日葵、蓖麻子等作物，本地也有少量栽种。

第四节　耕作

一、耕作制度

域内的农作物耕种多为两年三作，鲜有一年一作，或者一年两作者。而且采用轮耕制，如今年春天栽芽子地瓜，秋天刨完地瓜后，直接种倒茬小麦，第二年夏天，收割完小麦后，可栽种蔓子地瓜或种夏玉米。但秋季收获后，不可再种越冬作物，需要“歇茬子”，留给土壤休养生息的时间。这块歇茬子的地，来年不能再栽地瓜，需改种玉米、花生、大豆等作物，称为“换茬子”。换茬子的地，秋天可以种“正茬”小麦，如此循环往复。

二、耕种方法

当地土地资源匮乏，人们视土如金，一直采用精耕细作的方法。一开春便平整土地，先用镢头将地刨松，刨地的时候，每一块土块都要打碎。地刨完之后，大的地块用木耙耙平，小的地块则用耙头子整平备用。越冬作物，春季需要锄草、施肥、灌溉。小麦收割，村里人都是采用薅的方式，连根拔出。因此，空出的土地，不需要再平整，直接栽种别的作物即可。玉米收获之后，地需要重新平整，以备秋播。小麦种植需要经过犁沟、施底肥、播种、掩埋等工序完成。地瓜种植需要先打垅，在垅上栽植地瓜芽（或地瓜蔓），后经过锄草、培地瓜、翻蔓等管理措施，最后才能收获。刨地瓜时，如该地块需要再种小麦，就要将刨开的土块打碎，将地搞平整，以利于播种，如不需种植越冬作物，则只把地瓜刨出来就可以了。

间作也是域内的一种传统耕作方法，人们最多的是在庄稼地的下阡种植豆角，上阡种植绿豆、豇豆、芝麻等作物，收获颇丰。1963年，曾推行在春玉米地中间作土豆，收到一些成效，但因管理难度颇大，没有长期推行下去。域内耕作全靠人力，虽然购置过拖拉机，但并未用于农耕使用。

三、农业技术队

合作化运动之后，国家对农业技术的推广和应用十分重视，在“土、肥、水、种、密、保、管、工”农业八字宪法的指导下，对玉米、地瓜等作物推行合理密植，结合良种选育、改土治水、农机推广、病虫害防治等措施，使粮食产量稳步提高。1973年，大队又专门成立了农业技术队，在沙子口农业技术推广站的指导下，专门负责农业技术的推广和试验工作。先后实行了越冬小麦冬前追肥、浇封冻水、追春肥、浇拔节水以及灌浆水的“三水三肥”管理方法。春玉米实行冬前深耕晒垄、早春施肥浅耕，夏玉米在麦收后抢播，春玉米亩种2500～3000株，夏玉米亩种3000～3200株，春玉米重基肥、施追穗肥，夏玉米重施拔节肥等措施，使植株增加，土地利用率提高，产量上升。

建“回龙火坑”秧地瓜　在室外地上挖坑，设曲折烟道均衡散热，烟道上方敷竹竿或木条，铺草席，席上垫土、沙，生火后热量沿烟道回环，夜间用草帘覆盖保温。由于回龙火坑秧的地瓜芽能够见到阳光，故又称“晒芽子”。晒芽子较传统火炕上秧出的地瓜芽子生命力要旺

盛很多。

推广栽种地瓜新品种 如青农2号、4号、6号、11号等，增加了地瓜的产量。

第五节 肥料

“肥料是个宝，庄稼离不了”“庄稼一枝花，全靠粪当家”，从这些农谚中，便可看出肥料在农耕中的重要性。村内用于农耕的主要肥料有农家肥、化肥以及一些其他肥料。

一、农家肥

农家肥是使用最广泛的传统肥料，包括圈肥，人尿，畜、禽粪，炕土，屋土等。

圈肥 旧时，各户中的大圈既可以储存人和猪的粪便，也是一个家庭的垃圾处理场所，每天产生的厨余垃圾，烧火产生的草木灰、碎草屑、尘土等都倒入圈内。另外，给猪窝垫换的土也一并清理入圈中，沤制成肥。

人尿、畜禽粪 旧时，人们的小便专门用尿罐储存，待储满两罐之后，即挑去田间浇施，称作“送臭水”。集体化后，每个生产队都在村外建有长方形尿池子，生产队会安排社员到各户收集尿水，挑到尿池子，待发酶后，再挑到田间浇施。畜、禽粪有的是自家养的驴、马、骡子等牲畜和鸡、鸭、鹅等家禽产生的粪便，有的则是到野外或马路上捡拾的粪便。

土杂肥 土杂肥主要是打炕拆除的旧墼，将这些旧墼捣碎，与炕道中扒出的草木灰和圈肥一起搅拌，即成土杂肥料。另外，从老房屋墙壁上刨下的已经酥软的旧土和修理房顶时扒下的屋土，都是很好的土杂肥。

二、化肥

化肥俗称“肥田粉”，有尿素、硫铵等品种。20世纪60年代开始施用，但属国家供应物资，数量有限。后来国家专门供应氨水，村里在村的西南侧建造了一个氨水池，专门用于存放氨水。氨水有一股强烈的异味，让人难以承受，而且具有一定的毒性，容易造成人的眼睛、皮肤等组织损伤。因此，施用时需要格外谨慎。

三、其他肥料

其他肥料主要是臭鱼、烂虾、鱼浆仔、绿肥和豆饼等。过去有些误流变质的海货不能再食用，就作为肥料使用。20世纪60年代以后，随着塑料网具的使用，人们不再担心水热后网具会腐烂，加之当时的人们缺乏渔业资源保护意识，夏天的时候，依旧张网，而捕获上的鱼货主要是刚刚出生的小鱼仔，称作“鱼浆仔”。捕捞这些鱼浆仔的主要目的，就是做肥料用。绿肥是用庄稼秸秆、杂草、淤泥、烂土加水搅拌、堆积、沤制而成的肥料。豆饼是旧时人们栽种黄烟时，为增加烟叶质量而施加的一种比较贵重的肥料。现在有些人栽种茶树也施用豆饼。

第六节　农田基本建设

一、整地改土

1958年，“大跃进”时，上级号召深翻土地。本村积极响应，对有些土层较厚的地块，进行了深翻。本意是想改良土壤，增加粮食产量，却因生土翻到地表，熟土埋入地下，反而影响了作物的生长。后来虽然采取了一些改进措施，但是因耗时费力，没能持续下去。

1965年，根据上级的统一部署，开展了平整坟头运动，将东茔、南茔、西茔和村庄周围其他零星坟头全部整平，增加了村中的可耕地面积。

1975年，为贯彻农业学大寨精神，在青岛市农业学大寨工作团驻村工作队的指导下，在村东侧，现村委办公大楼前方修建了一块大寨田，约20亩。

二、兴修水利

早期的水利建设是先民们先后在村东、村南等地方开凿了6口水井。这些水井除解决生活用水外，主要用于农田灌溉。另外，还有几个小型的池塘，可以储存一部分雨水，但规模都很小。

1970年，由公社统一组织，在东河上游、北姜村和石湾村之间，修建了一座水库，本村社员亦参与修建。水库修成之后，主要由北姜村和东姜村使用，本村未受益。

1975年，农业学大寨期间，在村东大寨田一带，修建了两口机井，主要用于农田灌溉。

三、河道治理

穿村而过的河沟两岸及东河下游西岸，原来是用大块的天然花岗岩砌筑而成，应是先祖们很早以前建造的，其始筑年代已无法考证。河沟两侧边沿上原有一些巨大的青色天然花岗岩石块，据村民们世代口耳相传，十三世祖曲士清力大无穷，这些花岗岩石块都是他从南爪木圈扛回来的，为阻挡下大雨时，河水漫堤发挥了重要作用。

东河下游发洪水时，若恰遇大潮上涌，容易溃堤。1975年夏秋之际，出现一次溃堤，洪水涌入周围庄稼地中，造成较大损失，后经生产队组织人员进行重新构筑，之后再未出现此类灾害。

从20世纪80年代末开始，居民家中大圈被小厕所取代，生活垃圾无处倾倒，而村中又缺乏垃圾处理设施，因此生活垃圾被大量倒入河沟之中，致使河道堵塞，环境恶化。

2003年，村委实施了河道治理工程，将堤岸重新用花岗岩块石构筑，河底实施硬化，治理河段长约1000米，共投资100余万元。

第七节　农业机具

一、耕作机具

域内地少人多，且地块较小，又多为山地梯田，因此一直以来全靠人工耕作，耕作机具相对简陋，主要有以下几种。

抬驴具　犁的别称，可以用人拉，也可以用牲畜拉，主要用于耕种。

豁子　是一种单独用人拉的犁，较抬驴具小，使用时，一人在后面扶犁，一人在前方扛拉，也是用于耕种。

抬驴具

粪斗子、点葫芦　粪斗子是用藤条编制的圆形筐子，主要用于装土杂肥，使用时，用绳索挂在胸前，跟随抬驴具后面，向犁沟中施撒基粪。

点葫芦主要用于播种。在葫芦顶部安装一根木柄，葫芦上方侧面开一个孔，装入麦种，葫芦底部开一小孔。使用时，边走边用木棍敲打葫芦，使麦种均匀撒播在犁沟内。也有用竹筒做的，也称“点葫芦”。

木耙　木耙为一长方形木框，中间有两根横档，下面装有铁制耙齿（前七后八，两头两个拨拉角，使用时上面置放重物压住，或让人蹲在木耙上，不断晃动，称做“晃耙”，其他人则在前方用绳索拖拉，以将土地整平。

钉耙　也叫“耙头子”，其形状与《西游记》中猪八戒使用的兵器相似，用于平整较小地块。

打场用具　包括碌碡、连枷、棒槌（用于碾压及击打麦穗）、木掀、木杈、竹耙（pa）、扫帚、簸箕（用于翻动、清理打麦场）、铡刀（用于铡麦根）。脱粒机是现代打场用具，1969 年以后才开始使用。

日常用具　主要有锄头、镰刀、铁锹、铁锨、铁镢、五齿钩、十字镐、竹筛子等。另外也有喷雾器、喷粉器等新式的用具。

打场用具

二、运输机具

独轮车、偏筐　独轮车是当地最主要的运输机具，早期车轮与车架全为木制，后改为胶皮车轮、木车架和铁车架，一直沿用到 20 世纪 80 年代以后，与之相配套的是“偏筐”，一种用棉槐编制的长椭圆形的筐子，用绳索捆扎在车体两侧使用。20 世纪 80 年代后还兴起一

种小推车，轮子较小，全身铁质，这种小车无须用偏筐，用方形筐、圆形框、麻袋、蛇皮袋等器具皆可载运，比较灵活，俗称“小土驴”。

独轮车

驮篓、笆篓、粪筐　驮篓是为毛驴制作的一种运载工具。用棉槐或柳条编制，呈马鞍状，两侧各有一个相连的方形编筐，安放在驴背上，盛放物品。

笆篓是一种用棉槐编制的圆形筐子，上面有把，

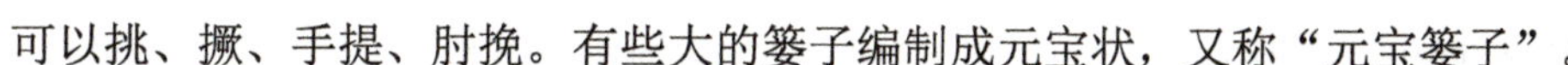

可以挑、撅、手提、肘挽。有些大的篓子编制成元宝状，又称“元宝篓子”。

粪筐是一种无把的圆筐，比笆篓大，筐上系有绳索，主要用于抬粪，运土等。其制作材料与笆篓相同。另外，还有一种用细竹条编制的篓子，称“竹篓子”，也是常用的装运工具。

拖拉机

其他机具　其它机具包括马车、地排车等。20 世纪 70 年代，村里购置了 3 台拖拉机。80 年代又购置了一台柴油发动机的汽车，都曾作为运输机具使用。

第二章　林业　畜牧业

第一节　林业

一、树木种类

20 世纪 60 年代以前，域内生长有国槐、柳树、枫杨、毛白杨、梧桐、楸树、侧柏、耐冬、刺槐、紫穗槐等各种乔、灌木，在原滚水桥南坝上还生长有成片的臭杞树。70 年代后，枫杨消失，其他树木数量也逐渐减少。改革开放以后，通过植树造林、封山育林、退耕还林等各项政策的实施，树木种类、数量、不断增加，主要树种有黑松、刺槐、麻栎、板栗、雪松、圆柏、侧柏、龙柏、棠梨子、香椿、臭椿、

刺槐

山合欢、女贞、黄杨、耐冬、冬青等各种阔叶和针叶类树木。

二、林木面积

根据崂山区林业局2002年9月23日颁发的《中华人民共和国林权证》所载，南姜村共有林地面积400.5亩，其中小山子22.5亩，胡家庵12亩，西山366亩。这些林片，都以刺槐与黑松为主要树种。

三、植树造林

1983年、1984年村里连续两年在西海地片和西山地片开展了植树造林活动，西海地片主要栽植黑松和刺槐两个树种。西山地片栽植的有板栗、黑松、刺槐等树种，植树面积逾300亩。

四、林木保护

集体经济时期，村里只有西山一个林片，且多为草本植物，当时设护林人员一名。1983年实行退耕还林、植树造林政策以后，村里林木面积逐渐加大，护林防火工作开始受到重视，护林人员不断增多。村委会先后在西山林片和北山林片，各设一个护林防火点，建有专门房屋，每个林片有3名护林防火人员，24小时有人值守，并配有护林防火专用工具。2000年村里被评为崂山区护林防火先进单位。2021年曲同春被评为崂山区“百佳护林队员”。

护林防火点

第二节　畜牧业

一、畜禽种类

域内畜禽主要有大牲畜、小牲畜、水貂、鸟类和各种各样的家禽等。

大牲畜　人民公社化以前，村里有骡子、马、驴、牛等大型牲畜，其中以驴的数量最多。人民公社化以后，这些大牲畜逐渐消失。

小牲畜　小牲畜主要有猪、狗、猫、羊、兔等。另外，集体经济时期，生产大队还养殖过水貂。

禽类　禽类有鸡、鸭、鹅等，以鸡的数量最多，几乎家家都有饲养。20世纪70年代，村里还有人饲养过鹦鹉。

二、养殖方法

村里的所有牲畜和禽类都是各家各户分散养殖，只有水貂为生产大队集中养殖。

畜类养殖　大牲畜都是养在牲口棚里，牲口棚多设在厢屋中。厢屋上方有棚与人畜共用的大圈相连，称为连圈棚。猪圈养在人、猪共用的大圈里，因此这个圈又称为“猪圈”。20世纪80年代以前，几乎家家户户都饲养生猪。羊一般都养在牲口棚里，兔子笼养，大型狗一

般在院子里垒窝饲养，称“狗窝子”，猫和小型宠物狗多与人同居。

禽类养殖　鸡、鸭、鹅都是散养，早晨放出，晚上归窝。鸡窝一般建在厢房或院子中。早年也有不少人家将鸡窝建在正屋门掩后与锅灶相连处。鸭、鹅窝都是建在厢屋里或院子中。鹦鹉则是封闭在一个闲置的空间中养殖。

三、喂养饲料

大牲畜　喂养大牲畜的主要饲料是杆草（谷秸），辅以少量的地瓜干皮、麸皮及青草等。

小牲畜　喂猪的饲料主要是地瓜叶、地瓜蔓，掺以少量小地瓜、地瓜干皮、地瓜面等杂粮和人食用的残羹剩饭等。过去由于是人猪同圈，故人的粪便也是猪的饲料之一。另外，个别养有奶羊的家庭，为了让猪长得肥大，也有给猪掺食羊奶的情况。

羊、兔子　春、夏、秋三季，食用鲜草，冬季食用干草，喂食时掺以少量麸皮。

猫、狗　多与人同食或食用人的残羹剩饭，有时也自行捕食。

禽类　鸡、鸭多自行外出觅食。家中喂养一般用麸皮、玉米等饲料。鸭子有时也喂养一些小鱼、小虾、小蟹子、马牙等海产品。鹅养殖的数量很少，饲料都与鸡、鸭差不多。喂养鹦鹉的饲料主要是小米。

四、水貂养殖

1978年，大队在小东山建造了一座水貂养殖场，购进种貂约百头，采用笼养的方式进行人工养殖。喂养水貂的主要饲料是各种小杂鱼、猪肝、猪肺等猪下货及各种各样的青菜等。为了防止水貂感染疾病，在饲料中，还要掺入土霉素等抗菌药物。水貂出栏每年200～300只。

1982年水貂厂承包给个人经营，1987年关停。

五、疾病防治

过去村里人饲养家畜，最怕遇上瘟疫，即现在所说的禽流感等疾病，当地人称为“猪瘟”“鸭瘟”“鸡瘟”等。其中以鸡瘟最为多见，一旦出现流行，全村大部分鸡几乎都要死亡。自20世纪60年代末开始，国家重视了对畜、禽疾病的防治工作，加强对基层兽医的培养，按时为畜、禽注射疫苗，从而使家畜、家禽死亡率大大降低。曲立奎、曲立韶等人先后在村中干过兽医。

第三章　财务管理

第一节　财务体制

南姜村的财物管理开始于20世纪50年代，经历了农业合作化时期、人民公社化时期与改革开放时期三个阶段。

一、农业合作化时期

这一时期为初创阶段，由于没有先例可循，只是根据上级政府的有关规定设置了一套简便易行的管理体系。1956 年成立高级农业合作社时，设主管会计、出纳员、记账会计、仓库保管员等。

二、人民公社时期

人民公社成立伊始，作为一个较大的集体经济组织，担负着各基层单位财务管理的任务。1961 年，开始实行“三级所有、队为基础”的体制。财务管理由最初的公社统管模式转变为生产大队管理模式，生产大队设主管会计、出纳、记账会计、仓库保管员，各生产小队设会计、计工员，生产大队给生产小队代记账目。

三、改革开放以后

实行联产承包责任制后，生产小队不复存在，财务管理自行消失，但生产大队财务体系继续存在。1984 年生产大队更名为村委会，村委会设主管会计、出纳、记账员。2003 年根据上级规定，撤销村级主管会计、出纳会计，由沙子口街道经营管理站代理记账，村级主管会计改为报账员，村里不再设出纳会计一职。

第二节　财务制度

财务制度是根据国家的有关法律法规，结合本村的实际情况制定的，其中有财务工作规章，财务人员规章，资金管理、开支审批、固定资产管理、监督管理等。在实际工作中起规范、指导作用。

集体经济时期，生产大队按照上级的有关规定，在各个不同历史时期，均制定了严格的财务管理制度，各项资金的支出有着详细的审批权限和制度，生产大队长直接负责财务管理。改革开放之后，随着生产体制、经营机制的改革，财务管理制度也随之不断完善。新的财务制度主要包括以下内容。

一、总则

1. 社区居委会财务人员必须自觉遵守法律、法规，严格按照规定处理财务业务，实行会计核算和会计监督。

2. 社区居委会活动经费应按勤俭节约的原则进行。日常经费开支必须按照在年度拨款指标内，不得超支。各项经费（包括各项活动经费）的使用须按预算执行，不可统筹使用。

二、财务人员设置及管理

1. 社区居委会配备一名财务报账员，具体管理财务收支工作，财务由街道经管审计中心集中统一记账。

2. 担任社区居委会财务报账员应经相关业务部门培训考核。

3. 社区居委会财务报账员应当自觉遵守财经纪律，严格执行财政制度，服从社区居委会的领导和管理，接受上级相关部门的业务指导。

4. 社区居委会财务报账员应保持相对稳定，对因工作需要离任的，必须按规定办理正常交接手续。

三、工作职责

1. 全面负责社区居委会财务管理工作。

2. 严格贯彻执行国家和上级制定的法律、法规、规章和制度。

3. 加强社区居委会财务的监督管理，按规定严格审核收支单据。

4. 按时记账、结账、报账，定期核对现金、银行存款的账实情况。

5. 及时整理、保管会计凭证、账簿、报表等财务档案资料。

6. 负责管理社区居委会库存现金和银行存款等货币资金，确保财务不受损。

7. 严格执行现金收付制度，按规定审核收支单据，对不真实、不合法凭据拒绝付款。

8. 及时记好现金日记账和银行存款日记账，做到日清月结，账款相符。

9. 严格财经纪律，不准挪用公款，不准公款私存，不准白条入账，公私款分开保管。

10. 社区居委会票据实行定期报结制度。财务报账员将报结的原始凭证审核无误后报结。报结凭证必须具备以下基本内容：原始凭证名称、填制日期、接受原始凭证单位名称、经济业务内容（包括数量、单位、金额）、填制单位签章、凭证附件，大小写一致。

四、资金管理

收入管理　社区居委会财务实行收支两条线。所有收入都必须入账，不得建账外账，不得私设“小金库”，不得公款私存，公、私款分类保管；现金收入必须当天存入银行，不得坐支；收费人员必须及时收取各种应收账款，并将收取的现金、银行支票当天交给财政所入账。

支出管理　严格遵守《银行账户管理办法》《支付结算办法》。在银行结算起点上的支出（单笔1000元以上）应通过银行转账结算。每笔经费报销必须符合有关政策、法规、财经纪律规定，不得擅自提高或降低报销标准，须做到经济内容合法、合理，有关单据清晰、规范。凭经手人、分管领导签字且经批准的合法票据予以报销。执行《现金管理条例》，加强货币资金支出管理。财务报账员库存现金不超过限额5000元。

债务债权管理　加强各项应收、应付款管理，定期清查暂收、暂付、内部往来账款。对于暂时无法收回的财务，要签订借据，约定归还期限，并按时催讨入账。严禁以各种形式向外借款、投资、担保、捐赠，如遇特殊情况需经街道主要领导审批。

五、开支审批

社区居委会主任是财务管理的责任人，对财务管理负有全责。

1. 社区居委会必须建立健全开支审批制度，严格开支审批手续。所有支出，必须取得真实、合法、有效的原始凭证。

2. 开支权限：单笔业务金额是根据每年度社区的收入总金额，依据政府有关标准而定，超出金额有街道办事处分管领导逐级审批。

六、固定资产管理

社区居委会购置固定资产需填写《固定资产购置（暨政府采购）申请表》，送党政办公室审核，经分管主要领导审批后，方可购置。

七、监督管理

社区居委会的财务收支状况，每年有街道财政审计进行定期检查和不定期抽查，根据需要还将委托会计师事务所对社区居委会的财务进行审计。

第三节　固定资产

1956年“前进农业社”“爱国渔业社”两个高级合作社成立后，社员将自家原有的生产工具，如渔船、渔网、大型农具、大牲畜等估价入社，村中始有集体固定资产。由于这些资产多为易损资产，数年之后即报销，因此，当时的集体账目专门设有“摊销折旧”项目。人民公社化以后，村里先后建造了一批房屋、工厂企业和基础设施，这些都是村里的固定资产。

一、公共房屋

1949年后，历史遗留的公共房屋有曲氏宗祠（世德族）和大屋（老大队）两处。其后又先后建造了海带养殖仓库（八间大屋），知青点（前村委办公室），配电室（前配电室），和商品批发部等房屋，这些房屋，在道路拓宽工程和旧村改造工程时，被相继拆除。现存的房屋主要有村委办公大楼，配电室等。

二、企业厂房

1978年村集体在小东山建造了一处水貂养殖场，是为村里的第一处企业厂房，而后又陆续建造了磨光厂、金属拉链厂、海带胶厂、铝合金厂、玩具厂、老游艇厂、水产冷库等企业厂房。

三、码头设施

1990年，为了便于渔民卸鱼货和渔船停靠安全，村里在前湾修建了一处渔船避风港，港池面积25000平方米。1992年在原避风港南侧，投资建造顺岸码头一座，1993年又在码头北部和西部建造了渔业仓库、加油站、饭店、治安联防办公室等配套设施。其后，又在原建码头的南侧修建了一个深水顺岸码头，码头全长256米，

南姜码头配套设施

回填了20多万立方米的土石，形成一块9000余平方米的码头空地，并对地面全部进行了硬化。2020年又维修了码头，修建了含油污水接收点、垃圾分类亭、固废收集站等基础设施，还建设了28个海鲜养殖池，设置了208个海鲜交易摊位，并修建了约40000平方米的两个停车场，2021年8月投于使用。

第四节　收益分配

一、粮食分配

合作化以前，村民自种自收，不存在粮食分配的问题。初级社以后，按土地和劳动力投入比例分配粮食，开始为“地四劳六”，后改为“地三劳七”的比例进行分配。人民公社成立以后，1961年至1982年实行“三级所有，队为基础”的政策，粮食分配按“人七、劳二、肥一”的比例进行。同时，对“五保户”、烈属、军属、困难户等在分配上予以照顾。除粮食外，其附属物，如麦糠、麦秸草，麦冠头子、麦不打（麦根）、地瓜蔓、地瓜爬头、玉米秆等都按这一比例分配。因此，虽然人们分到的东西有限，但算起账来却非常复杂。实行联产承包责任制后，粮食分配制度取消。

二、现金分配

1949年以前的现金分配主要存在于渔民之间，由于每条船（亦称每个局）的组合形式不同，分配方法各异，独局盈亏自负，无须分配。平均投资入伙的局，风险共担，利润平分。有些局合伙人出资多少不一样，分为船份、网份、人份等多种情况，还有个别人自己不出海，只投几个渔网让别人代为管理，称“张代网”。这些组合形式的利润分配，由合伙人自行议定。

集体化以后，渔业收入全部归集体所有，渔民与农民一样记工分，参与年底分红。分红的方式是以生产小队为单位，年终将所有收入包括农业收入、渔业收入、副业收入等统一汇总为现金收入，再将全部劳动力工日汇总，计算出每个劳动工日的价值，即为劳日值。当时的劳日值大多年份徘徊在7角钱左右。进行现金分配前，需先扣除全年的口粮钱，剩余部分为年终“开支”。工分总值不够口粮钱，需要投资补足口粮钱，个别家庭无钱投资，生活特别困难者，生产队可以借支，借支需记入往来账，将来需要偿还。

实行联产承包责任制后，集体决算制度取消，渔船实行承包经营以后，渔民风险共担、利润平分。个体经营早期，渔民自行结伙，平均投资、平均分红。后来出现家族式经营。21世纪，随着资本的不断积累，人们开始独自办局，不再合伙经营，也无须进行现金分配。

南姜哥庄大队各队 1971 年决算总表

表 6－2　　　　　　　　　　　　　　　　　　　　单位：元

队别	农业收入	副业收入	大队下拨	其他收入	收入合计
1	5097.9	12317.63	7765.67	15.05	17430.58
2	4512.9	11317.63	6629.13	20.16	15860.69
3	5647.54	15108.4	9669.32	—	20755.94
4	4174.98	12065.26	7193.02	14	16254.24
5	4603.78	13600.39	8512.05	22.57	18226.74
6	5240.41	15802.14	10312.12	—	21042.55
7	5598.74	15119.7	8372.42	2.83	20721.27
8	5358.38	13689.04	6736.16	—	19047.42
9	4976.62	14447.36	9015.36	1.54	19425.52
10	5870.42	17429.51	10263.39	20.6	23320.53
11	5171.94	15105.95	9031.73	—	20277.89
12	3450.45	16128.77	9816.99	12.93	19592.15
13	4064.48	11351.98	7658.48	21.56	15438.02
计	63768.54	183483.8	111340.8	131.24	247383.54

南姜哥庄大队各队 1972 年决算表

表 6 — 3

队别	劳日款		账面		结算			
	个数	款数（元）	余款（元）	支款（元）	户数	应得（元）	户数	超支（元）
1	17261	11823.89	—	9244.11	19	3163.31	6	583.53
2	15157	10579.58	—	9027.36	17	3232.50	5	1680.28
3	16669	13685.28	—	10763.99	25	4634.81	6	1713.52
4	16687	10462.75	—	8039.17	20	2710.60	2	287.02
5	18865	13997.81	—	9228.94	19	5598.65	2	829.78
6	16780	12249.40	—	8454.77	26	4122.02	6	327.39
7	17974	13768.08	—	10990.88	22	4392.43	5	1615.23
8	17369	13287.34	—	8906.12	21	4931.87	3	550.65
9	15355	12253.27	—	10282.89	18	4245.46	6	2275.08
10	20325	16686.91	—	11098.75	23	7044.96	3	1456.80
11	20415	14943.77	—	9900.14	24	5238.80	4	195.17
12	18934	14560.25	—	8572.49	22	6234.70	1	246.94
13	14586	10691.53	—	8988.60	23	2881.74	4	1178.82
计	226377	168989.86	—	123498.21	279	58431.86	53	12940.21

南姜哥庄大队1973年决分总表

表6－4

本年总收入		本年总开支		本年分配			附	单位	数量
项目	钱数（元）	项目	钱数（元）	项目	钱数	占总收入比例（%）	1. 社员户数	户	327
农业收入	65752.00	农业支出	25604.00	国家税金	669.00		2. 分配人口	人	1559
蔬菜收入		蔬菜支出		公积金	40899.00	9.5	3. 参加分配总工日	个	
果品收入		果品支出		公益金	6465.00	1.5	4. 决分后库存现金及信用社存款	元	
经济作物收入		经济作物支出		生产周转金			5. 尚欠当年应还外债	元	
林业收入		林业支出		储备粮基金	1371.00		其中：欠银行贷款	元	
畜牧收入		畜牧支出		储备工资			6. 参加分配总工分	分	226377
副业收入	163677.00	副业支出	41558.00	固定财产折旧	2385.00		7. 每个公分价值	元	
运输劳务收入		运输劳务支出		社员分配	173634.00		8. 每个工日价值	元	747
渔业收入	72860.00	渔业支出	43689.00	其中：现金	69.20		9. 全年兑现数	元	88431
养殖收入	121126.00	养殖支出	65497.00	每人平均收入	111.30		10. 年终兑现数	元	58431
其他收入	7573.00	管理费	5587.00	每人平均现金			11. 社员超支户数	户	53
		其他支出	2156.00	其他			12. 社员超支钱数	元	12940
							13. 欠社员钱数	元	
							14. 欠社员户数	户	
							15. 固定财产总值	元	

第四章　货币 赋税

第一节　货币

货币是商品交易的媒介，每个时期都会使用不同的货币。南姜村从立村至今经历了明朝、清朝、民国和当代几个不同的时代，货币也随时代的不同而不断变化。

一、明清时期

明清时期主要使用银两和铜钱（亦称大钱）等金属货币。银两以两、钱、分为计量单位。铜制钱以文、吊为计量单位，每枚为一文，千文为一吊，或称一贯。白银与铜钱之间的币值换算因时段不同差异也比较大，一般情况下，一两白银可以兑换 1000 ～ 1500 文制钱。

铜钱

二、清末至民国时期

清末至民国这一时期的货币比较复杂，有银元、铜板、纸币等多种样式。

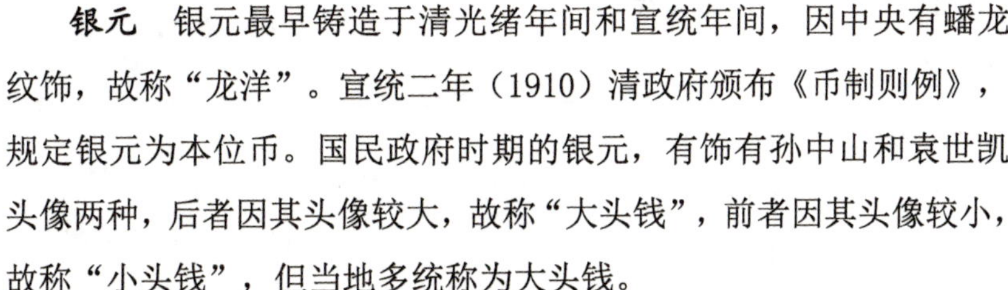

银元　银元最早铸造于清光绪年间和宣统年间，因中央有蟠龙纹饰，故称“龙洋”。宣统二年（1910）清政府颁布《币制则例》，规定银元为本位币。国民政府时期的银元，有饰有孙中山和袁世凯头像两种，后者因其头像较大，故称“大头钱”，前者因其头像较小，故称“小头钱”，但当地多统称为大头钱。

银元

铜元　从清朝末年到抗日战争前通用的铜质辅币，因与圆形的方孔钱不同，中间无孔，故亦称“铜板”，当地人也叫“铜子”。清光绪年间，每枚当制钱十文，每百枚换银元一元，后币值上下浮动，并不固定。1935年国民党政府实行法币改革，开始发行新的铜币辅币，有一分、半分两种，旧铜币多被销熔。

铜元

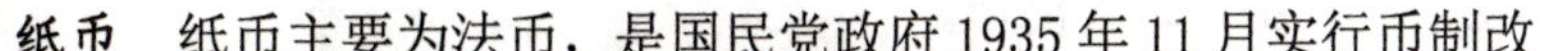

纸币　纸币主要为法币，是国民党政府 1935 年 11 月实行币制改革后，法定由中央、中国、交通、中国农民四大银行发行流通的纸币，面额从 1 角到 1 万元。日本第二次侵占青岛时期，由“中国联合准备银行”发行“银联券”，面额从 1 分到 100 元。日本投降后本地仍使用法币，与法币同时流通的还有一

法币

种“关金券”，关金券与法币的比价为1∶20。1948年8月19日，国民党政府开始发行“金圆券”，法币与关金券停止使用，银元开始流通。法币与金圆券的比价为1∶300000（30万），出现恶性通货膨胀，加速了国民党政府的倒台。

三、新中国时期

新中国成立后，本地开始使用中国人民银行发行的“人民币”和北海银行发行的“北海币”，对“金圆券”组织收兑，禁止用金银进行交易。

胶东地区本位币

第一套人民币 中国人民银行于1948年12月1日正式发行。首次发行人民币10元、20元、50元三种面额，随后发行了1元、5元、10元、20元、50元、100元、200元、500元、1000元、5000元、10000元、50000元等12种面额。

第二套人民币 为了改变第一套人民币面额过大等不足，进一步健全我国货币制度，1955年3月1日国家公布发行第二套人民币，面额有1分、2分、5分、1角、2角、5角、1元、2元、3元、5元等10种。1957年12月1日，又发行10元1种。第二套人民币与第一套人民币折合比率为第二套人民币1元等于第一套人民币1万元。

第三套人民币

第三套人民币 1962年4月20日，中国人民银行发行第三套人民币。纸币有1分、2分、5分、1角、2角、5角、1元、2元、5元、10元，共计10种面额。金属货币有1分、2分、5分、1角、2角、5角、1元，共计7种。其中1980年4月15日发行的1角、2角、5角面额的铜币和1元面额的镍币，保留了1分、2分、5分纸币。

第四套人民币

第四套人民币 1987年4月25日，国务院发布《关于发行新版人民币的命令》，中国人民银行从1987年4月27日起到1997年4月1日，采取“一次公布，多次发行”的办法，发行第四套人民币。纸币有1角、2角、5角、1元、2元、5元、10元、50元、100元，共计9种面额。金属货币有1角、5角、1元，共计3种面额。

第三、四套人民币发行后，中国人民银行规定，第二套人民币1998年6月1日至12月31日限期兑换，1999年1月1日停止流通（纸币和金属货币

的分币除外）；第三套人民币继续使用。

第五套人民币　1999 年 10 月 1 日，中国人民银行发行第五套人民币。纸币有 1 元、5 元、10 元、20 元、50 元、100 元，共计 6 种。其中 1 元面额还有金属货币。

第五套人民币发行后，中国人民银行规定，第三套人民币 2000 年 1 月 1 日至 6 月 30 日限期兑换，2000 年 7 月 1 日停止流通；第四套人民币继续使用。

第二节　票证

票证是在一些特殊的历史时期出现的一些商品交易凭证，品种繁多，有新中国成立前的土票，有合作化时期的股票，最多的是计划经济时期的各种票证。

一、土票

土票是新中国成立以前，当地人对地方钱庄发行的银票的俗称。当时在本地域流通的有德泰、德隆、协隆、德诚、立诚、积庆号、益丰栈、谦益和等多家票号。持票者可随时到出票的钱庄、票号兑换钱币或购置货物，也可在当地作为货币流通。

二、股票

农业合作化运动时期，村民入社投入的生产资料，被折合成股金，给社员发股票，参与年底分红。人民公社化以后，这些股票不再参与分红，后逐步将股金返还给社员。

三、粮票、布票

粮票、布票是计划经济时代最重要的票证之一。1955 年 8 月 25 日，国务院全体会议第十七次会议通过《市镇粮食定量供应凭证印制暂行办法》后，就开始有了粮票，其后布票、油票、棉花票等各种票证也相继出现。当时的票证和现在的人民币一样重要，衣食住行都要凭票购买。这其中最重要的就是粮票。粮票分为全国通用粮票和地方粮票两种。地方粮票只能在本区域内使用，只有全国通用粮票才能在全国各地使用。粮票不发给农村户口人员，农村人想得到粮票，一是靠城市户口的亲戚朋友资助，二是通过地下市场获取。粮票价格一般

粮票

粮票

粮票

布票

布票

为国家供应粮价格，与集市粮食价格的差价。如果有特殊情况需要进城或外出，则需由当地政府出具证明，拿粮食到粮管所换取。除粮票外，还有布票、食用油票、棉花票等。油票不发给农村户口人员。另外，购置各种生活物品也需要用票，如自行车票、缝纫机票、手表票、收音机票、猪肉票、鸡蛋票。

四、购物证

购物证是计划经济时期购买物品的凭证，每户一本，主要用于购买煤炭、红糖、白糖、盐、碱等生活必需品。农村户口人员没有购粮证，只有家庭中有吃国家粮的人员才能有购粮证。根据工作性质不同，每月的粮食定量也不一样，脑力劳动者定量较低，每月在 30 斤左右，体力劳动者定量较高，可达 45 斤。供应的粮食有粗粮和细粮两种，按比例领取。票证制度 1955 年开始，一直延续到 1993 年才彻底结束。从此，我国经济进入极其繁荣的时代。

第三节　赋 税

赋税是田赋及各种捐税的总称，依照法律或习俗征收的款项，尤指应付给政府的费用，以一定的货币量表现则称为税金。赋税古已有之，只是每个时代的征收标准各不一样。

一、旧时赋税

旧时赋税的征收机关名曰“粮房”。赋税的征收数额与税种因时而异，并不完全一致，涉及域内的税种主要是土地税，亦称“田赋”，当地人叫作“地亩税”。土地税的征收按照上、中、下三种不同的地块，收取标准各不一样。根据清朝同治癸酉年（1873）《即墨县志》记载：每亩（老亩）上地征银四分六厘左右，每亩中地征银二分八厘左右，每亩下地征银二分四厘左右。加摊丁银每亩六厘、三厘、二厘不等，此为官府规定的正赋。此外尚有各种代征，每征银一两，外加一钱五分至二钱的火耗钱，以为解费及本县公务之用。缴纳方式多为向粮房缴纳粮食，折合成银两计算，故人们称其为交“皇粮”，因此也就有了“敬了父母不怕天，缴了皇粮不怕官”的俗语。除征收土地税外，还征收商税、牛驴税、牙杂税、契约税、盐税等。

德国侵占青岛时期，于 1898 年 9 月开始征税，一等园林地每亩征三角五分，二等农地二角五分，三等山林砂石地每亩征收一角五分。商摊按摊位大小，大摊收铜元 4 枚，小摊收 2 枚。此外，还有所得税、公司税、印花税、交易税、船舶税、车辆税等。

日本第一次侵占青岛时期，基本沿袭德人的税制。

北洋政府时期，称为捐。有地亩捐、民团捐、教育捐、银行捐、建设特捐、戏捐、门牌捐、航空捐、自行车捐、汽车捐、富户捐、赈灾捐等。

日本第二次侵占青岛时期，征收地租、地税、卫生费、营业税、屠宰税、车捐、房租、田赋、印花税、烟酒税、矿产税、所得税、遗产税等税赋。

1945 年日本投降后，南京国民党政府统治时期，主要涉税有屠宰税、演戏税、筵席税、

娱乐税、营业牌照税、使用牌照税、房捐、契约附加、印花税、遗产税、田赋、地价税、土地增值税、财产出卖所得税、财产租赁所得税、教育捐等苛捐杂税1700多种。

二、人民税收

新中国成立后，1950年，开始实行新税制。全国开征14种税，其后1953年、1973年、1983年、1984年、1990年、1993年、1997年、2005年，又先后进行了多次调整，增加了一些税种，涉及本域的主要税种有农业税、营业税、货物税、工商所得税、印花税、屠宰税、利息所得税、车船使用税、增值税、产品税、建设税、消费税、城镇土地使用税、房产税、资源税、契税、企业所得税、个人所得税等，其中农业税变动较大。土地改革前，政府在农村推行合理负担的征收政策，利用累进生产率和减免政策。1954年，改按“常年常产常率计征、无故减产不减税、多劳增产不增税”的税收政策。人民公社化以后，按公社征收。1965年政府规定农村人均口粮300斤为起征点，不足者，改缴代金或豁免。时农业税包括正税和附加税:正税，按地亩计算;农业附加税，占正税10%;社教附加税占5%。1975年实行“稳定负担”“夏季预征，夏秋两征，全年统算”的办法。同时执行实情减免和社会减免政策。1984年后农副业税缴纳标准分别为每亩4元和6元。

2005年12月，第十届全国人民代表大会第十九次会议通过决定，自2006年1月1日起废止《农业税条例》。自此，在中国延续了数千年的农业税收制度，彻底退出历史舞台。

第七篇

渔业

海洋孕育了生命，也养育了世世代代的南姜人，从最早在潮间带捕获海产品开始，到用简陋的渔具在近海捕捞，逐步走向深海，在长期的劳动实践中，创造出各种各样的捕捞工具和捕捞方法，为村庄的繁荣发展，发挥了极其重要的作用。

第一章　渔业体制

第一节　私有制

合作化之前的渔业生产体制为私有制。私有制是以渔船为中心，形成一个生产单位，称为一个“局”。按其生产性质不同，分为挂子网局、大网局、流网局、拉网局等不同名称。又按其投资情况不一样，分为独局、伙局两种。独局是由一户人家独自出资办的局，伙局是多户人家共同出资办的局。独局自己雇人负责生产经营，伙局则由合伙人共同商量决定，但具体渔业生产由船长全面负责。挂子网局、大网局一般为 5 人合伙，流网局 3 到 5 人不等，拉网局可达 20 多人。独局赢亏自负，伙局则因出资不同，情况各不一样，分为船份、网份、人份等，利益分配由合伙人自行议定。

第二节　集体经营

1956 年 9 月姜哥庄村与石湾村共同成立爱国渔业社，渔业社成立之后，渔船、渔网、渔具等一切渔业资料归集体所有，收入上交，渔民吃国家供应粮，领取工资。

1961 年 3 月，姜哥庄村划分为东、西、南、北四个生产大队，原有渔业生产资料被四个生产大队平分，渔民归生产大队领导，与农民一样，统一挣工分，由一名副大队长专门分管。是年，国家实行“三自一包”政策，渔业生产“自负盈亏”，渔船、渔具承包给渔民使用，交足承包费后，收入归个人所有，亏本自负。

1963 年，该政策取消，渔民仍然实行工分制，后来有一段时间，渔船下放到生产小队管理，但不久仍收归生产大队统一管理。在集体生产期间，所有海产品，由沙子口水产供销站统购统销，生产队只负责渔业生产管理。无定价与销售权，重要渔需物资，也由国家统一调配。社员家中有特殊情况，需要一点鱼货，可到生产大队批条子，价格依据国家定价执行。这一时期，村中先后拥有挂子网船、方网船 13 条，流网船 4 条，机帆船 2 条。

第三节　个体经营

1984 年，随着国家联产承包责任制政策的贯彻实施，渔业生产资料先是承包给渔民使用，后又作价卖给了渔民。生产队不再参与经营管理，由渔民自主生产经营。初期由原船渔民合伙经营，后来，有些家庭自己排船，置办渔具，形成家族经营或亲族经营模式。再后来，随着资本的积累，人们开始独自办局，雇人出海，渔船数量激增。2010 年达到高峰，最多时全村共有各种船只 280 多条。而后，由于过度捕捞，致使水产资源不断减少，经济效益下滑，不少渔船出现亏本经营现象，有些不得不将渔船出售、转行。目前，村中只剩各种不同型号的渔船 137 条。

第二章　海洋捕捞

第一节　渔业资源

渔业资源主要分为海岸滩涂资源和海洋资源两类，海岸滩涂资源指的是潮间带周围的海洋生物，海洋资源指的是洋流中的海洋生物。

一、海岸滩涂资源

20 世纪 70 年代以前，前湾、后湾都有大片的沙地、盐碱地和滩涂，沙地上有沙参、麸子苗等植物，盐碱地中生长有大片的海蓬菜，潮间带中则生长有海藻、海麻线、老鼠羽巴、叶菇菜、滑菜、紫菜、谷穗菜、石花菜（冻菜）等海洋植物和辣卜喽、出卜喽、瞎汉卜喽、扁窝、香卜喽、红兰等各种小海螺，并有夹卜喽拳（大海螺）和海虹、牡蛎、马牙、海簸箕、海葵、鲍鱼、海参、海胆以及石蟹子、普辣（石夹红蟹子）等。

滩涂中生长有跑山马、独笼子、崖皱皱等小型蟹类和大量的沙蛤蜊、泥蛤蜊、毛蛤蜊、香螺（老娘肚脐）、蛏子等，在沙蛤蜊中有一种个头比较大的称为“西施舌”，是当地三大海珍品之一。另外，退潮后在小水湾中还有胱鱼、随子鱼、海狗等小型鱼类。

跑山马

二、海洋资源

本村地处黄海岸边，海岸外海域即与洋流相通，故过去海中资源极为丰富。在各种海洋资源中以鱼类品种最为多样。这些鱼类有的长期在当地海域中生长繁殖，有的则随洋流到渔汛时洄游到周围海域觅食并生长繁殖。

带鱼　　加吉鱼

蛎虾　　白鳝鱼

长期生长在周围海域的主要有黄鱼、翅毛鱼、火鳍留、黑寨鱼、青寨鱼、白鳝鱼、火加吉（真鲷鱼）、板加吉（黑鲷鱼）、海蝠鱼、海泥鳅鱼、老板鱼、黄盆鱼，各种偏口鱼包括牙鲆鱼、石夹子鱼、舌头鱼、古力鱼、晴天蓝等，还有海和尚鱼、海兔子鱼、安康鱼、蜓鲅鱼、章鱼、墨鱼、笔管鱼、青板鱼、黄尖鱼、古眼鱼、海蝎子鱼、梭鱼、面条鱼、银鱼子、文昌鱼、海虎子、管青、吹火筒、随子鱼、摆加鱼、高眼鱼、胱鱼、扒皮鸡、针亮鱼等各种各样的鱼类。

虾类主要有对虾、蛎虾（鹰爪虾）、卡夹虾、朱氏虾、红虾、白虾、虾皮子、琵琶虾等。另外，当地海域还盛产海蜇，海蜇有沙蓝和真物（亦称铁帽子）两种，以前者为多。

随洋流洄游到周围海域生长繁殖的主要有鲅鱼、白鳞鱼、鲐鱼、带鱼、鲳鱼、大黄鱼、小黄鱼、鳘鱼、鳕鱼、红头鱼、青鱼、燕鱼（飞鱼）、鲨鱼、梭子蟹等各种海产品。另外，海豚、鲸等海洋哺乳动物也经常在周围海域中游弋。特别是海豚有时在离海岸不远处有秩序地列队游过，场面极为壮观。鲸在当地被称为“老爷鱼”，被渔民所敬畏。

第二节　渔具与捕捞

一、渔具

渔具包括木筏、渔船、渔网和其他各种各样的捕捞工具。

木筏 亦称“筏子”，由9根或11根圆木连接而成，采用榫卯结构，辅以绳索加固。筏型呈前窄后宽状，长约10米，宽约4米，筏尾固定一根横木，设置4个撸锥，中间设有一张木床，供渔民休息和盛放物品用。筏子上设有帆篷一合，顺风时可扯起助航，平时主要靠橹驱动，行驶速度很慢，只可在近海使用，是当地早期的捕捞工具之一，20世纪30年代以后逐渐退出历史舞台。

木筏

木帆船 自20世纪初开始，木帆船开始逐步替代木筏，成为村里主要的海上捕捞载体。根据作业性质的不同，又有大小不同的各种型号，小船长6～10米，宽2～2.5米，一般在近海作业，称作“小舢板”或“挂子网”船。大船长10米以上，一般用于远海作业，称作“流网船”。这些船的整体造型是前窄后宽，设有前舱、中舱、后铺三个舱室，舱室上有木板覆盖，称作“平机”。船底呈弧形，稳定性较好，小船立有桅杆一根、橹三支，称后橹和左、右边橹，大船依据船体大小不同，分别设有两根桅杆和三根桅杆。20世纪60年代末，大队曾建造一条4根桅杆的大船，称为“大排子”，后于1975年卖给了栲栳岛村。大船上也配有橹，但不作为主要驱动工具使用，主要靠风帆行驶。

另外，自20世纪50年代末，为了养殖海带，大队里又建造了一批小型船只，俗称“小货脚子”或“小排”。这种船船体较小，长约5米，宽约2米，船头尖，呈长方三角形，只有货舱，无舱盖，一支橹驱动，仅限于在近海养殖和钓鱼用，自20世纪90年代逐渐消失。

机动船 20世纪70年代，村里渔民开始使用机动船，早期的机动船是在木帆船的基础上经改造加装了一台12匹马力的195柴油发动机，后来又陆续建造了一批新船，其造型结构基本沿用原木帆船的建造工艺，只是去掉了桅杆。在这期间，大队里又建造了两条比较大的机动船，称作“机帆船”（其实并无帆），这两条船主要用于放流网和拉底网用。90年代后渔业发展迅速，渔船数量猛增，但基本上都是20匹马力以下的小型船只，没有远洋捕捞船。

机动船

渔网 本村的渔网主要有闸网、杈网、圆网、小拉网、大拉网、挂子网、方网、流网、拖网等多个种类。早期的圆网多用麻线编制，后来改为棉线。其他网具都用棉线制作，20世纪60年代以后，改用尼龙线和塑料线制作。用棉线制作的渔网，为防止腐蚀和耐用，早期使

用动物血液浸泡，称为“血网”，后来改为用桐油浸泡，称为“油网”，使用塑料网后，这些工序便不复存在。

闸网和杈网 这是两种简易的网具。

闸网 一种长方形的直板网，设置在潮汐带上游与河流下游的狭窄部位，两侧用杆子撑起，拦截涨潮时游到上游的鱼虾，待退潮后，再去捞取。

杈网 用细竹竿扎成三角形，后部缝制上网兜，主要捞取退潮后潮汐带中一些浅水湾的小鱼小虾，有时也和闸网结合使用。

旋网 又称撒网，由网身、底脚、牵绳三部分组成。网身呈尖圆锥形，长约5米，网目较小，底口大，底脚栓铅坠，牵绳长10余米。

圆网 长约60米，高约3米，网体呈兜状，上有浮漂，下有脚石，用纲绳连结、牵引。

挂子网 呈圆锥状，网口周长约20米，向下逐步变细，底部缝有网袖，网袖直径约1米，网口处网眼较大，向下逐步变小，到网袖处密如纱网。网条全长约16米，网口处缝制绳索加固。

方网 也称大网。其形状及结构与挂子网相似，但是其体积较大，故称“大网”。又因其网口撑开呈方形，又称“方网”。大网长约40米，网口周长约44米，网口周边缝有两股网绠，设四个网鼻子，以便于张网时与撑子连接。

拉网 拉网有内外两货，外网长约600米，两侧较矮，仅4米左右，网扣较大，称网翅子，向中间逐渐增高，最高处约18米。内网附在外网上，长45米左右，网扣较小，接有网袖，外网起围堵的作用，鱼货全部进入内网。网呈兜状，上部有浮绠，下部有底绠，浮绠上有浮漂，底绠上有脚石，两侧接有缆绳。

小拉网 与大拉网相似，但周长仅10余米，网高约2米，网扣约1厘米，网体呈兜状，有浮漂和脚石，有缆绳，但无网袖。

拖网 又称“底网”，是一种深海作业网具，其形态与结构与拉网相似，但体量更大，牢固性更强，网绠中夹有钢丝绳。

小拖网 是大拖网的一种缩小版，网长20余米，高约2米，适合单船作业。

流网 是一种直板网，网扣大小一致，约9厘米。每根网长约36米，宽约15米，上有浮绠，下有底绠，浮绠上绑有浮子，底绠上绑有脚石。捕捞时将多根网用绳索和网线连接起来使用。

其他渔具 包括篙子、橹、杆、指南针、捞水砣子、抓钩、虾箍子、捞篱子、碇石、铁锚、缆绳、海笼子、竹篓子、钓鱼竿、钓鱼线、钓鱼钩、钓筐等多种多样的工具。

篙子 主要是在海岸边撑船，在捕捞时抓网使用，用竹竿制作。

橹 是木帆船时期的主要驱动工具，用楸木制作。

杆 用长圆木连接而成，末端装有金属钢圈，打橛用。

指南针 远洋捕捞航海用。

捞水砣子 测量水深与探测海底地质用，铅质，形状同接力赛跑使用的接力棒。

抓钩与捞篱子 是协助捕鱼的工具。

虾筢子 用于分拣海货。

碇石、铁锚、缆绳 用于固定船只。

海笼子、竹篓子 盛放渔货用。

钓鱼竿、钓鱼线、钓鱼钩、钓筐 均为钓鱼时使用的工具。

二、捕捞

早期的捕捞活动主要在海岸边进行，而后逐步向外扩展。

赶海 利用落潮时间，在潮汐带捞取海产品，称作赶海，亦称上跑海。上跑海主要是捞海菜、拾卜喽、海螺、海胆、挖蛤蜊、打海蛎子、抓蟹子、小鱼等。海岸带捞取较多的是冻菜（石花菜）、滑菜和紫菜，但遇到饥荒之年只要能吃的海菜都成为人们的盘中餐。因此，海菜也为养育这一方人发挥了重要的作用。

拾卜喽 卜喽常年都可拾取，但最好的时候，是在夏季，它们的繁殖期，有一个比辣卜喽大、夹卜喽拳（大海螺）小的品种，称作“红岚”，若遇到一个群落，则可拾取十几斤甚至几十斤。

挖蛤蜊 一般是在夏天，晚上退潮以后，在浅水中徒手挖取，挖的最多的是花蛤蜊（亦称泥蛤蜊），也可挖到沙蛤蜊，蛏子、海螺，有些高手一晚上能够挖到几十斤。

打海蛎子 打海蛎子是妇女们的专利，每到农闲季节，尤其是冬季，各家的妇女必须去打几潮海蛎子。有人几乎是潮潮不落，打回的海蛎子除平时食用外，还用于过年过节包包子、包饺子及待客食用。每年冬天刮大北风、退大潮的时候，上跑海的人最多。这时除拾卜喽、捡海螺、打海蛎子以外，最多的是捞冻菜。有时还可以捡到夹卜喽拳、海参、鲍鱼等海珍品。鲜海参过去人们很少食用，有人捡回家只是把海参肠子抽出来晾干，以备孩子生麻疹时使用。鲍鱼味道鲜美，除食用外最重要的是卖鲍鱼壳。鲍鱼壳又名石决明，是一味珍贵的中药材，当时的价格达到每斤 2 元钱，比鲍鱼肉还贵重。另外，退潮时也是下闸网和使用杈网捕捞的时段。

拿冻菜（石花菜） 冻菜虽然退大潮时在岸边就可以采到，但数量有限。其大多生长在离海岸较远的岩石、礁缝中，因此需要潜入水下捞取。用冻菜熬制的凉粉，是当地的一道特色菜，过年和正月待客的时候几乎家家必备。捞取的冻菜既可自己食用，也可去集市销售，是一部分家庭的经济来源之一。拿冻菜的时候，需要携带一只大葫芦，挂上一个网兜，用一根绳子系在腰上，裸体憋气潜入水底捞取，这是一项非常危险的工作，有时被岩礁碰得头破血出是常有的事，甚至还会受到鲨鱼的攻击。1962 年村里一位新婚不久的男青年，就是被鲨鱼直接伤害致死，此后少有人再从事这项工作。

拉网 在港湾中的一种捕捞方式。拉网的人在岸上牵着绳索，用船将网载出一段距离，再呈弧形驶向另一侧，将缆绳交与另一侧岸上的人。两侧的人同时用力向岸上拖拉，拉网需要在低潮位时进行。一合网大约需要 20 人共同操作。拉网主要捕捞面条鱼、青板鱼、古眼鱼

等小型鱼类。有时也可拉到鲅鱼、带鱼、牙片鱼等大型鱼类。1961 年在前湾曾拉到一个大型的带鱼群。由于当时的网线不够结实，鱼又太多，致使渔网出现破损，大量的鱼从破损处逃窜。人们只好用篓子、捞篙子或徒手抓鱼向岸上扔。就这样，还捕获了几千斤。20 世纪 70 年代以后，随着渔业资源的不断减少，这种捕捞方式即退出了历史舞台。

拉小网　主要在岸边进行，也称拉“磅台”，只需两个人操作，一个人在岸上牵绳，一人徒手将网送出海去，呈弧形放开，去到对侧后，两人再合力将网拉上岸，主要捕获青板等小鱼做鱼饵用。亦可在潮退后，在滩涂的浅水中，拉鱼和蟹子等。

撒旋网　单人操作，撒网时，将网搭在左臂上，靠身体侧转，左手向外划弧，右手轻带，使网口呈圆形入水。作业时，需站在浅水中，以水不影响操作为度，主要捕获近海边小型鱼类。

打圆网　用筏子将渔网载出离海岸不远处的海流中，当发现鱼群后即下网，下网时先将网头拴上石碇（后改为铁锚）抛入海中固定，再挂上浮漂作为标识，呈圆形撒网，待网圈合拢后，再两侧合力，将网拽到船上，倒出渔货，这种操作可反复进行，直到满载为止。打圆网需要 6 人共同作业，捕获的主要是带鱼。

打挂子网　挂子网是一种定置网具，捕捞前先在选定的海区，将带有尖头的木桩楔入海底，称为“打橛”，橛木上连接一根缆绳，称为“根”，用以固定网具。海区的选择有的离岸较近，称为“打里货”，有的离岸较远，称为“打外货”。打里货由于路程近，耗时耗力相对较少，打外货路程远，既耗时又耗力，但外海水深流大，鱼类品种、数量都相对较多，捕获量有可能较里货多，但也并不完全确定，带有一定的运气成分。捕捞时，将网具挂在用竹竿扎成的框上，用根绳牵引网具随海流的变化，旋转捕捞。进入网口的海货，在海流的作用下，都被冲入网袖中，不管大鱼小虾，统统捕获。

张方网　方网也是一种定置渔具，其工作原理与挂子网类似。只是方网需要在网的两侧打两根橛木，用两根缆绳固定网具。网口用两根撑子撑开，随海流涨落来回翻转捕捞。由于方网的体积较大，所以捕获的鱼货要比挂子网多出很多。因此从 20 世纪 80 年代后，挂子网逐渐被淘汰。

海洋捕捞

打挂子网、张方网都需要在大汛潮的时候挂网生产，小潮之后，将网摘下，载回岸上，晾晒、清理杂物、缝补破损之处。由于海上作业必须在流小和平流的时候进行，因此每次出海留给人们的作业时间有限，必须争分夺秒，在忙乱中往往出现配合失当的情况。因此有些脾气暴躁的人，难免会爆粗口，久而久之，代代相因，成了一种行业陋习。

每天出海作业的时间，随潮汐的变化而变化，分为出早海和出晚海两种情况，一般情况

下每天出海一次，如到渔汛期，海上货物多时可以出海两次，称“出二流”。如果遇到海上风浪较大，海况恶劣，不能按时出海时，称为“误流”。误流以后，海货在网中积存时间过长会出现变质，称为“误流货”。

打挂子网、张方网过去需要5个人一起作业，自20世纪90年代以后，随着起网机的安装，参与作业的人员越来越少，最后每船只需要2人，甚至1人即可作业，大大节约了人力成本。

放流网 放流网需拦流下网，在下网的过程中，隔一段距离在网的浮绠上绑上一根“站缨”（一种挂在高约10米的细竹竿上的小彩旗），作为标识，有时候根据鱼层的不同还需加挂浮漂和坠石，用以调节渔网的深度。渔网全部放入海中后，用一根粗缆绳连接在船上，随流漂泊。一般每天下午近黄昏时下网，第二天清晨拔网，主要捕获鲅鱼、白鳞鱼、鲐鱼、带鱼、大黄鱼、鲳鱼、鳘鱼、鲨鱼等大型鱼类，有时还会捕获大量的梭子蟹。捕获的鱼类经切割后大部分被腌制起来，一部分被晒成鱼干储存。梭子蟹一部分被腌制起来，一部分则蒸熟后晒成蟹肉干，称为“蟹米”。船上装载的渔网，根据船的大小不同，从几十条到上百条。参与作业的人员也根据船的大小而不同，小船只有3人，称“三人挣”，一般的船是4～5人，大排子需要7人。在海上停留的时间视捕获量而定，一般情况下，一个渔季只回岸一次，有时提前捕满载，可以回岸两次。自从有机动船后，如近海作业，几乎天天都可回岸，只卖鲜鱼不再腌制。

拉底网 底网又称拖网，是由两条大机动船共同拖拉进行的一种捕捞方式，主要捕捞海洋中底层的海产品，其捕捞原理与岸上拉网有些类似，只是用船拖拉，用机械起网，向船上卸货。20世纪70年代初，大队建造了一对拖网船并置办了渔具。这种捕捞方法所需费用较大，收益不高。80年代末，这对渔船和渔具被一起处理掉，而后再无人搞过。90年代后期又出现一种小底网，这种网只需要单船作业，机动灵活，费用相对较低，效益较高，至今仍被人们使用。拖网捕捞与定置网具捕捞的最大不同之处在于定置网具的最佳捕捞时机是在大潮的时候，而拖网捕鱼的最佳时期却是在小潮的时候。

撅杆钓鱼 就是用一根细长的竹竿，拴上鱼钩、鱼线、鱼坠等，挂上鱼饵，趁退潮的时候在海岸带边的岩石、礁缝中垂钓小黄鱼、翅毛鱼、火鳍镏、红颊老、麻公子、海泥鳅等小杂鱼和石夹红螃蟹等。

撅杆钓鱼

甩杆钓鱼 甩杆是一种带有滑轮的现代专门钓鱼工具，因其可以在岸上甩到较远的水域垂钓，故可钓到海蝠等较大的鱼类。

撒线钓鱼 就是将一根较粗的钓鱼

线，拴上较重的鱼坠，垂钓时用手抓住靠近坠石上方 2 米左右的鱼线处，在头顶上方盘旋后借用惯性，用力把鱼钩抛入海中，这种钓鱼方法一般在晚上，海水比较深的岸边，可以钓到白鳝、黑寨等大型鱼类。

提线钓鱼　是一种在船上垂钓的方法，垂钓者只需手持一根钓鱼线即可，不需钓鱼竿。提线钓鱼有两种钓法，一种是将船固定于某一个位置不动，一种是将船在海流的行驶过程中垂钓，称为“拉活线”。拉活线必须要用活虾或活泥鳅鱼做鱼饵，钓的主要是牙片鱼和青寨鱼。

最近几年，又出现了一种新的钓鱼方法，这种钓鱼方法无须鱼饵，而是用一种特制的带有诱饵的钓鱼工具，乘船寻找鱼群，将鱼钩甩入海中即可垂钓，钓的主要是带鱼。

张钩钓鱼　张钩也叫“钓钩”，是传统的捕捞方法之一。张钩的工具是用 1 米左右的垂线把鱼钩每隔 1.5 米左右的距离，连接到一根较粗的总线上，盛放到底部有孔的圆形或方形盒子里，谓之一筐，渔筐的周围有凹槽，以备挂鱼钩用，每筐钩有 100 把左右。垂钓时需要用船承载，将鱼钩挂上鱼饵，一筐筐连接起来抛入海中。下第一筐钩的时候要拴上坠石，沉入海底并连接浮漂作为标识，而后每隔一段距离加挂一个坠石（有些主线上带有铅坠，不需另挂），以使鱼线能沉入海底，再隔一段比较长的距离挂一个浮漂，待全部钩线都投放完毕后，再拴上一个坠石，抛入海底，挂上浮漂，然后再调转渔船头，回到第一次下钩的浮漂处，等待 1 个小时左右，开始拔钩，收获渔货。张钩有两种形式，一种是沿海岸带下钩，叫“困崖”，一种是在洋流中下钩，叫“放滩”。困崖主要钓的是白鳝、翅毛、黑寨、黄鱼等鱼类，而放滩则可以钓到偏口鱼、老板鱼、红头鱼、大黄鱼、鲨鱼等多种鱼类。

放小排钓鱼　是在海岸上的一种钓鱼方法。小排是用几块木板搭制而成的，呈三角形，长不过一米，中间挂一面风帆，垂钓时，选一个风向合适的位置，将一筐连接有 200 多把鱼钩的鱼线连接到小排的后侧，钓鱼线上有用小木棍制作的浮漂，避免鱼钩下沉，钓鱼线长约 300 米，小排随风飘出，将鱼钩带入海中，待钓鱼线全部放完之后，停留一段时间，再慢慢将小排收回，主要是钓针亮鱼。

钓鱼不仅是为了吃，对某些人来说，还是一种乐趣，为了钓鱼有时会彻夜不眠，可见其魅力之大。

第三节　渔汛与渔场

一、渔汛

渔汛是指鱼类和某些水生动物有规律地集中洄游到某些区域，适合于捕捞的时期。但因本地捕捞与潮汛息息相关，故将潮汛也一并在此记叙。

域内渔汛有春秋两个大的汛期，春汛有近海和远海两种情况，近海汛期来得较早，约在春分前后，最先出现的是梭鱼、银鱼、章鱼、梭子蟹、对虾等，梭子蟹与对虾的出现一般在清明与谷雨前后，故有“清明的蟹子，谷雨的虾”之说。谷雨前后，各种鱼虾等海洋生物接踵而至，数量最多的是面条鱼、青板鱼、鲅鱼食、黄尖鱼及蛎虾、小红虾、小白虾等各种小型鱼虾，大型的鱼类主要有鲅鱼、白鳞鱼、带鱼、偏口鱼、鲐鱼、鲳鱼等，其中鲅鱼的数量最多。近海汛期始自春分，而远海汛期则在谷雨以后，立夏与小满期间进入捕捞高峰，故当地有“立夏鱼上车”“小满前后挖厚的”之谚语，春汛到夏至结束。

秋汛自白露开始，流网作业一般到霜降汛后结束，近海定置渔具捕捞则可延续到深冬。秋汛近海的主要海产品有墨鱼、笔管鱼、带鱼、大黄鱼、小黄鱼、对虾、蛎虾、红虾、海蜇等，放流网所捕获的主要品种与春汛差不多，只是数量没有春汛多。另外，秋汛还可以捕获各种鲨鱼和数量众多的梭子蟹。过去放流网最怕遇到大批量的梭子蟹，因其容易伤及已触网的鱼类，损毁其品相，使鱼类价格大打折扣，而且盐制的梭子蟹国家不收购，只能自己食用，导致渔业收入降低。

另外，本地的潮汛与捕捞生产密切相关，每个月有两次大潮汛和两次小潮汛，上半月以初三为最高潮，前后各三天为大潮汛。下半月以十八为最高潮，前后各三天为大潮汛，称作“初汛”和“十八汛”，其余时间为小潮汛，称“小潮流”。大潮汛是捕捞的最佳时期，一般情况下，潮汛越大，捕获的量也越大，反之亦然，只能等待下一个大汛到来，重新张网捕捞。

二、渔场

村子周边海域并无大的渔场，此处所叙渔场，是指渔业捕捞的场所，这些场所有的在当地，有的在外地，当地在岸上拉网的场所，主要是前湾、后湾和鹁鸽窝等三个港湾。

域内早期主要是打圆网、打挂子网、张方网，场所主要在村前周边的海域。随着机动船的出现和渔业资源的变化，捕捞的区域越来越广，定置渔具可东达崂山头，西到大公岛、小屿，南至潮连岛，甚至更远。而放流网的船需要到深水区，最近的渔场在大、小公岛一带，一般小型流网船多在这一带和长门岩、潮连岛等周边区域作业。大型渔船有的到江苏、上海等地海域捕捞，这些海域的鱼类资源较当地要丰富得多，到这一带捕捞的渔船大多能满载而归。20 世纪 80 年代以后，随着定置网具的大量增加，当地流网捕捞的场所慢慢被挤占，最后完全消失。

第四节　资源保护

过去，周围海产资源丰富，捕捞工具落后，捕获量有限，因此人们并无资源保护意识。20 世纪 50 年代，国家开始执行幼鱼比例检查制度。

1979 年后，当地开始贯彻执行国务院《水产资源繁殖保护条例》《中华人民共和国渔业法》等。1995 年东海、黄海实施全面伏季休渔制度：每年 7 月 1 日至 8 月 31 日禁止定置网具和底网船出海作业。

1999 年 5 月，崂山区海洋与水产局转发农业部《关于延长黄海海域休渔期的通知》，休渔期再延长半个月，休渔期起始时间仍为 7 月 1 日。2006 年国家海洋与渔业局再次发文规定，休渔期时间改为每年 6 月 1 日至 9 月 1 日。2017 年，号称史上最严休渔令发布，休渔期改为每年 5 月 1 日至 9 月 1 日。

第三章　海水养殖

域内的海水养殖经历了藻类养殖、贝类养殖和海珍品养殖三个阶段。

第一节　藻类养殖

藻类养殖主要是养殖海带，也养过少量的裙带菜。1958 年爱国渔业社在海庙一带海域试验筏式海带养殖，试养获得成功。是年，沙子口人民公社成立了海带养殖场，开始进行大规模海带养殖。

晒海带

南姜村于 1964 年成立海带养殖队，进行大规模养殖，养殖区域从海庙前到鹁鸽窝、前湾等多个地方，从业人员开始为 30 余人，后增加到 40 余人，养殖面积逾百亩。

大规模养殖采用的是搭架的方式，养殖架由橛木、砣子、绳索、浮漂等材料搭建而成。橛木和砣子用于在架子两端的海底生根，连接垂直根缆，挂浮漂浮出水面，中间用绳索（称浮绠）水平连接，浮绠上挂浮漂，防止海带下沉。早期的浮漂用玻璃制作，后来改用塑料制作，都为圆形，与篮球大小差不多。

养殖海带要经过夹苗、挂苗、施肥、切尖、提层等多道工序，最后才能收获、加工、销售。

夹苗　将海带幼苗根部夹在一根根长约 1.5 米的棕绳上（后改为塑料绳），称为夹苗，这根夹有海带苗的细绳，称为“苗绳”，是海带赖以生存的根基。

挂苗　就是把夹好的苗绳，一根根等距离固定在海带架子的浮绠上，一般每亩挂 120 绳左右。

施肥　海带生长过程中，需要按时施用化肥，以促其长势旺盛。施肥时，将化肥溶于盛水的器具中，乘船将肥料均匀泼洒于养殖区中。

切尖　每年 3 月份以后，由于水温升高，海带容易烂梢，切尖就是将容易腐烂的梢部切除，以免妨害海带正常生长。

提层 海带幼苗的养殖时间一般在每年的12月份左右，由于当时的海水表面温度较低，不利于幼苗存活，故需将其垂于较深的水域中，保温生存。次年4月份以后，海水表面温度逐渐升高，此时，需将其提升到离海面较近的水层中，以促其快速生长。

收割 海带的收割在6月份到7月份之间，届时将养殖海带的苗绳从浮绠上摘下，用船装载回岸。

加工 海带加工分为甜晒和咸晒两种方法，直接晒干称为甜晒，加盐腌制以后晒干称为咸晒。晒干后的海带需要打捆储存，等待销售。海带的产量一般在每亩2000斤干品左右。

销售 本村生产的海带大部分由沙子口水产供销站按国家定价收购，一小部分销售给沙子口化工厂，作为生产碘、醇、海带胶等化工产品的原料使用，很少一部分被食用。

20世纪70年代，海带养殖达到高峰，80年代后，随着外地海带养殖业的不断兴起，市场竞争越来越激烈，经济效益下滑，海带养殖业开始逐步萎缩，1985年全面停止养殖。

南姜养殖1969年收支核算

表7－1

收入		当年费用（元）	船折旧费（元）	机器折旧费（元）	公积金	分配（元）	合计（元）
产量（斤）	产值（元）						
99088	49181.23	44001.65	840.00	450.00	—	3898.50	49180.15

第二节 贝类养殖

贝类养殖，主要是贻贝养殖和扇贝养殖。

一、贻贝养殖

20世纪70年代，通过研究其“附苗”规律，以海带浮绠大量采集贝苗，为人工养殖解决了苗源。此后从胶州湾自然繁殖区采集苗种，进行筏式养殖试验。后来实行贻贝、海带间养，即在同一养殖海域实现了海带平养，贻贝垂养，自行调节水层，减少摩擦，降低了养殖生产成本，使贻贝、海带养殖效益均大有提高。80年代以后，随着扇贝养殖的兴起，贻贝养殖即告结束。

二、扇贝养殖

1986年，村里开始有人进苗养殖扇贝，后养殖业户逐渐增多。养殖的种类主要是栉孔扇贝和港湾扇贝两个品种，以前者为多。

域内养殖扇贝采用的是搭架吊笼的方法，搭架的方式与搭海带架类似，每行架子长约100米，每4行为一亩，每亩挂吊笼约400个，每个吊笼分为7层，最多9层。养殖扇贝需要经过养苗、分苗、成贝养殖等多道工序，最后才能收获。

养苗　幼苗购入时间一般为冬、春时节，新购入的幼苗需放在笼中暂养保存，称养苗。

分苗　暂养 30 ～ 50 天后，随着幼苗的逐渐长大，便要开始进行分笼养殖，称为分苗。分苗要根据幼苗的生长情况，不断进行。

成贝养殖　幼苗长到 7 厘米左右时，即进入成贝养殖阶段，每个吊笼养殖成贝的数量为 300 个左右。

扇贝养殖

收获　扇贝的生长周期，根据所购种苗的大小不同，一般在 12 ～ 18 个月，收获的时候，乘船将吊笼从浮绠上摘下，载回岸上即可。每亩扇贝的产量在 5000 斤左右。

域内扇贝养殖在 20 世纪 90 年代中期达到高峰，从业者数十户，养殖面积数百亩，经济效益很好。后来，由于物理环境受到污染，导致浮游植物数量特别是优势种类不断减少，养殖水域富营养化，致使产量大幅下降，效益大幅下滑。有些养殖户出现了亏本现象，故扇贝养殖面积迅速萎缩，逐渐消失。

第三节　海珍品养殖

海参、鲍鱼、西施舌是当地的三大海珍品。海参蛋白质含量高，种类丰富而不含胆固醇，在我国发现的 20 多种可食用海参中，刺参是经济价值最高的品种。由于刺参营养价值高、移动性差、食性杂、食物链短、适应能力强等特点，逐渐成为一种理想的养殖品种，域内养殖的即为这一品种。进入 21 世纪后，市场对海参的需求量急剧增加，价格持续上扬，促使海参养殖迅速发展。

鲍鱼肉质细腻、鲜嫩，自古以来就是当地最著名的海珍品之一，深受人们喜爱。当地虽有野生资源，但数量有限，难以满足人们的需要。21 世纪，随着人们生活水平的不断提高，鲍鱼的需求量越来越大，鲍鱼养殖业也逐渐兴起。养殖品种多为皱纹盘鲍。

海珍品养殖

域内养殖海参、鲍鱼始于 1997 年，多是在潮间带岩礁地带筑池圈养。受海域范围的限制，从事此项事业的人不是很多。近些年来，为加强对海洋生物多样性的保护和海岸带岩礁自然景观保护，根据政府的统一部署，养殖规模逐步缩小，2018 年开始陆续拆除养殖池，2019 年已全部拆除，海岸带的原有地貌，正在逐渐恢复。

第四章 渔港码头

第一节 旧时码头

渔港码头仅有前湾一处，始建年代没有详细资料记载，此码头原是先民们用天然花岗岩石块在海湾西侧沿海岸带堆砌的一个岸基码头，伸入海中的部分几十米，只为近海作业的部分船只提供泊位。当时大部分船只都是停靠在后湾，流网船则多在沙子口港湾停靠交易。

前湾旧码头

第二节 新筑码头

前湾码头

20 世纪 80 年代末，渔业生产发展迅猛，渔船数量激增，船舶停靠成为亟待解决的大问题，当时的渔船主要在海庙前方的海军工大码头停靠交易，给军队施工船只的正常作业造成不良影响，管理难度很大，双方时有矛盾发生，引起上级领导的高度关注。为此，1990 年村里在前湾修建港池一处，面积 25000 平方米，既方便了渔船停靠交易，也保障了渔船停泊安全。1991 年 9 号台风来袭时，沿海村庄渔船损失较大，本村渔船基本没有受到损失。1992 年经村两委研究决定，报沙子口镇政府、崂山区政府批准，规划设计了一座新的渔港码头，这项工程，历时 1 年零 5 个月的时间完成。1993 年又投资在码头西部和北部建造了渔业仓库、加油站、饭店、治安联防办公室等配套设施，完善了海上管理。随着形势的发展，村委又酝酿了更大的工程计划，经过考证决定在码头以南建一个深水顺岸码头。这项工程由青岛市筑港工程队承建，工程历时 2 年竣工，开挖土石方 3 万多立方米，码头长 256 米，

回填 20 多万立方米的土石，形成一块 9000 余平方米的码头空地，码头总占地面积约 40 亩，可停泊 180 余艘小型渔船，属于三级渔港，主要停靠“四姜一湾”的小型渔船。所有码头工程均由村委多方筹措资金，自行投资建造而成。渔港码头的建成，极大地方便了渔船停靠和海货交易，为当地的渔业生产发展发挥了重要作用。2020 年，由于年久失修，出现进港道路路面破损开裂，路面坑洼不平，直立岸壁部结构破损严重等基础设施薄弱问题，和整体服务功能不高，管理手段落后，环境脏、乱、差等现象。

为此，社区两委研究决定对渔港码头实施维护维修工程。在沙子口街道党工委、办事处的全力支持下，共投资 600 余万元，对码头进行彻底维修整治，硬化道路 6000 平方米，同时修建了含油污水接收点，垃圾分类亭，固废收集站等基础设施。村委还自筹资金在原渔业仓库旧址上建设了 28 个海鲜养殖池，并修建了占地面积约 4 万平方米的两个停车场，在此基础上，又做了功能区划分，实施了规范化管理。综合整治后划分为卸货区、交易区（208 个摊位）、停车区（约 600 个车位）等功能区，成为一处功能齐全、管理规范的海鲜交易市场。

第三节　南姜海鲜交易市场

南姜海鲜交易市场，位于南姜码头处，是青岛市十二大渔港码头海鲜交易市场之一。该市场是在 20 世纪 90 年代初期由出海渔民和商贩们自发形成，已有 30 多年的历史。

沙子口南姜海鲜交易市场启动仪式

最初，渔民销售海货大都在船上进行，后来一些头脑灵活的拨贩和渔民家属，将整船的鱼虾打包放在码头上进行分拣后，按品种分类，摆放在摊位上交易，这样不仅市场有秩序，安全有保证，而且给渔民增加了更多的经济效益。

近些年来，随着经济社会的发展，信息与交通的便利，南姜码头海鲜的知名度越来越高，消费者由当地居民发展到岛城市民和外地游客。渔汛期间，从早到晚来这里买海鲜的、逛码头的、垂钓的、人流如织，场面十分热闹。消费者普遍认为这里的海鲜货真价实，买得放心，吃得舒心，因此到南姜码头购海鲜，已成为岛城市民的首选地。

2020年以来，为满足市场的需求，提高渔港码头的经济效益和社会效益，在沙子口街道党工委、办事处的全力支持下，社区完成了对南姜码头的改造工程，使整个渔港码头的硬件设施和服务设施都提高到一个新档次，环境面貌焕然一新。

2021年8月29日，南姜海鲜交易市场启动仪式在渔港码头举行，崂山区和沙子口街道的有关领导出席了启动仪式，208个整齐划一的摊位上，人山人海，经营者中有当地居民、出海渔民，还有许多来自市内外的海产品商贩。小摊上各类干的、鲜的、活的海产品应有尽有，前来购物的消费者大多能带着自己中意的海产品满意而归。据不完全统计，开业当天市场交易量达30多万元。

南姜海鲜市场为出海渔民和广大市民提供了极大的方便，大大提高了前来购物的市民的体验感，出现了前所未有的繁荣景象，也为岛城开辟了一块购物、观海、休闲游的新天地。

第五章　海产品加工销售

第一节　海产品加工

海产品加工分为两个阶段。旧时，由于条件有限，海产品主要靠腌制和晒干加工储存。20世纪70年代以后，特别是改革开放以来，随着冷藏厂的建立，海产品加工出现了新的变化。

一、腌制加工

腌制加工是旧时的主要加工方法之一，主要腌制的鱼类有鲅鱼、鲐鱼、带鱼、白鳞鱼等大型鱼类以及螃蟹、海蜇、小杂鱼等其他海产品。鲅鱼、鲐鱼腌制时主要是剖成鱼片，加盐腌制，亦可自腹部切开一道口，将鱼的内脏取出，塞上盐后腌制，前者称腌“鲅鱼片”，后者称腌“荷包鱼”。白鳞鱼、带鱼和其他的杂鱼只要掏出内脏，再加盐腌制即可。腌制咸鱼时，需要将一开始腌出的鱼水倒掉，称为“除臭卤”，再加盐腌制，这样腌出的鱼才可口美味。螃蟹需要煮熟之后再腌制，腌制螃蟹用盐量必须大，否则容易变质，食用时虽然很咸，但味道鲜美，口味独特，深受人们喜爱。海蜇加工需要两道工序，第一步先用明矾将海蜇体内的水分除掉，待海蜇缩水到一定程度时，再加盐腌制。海蜇加工时需将头部与躯体分开加工，前者称“海蜇头”，后者称“海蜇皮”，都是当地的传统佳肴。

晒鲅鱼片

二、晾晒加工

晾晒加工是当地最传统的加工方法，一直沿用至今，晾晒加工的品种多种多样。

晒鱼片　用于晒鱼片的主要鱼类是鲅鱼、鲐鱼、鲨

鱼、黄鱼、鳘鱼、鳕鱼、白鳝鱼、即钩鱼、安康鱼、墨鱼等，这些鱼晾晒前大部分需要先加盐腌制后再晒，称为“咸晒”，有些鱼则清洗干净后直接晾晒即可，称为“甜晒”。

晒鱼干　有些鱼不需切片，只需掏出内脏，清洗干净，把鱼加盐腌制后即可晾晒，如带鱼、老板鱼、黄盆鱼、扒皮鸡（马面鲀）、海兔子、各种偏口鱼、八带鱼等。另外有些小杂鱼如青板鱼、黄尖子鱼、胱鱼、鲅鱼食、笔管鱼、海泥鳅鱼等，不需掏出内脏，直接晾晒即可。

晒面条鱼　面条鱼需要用开水炸（“炸”在当地是“煮”的意思）熟后再晒，炸面条鱼需要掌握好火候和盐量，待锅中开水沸腾后，将鱼放于锅内，不可搅动，直到炸熟；否则，破坏品相，影响价格。炸好后的鱼用笊篱捞出，晒干即可。个别情况下，也可以加盐生晒，但数量不大。

面条鱼

晒虾米　将蛎虾（鹰爪虾）、红虾和其他杂虾炸熟、晒干、去皮后，打出的干虾肉称为“虾米”，其中用蛎虾晒出的海米称为“沙子口金钩海米”，是省内著名品牌。晒虾米是村里的传统加工项目，旧时称“开虾庄”，虾庄集生产、经营于一身，是当时蛎虾的重要销售渠道之一。过去晒干后的蛎虾脱壳主要靠人工，效率极低，现在使用机械作业，效率大增。

虾米

晒蟹米、蟹子　将梭子蟹炸熟，抽出蟹肉晒干，称为“蟹米”，附着在蟹壳上的卵，当地人称“蟹子花”，将这些卵炸熟，晒干，称为“蟹子”。蟹米和蟹子只有放流网的渔民才有条件加工，故产量有限，但蟹米味道极其鲜美，胜于虾米。

晒鱼子　鱼子是切割鱼片时，由鱼腹内取出，以鲅鱼子居多，分为雌、雄两种，雌鱼子称为“布子”，雄鱼子称为“面子”，晒鱼子时稍加一些盐，生晒即可。

晒虾皮子　虾皮子是一种白色的小虾，学名毛虾。过去，周围海域这种资源极其丰富，冬季打挂子网捕捞的主要是这种小虾，产量很大，因此也是旧时“虾庄”的主要经营产品之一。加工虾皮子只需将虾放盐炸熟，晒干即可。

晒冻菜（石花菜）　过去人们捞取到冻菜以后，都是放到屋上晾晒，任凭风吹雨淋，自然干透，晾晒的时间越长，特别是经雨水冲刷，呈现白色以后，则品相最好，价格越高。用冻菜熬制的凉粉，是当地的一道特色菜，过年待客，几乎家家必备。

三、虾酱加工

虾酱是由小红虾与小螃蟹研磨而成，以小红虾为主。磨虾酱时，先将海产品清洗干净，再放入石磨中研磨，研磨出的虾酱要层层加盐，当装满坛子后，加盐封存，待其发酵后食用。虾酱资源丰富，价格低廉，过去每家每户必备。改革开放以来，随着人们生活水平的不断提高，

人们已不再加工虾酱，但仍有人小批量加工制作，并未绝迹。

四、冷冻、冷藏加工

20世纪80年代以后，随着冷藏厂的建立，水产品加工出现了新的变化。开始时人们仅是将新鲜海货放到沙子口军供冷库、崂山区水产养殖公司冷库等地方寄存，以备过年待客食用，后来开始租用库位加工蚂虾、扇贝、墨鱼等海产品，再后来就直接自己建冷藏厂进行加工生产。

蚂虾加工 将新鲜蚂虾经冷藏或者凉水浸泡后，脱去虾头与外壳，扒出虾肉，称"扒虾仁"，扒出的虾仁装盘、冷冻后冷藏储存，后改为单个冷冻后装包储存。

扇贝加工 先将活扇贝肉从贝壳上取下来，再除去扇贝周围的裙边，只留中心部分，称"扒扇贝柱"，扒好的扇贝柱一开始也是装盘冷冻后冷藏储存，后来都改为单个冷冻后装袋储存。

墨鱼加工 将墨鱼腹部剖开，取出墨鱼盖和内脏，将头和体分离，称"扒墨鱼板"，二者分别装盘冷冻后冷藏储存，亦可将墨鱼整体冷冻后单个冷藏储存。

鱼类加工 早期鱼类加工是将鲜鱼置放到铁盘中，注水淹没冷冻后，整盘冷藏储存。后改为每条鱼挂冰衣冷冻后单条储存，称为"单冻"。

五、海参、鲍鱼加工

海参加工 传统的海参加工，一般有以下步骤：将鲜活海参的内脏清除，用水清洗，去除残留的泥沙；水烧开，加入洗净的海参煮熟；将煮熟的海参与粗盐粒搅拌在一起，利用盐分对海参进行脱水处理，同时也是轻度的腌制过程，少量盐分的存在，可以保证海参在长时间的风干过程中不至于变质，时间一般在3至4天；煮制饱和盐汤对海参进行浸泡腌制，周期在5至6天；将海参外表搓上草木灰，对海参外观进行美化，由于发制时会在水面形成悬浮，所以目前基本已无人使用；用淡水进行短暂冲洗，去除海参外层的盐分或糖分，保留参体内部的盐分或糖分；通过晾晒和风干使海参干燥。除此之外，还有冻干、淡干、盐干、盐渍、即食等加工方法。

鲍鱼加工 制作成干鲍是传统的加工方法。干鲍鱼是相当名贵的食品，一般需要经过晾晒、盐渍、水煮、烘干、吊晒等一系列复杂而精心的处理。加工完成的干鲍需要一个存放成熟的过程，放置时间越长风味越别致。鲍鱼在干制保藏过程中其物理化学性质、组织构造发生变化，内部出现溏心效果，在质感方面大大超过了鲜鲍鱼。另外，还有冷冻、鲍鱼罐头等加工技术。

第二节 海产品销售

海产品销售分为新中国成立以前、集体经济时期和改革开放之后三个阶段。

一、新中国成立以前

早期近海捕捞的海产品主要靠商贩在周边区域销售。青岛开埠之后，商贩们逐渐将货物

销售到青岛市区，一开始靠肩挑手提，后来随着湛流干路的开通和自行车的出现，商贩们开始用自行车将新鲜货物载到市区出售，谓之“贩鲜”。腌制、晒干后储存起来的货物则等到进入腊月赶年集的时候出售。另外，当时的“虾庄”也是一条重要的销售渠道之一。放流网捕获的海产品主要在沙子口渔港进行交易，当时沙子口街上有很多家鱼行，建有很多大的鱼池，专门从事海产品经营，流网船的大部分海产品都卖给鱼行，一部分则由渔民们带回家，赶年集时到李村、沙子口等集市上销售。

二、集体经济时代

集体经济时代的所有海产品，一律由国家实行统购统销，渔民和生产队只管生产，不负责销售，本村的海产品全部由沙子口水产供销站统一购销。挂子网船、方网船大部分都到后湾卸货，一小部分在前湾卸货，流网船则一直在沙子口港靠泊。

当时的海产品价格极低，1 斤虾子（由琵琶虾、小螃蟹和小杂虾混合而成）收购价只有 7 ～ 8 分钱，1 斤杂鱼 1 ～ 2 角钱，1 斤经济鱼类（鲅鱼、白鳞鱼）也不过 3 ～ 4 角钱。只有一种海产品例外，就是对虾，1 斤对虾相当于十几斤杂鱼的价格，而且还给予供应小麦的奖励。原因是当时的对虾可以出口赚取外汇。因此，渔民们出海都舍不得吃虾，全部上交创汇。

三、改革开放后

改革开放初期，海产品销售实行双轨制，一部分由沙子口水产供销站按国家定价收购，一部分由渔民自主定价卖给商贩。原因是当时水产站掌握有国家调配的柴油等渔需物资，渔民需用渔货进行交换。随着改革开放的深入实施，所有海产品改由渔民自行销售。销售的主要渠道是通过个体商贩，一部分由冷藏厂收购加工储存，随着冷藏厂规模的不断扩大，其营销范围已不再限于本地，而是面向全国，甚至远销海外。

第八篇

工商业

第一章　村办企业

村办企业是指由集体出资兴办的企业，分为早期企业和新兴企业。

第一节　早期企业

一、麻袋组

麻袋组成立于1974年，加工地点设在老村大街北侧的曲氏宗祠内。以加工麻袋为主，另外还加工被褥、鞋垫、手套、棉背心等。参与加工生产人员50人左右，以女劳力为主，1983年停产。

二、水貂养殖场

1978年，生产大队在小东山建设了一处水貂养殖场，是村里的第一个村办企业。当时购进种貂约百只，每年出栏200到300只，1982年实行承包经营，1987年关停。

三、磨光厂

磨光厂建立于1983年，厂址在东窝子，是给沙子口电镀厂进行加工的配套企业。

四、金属拉链厂

1985年在黍子疃西侧建立青岛拉链厂南姜分厂，厂房占地面积9.9亩。主要生产金属拉链。

20世纪90年代以后，村里又先后建立了通用胶黏剂厂、塑钢厂、聚乙烯厂、游艇厂等企业厂房，这些企业后来都被承包、转包或转型，由个人经营。

第二节　新兴企业

一、青岛市崂山前海工贸总公司

青岛市崂山前海工贸总公司于1993年5月8日注册成立，经营范围为加工、制造、零售、批发玻璃钢游艇、玻璃钢制品、人造大理石板材、镁质制品、石材、钢材、木材、陶瓷制品、建筑材料、木暖器材、五金交电、日用杂品、渔需物资等。

二、青岛南姜计生协会综合经营部

青岛南姜计生协会综合经营部成立于1998年1月，主要经营油、盐、酱、醋、烟、酒、糖、茶、日用百货等生活用品，1999年由个人承包经营。2012年，崂山路拓宽工程时被拆除。

三、青岛前海物业管理中心

青岛前海物业管理中心于2003年7月11日注册成立，经营范围为物业管理、家政服务。

四、青岛南姜冷藏厂

青岛南姜冷藏厂创建于2004年，主要从事水产品冷藏、加工、销售业务，该公司于2008年起由个人承包经营。

五、青岛前海旅游工艺品有限公司

青岛前海旅游工艺品有限公司于2004年10月12日注册成立，经营范围为旅游工艺品、工艺美术品生产、销售。南姜社区占50%股权，青岛市崂山前海工贸总公司占50%股权。

六、青岛南姜哥庄实业中心

青岛南姜哥庄实业中心于2009年7月15日注册成立，经营范围为房地产开发、经营，海洋技术开发，土石方工程施工，建筑工程施工、维修，园林绿化工程，市政工程施工，上下水管道安装，铝塑门窗安装，机械租赁。销售建筑装饰材料、五金交电、化工产品（不含危险品）。

七、青岛南姜物业管理有限公司

青岛南姜物业管理有限公司企业性质为有限责任公司，于2009年11月25日注册成立，经营范围为物业管理、家政服务、房地产经纪咨询服务。

八、南姜哥庄股份经济合作社

南姜哥庄股份经济合作社，成立于2020年4月26日，为股份制企业。2021年12月11日，召开理事会、监事会换届选举大会。会议选举曲知群任理事长，曲宝冬、曲海蓝、曲知平、曲训波、曲知浜、曲宝海、曲宝华、曲金红任理事，曲宝科、王明华、曲金成为监事会成员，股东代表36人。

第二章　个体企业 工商业户

个体企业和工商业户是由业主个人出资兴办，由业主自己直接经营的企业。业主个人享有企业的全部经营所得，同时对企业的债务负有完全责任。村里的个体企业、工商业户兴起于改革开放后的20世纪80年代，涉及水产品加工、销售、制造、建筑、维修、餐饮、服务等各种行业。

第一节　水产品加工 销售

一、青岛碧湾海产有限公司

青岛碧湾海产有限公司，位于沙子口街道沙子口社区，始建于1988年，建筑面积33000

青岛碧湾海产有限公司法人代表 曲知波

平方米，是以加工海产品为主的进出口公司。拥有员工600余名，固定资产上亿元，储存量6000吨的冷库等一系列配套设施，年加工量10000吨左右，原料是由美国、挪威、冰岛、俄罗斯、欧盟等国家进口的水产品，产品销售日本、美国、欧盟、韩国等国家。2020年度主营业务收入1.6亿元，是青岛市出口创汇先进企业，青岛市农产品加工龙头企业，青岛市食品安全保障企业，崂山区出口创汇十强企业，山东省农业产业化重点龙头企业。

同时，公司不断总结生产经验，倡导创新，开发新产品，并通过了ISO9001、BRC、IFS、MSC等质量管理体系认证，逐渐由粗加工向精加工发展，努力为客户提供安全、优质的产品。法定代表人：曲知波。

二、青岛鑫港水产有限公司

青岛鑫港水产有限公司法人代表　王会超

青岛鑫港水产有限公司，位于南姜码头北侧，始建于1995年，1997年开始营业。公司占地面积3000平方米，是集冷藏、加工、销售为一体的综合性企业，拥有先进的生产设备，建立了完善的质量保证体系。公司本着产品“质量优异、信誉良好、服务至上”的经营理念，赢得客户的信赖，先后被上级部门评为“科技致富优质工程”，被青岛市工商局、崂山区工商局多次评为“守合同、重信用企业”“先进私营企业”，是崂山区“质量协会会员”，青岛市“企业信用协会会员”，市“免检企业”，被评为山东省著名商标。2008年青岛鑫港水产有限公司被奥帆赛食品安全保障协调小组确定为定点供应备份企业。主营有刀鱼、鲳鱼、鲅鱼、牙片鱼、黄花鱼、海捕对虾、蛤蜊肉、鲜贝柱、海参、鲍鱼、崂山名产金钩海米等几十个品种。公司在业内享有极佳的声誉，营销网络由崂山辐射至青岛、北京、上海等全国各大城市。法定代表人：王会超。

三、青岛市崂山区浩源水产有限公司

青岛市崂山区浩源水产有限公司，原为崂山永平塑料制品厂，位于南姜码头北侧，始创于1994年，是村里最早的个体企业之一。2000年，在原址上改建为浩源水产有限公司，早

期占地面积2300平方米，后扩建至4000平方米。是从事水产品加工和风味食品生产的专业厂家，拥有储存能力1000吨，日速冻200吨的大型冷库；车间、更衣室、实验室均严格按照商检、卫生部门的要求设计和建造，布局合理、卫生规范、设备精良。公司主要产品有各种规格的冻鱼、冻虾、冻贝类等，年生产能力为2000吨，原料均经近海鲜货精选而成。法定代表人：曲先平。

四、青岛五发海味食品有限公司

青岛五发海味食品有限公司，位于南姜码头北侧，成立于1999年，公司占地面积5100多平方米，固定资产800多万元，拥有先进的生产加工设备，充分利用当地丰富的海洋资源，加工生产干海参，即食海参、海米等海珍品。公司拥有“唯帆”“曲老五”两大注册品牌，所产崂山干刺参、即食原味海参、金钩海米等优质海珍品深受广大消费者的喜爱。近年来连获殊荣，销售量连年攀升。

青岛五发海味食品有限公司法人代表　曲立训

2005—2006年度，被评为“崂山十大特色产品品牌单位”，生产的海参、海米被青岛市质量协会评为“青岛市消费者放心满意产品”，2006年被评为消费者喜爱的名优农产品；2010年被崂山区海洋与渔业局评为“崂山区十大特色水产品生产企业”，被青岛市海洋渔业局评为“青岛十佳水产加工品牌”。法定代表人：曲立训。

五、青岛知宁海产品有限公司

青岛知宁海产品有限公司，位于沙子口街道南姜社区，成立于2001年，注册资本50万元。所属行业为批发业，经营范围为冷冻、冷藏、销售鲜海产品。法定代表人：曲知宁。

青岛知宁海产品有限公司法人代表　曲知宁

六、青岛老曲家商贸有限公司

青岛老曲家商贸有限公司，位于沙子口街道于哥庄社区，成立于2012年，注册资本200万元。经营范围为批发、零售海鲜产品、建筑材料、办公用品、装饰装潢材料、水域滩涂养殖、水产品加工。法定代表人：曲宝海。

七、东海韵海珍品有限公司

东海韵海珍品有限公司，位于沙子口街道南姜社区，成立于2015年2月，注册资本50万元。经营范围为销售食品、鲜海产品、原粮、蔬菜、水果。法定代表人：常青。

八、青岛硕诚海洋渔业有限公司

青岛硕诚海洋渔业有限公司，位于崂山区崂山路103号，成立于2015年5月，注册资本100万元。经营范围为海洋捕捞，海水养殖，批发鲜水产品、茶具、办公用品，租赁船舶，垂钓服务，渔业服务，餐饮服务，保洁服务（不含垃圾清运），企业营销策划，企业管理咨询，企业管理服务，国际货物运输代理，装卸搬运。法定代表人：曲同飞。

九、青岛江超源水产贸易有限公司

青岛江超源水产贸易有限公司，位于沙子口街道南姜社区，成立于2018年11月，注册资金50万元。经营范围为批发、零售鲜水产品、食品、生鲜肉、禽蛋、蔬菜、水果、日用百货、五金交电，货物及技术进出口。法定代表人：曲云江。

第二节　制造 建筑 维修 服务

一、青岛市崂山北海游艇有限公司

青岛市崂山北海游艇有限公司，原名青岛市崂山北海游艇厂，位于南姜社区黍子礓，成立于1993年，2006年改制为青岛市崂山北海游艇有限公司。公司占地面积7201.68平方米。有办公大楼1座，并建有2个中型救生艇生产车间，其中，1号车间总面积为821.34平方米，2号车间总面积为979.29平方米，车间高度达到11米，各安装一架5吨行车，能完成5吨以下吊装作业任务。另外还建有多个小型救生艇糊制车间、玻璃钢件加工车间。

青岛市崂山北海游艇有限公司法人代表　曲立刚

该公司是青岛北海船舶重工有限责任公司游艇分厂的合作伙伴，北船重工游艇分厂为公司提供玻璃钢的生产技术、人员培训，经过多年的学习和实践，公司已完全掌握了玻璃钢的生产技术，并超出同类厂家的水平，成为北船重工游艇分厂的合格承包伙伴。

公司现主要生产高速工作艇、渔政执法艇、公安边防巡逻艇、海关缉私艇、各种玻璃钢游乐艇、钓鱼船。为北船重工游艇分厂常年提供救生艇用玻璃钢船体构件，同时也生产汽车用玻璃钢配件、广告灯箱、玻璃钢装潢材料等玻璃钢制品。

公司现有生产工人30多人，技术人员9人，其产品销往青岛、烟台、辽宁等地，受到用户的好评。救生艇玻璃钢件，随北海救生艇获得多国船级社认可，销往世界各地。其他玻璃钢制品也销往日本、美国、挪威、荷兰等国家。经过审核，该公司于2007年1月取得了交通部核发的《船舶修造厂生产技术条件认可证书》，于2007年9月获得了农业部的批准，准予《建造玻璃钢渔业船舶》，公司现研发了多种玻璃钢渔船，并积极开拓市场。

通过与北船重工游艇分厂长期合作和自身的不懈努力，培养和锻炼了公司的技术人员和工人队伍，公司的管理、生产技术和产品质量有了很大的提高和进步。如今，该公司已成为北船重工游艇分厂东部生产的重要基地，青岛地区主要的玻璃钢生产厂家之一。法定代表人：曲立刚。

二、青岛市崂山区海浪印刷厂

青岛市崂山区海浪印刷厂，位于沙子口街道东姜社区，成立于2001年，为个人独资企业。经营范围为印刷品印刷。企业负责人：曲同竹。

三、青岛市崂山区益明峰土石方工程队

青岛市崂山区益明峰土石方工程队，位于沙子口街道南姜社区，成立于2002年11月。经营范围为土石方工程（不含爆破）、房屋维修。企业负责人：曲知峰。

青岛市崂山区益明峰土石方工程队负责人　曲知峰

四、青岛市崂山区前海兴旅馆

青岛市崂山区前海兴旅馆，位于沙子口街道南姜社区，成立于2003年，主要提供住宿、洗浴等服务，旅馆环境优雅，布局合理，卫生整洁，服务周到，深受旅客好评。经营者：曲知兴。

五、青岛举晟源建筑工程有限公司

青岛举晟源建筑工程有限公司，位于沙子口街道南姜社区，成立于2011年3月，注册资本1000万元。经营范围为建筑工程、土石方工程、道路工程、防水工程、园林绿化工程施工，室内外装饰装潢，房屋修缮，上下水管道安装，建筑机械租赁，建筑配件租赁，销售建筑材料、装饰装潢材料、五金交电、化工原料及产品（不含危险品）。法定代表人：曲同波。

青岛举晟源建筑工程有限公司法人代表　曲同波

六、青岛前湾聚合建筑装饰工程有限公司

青岛前湾聚合建筑装饰工程有限公司，位于沙子口街道南姜社区，成立于2011年10月，注册资本10万元。经营范围为建筑工程、土石方工程、室内外装饰装潢工程、园林绿化、外墙保湿涂料防水工程施工、电气安装，销售建筑材料、五金交电、化工产品（不含危险品）。法定代表人：王桂珍。

七、青岛顺宏成达消防工程有限公司

青岛顺宏成达消防工程有限公司，位于沙子口街道南姜社区，成立于2012年10月，注册资本50万元，经营范围包括许可项目：消防设施工程施工；建筑物拆除作业（爆破作业除外）；施工专业作业；检验检测服务；建设工程设计；建设工程质量检测；水力发电；建筑劳务分包；电力设施承装、承修、承试；消防技术服务；建筑智能化工程施工；各类工程建设活动；建筑工程监理。一般项目：机械设备租赁；五金产品批发；安全系统监控服务；核电设备成套及工程技术研发；办公用品销售；家具安装和维修服务；五金产品零售；电气设备修理；建筑材料销售；防火封堵材料销售；电力电子元器件销售；电子元器件批发；光缆销售；工程技术服务（规划管理、勘察、设计、监理除外）；数字视频监控系统销售；网络技术服务；消防器材销售；安全技术防范系统设计施工服务；电气机械设备销售；信息技术咨询服务；机械设备销售；电子测量仪器销售；日用百货销售；电工器材销售；光纤销售；工程管理服务；建筑工程机械与设备租赁；电线、电缆经营；电力设施器材销售；劳务服务（不含劳务派遣）；电气设备销售；安防设备销售；电子、机械设备维护（不含特种设备）；电子元器件零售；普通机械设备安装服务。法定代表人：曲进成。

八、青岛报喜电脑服务有限公司

青岛报喜电脑服务有限公司，位于沙子口街道南姜社区，成立于2013年2月，注册资本50万元。经营范围为计算机软硬件服务，电子产品维修，广告营销策划，网络通信工程，销售电子产品、办公用品、通讯设备、五金交电、家用电器，代理联通业务。法定代表人：曲宝喜。

九、青岛南姜码头工贸有限公司

青岛南姜码头工贸有限公司，位于沙子口街道南姜社区，成立于2013年10月，注册资本6万元，经营范围为销售海产品、办公用品、建筑材料、日用品、五金机电、鲜肉、办公设备、建筑安装工程。法定代表人：曲知浜。

青岛南姜码头工贸有限公司法人代表　曲知浜

十、青岛锐邦电脑服务有限公司

青岛锐邦电脑服务有限公司，位于沙

子口街道南姜社区，成立于2015年4月，注册资本100万元。经营范围为电子科技领域内的技术研发，计算机技术服务与技术咨询，网页设计，销售电脑及配件、网络通讯设备、智能门锁、智能家居、办公设备、办公用品、打印机及耗材、消防设备、楼宇对讲系统、安防监控设备、音响设备、家用电器、电线电缆、照相器材、五金交电、日用百货、食品，综合布线，小区智能化工程，网络工程，水电安装工程施工，电子产品的销售、安装及维护。法定代表人：王勤。

十一、崂山区福临卓运商行

崂山区福临卓运商行，位于沙子口街道北崂社区，成立于2017年9月。经营范围为食品销售。经营者：曲源。

十二、青岛永信达汽车服务有限公司

青岛永信达汽车服务有限公司，位于沙子口街道南流沟小区，成立于2017年11月，注册资本50万元。经营范围为汽车租赁，车辆事务代理（不含保险），二手车经销，汽车信息咨询，商务信息咨询，批发、零售汽车、汽车零部件、汽车装饰用品（不含危险化学品等限制或禁止经营的产品）。法定代表人：曲宝舟。

十三、崂山区扬海航波商行

崂山区扬海航波商行，位于沙子口街道南姜社区，成立于2018年11月。经营范围为批发兼零售食品、海鲜产品、体育用品、办公用品、电子设备，游艇、船舶及零配件销售，船舶维修，垂钓服务。经营者：曲宝波。

十四、青岛常远跃达建设工程有限公司

青岛常远跃达建设工程有限公司，位于李沧区重庆中路299号，成立于2019 年8月，注册资本300万元。经营范围为建筑工程、市政公用工程、钢结构工程、室内外装饰装潢工程、防水工程、防腐保温工程、地基与基础工程、土石方工程、幕墙工程、园林绿化工程、景观工程、水利工程、城市照明电力工程、体育场地设施工程、通风工程、消防工程、智能化工程、公路工程，机电设备上门安装（不含特征设备），制造（不在此场所制造）、上门安装门窗，批发、零售建筑材料、钢材、陶瓷制品、木材、五金产品、门窗、木地板、瓷砖、卫生洁具、家具、厨具、灯具、水性涂料。法定代表人：常青。

十五、青岛知亮好建筑有限公司

青岛知亮好建筑有限公司，位于沙子口街道于哥庄社区，成立于2019年10月，注册资本200万元。经营范围为建筑工程，

青岛知亮好建筑有限公司法人代表　曲知亮

物业管理，保洁服务，市政工程，室内外装饰装潢工程，园林绿化工程，水电暖工程，地坪工程，防水工程，土石方工程（不含爆破），建筑劳务分包，建筑材料，防水材料，花卉租赁。法定代表人：曲知亮。

十六、青岛鑫前湾贸易有限公司

青岛鑫前湾贸易有限公司，位于沙子口街道于哥庄社区，成立于2020年11月，注册资本50万元。经营范围包括许可项目：食品互联网销售，食品经营（销售预包装食品）。一般项目：五金产品批发；五金产品零售；机械设备销售；建筑装饰材料销售；塑料制品销售；日用玻璃制品销售；橡胶制品销售；化工产品销售（不含许可类化工产品）；针纺织品销售；办公设备耗材销售；办公用品销售；家用电器销售；通讯设备销售；电子产品销售；日用百货销售。法定代表人：曲训磊。

十七、青岛崂通建筑工程有限公司

青岛崂通建筑工程有限公司，位于崂山区崂山路69号，成立于2021年6月，注册资本369万元。经营范围包括许可项目：各类工程建设活动。一般项目：土石方工程施工；园林绿化工程施工；建筑物清洁服务；电子产品销售；消防器材销售；金属制品销售；安防设备销售；机械电气设备销售；电气设备销售；工程管理服务；装卸搬运；建筑工程机械与设备租赁；非金属矿及制品销售。法定代表人：曲源。

第三章　手工业

第一节　条编、草编

条编的主要材料是产自当地的棉槐（紫穗槐）、柳条等。编制的物品，主要是日常生活用具，如驮篓（用于毛驴驮运使用）、偏筐（独轮车使用）、囤底（囤积粮食使用）以及笆篓、抬粪筐，其中笆篓使用的最多，每家每户都要有几个大小不同的笆篓。

草编的主要材料是麦秸草、玉米皮和一种叫勒子（知风草）的山草。麦秸草最多的是用于打苫（用于覆盖物品的草帘）。打苫工艺简单，就是将麦秸草一撮一撮用细绳（或用旧渔网）从中间捆扎、连接起来，达到一定长度后，再将其卷成一大捆，称作“一个苫”，将其存放、备用。苫是过去每家每户必备的防雨工具，因此，几乎人人都会编制。另外，麦秸草还被用于编制蒲团、草帘子、草篮子、草筐子，但数量有限。玉米皮主要用于编制蒲团和草篮子。勒子（知风草），主要用于编制蓑衣。草编是一门专业性比较强的手艺，村中只有极少数人掌握这门技艺，编制的蓑衣除自己使用外，主要作为商品出售。

第二节　轧绳、轧线

过去村民们使用的绳索，都是自己制作。制作绳索，称作“轧绳”。轧绳之前，先要纺绳。纺绳是摇动纺车将苘一根根缠绕连接起来，成为一根根长的单股细绳。轧绳就是把这些单股绳合成多股绳的过程。轧绳前，首先要固定一个木架子，中间横置一根装有三个铁制、可以转动的摇把子的木板，远处放一个拖具。轧绳时，首先将三股细绳拴到木架子的摇把上，再将其共同扯到拖具的摇把子上，并固定。在三股细绳中放入一个带凹槽的圆形木制器具，然后两侧摇把同时向相反方向迅速摇动，拧结成绳，绳子的粗细根据需要确定。最粗的是缆绳，最细的是浮漂绳。轧绳是每个渔民都必须掌握和参与的一种技艺。

轧线的意思与轧绳相近，只是使用的工具与材料不同。轧线需要用一个较大的轮状线车，将棉纱挂上，人将纱扯到很远的地方，再摇动线车，将棉纱合股成线。因为棉纱很细，容易扯断，所以操作起来，要格外小心，有较高的技术含量。因此，本村只有为数不多的几个人专门从事这项工作。

第三节　结网、补网

编制渔网称为结网，结网主要需要网架、梭子、嘴子、线挂等工具。网架用于挂网，嘴子用于固定网目，梭子用于穿引网线，线挂用于缠绕网线。网架和线挂为木制，嘴子和梭子为竹制。

补网

结网因网具不同而结法各异。流网是直板网，网目大小一致，网具长短、宽窄一致，所以从头到尾只需用一个嘴子、一种梭子即可。而挂子网和方网，网目大小，网具宽窄差距巨大，所以需要不断变换梭子、嘴子的大小，对网具进行“生”“杀”调整。网具底部网目极小，需要用很小的梭子，耐心编织，具备较高的技术含量。结网是妇女们的主业，稍有空闲，就要结上一会儿，男人和儿童则需要缠梭子，全家男女老少一起忙活。结网根据“尺”或“根”计算报酬，因时而异。集体生产期间，用工分结算。机器织网出现以后，手工结网即告结束。

补网就是修补损坏的渔网，补网之前，首先要根据破损的面积位置进行策划。如果面积较小，只是用网线连接找补一下就可以了；如果面积过大，就需要剪裁一块与破损面积相当的渔网贴补到破损处，使之恢复原样。这项工作是按时计酬，迄今为止，仍在传承使用。

第四节　瓦工基建

当地瓦工都兼有石工技能，且以后者为甚。民国时期老石匠曲春俭石雕技艺精湛，远近闻名，沙子口成化坛门前原来的石狮子就是他所雕刻的。侄儿曲振莉继承其衣钵，因石工技艺精湛，曾于1958年去北京参加过“十大工程”建设。

曲学茂自20世纪30年代开始从事工程测量、规划建设工作。中华人民共和国成立以后，进入海军工程部，担任施工员，参与规划、设计、建造海军北海舰队的多项工程项目。1964年、1965年村里先后有数十名人员被招入青岛料石厂，从事石材开采、加工工作，不少人后来都掌握了比较高超的石材加工技艺，成为优秀的工匠。

过去村中瓦工不是很多，没有瓦工基建班子，瓦工们都与外村的瓦工搭伙干活。20世纪60年代以后，瓦工人员逐渐增多。1978年，曲训海组建了一支瓦工基建队伍，开始以建造民宅为主，后来逐渐承揽各种建筑工程，成为一支具有良好资质的建筑工程队。21世纪后，曲知峰、曲同波、王桂珍、曲知亮、曲进成、常青、曲源等人先后成立建筑工程队和建筑公司，从事各项工程建设工作。

第五节　木工作坊

过去村中盖屋、建房、制作门窗、打造家具，基本都是请木工到家中现场制作。可用于销售的只有木桶、木盆等日常生活用具。因此，作坊的业务有限。旧时，域内能打造家具的木匠人数很少，被称为“细木匠”。20世纪70年代以后，木工的人数开始增多，但基本上还是登门服务。由于村中拥有众多木帆船，这些船只每年都需要维护、维修。因此，出现了很多修船的木工，这些木工被称为“粗木匠”或“捻匠”。早期的捻匠大多是外地人，后来，当地人逐步掌握了这门技艺，开始自己造船、修船。

当地人称造船为“排船”，排的基本都是小型船只，无船坞，只在近海处选一块平地即可。所排船只虽大小各异，但工艺流程基本相同，一般要经过排骨架、糊船板、捻缝和刷油等几道工序。船体的大体结构由龙骨、前大刀、前虾须、镜面板、躺梁、站肋骨、水拉、大拉、船甲板、遮浪板和平板等组成。造船用木材有硬木和软木两种：硬木主要是刺槐，用于船骨架；软木以松木和杨木为多，用于做镜面板。船体结构除榫卯结构外，还需用拐头钉、

排船

拔锔、叉锔等特制物件连接。船体结构完成以后，再将缝隙用油灰和麻道填塞，称为“捻缝”。捻好缝以后再将船通体刷上桐油，即告完毕。

20 世纪 80 年代后期，随着渔业生产的迅猛发展，渔船的需求量越来越大，于是排（造）船成为一个很火的产业。

第六节　披草匠 锔匠

20 世纪 70 年代以前，村民的住房多为草披屋顶，用麦秸草或山齐草覆盖，这样的房屋经不住长时期的风吹雨淋，需按时置换，俗称“扎固屋”。披草匠就是从事这一行当的匠作。披草匠的主要工具是披耙、瓦刀、泥板、马鞍子、铡刀、串棚杆子、绳索等。披耙用于将屋面披的草整平；瓦刀和泥板是将草用黄泥固定在屋笆上；马鞍子是骑跨在屋脊上，拧屋脊用；铡刀用于将麦秸草根部铡整齐，便于屋面披得整齐。扎固屋需要搭脚手架，还需要将屋顶上的旧草全部清理干净，因此很不容易。有时人们图省事，只将屋面上腐蚀比较严重的局部的旧草扒掉一小部分，置换新草，称“插把屋”。70 年代后，草披屋消失，这一行当也不复存在。

锔匠又称“箍炉子”，是专门修理锅、碗、盆等损坏器具的行业。旧时，人们生活拮据，有些破损不太严重的铁锅、瓷碗、瓷盆等器具舍不得扔掉，就请锔匠修补一下。锔匠使用的工具很多，需要用一副专门的担子挑着，称“箍炉担子”。在诸多工具中，最重要的是一把镶嵌钻石钻头的手摇钻，称为“金刚钻”。修理破损器具时，先用金刚钻在破损处两侧钻孔，再用金属锔钉加固，涂抹上粘固剂即可。20 世纪 70 年代以后，随着人们生活的逐步好转，无人再修补这些旧器具，这一行业也随之消失了。

第七节　缝纫 刺绣

早年，人们穿的衣服、用的被褥，都需要家庭妇女自己缝制。针线活好的妇女，还可能被人请去帮工。自从有了缝纫机之后，很多家庭开始使用上了缝纫机。同时，也出现了专以缝纫为业的几家裁缝铺，为人们定做各种服装。后来，随着大量成品服装的涌现，这一行业，逐渐失去了市场。

缝纫机

刺绣，又称“扎花”，域内古已有之，开始只为做服装饰物应用。改革开放以后，国家开始发展外向型经济，刺绣成为一种出口创汇的重要商品。沙子口专门设置了一个负责发放材料和收购成品的站点，村里的很多年轻的妇女都从事过这项工作。

第八节　其他行业

其他行业包括纺线、织布、酿酒、做豆腐等。

一、纺线织布

旧时的服装、铺盖，都是由当地的旧式织布机织出的布匹制作，称作“土布”。织布之前，要先纺线，将棉花用纺车纺成一根根单线，再上机编织，织布机为硬木所制，需手工操作，效率很低，织出的布除自己用外，亦可出售。“洋布”出现后，“土布”随之退出了市场。

织布机

二、酿酒

酿酒分地瓜酒、黄酒和烧酒三种，以地瓜酒酿造的数量最大。酿造地瓜酒的工艺相对简单，只是将地瓜煮熟、搅烂，放入水缸之中，拌上陈曲，待其发酵后，将汁液挤出即为地瓜酒。挤出汁液的过程叫“袋酒”。就是将发酵好的地瓜装入布袋中，放于一个叫“扎”的木制工具内，进行挤压，直待挤干为止。

因地瓜酒的颜色为黄褐色，所以广义上也称为“黄酒”。其实真正的黄酒为黍子（大黄米）所酿，因其成本较高，过去能酿制这种酒的人家不是很多。地瓜酒和黄酒一般都是自家饮用，很少作为商品出售。

烧酒是一种汽化蒸馏酒，需要用专用的设备酿造，工艺较复杂。本地酿制烧酒的主要原料是地瓜干，因此又称“地瓜干酒”或“土烧”。掌握烧酒酿造技艺的人不是很多，过去村中曾有人家开过“烧锅”，烧制白酒出售。1949 年以后，国家禁止私人酿酒，其工具和技艺也就慢慢消失了。

三、做豆腐

豆腐一直以来都是当地人一种不可或缺的食品。旧时，哪怕家里再穷，村民们过年也要想办法买几斤豆腐。做豆腐需要经过泡豆、磨豆、泡馇子、过滤、烧煮、打浆（使斩子）等工序，将豆浆慢慢变成豆腐脑。当豆腐脑成型时，就将其舀到提前放好包袱的筛子里，进行挤压。等到把水基本挤干，将其干燥到一定程度，便成为豆腐。过去，村里先后有几户人家曾开过豆腐坊，20 世纪 80 年代以后，无人再做。

第四章　商业贸易

第一节　个体商贩

过去，当地的贸易往来主要依靠小商、小贩，村内的商贩主要是向外贩卖海产品，称为“鱼贩子”。外地商贩主要是带来一些针、线、指扣、发卡、脂粉等生活用品，称为“货郎”。鱼贩的贩卖途径主要是贩往青岛市区，在市场上销售，也有人将渔货直接交给鱼行，但获利较低。另一条贩卖途径是在周围村庄中沿街叫卖，或到周边集市上赶集出售。

集体经济时期，商贩被取缔，由供销社统一营销。改革开放之后，又逐渐恢复，且发展迅猛。销售途径多种多样，有的直接向餐饮单位供货。不但供应鲜货，而且供应各种活的海产品。

第二节　供销社 小卖店 超市

供销社始设于20世纪50年代。老村时期，名为“姜哥庄供销合作社”，主要经营油、盐、酱、醋、日用百货等生活必需品。早期地址在北姜王氏宗祠内，70年代，迁往东姜（原姜哥庄小学北侧）。新盖了房屋，面积扩大，经营品种增加，并负责周围村民的煤炭供应。20世纪90年代以后，随着个体工商户的迅速增加，供销社业务量越来越小，难以为继，最后关停。

村里的第一个小卖店开设于70年代，地点在家庙东厢屋，主要经营油、盐、酱、醋、烟、酒、糖、茶、日用杂货等，由沙子口供销社统一供货。一开始为集体经营，后来承包给个人。随着村周围新房的建设，大部分年轻人都搬到新房居住，村内旧房只剩下一些老年人居住，消费能力降低，小卖部收入减少，慢慢被周围新设的小卖店所替代。其后，村中先后设立过7家小卖店。随着社会经济的发展，超市逐渐取代了小卖店。村中最早的超市出现于20世纪末，为村里人所开设，而后又有真诚等几家小型超市陆续开张营业。

第三节　集市贸易

集市贸易是旧时广大农村地区最广泛的一种贸易形式，在村周围方圆50里内，天天逢集。一、六流亭集，二、七李村集，三、八城阳集，四、九王哥庄集，逢五排十沙子口集。村里人赶的主要是沙子口集和李村集。集市上有粮食市场、种苗市场、海产品市场、禽蛋市场、肉类市场、日用品市场、服饰市场、鞋帽市场等市场及各种各样的货物。有些相面的术士、耍把戏的艺人，也纷纷前来练摊。人们熙来攘往，络绎不绝，特别是进了腊月，赶年集的时候，

又增加了春联市场和年画市场。集市上更加红红火火，热热闹闹，充满了节日的气氛。

沙子口集最大的优势是干鲜海货多，早年的集市在十字路到沙子口大桥路段的路边，赶年集人最多的时候，会把路两边摆满，从早到晚，人流不断。随着沙子口商业街建设完善以及保障交通通畅安全的需要，将集市迁到了商业街，人多的时候绵延到段家埠村南。近几年又将集市迁到了新沙子口小学以南，教委宿舍以东空地上。每逢集日叫卖声不绝于耳。沙子口集始终保持自身特色，为当地居民日常生活提供了很大方便。

沙子口集

李村集虽然离村远一些，但因集大、人多、货物种类多样，尤其是海产品容易出售，所以以前村里的大多数海产品都是通过李村集销售。也有人远去流亭、城阳赶集，因为那里离海较远，海产品价格较高，大白菜等农副产品又较当地便宜，两头获利，所以村民不辞劳苦，来回奔波。李村集原先的大多摊位都设置在李村河滩中，逢大水容易对人身和财产安全造成危害，2016 年 7 月已迁至重庆中路 69 ～ 70 号。

如今，虽然市场经济高度发达，但集市贸易依旧存在、活跃，特别是到了腊月，人们仍然习惯去集市上购置年货。

第四节　港口贸易

港口贸易是过去域内的一项重要的贸易形式。沙子口港不但是一处渔港，也是一处重要的商港。自清咸丰年间起，崂山窝梨在江、浙一代畅销。每年秋天，大批南方商船云集于此。由于窝梨产量大、价格高、销路好，周围村庄都开始栽植梨树，域内周围土地也广为栽植。到采摘时节，人们大车拉、小车推、驴驮、肩挑，一起涌向港口出售，带来可观的经济收入。同时，南方的商船也带来了胡茼、胡麻、苯草、棕片、桐油、棉花、苇席、大米等渔需物资和生活用品在此交易，市场十分繁荣。1899 年 4 月，德占时期，德国人在此设沙子口胶海分关，专收帆船土产、鱼盐出入口税，每年税收白银 5000 两左右。日本人第一次侵占青岛期间和国民政府管治时期，仍延续旧税制。1937 年，七七事变以后，日军实行海上封锁，海上交通断绝，窝梨滞销，当地经济遭到重创，人们慢慢开始伐树种粮。20 世纪 40 年代以后，域内梨树已经越来越少，沙子口的港口贸易也渐渐衰落，只保留了渔港的功能。

沙子口渔港码头

第九篇

教育

知书达理、诚实做人，是南姜村百姓的家传美德；兴办教育是历代南姜人的不懈追求。胶澳开埠前，姜哥庄的教育为传统的私塾教育。胶澳开埠以后，开始实行新式教育。新中国成立以前，南姜村的教育受青岛城市行政隶属沿革影响明显。其变迁大致可以分为五个阶段，即德占时期、第一次日占时期、第一次民国政府统治时期、第二次日占时期以及第二次南京国民政府统治时期。在不同的阶段，姜哥庄学校的名称、学制与课程具有明显的阶段性特征。新中国成立以后，域内的教育深受社会发展和时代变迁的影响，具有明显的地域和时代特征。随着经济社会的发展，南姜村教育环境日新月异，一批又一批学子走出渔村，成为国家的栋梁之材。

第一章　私塾

私塾是我国旧教育体制的一种重要形式。姜哥庄建村伊始便十分重视教育，塾馆设在家庙厢房中，早期塾师无明确信息记载。清道光至光绪年间，村中设有塾馆4处。本村曲成章、曲凤伟都曾在塾馆中授徒，桃李众多，代有人出。

旧时私塾

第一节　教学内容

旧时私塾课程大多以儒家经典为主，以尊孔读经为宗旨，另有算数、书法、农作知识及二十四节气等。学习课程由浅入深，主要内容有《三字经》《百家姓》《弟子规》《二十四孝》《日用杂字》《千字文》《千家诗》《古文观止》《世事应酬》等，相当于初小。再高一级有四书：《论语》《孟子》《大学》《中庸》；五经：《诗经》《左传》《书经》《礼记》《易经》等。应用文体主要是学、抄褡子本、契约、媒柬、白话尺牍等。有些私塾还开设算数课，教习珠算等。

第二节　教学方法

旧时私塾在教学上无学制限制，无固定学习计划、大纲和具体要求，多因材施教，教法单一。亦无统一规定的上课时间和活动时间，一般为上午吟诵诗书，下午习字。

第三节　学生训导

在学生训导方面，旧时私塾重封建礼教“三纲五常”“三从四德”“仁义礼智信”等，老师以国学经典对学生进行品德教育。对不守规矩的学童可以呵斥，重则罚站、罚跪、打板子等，通过打、罚，让学生自省，以达到遵规守纪、修身养性之目的。

第四节　塾师待遇

私塾先生的薪俸及膳食由学生家长共同负担。教书先生按年记酬，每年 30 ～ 50 吊钱，或折算成粮食，如小米、地瓜干等物，由办学董事到各学生家统一收取，凑齐一并交给老师。老师教的学生越多，学生缴纳的越少。对外村来的塾师，其日常饮食则由学生家长轮流派饭。

旧时村私塾虽规模小，但对儿童启蒙教育和民族文化传承起到了重要作用。

第二章　幼儿教育

幼儿教育亦称学前教育。本村幼儿教育起步较晚，改革开放后，开始受到重视，并不断发展壮大。

第一节　幼教发展

幼儿教育，在生活并不宽裕的农村，是不被重视的。直到1958年，姜哥庄始建起托儿所1处，入托儿童 18 名；幼儿园 1 处，入园幼儿 62 名。1961 年，因遭受严重自然灾害影响而停办。

1978 年，党的十一届三中全会召开后，社会秩序恢复正常，政治、经济全面发展，幼教事业被重新提上议事议程，幼教投入及幼师培养开始受到重视。

幼儿园

1981 年，随着姜哥庄小学迁入新校（现崂山路南），在学校内开设了一个“幼儿学前班”，入园幼儿近 30 名，教师 2 名，管理权限归学校。

1992 年，在沙子口镇教委主持下，组建姜哥庄幼儿园，仍设在姜哥庄小学校内，有两个班。其总占地面积 600 平方米，幼儿活

动用地 500 平方米，绿化用地 25 平方米，幼儿活动室 100 平方米。配备婴幼儿标准木质桌、椅 50 套，乐器、收录机、婴幼儿活动器械一套。此后，由于办园单位的共同资助，每年都有新增，办园设施逐年改善。

1996 年 11 月，姜哥庄幼儿园随学校迁入新址（烟台山下）。幼儿园占地面积 3900 平方米，园舍建筑面积 1200 平方米。拥有 6 个活动室，配有教师办公室、舞蹈室、保健室等。配备有微机、投影仪、钢琴、电视、VCD 等设备。设大、中、小共 4 个教学班，有教职工 14 名，在园幼儿 160 余名，主要来自姜哥庄以及石湾等五个村及外来打工者子弟。

2018 年 10 月，因姜哥庄小学拆旧建新，原校舍拆除，幼儿园租借并迁入白珊幼儿园园舍。

2020 年秋季，姜哥庄幼儿园共有大、中、小 4 个班，教师 14 名，幼儿 84 名。

2021 年 11 月，幼儿园搬入新园。

第二节　幼教内容

幼儿教育并不属于义务教育学段，其发展相对滞后，早期教学内容无硬性规定。随着国家教育事业的不断发展，幼儿教育逐渐受到重视，教学内容也不断丰富并逐步规范。

在学前班时期，学习课程除幼儿教育内容外，亦可进行简单的识字、拼音、算术等教学，以与小学教学接轨。但受师资、教材等诸多条件所限，其教学质量一般，不能很好地与小学教学衔接。

1983 年，根据“三个面向”精神指引，国家强调教育要从幼儿抓起，幼儿教育内容受到重视，开始倡导“以幼儿为主体，以教师为主导，以活动为主线，寓教育于游戏之中”的指导思想。

1996 年，国家教育委员会颁布实施《幼儿园工作规程》，强化了对幼儿园的基本要求和基本管理原则，对幼儿教育课程进行了规范。幼儿教育内容以游戏为主，体现幼儿年龄特点，德、智、体、美诸方面教育相互渗透，有机结合，面向全体幼儿。

2001 年，青岛市出台了《青岛市幼儿园素质教育指导纲要》和配套教材。配套教材包括《共同生活》《探索求知》《语言表达》《艺术表现》和《快乐游戏》五大类。

2017 年 4 月，教育部制定了《幼儿园办园行为督导评估办法》，提倡遵循幼儿身心发展特点和规律，注重幼儿良好品质和习惯养成，促进幼儿全面发展。坚持以游戏为基本活动，充分保证幼儿游戏活动时间，合理安排幼儿一日活动，形式多样，动静结合。教育活动涉及健康、语言、社会、科学、艺术各领域，规定不得提前教授小学教育内容。

2020 年 9 月 7 日，教育部发布关于《中华人民共和国学前教育法草案（征求意见稿）》公开征求意见的公告，明确提出幼儿园不得教授小学阶段的教育内容，不得开展违背学前儿童身心发展规律的活动。

第三节　幼教管理

姜哥庄幼儿园的管理，早期基本上是村办园管。“学前班”时期，幼儿园的管理归于学校，校长是负责人。1996 年起由街道教育中心统一管理。

姜哥庄片区 5 个社区（南姜、东姜、西姜、北姜、石湾），多年来一直重视域内教育发展，舍得为学校、幼儿园投入，尊师重教蔚然成风。在办园单位及域内百姓的关心支持下，姜哥庄幼儿园一直健康发展，各项工作均在区域内位于前列。

2007 年 10 月，姜哥庄幼儿园申报成为青岛市市级示范园，是沙子口街道最早的几所市级示范园之一。

1996 年 6 月，沙子口幼教试行“大承办”。是年始，幼儿园的行政管理、业务管理全面移交街道教委，幼儿教育工作逐步走向制度化、规范化。

2017 年 4 月，教育部制定了《幼儿园办园行为督导评估办法》，从办园条件、安全卫生、保育教育、教职工队伍、内部管理等五个方面对幼儿园办园行为进行规范。

第四节　幼儿教师

姜哥庄幼儿园教师以民办教师为主。1983 年以前，主要从本村的高、初中毕业生中选拔思想品德好、热爱幼儿教育事业的年轻女性担任。1983 年以后，通过考核招聘幼儿教师。1990 年开始接受崂山第二职业高中幼师专业毕业生。1997 年，原部分中小学代课教师通过考核，转为幼儿教师。1998 年，全体幼儿教师参加教师队伍考核整顿，对不合格者予以辞退。

2000 年 1 月，沙子口教育中心为全体幼儿教师办理养老保险，解决广大幼儿教师的后顾之忧。具体实施办法是：根据社保中心文件要求，养老保险金缴纳额为上年工资的 18%，其中个人负担 8%，集体负担 10%。2002 年保险金缴纳额上涨为 20%，其中个人负担 8%，集体负担 12%。随着当地经济的不断发展，人均生活水平的逐年提高，缴纳额每年也会根据情况上调。

从 2012 年开始，沙子口街道教育中心面向社会公开招聘幼儿教师。招聘分笔试和面试，对学历、年龄、技能特长都有一定要求。至 2020 年，共派遣至本园招聘教师 6 名，其工资待遇与公办中小学教师大体相当。

曲玉英、曲静先后担任幼儿园园长。南姜村王建贞、曲珺、曲红莲、曲春红等人都曾在姜哥庄幼儿园中任教。

第五节　教育成果

姜哥庄幼儿园在办园过程中，以《幼儿园工作规程》为依据，以《青岛市幼儿园素质教育指导纲要》为指导，因地制宜，就地取材，利用得天独厚的地理条件让幼儿园与山、海相伴，亲近自然，回归自然。多项工作均取得优异成绩：先后被评为青岛市农村示范幼儿园；青岛市崂山区幼儿园办园水平督导评估优秀等级；崂山区年度检查合格单位；山东省一类幼儿园等。

奖牌

第三章　小学教育

域内的新式教育始于德占时期，德人在胶澳初设有市乡小学 26 所，名曰“蒙养学堂”。当时的姜哥庄蒙养学堂是其中之一，校址位于现东姜哥庄社区东侧。其后校址几经搬迁，学制多次改革，教学内容也随着时代发展而不断变化。

第一节　学校沿革

姜哥庄蒙养学堂　始建于 1905 年，是德国人在胶澳设置的市乡 26 所小学之一，至德日战争时期停办。

姜哥庄公学堂　1915 年日本占领青岛后，将德时之“蒙养学堂”渐次恢复，改称“公学堂”。

姜哥庄公立小学　1922 年北洋政府收回青岛，成立胶澳商埠督办公署教育局，以原有 37 所“公学堂”改称“公立小学”。有高级生者为两级，无高级生者为初级，少数学校有女生。沙子口区有 5 所“公立小学”，其中 3 所于 1925 年确定为两级小学校，公立姜哥庄两级小学校为其一。主要招收姜哥庄、石湾、沙子口等村的学生；是年 11 月正式开课，有职员 1 人，教员 4 人。

公立姜哥庄高级小学1922—1927年在校学生人数表

表9－1

年份	级别	人数	
		男	女
1922年	一年级	24	
	二年级	9	1
	三年级	8	4
	四年级	10	3
	五年级	5	—
1923年	一年级	25	—
	二年级	17	—
	三年级	16	—
	四年级	11	—
	五年级	6	—
1924年	一年级	32	—
	二年级	17	—
	三年级	13	—
	四年级	28	—
1925年	一年级	47	16
	二年级	46	16
	三年级	39	16
	四年级	30	—
1926年	一年级	30	3
	二年级	46	10
	三年级	26	13
	四年级	14	8
	五年级	16	—
1927年	一年级	24	6
	二年级	19	—
	三年级	39	17
	四年级	19	5

公立姜哥庄高级小学校 1919—1927 年毕业生人数表

表 9－2

年份	人数
1919 年	3
1920 年	5
1921 年	3
1922 年	2
1923 年	28
1924 年	31
1925 年	3
1926 年	12
1927 年	12
总计	99

根据《胶澳志》记载，自 1919 年至 1927 年，姜哥庄小学共有毕业生 99 人。

青岛特别市姜哥庄小学　1929 年，青岛划为国民党南京政府特别市，姜哥庄小学被命名为“青岛特别市姜哥庄小学”，为完全高级小学，受市教育局领导。

1931 年，时任青岛市市长沈鸿烈，提倡兴建学校，制定办学政策，鼓励地方办学。

1934 年，姜哥庄小学在原校址重新建设，新建的学校坐北朝南，为一二进院落的长方形建筑群。大门口及过道口均为拱形，具有典型的欧式风格。大门口有两棵藤萝花，后院有一棵紫荆花，为当时本地少见的树种。

青岛市公立姜哥庄小学　1938 年，日伪维持会推行奴化教育，校名改为“青岛市公立姜哥庄小学”。

青岛市立姜哥庄中心国民学校　1946 年，第二次南京政府时期，姜哥庄小学确定为完全小学，命名为“青岛市立姜哥庄中心国民学校”。此时，学校有教师 6 人，学生 230 名，校舍占地面积 5 亩，操场占地面积 7 亩。

姜哥庄小学　新中国成立以后，学校更名为“姜哥庄小学”。20 世纪 50 年代后期，又在原校东侧逐年增建了 6 个教室，建有占地 10 余亩操场一处。尽管如此，仍不能满足学生入学需求，低年级只好采取“二部制”授课，即分为上午班和下午班，学生每天只能在校学习半天。

1981 年，根据形势发展的需要，由沙子口公社和东、西、南、北姜四个村共同出资，在南姜村与西姜村的结合部（现崂山路南），建设新校一处。

1996 年，根据上级统一规划，又在北姜村北侧，烟台山下，重新修建了一所学校，占地

姜哥庄小学改建前

姜哥庄小学

面积 20100 平方米，可容纳学生 750 余名。

2018 年，按照“四姜一湾”村庄规划，为更好适应大社区教育发展，上级决定在原址重建新小学，学校临时借用北姜村委办公楼作为校舍使用。

2021 年，新校正式启用。

民办小学 1958 年，崂山郊区根据中央“群众办学，勤俭办学，两条腿走路”的方针，发动群众，大上民办教育。姜哥庄小学也办了几个班，校舍设在家庙或一些闲散的民房中，教育设施十分简陋，课桌是用土坯横上一块木板搭建而成，学生上课自带板凳。教师由生产大队安排一些具有高小毕业以上文化程度的社员担任，被称为“民办教师”。“文化大革命”后期，民办小学取消，全部合并于公办小学。

第二节　教师队伍

一、旧时代教师

私塾时期，本地塾师均由家长聘请。德占时期，“蒙养学堂”教师大多由原来的塾师担任。日占时期，日本人在李村设特科师范，培养小学师资。1934 年，本地教师多来自速成师范、乡村师范。1945 年，抗日战争胜利后，教师由青岛市教育局任命。1949 年后，教师来自四面八方。村里最早的小学教师是曲学功，于 20 世纪初开始执教。而后曲宝伦、曲学普、曲学璧等人先后成为小学教师。

二、新时代教师

新时代教师有公办教师和民办教师两种。

公办教师 1949 年以后到 1958 年以前，学校的教师全部为公办教师，教师队伍成员比较复杂，有前师毕业生（高小毕业后上师范学校）、后师毕业生（初中毕业后上师范学校），也有少量大学毕业生。

20 世纪 60 年代后，公办小学教师都具有中专毕业以上学历，90 年代以后，部分民办教师通过考试、深造等多种形式，陆续转为公办教师，到 2000 年，所有留任的民办教师，全部转为公办教师。

21 世纪以来，随着我国教育事业的飞速发展，教师队伍不断壮大，师资力量不断加强，进入教师队伍的门槛不断提高。现在只有具备大学本科以上学历者，才有进入教师队伍的资格。

民办教师　1958 年，随着学生人数的不断增加，师资力量严重不足。为此，国家制定了增加民办教师的政策，本村曲月兰、曲秀庭等人成为早期的民办教师，而后又有不少人加入民办教师队伍。20 世纪七八十年代，民办教师已成为小学教师中的中坚力量，有的还被选调到沙子口中学任教。21 世纪，在职教师中已没有民办教师。

代课教师　20 世纪 70 年代到 20 世纪末，因师资短缺，还出现过一定数量的代课老师。

三、教师待遇

公办教师待遇　民国六年（1917），教育部规定小学教员俸给共分十四级。校长及正教员一级为 60 元，十四级为 8 元；专科教员一级为 40 元，十一级为 6 元；助教员一级为 22 元，八级为 4 元。

民国十三年（1924），胶澳商埠公立小学校长、教员年功加俸褒奖，校长最高一级，60 元，最低十二级，20 元；教员最高一级，50 元，最低十二级，15 元。

民国三十六年（1947 年），国民学校校长最高 95 元，最低 80 元；教员最高 70 元，最低 65 元。

1949—1951 年，实行薪粮制。小学教师月薪 120—220 斤小米。

1952—1955 年实行工资分制。小学教师月工资折合人民币最高 40 元，最低 18 元。

1955 年 1 月调整工资（标准工资），共分十九等。一等 75．9 元，十九等 16．5 元。

1956 年进行工资改革，实行货币工资制。小学教员工资标准共十个级别，崂山县属四类地区。小学教员最高一级 93．5 元，最低十级 31 元。

1959 年、1960 年对教师的过低工资进行个别调整。1963 年进行工资调整，升级面为 42．42%，平均每人每月工资增加 6 元。

1972 年和 1977 年两次进行工资调整，调资面分别为 10%、40%。1979 年对工作多年、工资偏低和工作表现好、贡献大的骨干教师提升工资，提升面为 47．9%。1981 年，教师普调 1 级工资。1982 年，教师调 1 级工资，调资面为 84%，平均级差 7．02 元；班主任开始发放津贴，每月 5—7 元。1985 年，进行工资改革，人均增加工资 16．59 元。

1982 年下半年始，对中小学教师进行职称评聘工作，教师工资与职称挂钩。

2002 年起，教师实行绩效工资制，每年从教师工资中扣除的部分，年终根据教师的考勤、工作量、教育教学成绩、教研成果等综合考核成绩发放绩效工资。2019 年起，不再从教师工资

中扣除，改由政府财政每年拨付一定数额资金，由学校根据综合绩效考核成绩发放绩效工资。

民办教师待遇 民办教师的待遇开始都由各生产大队负担，实行工分制，一般男教师每天计 10 分，女教师每天记 8 分，年终参加生产队分配。1965 年上半年开始，国家每月发放补贴 2 元，1969 年改为 5 元，1981 年为 14.8 元，1983 年增至每月 18 元，后每月又增加 2 元肉食补贴。

1985 年 1 月起，民办教师实行工资制，工资由镇教委统一发放，月均工资 50 元。1985 年 9 月每月增加 10 元，达到每月 60 元左右。1988 年起，凡年满退休年龄（男 60 周岁、女 55 周岁）的民办教师享受退休待遇。

后来随着形势的发展，很多民办教师通过考试、深造不断转为公办教师，有的还取得了小学高级教师职称。

四、教师名单

域内在姜哥庄小学任过教的教师如下：

曲宝伦 曲学普 段锦兰 曲慧光 温志英 王可安 王克华 曲知典 曲知峨 王秀云 曲知强 曲江华 曲晾华 曲秀英 曲秀玲 王淑贞 曲知英 曲月兰 曲知谭 曲秀芹 刘春华 曲秀庭 曲立地 曲俊娟 曲慧芳 曲宝潭

其中，取得中小学一级（原来的小学高级）教师职称的如下：

温志英 王克华 王秀云 王淑贞 刘春华 曲秀玲 曲知典 曲俊娟 曲慧芳

五、师生人数

2020—2021 学年度，姜哥庄小学共有 13 个教学班，学生 483 人，教师 46 人。

第三节 校长更易

姜哥庄小学最早有资料记载的校长为民国时期的王善亭（载于《胶澳志》，1928 年前后任职），中华人民共和国成立后几经变化。1952 年以后任职的校长列表如下。

姜哥庄小学历任校长名单

表 9－3

姓名	性别	任职年限
周君服	男	1952—1953
王聪之	男	1953—1955
宋立渊	男	1955—1957
兰正诚	男	1957—1959
张文杉	男	1959—1962

续表 9－3

曲宝伦	男	1962—1965
段永龄	男	1971—1974
曲立生	男	1974—1976
王建勇	男	1976—1978.08
李志勤	女	1978.09—1983.08
孙志德	男	1983.09—1986.08
王绪海	男	1986.09—1995.02
曲知典	男	1995.02—2005.08
刘慧娟	女	2005.08—2011.08
王伦波	男	2011.09—2018.08
张德祥	男	2018.09—2020.07
于新良	男	2020.08—

第四节　校舍修建

一、旧时校舍

姜哥庄蒙养学堂初建时，位于东姜村南侧，有教室 2 处，办公室 1 处。1922 年，扩建为拥有教室 10 间，办公室 1 间，宿舍 4 间，杂用室 7 间。1934 年，在原校址基础上，重新规划建设成有教室 8 个，办公室 1 个，教师宿舍 1 个，伙房 1 个，坐北朝南，二进院落的长方形建筑群。大门口及过道口均为拱形，具有欧式建筑风格，20 世纪 50 年代后期，又在原校东侧逐年增建了 6 个教室，并建有占地面积 10 余亩操场 1 处。

二、新建校舍

1981 年，由姜哥庄四村出地、出工、出料（其中门窗、檩、梁、瓦等由政府负担），在南姜与西姜结合部南侧（现崂山路南）新建小学一处，占地面积 12 亩，共 15 个教学班，6 个办公室，可容纳学生 700 余名。1984 年，石湾小学并入姜哥庄小学，原校址只留一至三年级三个分班。

随着社会不断发展，人口逐渐增多，外来人口增加，对学校硬件配套要求也越来越高。1996 年，姜哥庄四村及石湾五个办学村筹集资金 600 余万元，按照市级规范化学校标准，新建姜哥庄小学于东姜哥庄社区后的烟台山下。学校占地面积 20100 平方米，建筑面积 6700 平方米，教室 18 个。合并原石湾小学的三个分班于姜哥庄小学。学校共有 17 个教学班，学生 750 余名，教师 39 人。

按照“四姜一湾”村庄改造规划，为更好适应大社区教育发展，上级决定在原址重建新小学。

旧校于2018年10月拆除，学校临时借用北姜哥庄村委办公楼作为校舍使用。2021年12月7日，新建姜哥庄小学正式启用。

三、捐资助学

尊师重教，功德千秋。多年来，南姜村无论是村领导还是广大村民一直重视教育事业，舍得为教育投入。在新建沙子口中学（现崂山六中）、姜哥庄小学时，域内企业、个人纷纷慷慨解囊，奉献爱心，使学校建设顺利进行。

1996年新建姜哥庄小学南姜村捐款情况一览表

表9－4

姓 名	金 额（元）	姓 名	金 额（元）
曲训海	30000	曲同良	30000
宋振洪	5000	曲立刚	2600
曲知喜（大）	2000	刘赛红	2000
曲知喜（小）	2000	李肇福	2000
曲同峰	2000	曲立团	1500
王悦花	1500	曲知平	1500
曲先平	1200	曲立存	1200
曲立地	1200	曲立铎	1000
曲立大	1000	曲知美	1000
曲同节	1000	曲学渐	1000
曲同竹	1000	王敦本	1000
曲立绪	1000	曲知建	800
曲宝松	800	曲江峰	600
曲知群	600	曲爱亭	600
曲知浩	600	曲同友	600
曲知京	600	曲学东	600
曲春红	600	曲知恂	600
曲同海	600	曲宝业	600
曲立玉	600	曲学利	600
曲立洪	600	曲宝波	600
曲秀秀	600	乔乃强	600

第五节　办学制度

一、学制与课程

私塾时期，农村教育无政府领导。教学上，既无学制年限，又无教学计划和具体要求，教师讲课时一般是寻章摘句，照本宣科。学习内容从《三字经》《百家姓》《日用杂字》到“四书”“五经”等，课程单一，教法多为死记硬背。

清光绪二十九年(1903)，曾推行过“癸卯学制”。小学9年，五、四分段，初等小学堂5年，高等小学堂4年。课程设修身、读经、中文、算术、历史、地理、体操、图画、手工等 。

德国侵占时期的“蒙养学堂”为五年制。课程设修身、经学、国文、算术、历史、地理、博物、德文（四、五年级）等 。

日本第一次侵占时期，公学堂学制仍为5年。课程设修身、国文、算术、日语、地理、历史、理科、国画、手工、商业、农业、刺绣（女生）等。

北洋政府统治时期，小学6年（初小4年，高小2年），毕业后发放文凭。 课程中，日语废除，国文为国语，增设读经课。

南京国民政府第一次统治时期（ 1928—1937年），学制为6年。课程设团体训练、音乐、体育、国语、算术、社会（公民、历史、地理）、常识、自然、图画、劳作等。

日本第二次侵占青岛时期，学制为6年。课程设公民训练、国语、算术、日语、社会、自然、劳作、体育、美术、音乐。

南京国民政府第二次统治时期， 学制还是6年。课程设国民训练、国语、常识（社会、自然）、算术、工作（劳作、美术）、唱游（体育、音乐）等 。

中华人民共和国成立初期(1949年8月—1951年7月)，学制6年。1950年春改为春季始业，1951年秋又改为秋季始业。课程无大变化。

1951年10月，试行五年一贯制。课程设语文、算术、体育、美工、音乐课，四、五年级加设自然、历史、地理。

1953年，仍沿用六年制，四、二分段。初小课程5门：语文、算术、体育、美工、音乐；高小再增设历史课。1954年，又将语文课分为阅读、作文和写字。从三年级起，开设作文，从四年级增设珠算。

1958年， 全日制初小课程设有周会、语文、算术、历史、地理、自然、音乐、体育、图画、劳作等课程 。

“文化大革命”时期，遵照“学制要缩短、教育要革命”的指示，改小学六年制为五年制。课程设天天读（毛主席语录）、语文、算术、军体、唱歌、图画、劳作。1974年部分小学数学增设“三算”（笔算、珠算、口算）。

1969—1974年，姜哥庄小学改制为姜哥庄学校，设初中部，俗称小学“带帽”，为五二学制。

1973年起，小学毕业生开始到沙子口联中就读。

1975年，课程设置为政治、语文、数学、自然常识、体育、音乐、美术等。

1981年秋，增设思想品德课。

1983年，学校改为六年制。课程设置有：一至四年级6～7门：思想品德、语文、数学、自然（四年级设）、体育、音乐、美术；五至六年级设10门：思想品德、语文、数学、自然、地理、历史、音乐、美术、劳作，每周在校活动量31～33课时。

1986年《中华人民共和国义务教育法》颁布，一年级开始使用九年义务教育六年制小学实验本教材；同年，国家教育委员会颁布了《义务教育全日制小学初级中学教学计划》，对九年制义务教育小学课程设置做了明确的说明，并将每课时由原45分钟改为40分钟。

1990年秋，一年级增设自然课。

1992年国家教育委员会颁布 《九年义务教育全日制小学、初级中学课程方案》，规定了全日制小学课程计划，制定了思想品德等9门学科的教学大纲。

1993年，学校正式使用九年义务教育六年制小学教科书，四年级增设社会课 。

1994年，国家教委下发了《关于实行新工时制对中小学课程（教学）计划，教学大纲调整意见》，五、六年级删去地理、历史课程， 新增社会课；数学课周课时数较以前有所减少，（如一年级只有4课时）；语文学科分为阅读、写字、说话和作文。各年级周课时总量分别为一年级27节，二年级28节，三至六年级均为30节。

1995年2月，六年级设英语课。9月，四至六年级开设英语课。

1996年，开始实施素质教育。根据上级要求，各年级在不影响周总课时数的前提下，保证学生每天应有一小时的活动时间。

1997年秋，开始实施新《课程标准》。

1998年，学校把信息技术教育列为高年级的必修课。

2002年秋至2003年，学校全面推行基础教育课程改革，实行新课程标准，学制依旧。设置九年一贯的义务教育课程，以综合课程为主，低年级开设品德与生活、语文、数学、体育、艺术（音乐、美术）等课程，其中品德与生活由原来的一节增为三节；中、高年级开设品德与社会、语文、数学、科学、外语、综合实践活动、体育、艺术（音乐、美术） 等课程；一年级开始使用新编教材（江苏版），增加综合实践课、校本课程等；三年级增设英语课；三至六年级增设计算机选修课。

2006年，根据崂山区教体局的意见，对基础教育课程改革试验小学的课程设置做了适当的调整，特别增加了阅读指导课和读书课。

2007年8月，青岛市教育局下发了《青岛市教育局关于调整青岛市义务教育课程设置方案的通知》，小学仍为六年制。

2010年11月，学校开始执行《山东省基础教育课程改革实验区义务教育阶段课程安排表》，小学仍为六年制。

2019年青岛市义务教育阶段课程安排表（六三学制）

表9－5

课程		年级									周总课时（节）	
		一	二	三	四	五	六	七	八	九		
道德与法治（品德与社会、思想品德）	3	3	—	—	—	—	—	—	—	6	6	22
	—	—	3	3	2	2	—	—	—	10	10	
	—	—	—	—	—	—	2	2	2	6	6	
历史与社会	历史与社会	—	—	—	—	—	—	3	3	3	9	9
	历史	—	—	—	—	—	—	—	2	2	6	10
	地理	—	—	—	—	—	v	2	2	—	4	
科学	科学	1	1	2	2	2	2	4	6	5	25	25
	生物	—	—	—	—	—	—	3	3	—	6	14
	物理	—	—	—	—	—	—	—	2	3	5	
	化学	—	—	—	—	—	—	—	—	3	3	
语文		8	8	7	7	6	6	5	4	5	56	56
数学		4	4	4	4	5	5	4	4	5	39	39
外语		—	—	2	2	3	3	4	4	4	22	22
体育		4	4	3	3	3	3	3	3	3	29	29
艺术	艺术	4	4	4	4	4	4	2	2	2	30	30
	音乐	2	2	2	2	2	2	1	1	1	15	
	美术	2	2	2	2	2	2	1	1	1	15	
综合实践		1	1	2	2	3	3	3	3	3	21	48
地方与学校课程		4	4	3	3	2	2	4	3	2	27	
周总课时数（节）		29	29	30	30	30	30	34	34	34	280	
学年总课时（节）		1015	1015	1050	1050	1050	1050	1190	1190	1122	9732	

二、教学与考试

清末，改私塾的单人授课为分级授课，沿用传统的注入式教学法，以教师讲解为主。

自开办“公学堂”以来，始有学科考试，采用百分制记分法。

民国时期，初级小学采用两级复试教学。

1951年，贯彻政务院《改革学制的决定》，小学毕业后须经考试合格方可升入初中或其他同等专业学校。

1953年，实行5分制记分法评分。5分为优秀，4分为良好，3分为合格，2分及以下为不合格。考试不合格经补考仍不及格者，需留级。

1958年，根据“教育为无产阶级政治服务，教育与生产劳动相结合”的方针，学校开展勤工俭学活动，考试又恢复百分制。初小升高小要统一考试，择优录取。此政策一直延续到“文化大革命”开始。

1960年3月，崂山县分别在姜哥庄小学、登瀛小学召开现场会，推动教学改革。

1962年，贯彻烟台教育工作会议精神，提出“教育要踏踏实实上轨道、精雕细刻教学”，教学秩序逐步恢复正常。

“文化大革命”期间，大搞开门办学，请工农兵上讲台。考试成绩由百分制改为等级制。小学毕业升初中，采取学校评议，贫下中农推荐的办法。

1977年至1987年，特别是党的十一届三中全会以来，学校工作转移到以教学为中心，恢复了考试和升留级制度，仍为百分制。

1987年至1996年，小学毕业升初中实行全县统考。

20世纪80年代开始，小学毕业升学考试由原来的两门课程（语文、数学），增加到三门课程（语文、数学、自然）。

1997年，小学毕业升学考试科目为语文、数学、英语。

1998年起，取消小学升初中考试，毕业生按地区划片直接升入初中。

2003年起，小学每学段升级采用直升式，不实行留级制度。

2009年6月，根据上级教育主管部门要求，小学六年级毕业考试成绩实行等级制。等级情况说明如下：

语文：86分以上为A级；78.5分以上为B级；59分以上为C级；58.5分以下为D级。

数学：98分以上为A级；88.5分以上为B级；37分以上为C级；36.5分以下为D级。

英语：96分以上为A级；86分以上为B级；47.5分以上为C级；47分以下为D级。

之后，学校不断完善教育教学体系，积极改进教学手段，探索新的教学方法，重视对学生个性和自身素质的培养，大力实施素质教育。

第六节　办学特色

在教育改革的大潮中，姜哥庄小学始终坚持以“为学生一生发展奠基”为办学理念，以让学生“学会做人、学会求知、学会合作、学会健体”为育人目标，以“海洋文化”为办学特色，着力打造品牌校园。

学校确立了“彰显海洋文化，营造亲海空间”特色教育主题，编写了校本课程《走近海洋》和《海洋与文化》，成立了28个特色社团。“海鹰科技队”参加了山东省、青岛市的科技创新活动比赛，海模、航模小组多次获团体第一名，多名学生获奖；“海翔标本小组”制作了大量海洋生物标本，为学生营造了广阔的“亲海空间”等等。另外，学校积极与当地驻军开展共建活动，教育和锻炼了全校师生。目前，学校班班有特色教育主题，人人参与特色教育活动，形成了浓厚的“海洋文化”特色教育氛围。

学校的体育教学也独具特色，“海风田径队”创造了街道田径运动会“七连冠”的佳绩；海浪足球队多次参加青岛市“市长杯”足球赛、青岛市俱乐部“网点杯”青少年足球赛、崂山区中小学生足球赛等活动，并屡获佳绩。

第七节　所获荣誉

姜哥庄小学先后被评为青岛市规范化学校、青岛市文明单位、青岛市交通安全示范学校、青岛市工会先进星单位、青岛市环境友好学校、青岛市卫生先进单位、青岛市廉政文化建设示范点、青岛市校园足球重点学校、全国青少年品德教育实践基地、青岛市海洋科普教育基地、青岛市建设节约型学校先进单位、崂山区先进妇联、崂山区海洋教育试点学校、崂山区青少年科技教育工作先进单位、崂山区校本培训示范学校等。

奖牌

奖牌

第四章　中学教育

第一节　初中教育

一、学校变迁

李村中学　新中国成立前，崂山地区有建立于1930年的青岛市立李村中学。

崂山中学　1947年8月，青岛市私立“崂山中学”在沙子口设立分校，租用民房做校舍，招收崂西、崂东、夏庄、李村四个区的学生。1949年6月2日青岛解放后，该校由人民政府接管，因其为国民党官僚所办，遂于同年8月撤销。

青岛二十六中学　1956年，青岛二十六中（现崂山特殊教育学校）建校，校址位于南龙口，1958年秋季始招新生。后先后改名为“崂山五七大学”“崂山四中”“崂山十五中”等。

青岛三十三中学　1958年青岛三十三中（后崂山职业中等专业学校旧址）建校，校址位于沙子口村。此两处中学的建立，为沙子口地区初中教育奠定基础，亦为姜哥庄人接受初中教育提供了方便。

沙子口农业中学　始办于1964年的沙子口农业中学，主要为当地社队培养具有初中文化的农业技术人员，借用三十三中学的校舍，学校更名为“沙子口水产养殖学校”。后选新址建校，即为沙子口中学前身。至1967年，拥有5个教学班，在校生约200人，教师9人。该校于1968年底撤销，大部分学生合并于青岛三十三中。

姜哥庄学校　1969—1974年，姜哥庄小学更名为“姜哥庄学校”，设有初中部，实行中小学七年一贯制，时称小学“戴帽”，为五二学制，这一阶段姜哥庄人读初中大多在此。

沙子口中学　沙子口中学创办于1970年，使用原沙子口农业中学旧址（现改建为沙子口街道中心幼儿园分园）。开始系七年制学校，校名为“沙子口学校”，当时只有2个初中班。1972年后，初中班逐渐增多，乃与沙子口小学分开，各立门户。1973年，姜哥庄、段家埠、董家埠三处七年制学校的初中部合并到沙子口中学，学校定名为“沙子口公社沙子口联办中学”。由于校舍不够，学生实行“二部制”授课。1974年，多方筹资对校舍进行扩建，校舍紧张状况有所缓解。此时，二年级实行全日制，一年级仍沿袭旧制。1978年，由县教育局、办学单位、学校三方集资，再度扩建校舍，二部制授课的情况成为历史。

山东省崂山第七中学　1982年10月，遵照上级指示，“沙子口联办中学”改为完全中学，定名为“山东省崂山第七中学”，隶属崂山县领导。1983年秋季开始招收高中学生，每届招收两个班。至1986年该校第一届高中学生毕业，共计98人，高考升入大学本科的3人，

专科 4 人，中专 4 人。同年夏天，依照上级指示，撤销高中部，将高中四个班并入崂山县第十五中学，又改制为初级中学，更名为“崂山县沙子口中学”。同年，为校舍尚未完工的汉河中学代收三个初一班，翌年，交还给新成立的汉河中学。

随着沙子口地区经济社会飞速发展，中学教育布局分散、校舍落后的弊端显现。1995 年 6 月，全体沙子口人积极响应号召，为新建的沙子口中学捐款。短短几个月，共收到捐款 382 万元。当时沙子口镇政府工作人员、全体教师均捐出了一个月工资。域内企业及个人也为新校建设踊跃捐款。

崂山区沙子口镇沙子口中学　1996 年 7 月，新建沙子口中学正式落成，总投资 1100 余万元。校址位于沙子口桥东段家茔，现崂山路北，占地面积近百亩。学校合并登瀛中学，定名为“崂山区沙子口镇沙子口中学”。时有教师近百名，学生 1900 余名。

崂山区第六中学　2000 年，经区编制委员会批准，学校又更名为“青岛市崂山区第六中学”，并沿用至今。

崂山六中

2020—2021 学年度，学校共有在职在编教师 100 人，25 个教学班（七年级 9 个，八年级 9 个，九年级 7 个），在校学生 985 人。

二、学制与课程

1949 年以前，沙子口的初中教育学制为三年。课程设置有公民、童子军、国文、英语、数学博物、生理卫生、植物、动物、化学、矿物、历史、地理、音乐、劳作、图画、军事训练等。

1952—1966 年，课程设置基本稳定，学制为三年。初中设中国革命常识、时事政治、语文、算术、代数、平面几何、物理、化学、英语、历史、地理、植物、动物、生理卫生、体育、音乐、美术、劳动。

1969—1978 年，学制改为两年。课程设置有政治、语文、数学、物理、化学、英语、历史、地理、生物、工（农）业基础知识、体育、音乐、美术、劳动。

1979 年秋季，初中又改回三年学制。课程设置有政治、语文、数学、物理、化学、英语、历史、地理、生物、生理卫生、体育、音乐、美术、劳动等。

1998 年，初一增加了青春期教育。1999 年，初二增加了民防知识。

2000 年，初一、初二增加信息技术。

2003 年，课程设置与分科相结合，包括思想品德、语文、数学、英语、科学（或物理、化学、生物）、历史社会（或历史、地理）、体育与健康、艺术（或音乐、美术），以及综合实践等。另外，还有校本课程及选修课。

2019 年，义务教育初中学段课程安排见表 9 ～ 5。

三、教育教学成果

在全体教职工的共同努力下，学校先后荣获山东省课堂教学效能性研究实验学校、山东省档案管理一级单位、青岛市规范化学校、青岛市科普教育基地、青岛市优秀家长学校、青岛市环境友好学校、青岛市文体示范学校、青岛市依法治校示范校、青岛市文明单位、青岛市劳动关系和谐单位、市教育工会工作先进集体、崂山区办学水平优秀管理等级、崂山区校本培训示范学校等荣誉称号。

第二节　高中教育

一、普通高中

域内 1997 年以前的高中学生，大多毕业于原崂山县第七中学和青岛市崂山县第一中学（现青岛五十八中），受当时教育资源的限制，考取的人数较少。1995 年，崂山一中、崂山二中建立后，考取普高的人数逐渐增多。到目前考取普高的人数已达到应届初中毕业生的 50% 左右。1999 年，青岛二中迁入崂山区后，实行崂山区优秀学生降档录取政策。2017 年，崂山区与市内三区中考统筹。期间，域内学子除考上崂山一中、崂山二中外，时有学生考入青岛一中、青岛二中、青岛五十八中等市内优质学校。还有部分学生考入私立海山学校、私立白珊学校、私立天龙中学等。

崂山县第七中学　位于沙子口大桥西，创建于 1958 年，原为青岛第三十三中学。1969 年 1 月，更名为崂山县第七中学，招收高中学生；1982 年 10 月，更名为崂山农技中学；1986 年 10 月，更名为崂山县职业中专，后几经变化。1982 年 10 月，原沙子口中学改名为崂山县第七中学，招收高中阶段学生，至 1984 年夏季撤销高中部。

青岛二中　建于 1925 年。1999 年高中部迁入青岛市崂山区松岭路 70 号，改为寄宿制。初中部留在太平路原址，改名为青岛育才中学。青岛二中仅有高中部，是山东省重点学校。

青岛第五十八中学　位于李沧区九水路 20 号，始建于 1952 年，为“青岛第 5 中学”，1969 年改为“崂山一中”，1994 年更名为“青岛第 58 中学”，是青岛市重点中学。

青岛第六十七中学　位于崂山区海尔路 15 号，1995 年建校，始称“高科园一中”，习惯称呼为“崂山一中”，2019 年更名为“青岛第 67 中学”。

青岛第六十八中学　位于崂山区九水路 619 号，创建于 1995 年，原称“青岛二中分校”，2000 年改称“崂山二中”。

青岛第六十八中学

原址在朱家洼，2016 年迁入现址，2019 年更名为“青岛第 68 中学”。

二、职业高中、职业中专

域内原有崂山区第一高级职业中学和崂山区职业中专两所学校，2002 年两所学校合并为青岛市高新职业学校。20 世纪 90 年代前后，崂山第二职业高级中学（简称崂山二职，位于仙家寨），也为本地区培养了一批幼儿教师。

青岛市高新职业学校 位于劲松 7 路 217 号。2002 年合并原崂山区第一职业高级中学和原崂山职业中专而成。学校设置有普通大专、普通中专、职业中专和成人大、中专等办学层次。中专部开设计算机应用、汽车维修、机电一体化、服装设计与工艺、会计、国际商务、旅游服务与管理等专业；大专部开设基础英语、旅游英语、韩国语、物流管理与报关等专业；成教部开设近 20 个工种的技术培训与职业技能鉴定考核。2019 年划归青岛市教育局管理。

三、中专、技校

域内村民接受中专教育，始于 20 世纪 30 年代的李村师范学校。

青岛师范学校 原为李村师范学校，其前身是“李村初级中学”。1930 年创办，校址在李村河南，招收初中毕业生。青岛解放后，原李村师范学校改称青岛市市立师范学校。1950 年，改称“山东省青岛师范学校”。新中国成立后至 20 世纪末，该校为本地培养了大批小学教师。

崂山师范学校 1979 年 11 月，崂山“五·七”大学改名为崂山师范学校，由崂山县教育局直接领导和管理。1980 年 8 月，招收师范班 3 个，学生 120 人（包括一个民办教师班），学制均为 2 年，执行省教学计划，学生毕业由国家统一分配。1981 年 8 月，学校撤销，先后共两届毕业生 319 名，大多分配到了初中任教。未毕业的 80 届学生（语文 2 个班、英语 1 个班）全部拨入青岛师范学校继续学习，原校改为崂山第十五中学。

新中国成立以前，域内人接受中专教育主要在周边学校；新中国成立后，随着教育事业的不断发展，中专学校数量不断增多，村民求学已不仅限于当地，可以到外地报考。当时有两种不同性质的中专，一种为省办学校，学生毕业后为国家干部身份；一种为地方和大型企事业单位办的学校，专门培养相关专业技术人员，称为“技校”，学生毕业后，身份为职工。20 世纪五六十年代，本村有十几人先后考入各类学校，接受中专教育。1966 年，“文化大革命”以后，所有中专学校一律停办，不再招收学员。1972 年后，国家恢复和新建了一批中专学校，招收工农兵学员，本村有数人先后被推荐入学。

1978 年，恢复高考制度后，中专学校亦被纳入高考统考范围内，域内又有不少人被录取。早期被录取的学生，直接转为非农业户口，毕业后，为国家干部身份，由国家包分配。因此，当时本村的初中毕业生，中考首选中专。

第五章　大学教育

第一节　教育历程

新中国成立以前，域内接受大学教育的无记录可考。新中国成立初期，百废待兴，教育发展相对滞后，接受高等教育者寥寥。20 世纪 50 年代末到 60 年代中期，只有为数不多的几个人考上大专院校。1966 年，“文化大革命”后，大学停止招生。1972 年至 1977 年，国家实行推荐制度，招收部分工农兵学员进入大专院校学习，俗称“社来社去”，域内先后有数人被推荐入学。1976 年，粉碎“四人帮”后，国家开始“拨乱反正”，社会秩序逐渐恢复，于 1977 年恢复高考制度，域内开始有学子通过严格考试进入大专院校读书。20 世纪 70 年代末及 80 年代的大中专毕业生，大都由国家包分配，所以每次都会在村里引起一定反响。20 世纪 90 年代中期，毕业生包分配政策逐渐取消。同时，大专院校不断扩招，域内考入大专院校的人数也逐年增多，并不断有学子通过努力考取硕士、博士研究生。

为激励学子努力学习，积极进取，村两委制定了升学奖励措施。具体措施为考上高中、中专、大专等以上的学生，分别给予 600 元、800 元、1500 元的助学金。

第二节　大学生人数

域内最早的大学生是曲知忠，1956 年毕业于上海交通大学。而后，曲知己等人陆续毕业于山东艺术学院等院校。20 世纪 80 年代后，函授、网络、远程教育等各种教育方式不断出现，除全日制大学生外，村民通过这些教育形式，接受大学教育。

南姜哥庄社区大专学历毕业生花名册

表 9 － 6

姓名	性别	毕业学校	毕业时间
曲知己	男	山东艺术学院	1959.07
曲知勇	男	海军高级专科学校	1960.08
曲知洪	男	山东冶金学院	1961.07
曲秀欣	女	山东大学	1974.07
曲宝光	男	青岛医学专科学校	1974.10
曲宝山	男	中央广播电视大学	1984.08

续表 9－6

曲宝树	男	辽宁省委党校	1987.08
曲同晓	男	空军政治学院	1990. 07
曲知典	男	曲阜师范大学	1999.07
曲秀玲	女	曲阜师范大学	1999.07
王苗苗	女	中国农业大学	2003.07
曲琳琳	女	青岛滨海职业学院	2003.07
崔永亮	男	青岛滨海职业学院	2003.07
曲苗苗	女	烟台职业学院	2004.07
曲　晶	女	山东教育学院	2004.07
李素真	女	山东农业大学	2005.07
曲宗刚	男	山东水利职业学院	2006.07
曲　娜	女	青岛广播电视大学	2006.06
曲立泽	男	海军工程大学	2007.06
曲宝杨	男	山东中医药高等专科学校	2007.07
张营营	女	山东外贸职业学院	2007.07
曲沙沙	女	山东省经济管理干部学院	2007.07
曲宝妮	女	青岛职业技术学院	2007.07
曲宝坚	男	青岛理工大学	2008.01
鞠华丽	女	株洲师范高等专科学校	2008.02
曲训坤	男	山东省经济管理干部学院	2008.07
朱　凡	女	青岛职业技术学院	2008.07
于静静	女	烟台职业学院	2008.07
曲海波	男	青岛滨海学院	2008.07
曲伟莉	女	泰山学院	2008.06
曲朝丽	女	山东外贸职业学院	2008.07
曲　源	男	青岛职业技术学院	2009.03
车玉华	女	青岛职业技术学院	2009.03
曲　静	女	青岛大学	2009.06
曲海山	男	青岛北港科技学院	2009.07
曲同超	男	青岛职业技术学院	2009.07
刘　超	女	山东经贸职业学院	2009.07

续表 9－6

万亭亭	女	山东中医药高等专科学校	2009.07
曲朝前	男	青岛农业大学	2010.06
曲　雷	男	济南工程职业技术学院	2010.07
曲晓平	女	曲阜师范大学	2010.07
曲宝爽	女	青岛职业技术学院	2011.06
曲乐乐	男	潍坊工程职业学院	2011.07
李连杰	男	山东交通职业学院	2011.07
曲训波	男	七二一工人大学	2011.12
董玉菲	女	青岛酒店管理学院	2012.06
王　蕾	女	山东科技进修学院	2012.07
曲　群	男	山东经贸职业学院	2012.07
曲　云	男	重庆通讯学院	2012.07
曲彬彬	男	山东万杰医学院	2012.07
曲宝坤	男	东北农业大学	2013.01
曲凯丽	女	山东经贸职业学院	2013.07
王伦刚	男	山东电子机械职业学院	2013.07
曲佳佳	女	青岛农业大学海都学院	2013.07
曲鸣鸣	女	青岛卫校	2013.07
王伦刚	男	山东电子机械职业学院	2013.07
曲宝超	男	日照职业技术学院	2013.7
曲莹莹	女	青岛滨海学院	2013.07
曲训帅	男	恒星职业技术学院	2013.09
曲　赏	女	山东女子学院	2014.06
曲训启	男	东北农业大学	2014.07
王小飞	女	中央广播电视大学	2014.07
曲俊娜	女	中州大学	2014.07
温宁宁	女	山东中医药高等专科学校	2015.07
曲　静	女	东北农业大学	2015.01
曲胜成	男	四八零八职业技术学院	2015.09
曲　彬	男	济宁医学院	2015.11
陈　新	女	青岛职业技术学院	2016.06

续表 9 — 6

曲泓任	男	北京外国语学院	2016.07
曲旭东	男	东北农业大学	2017.01
曲丹丹	女	青岛广播电视大学	2017.06
曲彤彤	女	潍坊工程职业学院	2017.06
曲昀成	男	中国海洋大学	2017.07
曲同文	男	青岛技师学院	2017.07
曲同斌	男	青岛技师学院	2017.07
曲顺宝	男	山东职业学院	2017.07
曲茜茜	女	青岛酒店管理学院	2017.07
曲昭旭	男	高新职业学校	2017.06
曲辉成	女	吉林大学	2017.07
王　玉	女	青岛港湾职业技术学院	2018.06
曲顺超	男	青岛港湾职业技术学院	2018.06
曲宝祺	女	山东外贸职业学院	2018.06
曲　健	男	山东职业学院	2018.07
曲　赏	男	山东青年政治学院	2018.07
曲训起	男	东北农业大学	2019.01
曲训五	男	北电影视艺术学院	2019.01
曲源源	女	青岛酒店管理职业技术学院	2019.06
房　明	男	青岛科技大学	2019.06
曲珊珊	女	山东城市建设职业学院	2019.06
曲赛赛	女	山东外贸职业学院	2019.06
曲宝锐	男	西安电子科技大学	2019.07
曲海蓝	女	上海广播电视大学	2019.07
曲训起	男	东北农业大学	2019.01
曲训川	男	青岛酒店管理职业技术学院	2019.06
曲　笑	女	国家开放大学	2019.07
曲延宗	男	东北农业大学	2019.07
曲训泰	男	青岛四方机车车辆技师学院	2020.06
曲玉玉	女	滨州职业学院	2020.07
宋亚彬	男	山东科技技术学院	2020.07

续表 9 — 6

曲海超	女	东北师范大学	2020.07
胥艳梅	女	青岛大学	2020.07
曲同春	男	国家开放大学	2021.01
曲小龙	男	国家开放大学	2021.01
曲训康	男	山东省水利职工大学	2021.01
曲玉格	女	青岛酒店管理职业技术学院	2021.06
曲学顺	男	青岛酒店管理职业技术学院	2021.06
曲　莹	女	东营职业学院	2021.06
曲文婷	女	青岛黄海学院	2021.07

南姜哥庄社区部分本科学历毕业生花名册

表 9 — 7

姓名	性别	毕业学校	毕业时间
曲知忠	男	上海交通大学	1956.09
曲桂华	女	解放军西安电讯工程学院	1965.07
曲学团	男	山东工学院	1966.07
曲学实	男	南京大学	1966.07
曲淑真	女	济南轻工业学院	1969.07
曲学存	男	中国海洋大学	1978.07
曲克辉	男	中国海洋大学	1986.07
曲宝来	男	山东艺术学院	1989.07
曲知存	男	上海外贸学院	1990.07
曲宝勇	男	青岛大学	1990.07
曲同笋	男	青岛教育学院	1990.07
曲宝睦	男	山东财政学院	1991.03
曲同明	男	北京师范大学	1991.07
曲同波	男	青岛大学	1991.07
曲同光	男	山东师范大学	1995.07
曲　淼	女	海军第二军医大学	1997.07
曲　淼	女	中国人民解放军西安政治学院	1999.07
曲光岩	男	山东省委党校	1999.12

续表 9 — 7

段招敏	女	青岛教育学院	2002.06
曲训波	男	海军工程大学	2002.06
曲　刚	男	青岛大学	2002.07
曲　真	女	青岛大学	2003.07
曲　强	女	大连理工大学	2003.07
曲宝俊	男	泰山医学院	2003.07
刘科芳	男	青岛大学	2003.07
曲　霞	女	湖北师范大学	2004.06
曲　皓	男	西南交通大学	2004.07
曲慧芳	女	山东教育学院	2004.07
曲训清	男	曲阜师范大学	2004.12
曲俊杰	女	潍坊医学院	2005.06
李　靓	女	北京科技大学	2005.07
曲守峰	女	青岛大学	2005.07
曲文峰	女	山东师范大学	2005.07
曲燕妮	女	山东省委党校	2005.12
宋　燕	女	中央广播电视大学	2006.06
曲立国	男	中国农业大学	2006.06
曲俊娟	女	东北师范大学	2006.07
曲宝成	男	曲阜师范大学	2006.07
曲　阳	男	山东工商学院	2006.07
曲娜娜	女	山东德州学院	2007.06
曲朝霞	女	临沂师范大学	2008.07
曲雪梅	女	泰山学院	2009.06
曲　凯	女	西南科技大学	2009.07
曲　慧	女	青岛农业大学海都学院	2009.07
曲训一	男	济南大学	2009.09
曲向梅	女	青岛科技大学	2010.01
曲文娴	女	浙江大学	2010.07
曲福建	男	青岛农业大学	2010.07
刘　鸽	女	山东管理学院	2010.07

续表 9－7

曲俊俊	女	青岛大学	2011.01
李　杰	女	鲁东大学	2011.06
曲俊俊	女	青岛大学师范学院	2011.06
曲文超	女	中国海洋大学青岛学院	2011.06
曲丛丛	女	青岛大学	2011.07
王　佳	女	山东师范大学	2012.01
曲　震	男	聊城大学	2012.07
曲凯成	男	黑龙江大学	2012.07
陈婷婷	女	青岛科技大学	2012.07
曲　璐	女	中国海洋大学	2013.01
曲　阳	男	曲阜师范大学	2013.01
隋晓婷	女	青岛理工大学	2013.06
曲莹莹	女	青岛大学	2013.06
唐　娜	女	山东师范大学历山学院	2013.06
曲　湃	女	湖北大学	2013.07
曲宝洪	男	陕西师范大学	2013.07
曲丽丽	女	青岛农业大学	2013.07
曲旋成	男	华北水利水电大学	2013.07
曲训东	男	菏泽学院	2014.06
曲　震	男	北京体育大学	2014.07
高珊珊	女	临沂大学	2014.07
曲媛媛	女	青岛农业大学	2014.07
曲同翔	男	青岛农业大学海都学院	2014.07
曲鹏成	男	青岛农业大学海都学院	2014.07
曲文慧	女	江西师范大学	2014. 12
曲存静	女	中国海洋大学	2015.01
曲　静	女	海口经济学院	2015.06
曲训鑫	男	中国石油大学	2015.06
曲春蕾	女	青岛理工大学	2015.06
曲艺超	女	东北师范大学	2015.07
曲晓悦	女	大连工业大学	2015.07

续表 9 — 7

曲永成	男	山东体育学院	2015.07
曲　艺	女	青岛大学	2016.01
曲聪聪	女	山东大学	2016.01
曲　浩	男	贵州遵义师范学院	2016.06
曲静静	女	山东交通学院	2016.06
曲　帅	男	烟台大学	2016.06
曲知帅	男	聊城大学东昌学院	2016.06
王　玥	女	广西大学	2016.06
董文文	女	鲁东大学	2016.06
曲阳雪	女	青岛大学	2013.06
曲鸣鸣	女	吉林大学	2016.07
殷海青	女	中国海洋大学	2017.01
曲宝泉	男	菏泽学院	2017.06
曲　正	男	中国人民解放军理工大学	2017.06
宋亚琳	女	济南大学泉城学院	2017.06
曲伟康	男	山东理工大学	2017.06
范莹莹	女	山东大学	2018.01
曲宝政	男	成都文理学院	2018.06
曲宝成	男	南华大学	2018.06
曲星伊	女	潍坊学院	2018.06
曲聪聪	男	青岛理工大学琴岛学院	2018.06
曲嫒嫒	女	青岛大学	2018.07
曲俊洁	女	韩国高丽大学	2019.02
曲　聪	男	泰山学院	2019.06
曲晓文	男	山东农业大学	2019.06
曲俊杰	女	济南大学	2019.06
曲　训	男	中央美术学院	2019.06
曲顺顺	女	济宁医学院	2019.06
曲　祝	女	中国石油大学	2019.07
曲杉杉	女	聊城大学	2019.07
曲春晓	女	山东大学	2019.07

续表 9－7

曲训琦	男	山西太原理工大学	2020.06
曲俊霖	男	烟台大学文经学院	2020.06
曲　成	男	山东交通学院	2020.06
王　茹	女	青岛工学院	2020.06
曲雅珊	女	烟台大学经学院	2020.07
曲子彤	男	韩国海洋大学	2020.12
曲知勇	男	国家开放大学	2021.01
乔湘然	女	济南泉城学院	2021.06
曲　雪	女	曲阜师范大学	2021.06
曲茜茜	女	中国海洋大学	2021.06
曲文涵	女	山东交通学院	2021.06
曲　涛	男	青岛科技大学	2021.06
曲文硕	男	汉口学院	2021.06
曲　斌	女	青岛大学	2021.07
曲雪凤	女	西安外事学院	2021.07
王佳凝	女	山东政法学院	2018.06

南姜哥庄社区取得博士、硕士学位人员花名册

表 9－8

姓名	性别	毕业院校	毕业时间	学位
曲一帆	女	中国政法大学	2011.08	博士
曲宝晓	男	中国科学院海洋研究所	2015.07	博士
曲　欣	女	中国海洋大学	2016.06	博士
张亚晨	女	澳大利亚格里菲斯大学	2021.05	博士
曲宝臻	男	中国海洋大学	2021.06	博士
曲克明	男	青岛海洋大学	1999.07	硕士
曲章喆	女	英国诺丁汉大学	2007.07	硕士
曲燕妮	女	英国拉夫堡大学	2007.10	硕士
曲　翔	女	首都师范大学	2008.07	硕士
曲　茜	女	山东大学	2008.07	硕士

续表 9－8

曲俊喆	女	新加坡南洋理工大学	2008.07	硕士
曲　路	男	辽宁石油化工大学	2010.03	硕士
曲　佳	女	大连外国语学院	2012.06	硕士
曲　赛	女	青岛大学	2012.07	硕士
曲蓓莉	女	南京理工大学	2012.07	硕士
曲文文	女	中国石油大学（华东）	2016.06	硕士
曲凌云	女	南昌大学	2016.07	硕士
曲文雪	女	美国约翰霍普金斯大学	2016.08	硕士
曲　超	女	山东大学	2016.12	硕士
曲昭霖	男	柏林工业大学	2017.03	硕士
曲相成	男	中国矿业大学	2017.06	硕士
曲宝钦	男	美国杜肯大学	2017.08	硕士
王勤梅	女	北京师范大学	2020.06	硕士
曲晓晨	女	中国海洋大学	2021.06	硕士
刘　瑞	女	中国海洋大学	2021.06	硕士

第六章　成人教育

第一节　农民夜校

1949 年，中华人民共和国成立，人民政府对提高农村群众的文化水平十分重视。

1950 年秋后，姜哥庄村便在域内小学办农民业余学校，从村内选拔有一定文化水平的人担任老师，时称“民师”，并组织不识字的男女青年上“夜校”。民师任教的初期，须由域内小学的教师对其进行教学培训，即教其如何备课、如何进行课堂教学等。冬、春季节，每天晚饭后，民师在教室进行教学，每晚上两节课。通过夜校的学习，大部分学员能够具备阅读通俗读物的能力以及书写几百字的书面语。

1952 年，农民文化学习热情更加高涨，政府号召在农民夜校教学中推广“祁建华速成识字法”。

1958 年，随着国家政治经济的发展，农村的“扫盲”运动进入高潮，且效果明显。

1960—1962 年，三年困难时期，人民的基本生活难以维持，农村的业余教育备受影响，基本上处于停滞状态。曲成传、曲知洪都曾担任过夜校教师。

第二节　专业培训班

1963年，国家经济形式逐渐好转，政府加大教育投入，崂山县开办农业、林果、卫生员、兽医等培训班，在农村进行科学技术的推广和普及。如农、果业合理密植、选育新品种、淘汰地瓜自家育苗为大田回龙火坑育苗等，改变了百年来落后的传统耕种模式。

经由培训班培训结业的卫生员，为域内老百姓防病治病做出了贡献。旧时，家庭养猪、养鸡很普遍，是主要的家庭收入来源，同时也是积攒农家肥的主要途径。长期以来，猪、禽的防病治病一直困扰着村民，自从有了专业兽医，猪、禽类的存活率大大提高，推动了家庭养殖业的发展。

1968年，青岛26中改为崂山五七农业大学，兼办短训班，为生产大队培养会计、机电、兽医、林果等专业人才。

20世纪70年代，随着电力和电器的逐渐普及，急需一批专业人员。当时由大队推荐，沙子口人民公社统一培训指导，以满足农村需要。

1978年，党的十一届三中全会之后，为满足各行各业急需的专业人才，沙子口镇创办了沙子口成人教育学校。课程设有水产养殖、农林果业、电工、电器维修、建筑、计算机等专业，后逐年增设物业管理、花艺、炒茶、烘焙等专业，为社会培养了一批专业技术型人才，域内有多人参加过培训。

第三节　自学考试

高等教育自学考试，简称自学考试、自考。1981年经国务院批准创立，是对自学者进行的以学历考试为主的高等教育国家考试。考生主要有两种学习方式，一是在高等院校举办的助学点学习或进入本校进行全日制学习（学生采用这种学习方式称为应用型考生）；二是在社会举办的助学单位学习或自学（用这种学习方式的学生称为社会型考生）。

高等教育自学考试的任务，是通过国家考试促进广泛的个人自学，推进在职人员专业教育和出校门后继续教育，造就和选拔德才兼备的专门人才，提高全民族的思想道德、科学文化素质，适应社会主义现代化建设的需要。

第四节　老年大学

随着中国老龄人口的增多，20世纪八十年代，老年大学在中国许多地方兴起。老年大学的办学方式非常灵活，既有固定场所集中授课，也能远程授课。老年大学的授课内容非常丰富，主要包括健康、烹饪、艺术等方面。

第五节　远程教育

远程教育，也称现代远程教育为网络教育，是成人教育学历中的一种，是指使用电视及互联网等传播媒体的教学模式。它突破了时空的界线，有别于传统的在校住宿的教学模式。使用这种教学模式的学生，通常是业余进修者。由于不需要到特定地点上课，因此可以随时随地上课。学生亦可以透过电视广播、互联网、辅导专线、课研社、面授（函授）等多种不同渠道互助学习。学习对象不受年龄和先前学历限制，为广大已步入社会的群众提供了学历提升的机会。

远程教育在中国的发展经历了三代：第一代是函授教育，这一方式为我国培养了许多人才，但是函授教育具有较大的局限性；第二代是 20 世纪 80 年代兴起的广播电视教育，我国的这一远程教育方式和中央电视大学在世界上享有盛名；20 世纪 90 年代，随着信息和网络技术的发展，产生了以信息和网络技术为基础的第三代现代远程教育。

第十篇

文体卫生

第一章　民间文艺

第一节　民间故事

当地流传着很多民间故事，涉及狐仙、海神、日常生活等多种题材，难以尽叙，在此仅整理几则流传较广的故事。

一、瞎汉钓鱼钓上獾的故事

很早以前，村里有个瞎汉，喜好钓鱼。因为自己看不见，每次钓鱼都要随别人一起去，让别人帮他挂鱼食，把钩甩到海里去。有一天，瞎汉一连钓了好几条鱼，可边上的人却一条鱼也没钓着，邻人心里便不大平衡。不一会儿，瞎汉又钓上来一条，邻人有些厌烦，帮他摘下鱼，挂上食后顺手把钓钩甩到了岸上的地瓜地里，心想这会让你再钓去吧。可没过多久，突然又听见瞎汉大声喊叫："这会钓着大的了，我快要拉不住了，快来帮忙。"邻人心里暗笑，不当作一回事，可转头一看，瞎汉那拼命着急的样子又不像是装的，便过去帮他使劲往回拽，费了好大劲，拽到近前一看，原来是只大獾。邻人无言以对，傻眼了。这则故事逐渐传播开来，成为人们茶余饭后的谈资。

二、吃干净点的故事

当地一直有春天给亲戚们送新鲜鲅鱼的风俗。这一年，小三他爹出海打回鲅鱼，他娘就打发他给他姐姐家送条鱼。他姐姐家还有婆婆，所以临走的时候，他娘不放心，就嘱咐他"到人家家里吃饭，要吃得干净点。还有别忘了，叫你姐姐她婆婆上咱家来耍。"小三说声"知道了"，带上鲅鱼就去他姐姐家了。一进门小三就吆喝："大妈，俺娘叫我来给你送鲅鱼。"他大妈一听非常高兴，赶紧让他上炕歇着去，自己张罗着给他做饭。那时，家里也没有什么合适的东西款待他，只好把他带来的鲅鱼做上了。小三平时在家里也没吃过几回新鲜鲅鱼，这回算是捞着了，狼吞虎咽的，没有多大工夫就把鱼吃光了，最后还用饽饽把盘子也擦干净，他大妈一看不好说别的，只好说："哎呀，你这孩子真会过日子。"小三说道："俺娘说了，叫我吃得干净点。"吃了饭，临走时小三想起了他娘的嘱咐说："大妈，俺娘说叫俺姐姐她婆婆上俺家去耍。"他大妈说："好，我有空就去。"小三一听急了，赶紧说："不是叫你去，是叫俺姐姐她婆婆去。"他大妈哭笑不得，只好告诉他："我就是你姐姐她婆婆。"小三这下傻眼了，"哎呀，你咋还两名。"

三、陪客的故事

早年间，村里有户人家，父母很早就去世了，兄弟两个相依为命，一块过日子。由于家境并不宽裕，平时家里来了客人，只能是哥哥一个人上炕陪客人，弟弟上不了桌，时间长了，

弟弟心里就觉得不大得劲。有一天就和哥哥说："哥，再来了客人能不能让我陪把。"哥哥一听说："好，再来了客人你就陪吧，不过你一定要懂规矩。"弟弟问："陪客还有什么规矩，不就是陪着吃饭喝酒吗？"哥哥告诉他："要想陪好客人，必须做到'客吃一，主吃三'，你要领着客人吃，客人才能吃好。"弟弟一听说："好，这好办。"这天，表哥来了，弟弟上炕陪着表哥喝水。一会儿哥哥炒好菜，端上桌，又端上三个馒头，弟弟一看，开始嚷嚷他表哥吃饭，表哥就顺手抓了一个馒头开始吃，弟弟一看赶忙喊他哥说："哥，饭不够。"他哥一听说："刚开始吃你怎么知道不够。"弟弟说："你看，一共就三个馒头，表哥拿去一个，就剩俩了，还少我一个馒头。"哥哥一听没法，只好又拿上一个，表哥吃饭挺快，一会儿工夫，手里的馒头就吃完了，顺手又拿起第二个馒头，想再掰块吃。弟弟一看，沉不住气了，冲着他表哥道："哥，你还吃，再吃就把我撑死了。"

第二节　戏曲

村里很早以前就组建有业余剧团，每到农闲时都会排练节目，正月期间为村民演出。早期的演出剧目，无明确的文字资料记载，亦无人能记叙清楚。20 世纪 50 年代末到 60 年代，村里曾有过三个业余戏班子，分东、西、中三个片，东片有曲成传负责，西片有曲学福、曲学令负责，中片由曲知明、曲知央、曲知根等人组成。演出剧目主要有《杜十娘》《打猪草》《小麦追肥忙》等，主要演员有曲学福、曲爱花、曲立官、曲淑华、曲桂英等。其中《小麦追肥忙》一剧，被崂山县选调到县剧院演出，得到好评。之后，三片合一，组成统一班子，由曲成传、曲学福负责剧组全面工作，排练演出的主要剧目有《双罗衫》《解放》《借亲配》《铁匠招亲》《杨立贝》等，主要演员有王可安、曲振佩、曲学淑、曲立地、曲桂新、曲桂梅、曲晾华、曲桂花等。其中《杨立贝》一剧曾先后排练、演出过两年，并受邀到南龙口村、枯桃营房、青岛料石厂等村庄、单位演出，受到热情接待和大力赞扬，同时该剧目还参加过沙子口公社文艺会演，荣获二等奖。

当时参加排练演出的人很多，所有剧组人员都是自愿，无偿参加排练演出，没有任何报酬，但每个人都尽职尽责，一丝不苟，大家团结一心，相互协作，互相支持，互相理解，其乐融融。

剧组当时还配置有二胡、板胡、京胡、低胡、扬琴、坠琴、笛子、鼓、锣、钹、铛子等各种民族器乐，有一个较为完整的乐队。

1966 年"文化大革命"以后，剧组活动停止，未再排练新剧目。

第三节　书法、美术、绘画

本村书画界代有人出，其中不乏造诣较深者。

一、书法

早年间，先祖们的墨宝未见有传世者，清朝同治年间之后，始有作品展现。曲成章的书法在当时周边地区最为著名，清光绪年间，海庙重修时，“沧海观”匾额、楹联等文字皆为其手书，南姜“曲氏宗祠”匾额和帽子碑“贞淑流芳”碑文等亦为其所撰。“文化大革命”时期，这些文物全部被毁。清光绪八年其主持重修的《世德族》家谱，手稿尚存。

民国以后，习练书法的人逐渐增多，各个不同时期的主要代表人物如下。

曲宝伦，以楷书见长，师古遵法，结构严谨，崂山太清宫主持匡长修道长的碑文为其所撰。胎背之年，仍笔耕不辍，虽功力已不如前，然精神难能可贵。

曲学壁，书法功底深厚，尤擅魏书，有前人之余韵，字写得极具美感。

曲立域、曲同安，20世纪六七十年代每逢春节就为村民书写春联，其毛笔字各具特色。

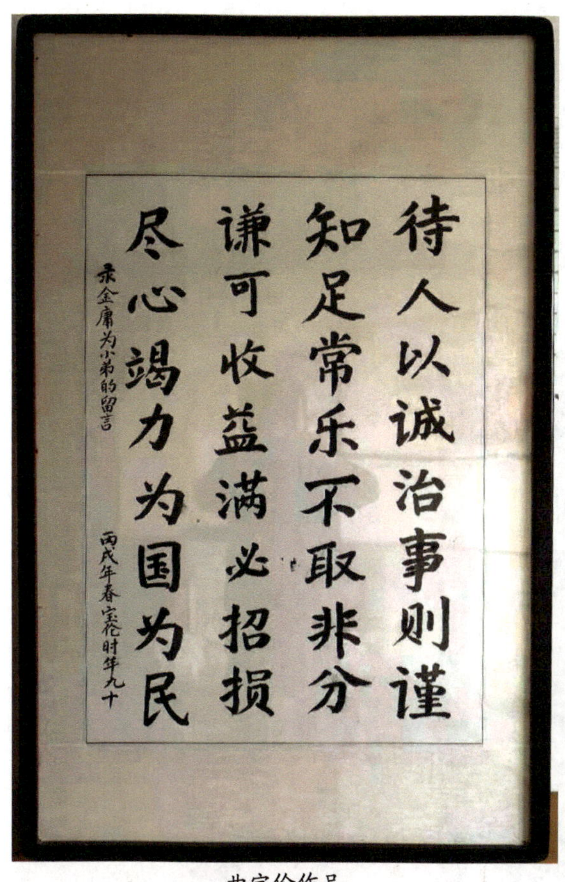

曲宝伦作品

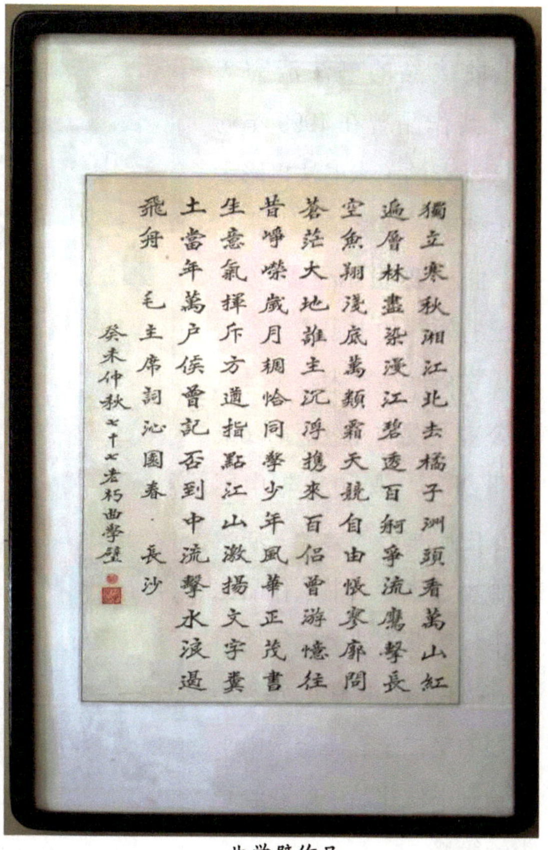

曲学壁作品

曲知义长期从事文化艺术工作，对书法艺术也造诣颇深。

曲知典的行草书笔酣墨饱，欹正相生，很具观赏性，在2016年中、韩文化艺术交流名家书画作品展活动中，其作品荣获一等奖。

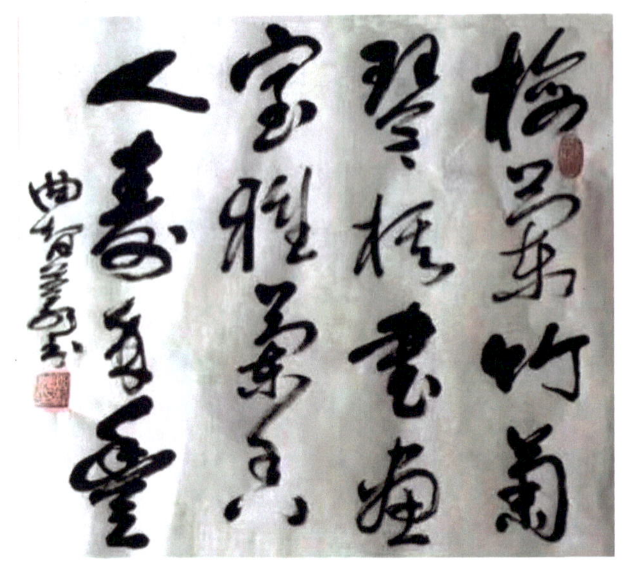

曲知义作品

曲知典作品

曲俊喆的书法清秀隽永，其作品曾在1999年崂山区举办的美术书法摄影大赛上荣获一等奖。

曲一丹虽年仅12岁，但已有较深的书画造诣，取得山东省学生艺术水平考试办公室颁发的九级证书（最高十级），在2021年中国儿童中心举办的第十二届全国中小学生绘画书法作品比赛中，荣获书法类二等奖。并在2021年中国儿童中心举办的第二十五届全国中小学绘画书法作品中荣获绘画类一等奖。

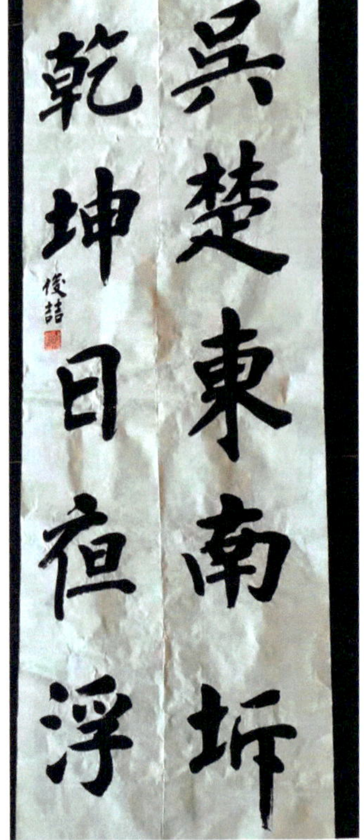

曲俊喆作品

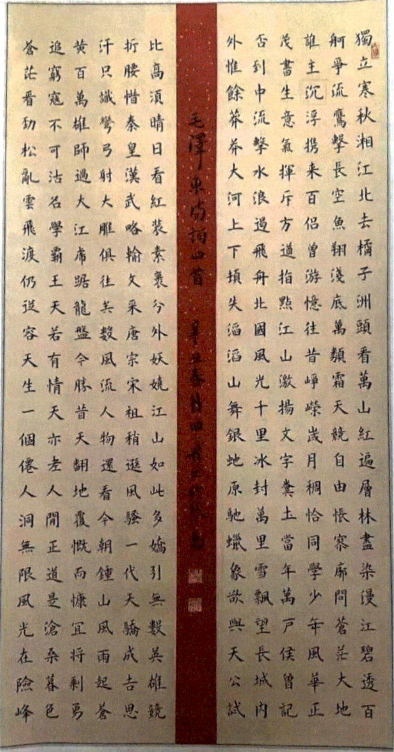

曲一丹作品

二、美术、绘画

曲知己，1959年毕业于山东艺术学院美术系，是村里第一个从事绘画、美术的专业人员，其潜心研究中国书画，师古人，师造化，把传统技法融入自然现实之中，形成新颖雅致的艺术风格，其作品多次参加省、市、全国展览并获奖。经常深入崂山写生，创作了一大批生动、质朴、富有生活气息的作品，对爱崂山，画崂山起到了重要的推动作用。

曲知己作品

曲宝来，1989年毕业于山东艺术学院，长期从事绘画艺术创作，在油画、水彩画、水粉画等领域均有很深的造诣，其作品在全国、全省举办的各种美术活动中屡屡获奖，很多作品被选登在《美术》《中国艺术家》等杂志上，并为很多专业机构和收藏家收藏，出版有专著和画集。其以自己独有的视觉，创作了许多展现崂山形而上大美的作品，让人耳目一新，印象深刻。

曲宝来作品

曲真，2003 年毕业于青岛大学纺织工学院装潢专业，主要从事外贸纺织品设计工作，2019 年开始进行油画创作，2020 年在北京与画界同仁举办联展。

曲真作品

曲一丹作品

曲知孝爱好摄影和篆刻艺术，几十年来，一直坚持创作，不断有优秀作品问世。

曲江彬，喜爱雕刻艺术，经过勤奋自学，精心研磨，不断创作出各种具有艺术感染力的木雕作品。

曲训，2019 年毕业于中央美术学院实验艺术学院，主要作品表现形式为有装置艺术、影像艺术、平面绘画艺术等。

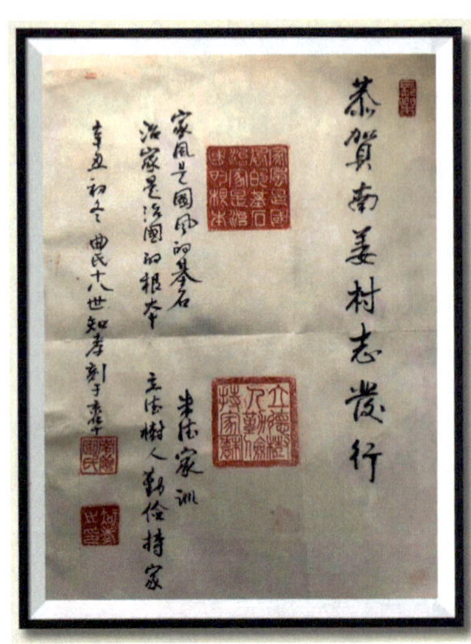

曲知孝作品

曲江彬作品

曲训作品

第二章 娱乐活动

第一节 文艺演出

文艺演出有打鼓书、业余剧团演出、宣传演出等多种形式。

一、打鼓书

当地人称“说书”，是一种说唱兼有的传统曲艺。说书者一手敲鼓，一手夹板，配合唱腔、道白，节奏和谐，声情并茂，是一种旧时人们喜闻乐见的演出形式。说书者一般以盲人居多，他们完全依靠记忆背诵一些传统曲目，如《杨家将》《呼家将》《说唐》《说岳》《包公案》。这种演出形式非常简单，一张桌子，一把椅子即可。因此，每到夏天，村里就会去请一位说书人住在村里，由各家各户轮流派饭。有时候，一部长书需要说上个把月，每到晚饭以后，人们便汇集到大街上，听得津津有味。有的爱好者甚至一天不落，一直将整部书听完。“文化大革命”开始后，规定禁止演出这些旧曲目，由县里统一组织盲人宣传队，仍以说唱的形式编写符合新形势的新节目，到各村巡回演出。随着收音机、电视等新媒体的出现，这种演出即告结束。

二、剧团演出

受经济条件所限，域内很少请大的专业剧团来演出。村里的业余剧团则在每年正月为群众演出自己排练的节目。戏台临时搭建，搭建的位置有时在老大队门前，有时在东河西岸上。节目在域内演出后，也要到外村去演出。同时，有些外村的业余剧团，也带着他们的节目到域内演出。大家互相欣赏，共同感受年节喜庆热闹的氛围，也丰富了彼此的精神文化生活。

三、宣传演出

宣传演出形式多样，内容广泛。有小歌剧、秧歌剧、活报剧、三句半、表演唱等。内容从解放初期宣传《中华人民共和国婚姻法》，宣传党的方针政策，到歌颂新时代、新风尚，反帝、反修、反封建等。紧随时代潮流，不断推出新节目。“文化大革命”期间，成立了老年人宣传队，除给域内群众演出外，还到周围驻军营房和企业单位进行慰问演出。

1967 年毛泽东思想宣传队留影

21 世纪，各种宣传演出活动更加丰富多彩，且卓有成效。2003 年，在崂山区组织的广场

文艺演出留影

文艺会演中，所表演的“花伞舞”获优秀表演奖。

2005 年参加“金鸡报晓庆新春”民间广场文艺会演活动，获最佳表演奖。

2015 年在沙子口街道组织的“庆祝新中国成立 66 周年合唱比赛”中，获得第二名。

第二节　文艺表演

文艺表演形式多样，主要有抬灯官、跑驴、踩高跷、锣鼓表演等。

一、抬灯官

抬灯官是域内的一个传统娱乐项目。每年正月十五、十六两天都要进行表演。抬灯官的道具就是在一根粗长的竹竿两头，各钉上一根四至五尺的横杠，竹竿中央固定上一把或两把圈椅。表演时，由一人扮演成头戴乌纱帽的县官，另一人扮成头戴凤冠的县官夫人，坐在圈椅上，由四个打扮成轿夫、官差衙役模样的人抬着，随着锣鼓声，颤颤悠悠地穿街走巷或入场，做出各种不同的走势和手势。其余的人则有的扮成告状人，让县官给自己做主审案；有的装成被告人，听凭县官审案发落，观众则喝彩起哄。整体给人以清官审案，为民申冤，惩恶扬善之快感。

二、跑驴

跑驴也是村里的传统娱乐项目之一。驴的骨架是用竹篾扎制而成的，骨架中部留有一个能容纳一个人的方孔，方孔两边拴有一根可套到骑驴人脖子上的布带，以便使骑驴人表演时将驴身吊起来，再将驴的上身用厚纸或布装饰起来，宛如一头真驴的模样。驴的下身用白布围起来，白布要一直拖到地上，以便将表演者的脚部遮住。驴的脖颈上要挂一串铜铃，这样跑动起来会增强音乐感。跑驴这种艺术表演，形象活泼，表演风趣，人员不多，动作精炼，没有演唱，只靠动作传情，类似“哑剧”。表演时，除锣鼓队外，只需 3 人，一个是骑驴的小媳妇，一个是赶驴的小伙子，一个是拾粪的老头子。小媳妇手提着驴身两边的把手，用碎步顺着场边，时而慢行，时而快跑，时而穿场，时而跑圈，时而表演上山、下坡等动作。赶驴的小伙子则随着驴的引动，一会儿挥鞭赶驴，跑左跑右，一会儿跑到前面引路，一会儿又在后面打驴快行。拾粪人则一手握粪叉一手提粪篓，一会儿在驴后拾粪，一会儿跑到驴左驴右看新媳妇，一会儿与赶驴小伙子逗趣打闹。最后驴在过河时滑倒，起不来了，新媳妇又惊又怕，挥动双手招呼人。赶驴小伙与拾粪老头赶忙合力将驴扶起，形象生动，妙趣横生，引

人发笑。

三、踩高跷

踩高跷又称大秧歌，是村里流传很久的娱乐项目。过去每年都要排练表演，参与人员有20—30人。所有高跷手都要化妆成不同的角色，人人要扎彩色绸带，有的扮演《西游记》中的唐僧、孙悟空、猪八戒、沙和尚和各种妖魔鬼怪；有的扮演《白蛇传》中的许仙、白娘子、小青、法海和尚；有的扮演大闺女、小媳妇、官员、书生等，但队中不可缺少的是男、女两个领队。男领队为翻穿皮袄，头戴毡帽，手握长杆烟袋的老头。女领队为身穿黑边紫衫，头戴黑绒帽，两个耳朵下各挂一个羊角红辣椒，一手握芭蕉扇，一手挎一个竹篓的老太婆。他俩是踩高跷的高手，心灵嘴巧，能随机应变，会按流行的曲调编出唱词来，人称这两人为“秧歌头”。

1982年春节高跷队合影

高跷队在开场表演时，两组人员在各自领队的带领下，先顺场地外边的人群边走上一圈，开开场地，然后在领队的带领下，相对着在场内跳“穿花舞”“十字舞”“并排舞”“相对舞”等，难度最大的为扑蝶舞。跑一回停下来原地踏步，在乐队的伴奏下，唱一段地方流行小调，或是现编的一段拜年词。如“好一个跑来，好一个蹿，俺给乡亲们拜个年，先问大伙过年好，再祝大家都平安”。合唱的地方小调很多，但是必不可少的是《十二月看花》《十二月赞花》等。歌词长的小调，多为唱一段、跑一段；再唱一段、再跑一段，直到唱完为止。每次表演半个小时左右。在域内表演完后，还要到邻村去表演。同样，邻村的高跷队也会到域内来表演，互相给对方带去欢声笑语，增添浓浓的年味。

四、扭秧歌

扭秧歌又称地秧歌，是一种参与人数最多，流传最广的群众性文艺表演活动，不但过年表演，平时有喜庆之事也少不了它。解放初期，不少人的婚礼都有秧歌队的伴随。秧歌队员们的服装可以是戏装，也可以扮演成工农兵。扭秧歌的基本步伐是走十字步，表演时，腰扎绸带，随音乐的节奏，边扭边唱，欢快愉悦，招

扭秧歌

人喜爱。进入新时代，秧歌又成为一种健身活动，很多中老年妇女都踊跃参加。

五、跑狮子

跑狮子亦称舞狮，也是村里的传统娱乐项目之一。狮子是由彩布条做成的，每头狮一般有两个人合作表演，一人舞头，一人舞尾，表演者随锣鼓音乐，作出各种形态动作，以图喜庆与吉祥。舞狮时前面手持绣球逗引狮子的人称“引狮郎”，引狮郎要选身体轻巧、具有英雄气概、还要有良好武术功底的人担任，是整个舞狮活动中最重要的人物之一。

六、锣鼓表演

锣鼓表演是村里传承最久的娱乐项目，不管是过年、过节、欢送新兵入伍、给军属送光荣灯、挂灯，以及所有重大喜庆活动，都少不了它。每年除夕上午，让人们最早感受到浓浓年味的往往首先是欢快的锣鼓声。

锣鼓表演可以单独进行，也可以配合其它娱乐项目共同进行。单独进行时，除进行鼓乐表演外，还可以编排成名曰“三句半”的剧目，由四个人共同表演，四人时而敲锣打鼓，时而停顿念白，风趣幽默，引人发笑。踩高跷、扭秧歌、跑驴、传统剧目演出等所有娱乐表演项目，都离不开锣鼓的配合，可以说，无锣鼓不成戏，敲锣打鼓也成了喜庆的代名词。

第三节　民间游戏

民间游戏项目众多，玩法各异。有些游戏尽管玩法比较简单，却充满乐趣，招人喜爱。这些游戏有的带有一定的竞技性；有的属于自娱自乐；有些则兼而有之。儿童们常玩的游戏有拉大锯、摔泥凹凹、丢手巾、滚铁环、滑冰、打水漂、顶拐、打瓦、骑马、弹琉璃蛋、打陀螺等。成人玩的主要有五棱棋、五服棋、猜拳、赶集等。

一、拉大锯

拉大锯是旧时妇女和 1 岁至 3 岁的小孩子之间进行的一种很有乡村气息的游戏。活动的场地多在农家的炕头和街头的石板或场院的平地上。方法是：大人、小孩面对面近距离坐好，将两臂伸直后，大人扯着小孩的手臂，大人一推一拉，一边吟唱着“嘎（割）锯、扯锯，噶倒姥娘家的大槐树，姥娘不起（给）饭吃，锅南后抓把盐吃，齁着，齁着，买个火烧兜着”。

二、摔泥凹凹

摔泥凹凹是旧时村中儿童在玩具缺少的情况下，就地取材的一种活动。时间多为夏季和初秋。

参加活动的人，每人从河边或沟底挖来带有黏性的碗口大的泥团一堆，在平板石头或平地上揉成不稀不硬的大泥球，然后将圆泥球，做成一个底薄边厚的大泥钵子即泥凹凹。

按活动前排好的顺序，参赛人用手托起底，将泥凹凹平着摔在石板或场地上，使泥钵中扣住的空气冲破薄薄的平底，连泥带空气冒出来。这时，其他参赛人要拿自己和好的泥块，

堵上被冲破的泥窟窿，依此反复轮流着摔。玩者从手到脸，以及帽子、衣服上沾满了泥，个个变成了“泥娃娃”，使大人看了哭笑不得，有的孩子还要挨大人的臭骂或训斥。

三、丢手巾

丢手巾直到现在仍是乡村儿童和小学一、二年级学生经常组织的一种游艺活动。活动的方法是：每组 10—30 人，围坐成一个大圈，从中找出一人作为第一个“丢手巾”的人。“丢手巾”的人，手握一条花手巾，在圈外由左往右不断地跑着转圈。坐着的人，要眼不斜视地一边拍着巴掌，一边唱着儿歌制造欢乐气氛，以便让“丢手巾”的人寻找机会在跑圈中把手巾悄悄地丢在某个人的背后。被留手巾的人，如果在丢手巾人跑回来之前，发觉自己背后的手巾，要马上握起背后的手巾站起来接跑，在跑中寻机将手巾留给别人……如果被留手巾的人，一直到丢下手巾的人再次回到自己身后也没发现，则要让出座位，让丢手巾的人顶替自己坐下休息，自己则要拿着手巾走到圈中间，向大家唱一支歌，或讲一个笑话。然后，拿着手巾围着人圈跑，成为新的丢手巾人。

四、滚铁环

先将 8 号钢筋或铁丝一段，圈成一个直径 60 厘米左右的铁环。用 60 ～ 90 厘米长的粗铁丝或 8 号钢筋一截，将其一端弯上一扣，另一端做成直杆把手。玩时，先将铁环在平地或路面上立起，再将把手带扣的一端顶在铁环上，用力将铁环向前一滚，将铁扣紧紧套在铁环上随意滚动。

五、滑冰

冬季孩子们或双脚滑冰，或将一块 2 尺见方的木版边各钉上一根圆木，作为滑板，再将两根 1 尺半长的树枝（或铁条），钉上一枚尖头尖钉，作为撑杖。滑冰时，将滑板钉有圆木条的一面朝下放在冰面上，人坐在滑板上，双手各握一根撑杖，一下又一下地撑着冰面向前滑动，用力越大，撑得越急，滑板的速度越快。

六、打水漂

打水漂是用薄平的石片或瓦片朝着平静的水面平掷，让石片或瓦片在水面上跳跃。石片或瓦片在水面上跳跃的次数多，或漂的距离远者为胜。

七、顶拐

参加顶拐游戏者多为男孩，自动捉对比赛，有时也会群战。无论是哪种方式，都是一对一对抗，也有力大者同意一对二或三。若两人比赛，则两人同时上场，各自将一条腿作为支撑腿，用手握住另一条腿的脚踝抬至支撑腿的膝盖之上，形成拐状。一切准备停当后，开始顶拐。两人对抗时，只能用拐碰撞对方，可以下压，也可以上挑，支撑腿则要不停地跳来跳去，以维持身体平衡，并寻找作战的最佳角度。左右腿相互配合，直到对方的拐落地为胜。

若有两人以上参加比赛，则通常采取淘汰赛。若三人比赛，则败者出局，胜出者留下继

续下一场比赛。通常会留出时间稍稍歇息一会儿，再进行下一轮的对抗，以示公平。四人参加则先要分成两组进行比赛，再由两个胜出者进行比赛。

八、打瓦

打瓦有两种玩法：一种玩法是参与游戏的人分成两帮，选一块平地，画出一条直线，以这条线为基点，向前迈出九步，每步再画一条线。玩的时候，在基线上选一块比较大的石头立起作为靶子，靶子多少视人数多少而定，每两个人要支一个靶子，双方以将军包决定谁先击打靶子，击靶子时，每人选一块称手的石头当瓦。击打的时候有各种姿势，名曰：“尺长、眼量、三拳、四背、五拉、六跳、七铡、八挠、九揉、促头”。尺长是站在离靶子最远的线上，用手握着瓦击打靶子。眼量是站在第二条线上，将瓦放在左眼上，侧扬头走到靶子跟前击打。三拳是站在第三条线上将瓦放在脚背上，再用脚挑到拳头上击打目标。四背是站在第四条线上将瓦放在脚背上，用脚挑到手背上击打目标。五拉是站在第五条线上用脚底前端踩着瓦滑动击打目标。六跳是站在第六条线上用双脚夹着瓦击打目标。七铡是面对目标站在第七条线上用腿弯夹着瓦转身击打目标。八挠是站在第八条线上背对目标弯腰将瓦放在后脑勺上，直腰后仰击打目标。九揉是站在第九条线上将瓦放在头顶上甩头用力击打目标，哪方先用九种不同的姿势全部击倒目标，哪方即获胜。获胜者可用双腿夹着瓦，自起点向靶子跳跃，到近前将其击倒，称作“促头”。本轮游戏即告结束。

另一种玩法是五人参加，按前、后、左、右支 4 个石头靶子，通过将军包决定击打次序，5 人在同一距离位置上用瓦击打目标靶子，任意击倒其中一个目标，即算完成任务。4 个靶子都被击倒后，未击倒靶子的人就是输家。输家需接受惩罚，获胜者根据击倒靶子的位置不同（前面为鼻子，左右为耳朵，后面为小辫）分别抓住输家的鼻子、耳朵、头发，从击打位置走到击打目标位置，惩罚就结束了，游戏再重新开始。

九、骑马

骑马游戏有两种玩法：一种是 7—9 人参加，分为两组，每组 3 或 4 人，另一人当顶棍。游戏开始前，双方以将军包确定哪方当骑士，哪方当马。当顶棍的人背靠墙站好，当马的人弯腰将头顶在顶棍的腹部，后面的人弯腰将头顶入前面人的裆内，一个个连接起来备骑，骑士则在不远处，通过助跑一个个跃上马背，待所有骑士全部跳上马之后，由第一个骑士与顶棍将军包，若骑士获胜，则继续骑马；若顶棍获胜，则双方调换角色，骑士变马。在骑马的过程中，若马被骑士压倒算负，骑士重新再骑，若骑士中有人未跳上马，即告负，让对方来骑。骑马的第二种玩法叫骑马打仗，3 人一帮，两人一前一后，将手握在一起当马，另一个人骑到马上。双方互相接触后，骑在马上的人开始互相撕扯，谁先把对方拉下马，即告胜利。

十、弹琉璃蛋

弹琉璃蛋又称弹琉仁，就是用下跳棋使用的琉璃球互相弹射，可以多人参与。玩时先在平地上挖出 5 个直径约 5 厘米的土窝，窝距约 30 厘米，一字排开，在距离第一个窝约 2 米的

距离，画一条横线，参与者站在横线边缘，将自己的琉璃蛋投向前面的窝中，谁的琉璃蛋先投入窝中，谁就第一个弹。若大家都没有投进窝中，就以距离决定先后次序，离窝距离最近者第一个弹，后面的人以此类推。进入第一个窝后，接着弹向第二个窝、第三个窝，直到进入第五个窝。每轮只能弹击一次，进不了窝者，就要停在原地不动，等待下一轮弹。率先进完全部窝者，谓之“成虎”，成虎的玻璃蛋可以弹击任何没成虎的玻璃弹，并将被击中的玻璃蛋拿在手中，用自己的玻璃蛋将其击出，如被击出的玻璃蛋达到一定距离，就算被吃掉，失去本轮比赛资格，剩下的人继续弹击，直至最后一个被吃掉，游戏便告结束。

十一、打陀螺

陀螺是用一节十几厘米高、七八厘米直径的圆木刻成的。其下方呈圆锥状，锥尖上大多被嵌入一粒钢珠。游戏时用一根自制的鞭子将陀螺缠绕起来，放到地上，突然用力拉动，使其旋转起来，接着用鞭子不断地抽打让它不停地旋转。冬天结冰的时候打陀螺，旋转的时间可以很久。

十二、下五棱棋

五棱棋简便易下，只需在地上画一个纵、横各五道杠的棋盘。每人任选五块小石头、砖头或瓦块作为棋子，就可对弈。走棋时，每步只能走一格。如果出现两枚相连的棋子，与对方的单枚棋子在一条直线上的时候，即将对方吃掉，双方互相攻守，直到吃到对方只剩一枚棋子时，就算胜利。

十三、下五福棋

五福棋的棋盘、棋子材料与五棱棋一样。下棋时，双方把棋子落到棋盘的十字交叉点上，组成不同的棋形。如自己的五枚棋子排成一条直线，称为“五福”。如四枚棋子排成一条斜线，称为“四斜”。三子排成一条斜线，称为“小斜”。如形成一个方框，称为“小筐”。如果五子成为一条斜线，称为“通天”。“五福”可以吃掉对方三枚棋子，“四斜”可吃掉二枚，“小斜”和“小筐”各可吃掉一枚棋子，而“通天”则可吃掉 5 枚棋子。落子完毕后，双方开始计算战果。根据战果和各自的判断，拿掉对方的棋子。剩余的棋子由后落子者先行，互相重新一步一步组织新棋形，谁能组成一个新棋形，就按棋形不同吃掉对方棋子。直到对方所剩棋子不能摆成棋形，游戏即告结束。

十四、猜拳

猜拳亦称划拳，是当地人为增添宴席气氛而进行的一种娱乐活动。划拳时，双方各伸出一只手，通过喊出的数字与伸出的手指与对方喊出的数字与伸出的手指是否相一致，决定胜负。如果都错，或者都对，算平局，需继续进行；若一方出错则告负。一般三拳二胜算一局，输者喝酒。划拳需做到眼快、手快、反应快。喊出的数字不能多于伸出的手指，否则属于“出拳论”。“出拳论”有时是要罚酒的，酒桌上划拳可以随意找对手单挑，也可以轮流坐庄，人人参与。坐庄者称“拳官”，需与全桌的人每人划一局，一圈划完以后再由下一人“当官”，

以此类推，直到全桌人都当过官为止。有时为了渲染气氛，划拳以前，先来一段过门词，如“南山顶上一个牛，两个耳朵一个头，四只蹄子分八瓣，尾巴长在牛后头，牛后头、谁不喝酒牛后头。”还有更长的，如“当朝的一品卿，双眼的大花翎，三星高照，四季到五更，六来的六同春，七个巧，八匹马，提督到九门，十来的全家福，喝酒赌输赢。”喊完过门词后才正式划拳，喊过门词时，拖腔拿调，绘声绘色，再加上手上的比划动作，十分有趣。

十五、赶集

赶集也是过去当地人酒桌上的一种娱乐形式。需 5 人一起玩，每人手持 2 根火柴棒，玩前讲定 1、6、流亭，2、7、李村，3、8、城阳，4、9、王哥庄，5、10、沙子口的集市身份，5 人同时伸手，出示自己手中的火柴棒，若火柴棒的数目和集市代表者的数目相一致，则该人饮酒。

传统游戏还有踢毽、跳房、拾伍、背趟、摸糊、打鼻子眼、打棒、打毽、拔河、弹杏骨、打泥钱、打秋千、翻面单、老鹰抓小鸡、藏猫、摔跤、跳绳、打扑克、打骰子、推牌九、打麻将等。这些传统游戏有的还在继续进行，如打扑克、打麻将等，但大多都仅存于人们的记忆里。

第四节　电影

域内最早看电影是在 20 世纪 50 年代后期，到周围驻军营房中观看露天电影。1958 年，沙子口公社成立电影放映队到各村巡回放映，放映的地点多在姜哥庄小学的操场上，有时也在大街上和东河边。当时，每当人们听到哪天要放电影，都兴奋地奔走相告，有些孩子们下午早早就去占场地。开演的时候，万人空巷，都聚集到场地里。来晚的人须带着高凳子，站在凳子上才能看见。没带凳子的人只好到屏幕的背面去看反面影像，谓之“看反”。1968 年以前，由于没有电，放映队都得带着小型汽油发电机自磨电。有时发电机出现故障，

露天电影

只能停映维修，人们都在现场耐心等待，当重新听到发电机的轰鸣声时，全场掌声雷动，欢呼雀跃。

当时在放映正片之前，都要先放纪录片或幻灯片，称为“加演”。正片放的最多的是战斗故事片和反特故事片，如《上甘岭》《英雄儿女》《前哨》《怒潮》《红日》《董存瑞》《柳堡的故事》《冰山上的来客》《永不消逝的电波》《羊城暗哨》《国庆十点钟》《沙漠追匪记》，也有《洪湖赤卫队》《红色娘子军》《五朵金花》《刘三姐》《李双双》《锦上添花》等戏剧片和反映新时代新风尚的影片。“文化大革命”期间，只能看几部纪录片和由革命样板戏拍成的电影《红灯记》《沙家浜》《智取威虎山》以及《杜鹃山》《龙江颂》等。“文化大革命”以后，随着《小花》《庐山恋》等电影的陆续上映，影片种类迅速增多。20世纪80年代以后，随着电视的普及，露天电影逐渐退出历史舞台，人们再看电影都需要到电影院中观看。

21世纪后，电影业又有了新的变化，不仅电影院的硬件设施建设有了很大改变，而且影片内容更加丰富，拍摄技术更加先进，带给人的感受更加真实愉悦。

第五节　广播

广播最早是从听小喇叭开始的。1958年，沙子口人民公社建立广播站，利用电话线的传输功能将崂山县广播站制作的节目向全公社进行广播，大队办公室安装了一个广播喇叭，每天早晨、中午、晚上都会播放节目。1959年后，允许社员交费后在家中安装，个别经济条件较好的人家，开始将喇叭拉到家里。当时，谁家有个喇叭，周围的邻居都会跟着沾光，晚上聚到一起收听。对于劳累了一天的人来说，那时候晚上能听听戏曲也是一种精神上的享受。20世纪60年代以后，喇叭开始逐步拉入各家各户，得以普及。1968年，村里通电以后，开始安装高音喇叭，高音喇叭除播送节目外还用于广播一些大队的规定通知等，更重要的是宣传党的方针政策、毛泽东思想和毛主席的最新指示。当时毛主席的最新指示都是在晚上的新闻节目中播放，收到指示后，村里立即组织党员干部学习领会。1969年4月1日，党的九大召开时，晚上人们都聚集到大队门前的喇叭下，屏声静气地收听九大召开的重要新闻，像节日一样隆重。

到70年代中期，村里开始有人购买半导体收音机，而后逐渐普及到各家各户，小喇叭逐渐失去了它的作用。半导体收音机原来只有“红灯”和“红声”两种品牌，20世纪80年代，“小海燕”“大海燕”面世，又取代了“红灯”“红声”品牌，这些半导体收音机只有收音功能。改革开放以后，各种国内品牌和国外品牌的半导体收音机，不断涌入市场，这些新品牌的半导体收音机，不但具备收音功能，同时兼具录音功能，老牌收音机逐渐都被淘汰。

第六节　电视

电视出现于20世纪70年代末，个别家庭开始购置12寸黑白电视机。由于接收信号不好，屏幕上会出现大量雪花，有时需要经常调整天线位置，观赏效果很差。尽管如此，人们还是争相观看，几户有电视的人家几乎每天都挤满了人，炕上、炕旮旯、地上到处是人。随着改革开放步伐的不断加快，人们的经济状况逐步改善，购买电视机的人家越来越多，这种情况就不存在了。1983年后，村里开始有人购买彩色电视机。到80年代后期，村里基本家家都有了电视机，但仍以黑白电视为主。90年代以后，彩色电视逐步取代了黑白电视。1991年，村里开始集体安装闭路电视信号接收系统，电视接收天线林立的现象彻底消失。1997年，安装有线电视信号接收系统。2008年，安装数字电视信号接收系统，信号稳定性不断提高，收视效果也越来越好。

第三章　文化设施

第一节　早期设施

村里最早的文化设施是自20世纪50年代以后，设在大队部里的报夹，存放每天刊发的青岛日报、大众日报、人民日报等报纸。60年代在大街东西两侧的房屋墙壁上建造了三块黑板，共青团、民兵组织利用这三块黑板，办黑板报，宣传党的路线、方针、政策，普及科学文化知识。

“文化大革命”期间，在老村东侧，东河西岸原土地庙处建造了一座高大的影壁，上绘毛主席巨幅画像，当时人们经常汇聚到画像前进行早请示、晚汇报。另外在村中和村庄周围一些显眼的位置上建造了十几块毛主席语录牌，宣传毛泽东思想。

20世纪80年代，有人在老大队西屋设立影视厅，播放电视录像节目，售票观看，深受青少年喜爱。

第二节　图书室

图书室始建于1995年，位于村委办公大楼二楼西侧，共有各种书籍3000余册，分为历史、文学、科技等多个门类，供居民阅览，并制定了各项管理制度和管理人员工作职责。

一、阅览室制度

1. 借阅者一律凭证借阅，每次借阅不得超出2小时。

2. 借阅者在借阅室查阅各类书籍报刊资料，只限在室内进行阅览，一律不得私自带出阅

览室，一经发现，以窃书处罚。

3. 借阅者在进入借阅室后不得大声喧哗，以免影响他人阅览，不准吸烟，不得乱扔纸屑、随地吐痰，保持室内环境清洁卫生。

4. 在借阅书刊完毕后，借阅者应把所阅书籍放回原处，以便他人查找。

5. 借阅书刊如出现缺页、破损、沾污者，借阅人应进行适当赔偿。

阳光图书室

6. 借阅室坚持每天白天开放。

二、图书管理员职责

1. 热爱本职工作，努力学习业务知识，扶助辅导村企文化图书室开展读书活动。

2. 严格执行借阅规定，工作认真负责，确保书籍无丢失、无损坏，排列有序。

3. 加强图书室管理，室内卫生清洁，做到井井有条。

4. 书架整齐、美观，已还图书及时分类上架。

5. 购进新书及时上架，不积压，不出差错，账目明确。

6. 对损坏图书及时修补，剔除图书及时注销。

7. 押金、管理费账目清楚，无差错。

8. 定时举办各种读书活动，活跃文化气氛，做到图书管理工作有声有色。

9. 坚守岗位，热情服务。

由于图书室藏书较多，管理友善，面向社会开放，被崂山区文化局授予“阳光图书室”称号。

第三节　其他设施

一、法治文化广场

2016 年居委会在办公大楼东侧、前海花园南部、崂山路以北，建设了一处法治文化广场，定期更换宣传内容，在供人们休闲娱乐的同时，加强社会主义法制宣传教育。

法制广场

二、“沙子口是个好地方”

2019 年，当地政府在村庄东侧、崂山路旁矗立了一块巨大的天然花岗岩石，上面镌刻着“沙子口是个好地方”

几个大字，对这里的自然景色进行了精准的概括，同时对周边环境进行了绿化、美化，从此这里成了居民们的一个休闲娱乐的好去处，也成了外地游客的一个打卡地。为村里增添了一处新的文化景观。

另外，在村委办公大楼内还建有棋牌室、台球室、乒乓球室等文化娱乐设施。

“沙子口是个好地方”

第四章　档案

村里从集体化以后，开始建立档案，有专人兼职负责管理。早期的档案主要存放在大队部和村委会办公室的橱柜中，未设专门档案室。由于大队部和村委会的办公地点几经搬迁，早期的档案多有损毁和流失。1996 年，新办公大楼启用后，在办公楼的二楼，专门设立一间档案室，由专人负责收集管理档案资料，并制定了各项管理制度，实施了各项管理措施。

第一节　管理制度

一、档案工作岗位责任制

1. 分管领导职责：

定期检查档案工作，及时协调解决档案工作中的问题，确保国家相关法律法规的贯彻、执行和档案工作的有序开展。

2. 部门负责人工作职责：

（1）组织贯彻执行国家、省、市及行业有关档案工作的法律法规和业务标准；

（2）负责档案工作规划、计划及规章制度的编制、实施工作；

（3）对档案管理人员的工作情况进行检查指导，组织档案网格人员的业务学习培训，并对文件材料归档工作进行监督检查；

（4）改进和完善工作，不断提高工作质量和服务水平，切实为本单位的各项工作服务；

（5）及时总结档案工作情况，向分管领导汇报档案工作，提出档案工作的意见和建议。

3. 档案员工作职责：

（1）贯彻执行国家、省、市及行业有关档案工作的方针政策、法律法规和业务标准，在档案部门负责人领导下开展工作；

（2）负责档案的收集、整理、统计、鉴定、保管及利用工作；

（3）根据分工做好对各部门及所属单位档案工作的监管、指导；

（4）采取有效措施，确保档案的安全管理，最大限度地延长档案使用寿命；

（5）牢固树立服务意识，及时、准确地做好利用档案的信息反馈工作；

（6）完成领导交办的其他工作。

4. 兼职档案员工作职责：

（1）认真执行档案工作的法律、法规及各项制度；

（2）负责本部门各类文件材料的积累、立卷和归档工作，做到归档文件材料完整、准确、及时、规范；

（3）参加本单位组织的业务培训及其他有关档案工作的各项活动；

（4）完成档案部门交办的其他工作。

二、档案借阅、利用制度

1. 本单位工作人员查阅档案资料，必须填写《查阅档案登记簿》，涉密文件须经分管领导批准同意后方可查阅。

2. 利用档案一般只限在档案室查阅，因特殊情况确需借阅者，须办理档案借阅手续，退回借阅档案时，收卷人应当面核点无误后注销，如发现有缺页、缺卷应立即追查处理。

3. 借阅档案期限一般不超过三天，到期后仍需利用的，须向档案室说明理由，重新办理借阅手续。

4. 本单位档案一般不对外开放，外单位借阅档案者，须持有县、团级以上单位的介绍信，经分管领导同意后方可查阅。

5. 借阅者要爱护档案资料，严禁涂改、圈划、抽换、批注、污损、折绉。如发现上述情况，应及时追查。

6. 档案利用结束后，应办理退还手续，并认真填写利用效果登记。

三、档案保管制度

1. 档案库房具有防火、防盗、防潮、防尘、防高温、防光、防虫、防鼠等设施，确保档案的安全管理。

2. 库房应保持整洁卫生，不得在库房内乱堆杂物。

3. 坚持库房温湿度记录，做到一天记录两次。室内温度应保持在 14℃～24℃，相对湿度应保持在 45%～60%。达不到上述要求时，应及时采取措施。

4. 库房内档案装具排列有序，统一编号，整齐划一。橱具摆放应与窗户垂直，间距不小于 80 厘米。靠近墙壁的橱柜与墙壁间的距离应保持在 10 厘米左右。橱柜间的通道应为可迂回式。

5. 档案排架应系统反应档案整理分类的具体成果，并依次按自上而下、自左而右的顺序

索引。

6. 库房内应编制档案存放位置索引。

7. 档案橱柜应有统一的显示档案门类的标牌。

8. 每半年检查一次室藏档案，并填写检查记录，对已破损或字迹褪色的重要档案要及时修复或复制，最大限度地延长档案的寿命。

9. 档案收进、移出要填写收进、移出登记簿，严格交接手续，做到准确无误。

10. 建立全宗卷，保持全宗卷管理的连续性。

第二节　管理措施

档案室配置有电脑、空调、除湿机、摄像机、照相机、服务器等设施。档案资料分为文书、党建、工会、妇女、共青团、计划生育、安全、局务管理、养老保险、医疗保险、社区救助、基建、股权、拆迁、会计、照片、音像、疫情防控等18类1345份，分柜保存。

第五章　医疗卫生

第一节　旧时医疗

1949年以前，本村无任何医疗机构，亦无医疗从业人员。人们患病以后，只能用偏方或土法治疗，大部分是硬扛，有些患有重病，实在扛不过去，无奈之下，只好去邻村请个中医大夫（称搬先生）到家中诊疗，当然这还得是经济条件较好的家庭。由于缺医少药，有时候人们患病不得不求助于巫医神婆，或求神拜佛、烧香许愿，亦有一些人自己用一些民间小巫术，祈求祛病消灾。

1949年以后，村里的医疗卫生状况不断得以改善。1955年沙子口联合诊所在南姜村设立保健站，负责姜哥庄和石湾村的防病治病工作。其后，曲知明在自己家中开设中医诊所，自此村中开始有了中、西医两个诊所。

第二节　卫生室 个体诊所

1965年为贯彻落实毛主席“把医疗卫生工作的重点放到农村去”的6.26指示精神，青岛市的一些大医院的医护人员开始大批到农村进行巡回医疗工作。在防病治病的同时，也为农村培养了一些初级基层卫生人员。这些农村基层卫生人员后来被称为“赤脚医生”。曲立

柏是村里最早的卫生员，曲桂花是村里最早的赤脚医生。同时建立了南姜大队卫生室，卫生室设在老大队西厢屋。当时农村实行合作医疗制度，社员看病只记账，不收费。卫生室集医疗与防疫于一身，为当时人们的防病治病工作发挥了重要作用。其后曲宝光、曲宝生、曲翠芳、曲知孔、曲同竹等人都先后在村中干过赤脚医生。

卫生室

20 世纪 80 年代，合作医疗制度取消，农村医疗卫生工作实行有偿服务，村卫生室开始实行承包经营。曲宝生承包大队卫生室，曲翠芳、曲知孔、曲同竹都先后开设了个体诊所。后来又有一些外地人在村中开设了诊所，现南姜社区卫生室负责人是曲彬。

第三节　新型医疗制度

新型医疗制度包括合作医疗、大病统筹、医疗保险等。

一、合作医疗

1997 年崂山区制定了《青岛市崂山区农村合作医疗暂行规定》，规定明确，设立合作医疗基金。合作医疗基金有区、镇、村集体和群众个人四方筹措，集体占 30%，个人占 70%，村民自愿参加，参加者住院费用可按 30% 的比例报销。

二、大病统筹

2003 年，《青岛市崂山区农村大病统筹医疗实施方案》和《崂山区农村大病统筹医疗规章制度》正式实施。方案规定，村民每人每年缴纳 10 元，村、街道等筹资 20 元，市筹资 10 元，共计 40 元。2004 年根据国家统一要求改为“新农合”制度，将老年人健康体检、孕产妇保健、儿童保健、高血压、糖尿病检测、乙肝免疫等纳入补偿范围。2005 年筹资标准提高到每年人均 80 元。

2010 年“新农合”制度进一步完善，筹资数额大幅提升到每人每年 270 元，其中个人缴 60 元，社区补助 30 元，各级财政补助 180 元，本社区个人缴纳部分由社区集体缴纳，大病报销比例也得到相应提高。

三、医疗保险

2011 年政府实施“惠民政策”将全体居民纳于医疗保险体系，所有居民均持有一张“中华人民共和国社会保障卡”，简称“医保卡”，居民的医疗报销比例提高到 70% ～ 80%。部分重病追加报销，解除了居民的治病之忧。

第四节　妇幼保健

旧时，村中孕妇并无产前检查和孕期保健等措施，只是到临产时，请接生婆到家中接生，如遇难产等特殊情况，则束手无策，只能听天由命。另外，由于接生器械未经消毒处理，新生儿破伤风（俗称发脐疯）的感染率很高，极易导致婴儿死亡。

1949 年以后，政府开始加强对妇女儿童的健康保护工作，不断宣传和推广新式接生法，并培训接生人员。本村曲月兰在原有接生经验的基础上，又接受新的培训，成为村里唯一一名接生员。一直到 20 世纪 80 年代末，本村的新生儿大部分都由她接生。

1987 年开始对孕妇进行围产期保健工作，定期进行产前检查。1988 年后，开始对妇女和儿童进行定期查体，实行程序化管理。其后，孕妇基本全到医院生产，根据情况不同，分别实行顺产和剖宫产，大大保障了妇女和儿童的身心健康。

第五节　卫生防疫

卫生防疫工作始于 20 世纪 30 年代初，当时的青岛市防疫委员会派医务人员到村里为村民注射霍乱疫苗和伤寒疫苗。在此之前，村中无任何防疫措施，各种传染病如天花、霍乱、水痘、麻疹、伤寒、百日咳、流脑、脊髓灰质炎、白喉等肆意流行，尤其对缺乏免疫力的婴幼儿而言，要经历一道道生死难关，死亡率很高。在村南的墓地周围过去有一处专门丢弃病死婴幼儿的地方，称“死孩子夼”。有些患有天花的病人，虽然逃过一劫，却要留下终身麻点。牛痘接种之后，天花病被彻底消除。

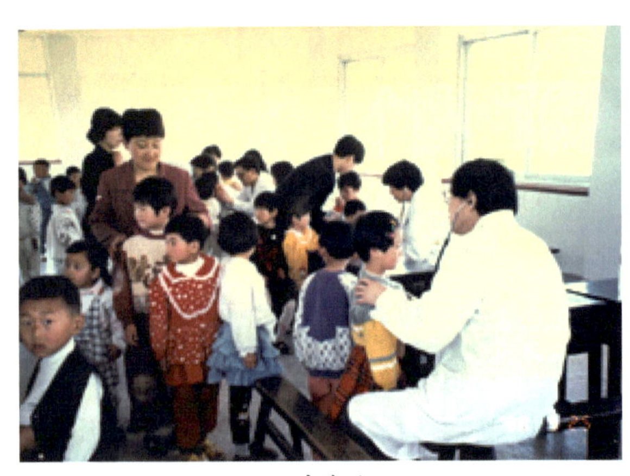

儿童查体

1949 年以后，政府不断加大对卫生防疫工作的管理力度，按时接种，注射各种疫苗，村中再未出现大的疫情。1978 年开始实行计划免疫接种卡片制度。1985 年实行预防接种证制度。1987 年后，建立“四苗”（卡介苗、麻疹、脊灰、百白破）接种门诊和证卡，接种时做到卡证相符。1993 年进行 4 岁以下儿童消灭脊灰强制服苗。1999 年对甲肝、乙肝重点人群进行疫苗接种。2002 年进行风疹疫苗接种，将卫生防疫工作纳入制度化、规范化管理，从根本上预防了各类传染病的发生。

第六节　疾病种类

疾病的发生与生活环境、生活条件密切相关，不同的时代会发生一些不同的疾病，有些过去的常见病、多发病现在已经消失，而一些新的疾病开始出现。

一、过去的常见疾病

过去最常见的疾病是支气管哮喘、慢性支气管类、肺气肿、肺心症、风心症和各种肠道寄生虫病。

支气管哮喘　俗称“拉鼽”，是一种过敏性疾病，过去由于人们对这种病认知不足，处置欠妥，致使其反复发作，并发炎症，久而久之形成肺气肿，进一步发展成肺源性心脏病。这种病在发病时呼吸困难，严重缺氧，面色青紫，极度痛苦，域内很多人过去患有这种疾病。

风湿病　风湿病也是村里过去的常见病之一，最多的是风湿性关节炎和风湿性心脏病。

寄生虫病　过去由于生活卫生条件差，人畜共圈，大量含有虫卵未经处理的粪尿直接施入庄稼地中。庄稼收获后，有些直接被人食用，致使寄生虫在人体内生长、繁殖，造成疾病，最常见的是蛔虫病和钩虫病。

蛔虫病　蛔虫病有蛔虫性腹痛、蛔虫性肠梗阻、胆道蛔虫病等多种。蛔虫性腹疼是因为大量的蛔虫在肠道中缠绕成团，堵塞肠道，引起疼痛。如果堵塞的时间太长，使肠道不能正常排便排气，就形成了肠梗阻。胆道蛔虫是因为蛔虫钻到胆管中，引起胆绞痛，后两种情况多需要手术治疗，给患者造成极大痛苦。

钩虫病　是由钩虫寄生人体小肠而引起的疾病，主要可导致贫血，营养不良，胃肠功能失调，严重的可出现心功能不全和发育障碍。由于严重贫血，致使人面黄肌瘦，所以当地人又称黄病。肠寄生虫病在20世纪80年代前是一种广泛存在的疾病，特别是儿童，几乎每年都要服驱虫药。当时国家专门生产了一种带甜味，形如塔状的药物，称为“宝塔糖”或“番瓜把”等，专供儿童服用。另外流脑、结核病、肝炎、疟疾等疾病过去在本村也常有发生。

21世纪，随着生活环境，生活方式的改变，以及医疗水平的不断提高，这些疾病逐渐消失。

二、现在的常见疾病

现在的常见疾病，并不是现在新出现的疾病，而是过去就有这种疾病，只是村内极少有人患过。这些疾病主要有糖尿病、高血压、冠状动脉粥样硬化性心脏病、痛风等，这些疾病的增多，与生活条件的改变不无关系。

第六章　体育

第一节　球类

一、篮球

20世纪50年代时，村里在西场园设立了一副篮球架，当时的不少年轻人都很喜爱这项运动，每到闲暇之时，便去球场打球。有的打得较好的球员，组成了一支业余球队，与邻村的球队和周围驻军球队进行比赛交流，增进了彼此间的感情和友谊。60年代中期，篮球架被拆除，但业余篮球队一直存在，并不断有年轻一代加入进来，新的训练场地转移到了姜哥庄小学门前的球场。1985年，村里又在东河东侧，崂山路北侧新建了一处篮球场，周边有围网，极大方便了青少年和篮球爱好者训练、健身。自20世纪50年代以后，先后有曲学宽、曲学家、曲知明、曲知央、曲学岐、曲学三、曲知冬、曲知宽、曲知家、曲训明、曲学谭、曲知强、曲同宝、曲学柱、曲同峰、曲学利、曲立祥等很多人都在村里参加过训练和比赛。1993年，因住宅和厂房建设需要，篮球场设施被拆除。

二、乒乓球

乒乓球运动兴起于20世纪60年代，首先是从学校开始的，当时的姜哥庄小学有一个乒乓球台子，学生们都很喜爱这项运动，放学后就围在球台边挨号等待。当时的赛制是21个球为一局，三局两胜或五局三胜制，因为人多，只能采用11球为一局，一局决胜负。即使这样，有些人一下午也不一定能轮到一次上场的机会，只能在旁边看热闹。随着学生们的毕业，这项运动也被带到了社会，成为一项比较广泛的体育运动。当时人们买不起球台，就想一些土办法，用石块、砖头、水泥建一个球台，球台中间两侧各放一块砖头，横上一根竹竿，即为球网。尽管条件如此简陋，人们仍乐此不疲。1996年，村里购置了乒乓球台，从此这项运动在域内有了正式的活动场所。

三、羽毛球

羽毛球在本村主要是以家庭为单位开展的一项运动，基本不受场地限制，随意挥拍，来回击球。

第二节　跳绳、拔河、打秋千、游泳

一、跳绳

跳绳有单人跳、双人跳、多人跳等多种方式。单人跳是自己抡绳自己跳；双人跳是一

人抡绳，带动另一人跳；多人跳又称跳大绳，由两人抡绳，多人一起跳。多人跳绳有时候分为两组，一组人抡绳，一组人跳绳，跳绳的一组有一人被绳索绊住即告负，双方变换角色，如此循环往复。

二、拔河

拔河是一种同心合力的运动，需要力量与技巧的高度结合，众人力量的同时爆发是取胜的关键，而组织引导人们力量同时爆发的“号子”起着至关重要的作用。20 世纪 50 年代，由爱国渔业社的渔民们组成的拔河队在与对手比赛时，一开始对“一、二、加油”的号子不习惯，用不齐力，败下阵来。后来，改用渔民们打橛时的号子，一举获胜。

拔河

三、打秋千

秋千有架子秋千、转秋千、简易秋千等多种多样。

架子秋千　由六根桅杆和一根竹竿架设而成，其中两根桅杆作两侧立柱，一根竹竿作横担，四根作支撑。架子秋千的打法主要有两种：一种为站立式，一种为仰卧式。站立式是两脚站在绳索上，两手把住两侧绳索，有人由后向前将打秋千的人推送出去，利用惯性，顺势用腿和腰部的力量，蹬踏绳索，使身体荡起空中，荡得越高，显示出技艺越好。仰卧式又称打蛆，是将身体横卧在绳索上，两手抓住绳子的一端，两脚蹬在绳索的另一端，利用腰腿部的屈伸蹬踏和头部的左右摇动，使身体在空中来回摆动，也可荡得很高，别有趣味。

转秋千　转秋千由一根立柱、一盘轴承、一根横担组成，横担两侧栓有绳索。打秋千时，左右两个人同时坐在绳索上，中间有两人站在立柱旁，手持长竿，推动秋千绳索，使其转动，待转到一定速度和高度时，即放开长竿，使其利用惯性自行转动，很具刺激感。

简易秋千　简易秋千是各家各户，因地制宜控制的一种小型秋千。有的拴在过道中，有的拴在胡同里，供自己家人，主要是孩子们坐在上面悠荡。

架子秋千和转秋千一般是在清明节早晨架设，保持 3 ～ 4 天后拆除。简易秋千存在的时间比较长。

四、游泳

游泳，又称凫水、揽水。域内背山临海，河、湾较多，特别适合游泳。因此，旧时村内的青少年三岁、五岁时便跟随大人们学游泳，十多岁时，好多人便成了扎猛子（潜水）和游泳的好手。1949 年后，本地的好多青年参军入伍，因他们的水性好，身体壮，被分配当了海

军战士。本地游泳姿式多为祖传的狗刨式、脚蹬式（蛙泳）、扎猛子（潜水式）和踩水式（身子直立于水中，胸部以下浸在水下），尤其以潜水捞物最受青少年们的喜爱，当作水中比赛的主要项目。

20 世纪 60 年代后期至 70 年代中期，游泳在当地曾盛极一时。后来，随着河湾水量减少，水质变差，前湾海沙逐渐减少等原因，游泳的人数也不断减少。现代人们学习游泳大多到专门的场馆。

第三节　武术 棋类

一、武术

1949 年以前，村中有人习练过螳螂拳、猴拳、长拳、地功拳、摔跤等武术项目。1949 年以后，由于耕作繁忙，无人再继续习练。20 世纪 80 年代，当时的一些少年又跟随老一代拳师练拳习武。后来随着老拳师的离世，无人再继续传授。

二、棋类

棋类有早期的五棱、五福、憋死牛等简易棋，到后来的军棋、跳棋、飞行棋等多种多样，但人们下的最多的还是象棋。村里代代都能出现不少象棋爱好者，其中也涌现出一些棋艺较高的业余选手，在一些比赛活动中，取得较好的成绩。2004 年在沙子口街道举办的“沙建杯”，2012 年举办的“源诚杯”庆新春象棋比赛和 2017 年第 29 届“迎春杯”象棋比赛中，村里先后取得两次团体第二名和一次团体第一名的好成绩。

象棋比赛荣誉

第四节　健身活动

1949 年以前，人们为求生存而辛勤劳作，无暇顾及健身活动。1949 年以后，为活跃人们的业余文化生活，增强人民体质，村里在西场园设置了单杠、双杠等器材，供人们进行健身锻炼。20 世纪 60 年代中期，这些器械被拆除，加上当时耕作繁忙，人们也缺乏开展健身活动的条件。改革开放以后，随着生活水平的不断提高，人们开始逐步有了健身活动的意识。20 世纪 90 年代以后，一些中老年人自发地进行爬山、走路、压腿等活动。后来村里购进了健身器械，建立了健身广场，供人们进行科学健身活动。

2004 年，村里组队参加了“崂山区巾帼健身展示”活动，获三等奖。

健身会演

第五节　体育比赛

2006年、2007年、2008年，沙子口街道办事处连续举办三届秋季农民运动会，村里都组队参赛，并在第一届运动会上取得团体总分第二名的成绩，获“最佳入场方队奖”。在第二届运动会上获拔河第一名，展示出不凡的实力和团结奋进的精神风貌。

在各个单项比赛中，很多运动员都取得了优异成绩，据不完全统计，在历届运动会中，曲宝彦曾获男子400米、800米赛跑两项第一名。周飞分别获得女子100米赛跑和跳高两项第一名。曲震获得男子400米赛跑第一名。曲文斌获得男子200米赛跑第三名，同时还获得过集体项目男子4×100米接力赛跑第三名。

第十一篇

民俗方言

第一章　人生礼仪

第一节　婚姻

婚姻是人生大事，自古以来就是人类社会的重要生活内容。婚姻礼仪作为一种社会民俗事象，随着社会的发展而发展，随着社会的变革而变革。本村的婚姻风俗与崂山其他地区大致相同，男子结婚称“将媳妇”，女子结婚称“出嫁”。婚姻礼仪一般要经过说媒、相亲、订婚、送日子、娶亲等多道程序 。

一、正常婚姻

说媒　20 世纪 50 年代前，本村的婚姻仍然受“父母之命，媒妁之言”封建礼教的禁锢，男女双方对自己的婚姻大事没有自主权。媒人来往于两家之间介绍情况，美言撮合。双方认可的话，便由男方出面，正式请媒人前往女方家商定亲事。女方则在对方门第高低、品貌、年龄般配、彩礼等方面进行抉择。

媒人可以是亲友、熟人或专门的媒婆。对于旧时的媒婆，人们有褒有贬。褒的说：“千里姻缘一线牵，无线难以成姻缘。”贬的说：“痴人做保，馋人说媒，媒人两头相瞒，不瞒难成姻缘。”所以说，媒人成全了许多美满姻缘，也造成了许多不幸的婚姻。如今，虽然提倡自由恋爱，但媒人仍起着很重要的作用，找媒人提亲仍是必要的程序。

旧时，如果双方都满意，两家男女要互换年庚帖子，把男女双方出生的年、月、日、时的干、支（即生辰八字）写在上面，请算命先生“合婚”，推算双方属相和生辰八字是“相生”还是“相克”。如不相克，就可商议结亲之事。新中国成立以后，本村的青年男女也和全国的青年男女一样获得了婚姻自由，自找对象，自由恋爱。在征得父母同意后，请介绍人象征性地“引线”，自主订婚，但还有靠媒人说亲的。

相亲　相亲，也叫“相对象”。旧时，新婚夫妇只有在洞房揭盖头时方能见面。为了防止受媒人欺骗，双方父母只能暗地里打听，了解对方的相貌、年龄与媒人说的是否相符，同时还要打听对方的为人和家庭行事。女方还要打听男方的家庭境况。如今，相亲已成为公开的不可或缺的程序。

相亲时由媒人（现叫介绍人）约男女双方到第三者家中见面，如彼此相中，即可建立恋爱关系，经过多次交往，认为条件成熟，就安排女方到男方“验家”。验家往往会影响到婚姻的成败，因此男方家中十分重视，要精心布置，把值钱的东西亮出来，家长也要穿戴整洁。有的甚至借用外人的东西，以显示自家的富有。

验家时，男方要准备酒饭和礼钱，女方若满意就会答应留下吃饭。若叫“爹”和“娘”，

男方父母要掏钱给女方，叫见面礼。这门亲事就算定下了。20 世纪 90 年代以后，验家一俗已逐渐淡化。

订婚 订婚，又称“定亲”“撒媒柬”。旧时订婚要换柬，由男方准备柬帖两张，一张写明男方生辰八字，封面写上“敬求金诺”等求亲字样，用红漆匣装好送女家。女方接柬后，照样填写另一张，写上“谨遵玉言”或“愿结秦晋”等字样送还男方，表示同意结亲。

订婚时，男方要向女方送“定亲礼”（也叫“彩礼”），定亲礼有四色礼，即饽饽、点心、粉条、带鳞的鱼。富有人家送金银首饰、绸缎衣料和钱财，一般人家送布料，称“送衣裳面”。如今送彩礼之风仍然很兴盛。随着经济条件的不断提高，彩金也在不断增多，有的达到数万元，甚至更多。订婚的衣物、首饰、器具也都追求高档。

订婚这天，女方中午要设宴款待媒人和男方客人，并有亲朋好友作陪。宴席上当众交换媒柬。订婚后双方夫妻关系算正式确立，别人就不再来求婚了。

送日子 旧时，男方请人择订婚礼日期后，要将婚礼日期写成柬帖，叫“婚书”，送往女方家。婚书上除婚期外，还有新娘的下轿方向等内容，都是请算命先生事前卜定的。婚书要在婚礼前 40 天发送，以便双方都有充分的准备时间。如今，此俗已废，婚期由男方确定通知女方或双方共同商定。

抬嫁妆 结婚前一两天，男方要组织人到女方家去抬嫁妆。嫁妆多是箱、柜、桌、椅、被褥等生活用品。现在多改为彩电、冰箱等高档商品了。嫁妆被抬走后，女方要请一个公婆、夫婿、儿女皆全的妇女给待嫁的女儿“开脸”。开脸是用红线把脸上的汗毛绞掉，开脸以后就表示姑娘将成为媳妇了。

另外，本村还有“铺炕”的习俗，由男方家将新被一床床铺开，四周放上栗子、枣，再让一个小男孩在上面打几个滚，以求早生贵子。现在，大多家庭已经没有土炕了。但“铺炕”的习俗没有改变，只是变成了“铺床”和“滚床”。

娶亲 娶亲是婚礼中最隆重、最热闹也是最烦琐的环节。旧时，娶亲时男方要备轿两乘，一乘叫“官轿”，由新郎乘坐，一乘叫“花轿”，由新娘乘坐。

新郎上轿前，要披戴红绸，戴大红花、礼帽，之后踏红毡走上“官轿”，在鼓乐声中前去娶亲。到女方家后由送迎客陪着吃饺子和鸡蛋。

旧时结婚照

新娘离家时要盖上盖头，两脚不能沾土，在鼓乐声中踏着红毡上轿。回途中经过村庄时要走得慢或掀起轿帘让人观看新郎、新娘，叫压村。回到男方村头，长鸣三声大号后，轿夫们便有意将花轿上下颠簸，左右晃动，称作“晃轿”，让新郎、新娘出“洋相”。若遇到一天两户结婚的场面更热闹，吹鼓手们各显神通，欲将观众吸引

过来，这叫“打对蓬”，过后才缓缓抬轿回家。

落轿后，在鞭炮声中，新娘由两个伴娘扶着踏上地毡，进入院内与新郎同拜天地、拜父母，夫妻对拜后，入洞房。入了洞房二人同踏接脚石上炕后，再按查定的方向坐下，新郎便用秤杆将新娘“盖头”挑下，二人同饮“交杯酒”，吃“宽心面”。至此，夫妻关系就算正式确定了。中午喜宴开席，称“坐大席”，这是旧时村中最丰盛的筵席。热菜要一道一道上，吃完一道换一道，一般要吃整整一下午的时间。

闹房是婚礼中必不可少的，俗语说：“新婚三日无大小”，所以不分大小辈分，亲友都可到新房捉弄新娘。乡俗认为不闹不喜，越闹越吉利。因此，闹房常会使新娘叫苦不迭。

新娘入洞房后，要在炕上坐三天，称为“坐三日”。三日内吃喝不下炕，大小便要在房中无人之后。所以有些新娘为坐三日，婚前就不多吃，三日内也少吃，吃饭时用娘家带的筷子，意为从娘家到婆家后别人伺候，别人干活，自己享一辈子清福。现在一般都坐一天，或象征性地坐一坐就可以了。

婚后第二天天亮前，男方的亲大爹或二爹家设早宴请新娘子吃饭，称作为新媳妇“梳头”，以示一家人亲情和睦。

婚后三天，新娘由新郎陪同回娘家，叫“回亲”，也叫“望四日”。早饭后新娘打扮一新，骑着毛驴带上礼品和新郎一起回娘家。中午岳父家摆设宴席招待，并请主要亲朋作陪。下午新娘必须在日落前赶回婆家，此俗至今未改，只是毛驴换成了汽车。另外，旧时还有“叫七”“换八”的习俗。

新中国成立以后，婚俗发生了很大变化，人们不再只选择“黄道吉日”，而选择“五一”“十一”“元旦”等节日，或双休日等日子。20 世纪 60 年代中期以后，花轿娶亲的习俗已被革除，人们改用自行车、拖拉机、摩托车娶亲。90 年代以后，汽车迎亲渐兴。一些繁俗随之去掉，但“相亲”“订亲”“抬嫁妆”“喝交杯酒”“吃宽心面”“望四日”等习俗沿袭至今。

现在的婚礼多在宾馆或饭店举行，迎亲汽车在 3—5 辆之间，个别条件好的家庭车辆可以更多。婚礼上除保留一些传统的仪式外，更多的是现代的仪式，一般都请婚庆公司给操办，包括摄影、摄像、请婚礼主持人等。有些家庭还请舞狮队助兴，并鸣放礼炮，以示隆重。亲友们送礼祝贺，贺礼除装饰品、实用品外，多为“喜钱”。中午设喜筵款待宾客，少则几桌，多则几十桌，席间，新娘、新郎向客人一一敬酒，客人以吉言祝福。

二、特殊婚姻

招赘　俗称“招养老女婿”或称“倒插门”，是一种男到女家从妻居的婚姻形式。过去，有的家庭无子，为继承家业，传延子嗣，养老送终，或因舍不得女儿远离，便设法招赘女婿入门。“赘婚”也举行迎娶、拜堂等仪式程序，但要比男娶女简单得多，且是在女方家举办。养老女婿大都是家境贫寒、兄弟多、无力娶妻的男子，所以在家庭和社会中的地位较低，有

的还要从妻改换姓氏。如今，经男女双方同意，男子自愿到女家入赘，上门女婿与所有家庭成员享有同等待遇，不必改换姓氏，其子女姓氏可随母，亦可随父。

换亲 两家人将子女互换给对方做儿媳和女婿称“换亲”， 换亲多由父母做主，两家子女很难都满意，因此，往往造成家庭不幸和婚姻悲剧。新中国成立以后，此俗已废。

娃娃亲 娃娃亲是孩子在幼小时，双方家长便定下亲事，待长大后再举行婚礼，娃娃亲一经确定，不能悔婚，所以造成许多悲剧。新中国成立以后，此俗已绝迹。

第二节 喜庆

喜庆礼仪包括生礼、寿礼、建房、乔迁等各种值得庆贺的礼仪。

一、生礼

一个生命的诞生，对于其家庭乃至其家族来说，是一件极其重要的大喜事。在当地，女子怀孕要说“有喜了”，婴儿降生要说“添喜了”，给亲友传送生育信息称“报喜”，亲友前来庆贺叫“看喜”。另外，还有喝喜酒、吃喜面、蒸喜饽饽、烙喜饼、送喜蛋等，喜字几乎贯穿着妇女生育的每个过程。

报喜 婴儿降生后，婆家人要到女方的娘家去报喜，一般是公公去，或大伯去，也有的是女婿自己去。接到喜讯后，娘家人要赶紧安排人烙大饼、煮鸡蛋，并设宴款待报喜人。乡邻亲戚朋友们听到喜讯后，即主动到产妇家贺喜，俗称“送汤米”“看喜”，礼品多为鸡、鸡蛋、猪蹄、红糖等。现在经济条件好了，开始送童装、睡袋、童车，或直接送看喜钱。

过三日 添喜的第三天，给婴儿“过三日”。宴请亲朋乡邻吃喜面，喝喜酒，名曰“吃三日面汤”。还要给乡邻们送喜蛋、喜饼。给孩子起名也是“过三日”的一项内容。乳名（小名）多由祖父母或父母等长辈提前起好。过三日这天，向亲友乡邻们宣布。到上学的时候，再另起学名（大名）。旧时，男孩多以吉祥字为名，如长生、长贵、长顺、进财、进喜；有的以其祖父的年令为名，如五八、六喜；还有的直接以排行为名，如小三、小四。新中国成立以后，又有以出生时的形势命名的，如解放、援朝、公社、红卫等。女孩多以时令花卉为名，如春兰、荷花、小菊、桂香、冬梅。有的名字则寄托着父母的某种愿望，连生几个女孩希望有个男孩的常给孩子起名叫“招弟”“盼弟”“拎弟”“爱弟”“增弟”。怕孩子夭折则叫“栓住”“留住”“狗剩”。如今，人们多给孩子起一个名字，不再分乳名（小名）、学名（大名），又多喜欢起单字的名字，小时只是把名重叠一下，如明明、亮亮、荣荣、玲玲、菲菲。

搬满月 所谓“满月”，就是指婴儿出生后满一个月，这一天要给婴儿理发，俗称“铰头”。“铰头”要在上午进行，请族中未婚姑娘在婴儿头上自下而上铰3圈，铰下的胎毛用一张面箩接住，再用红布包好，缝在婴儿的枕头里。铰头时须有舅舅在场。如舅舅不在，则在小孩身旁放一个蒜臼，谐音“舅”，代替舅舅参加。下午，由舅舅搬回娘家住，叫“搬满月”。

过百岁　婴儿出生的第九十九天，称“百岁”。亲戚朋友、街坊邻居都要前往庆贺。礼物多为小儿服装、鞋帽，或毛线、布料等，现在多为直接拿贺喜钱。这一天，要给孩子穿戴整齐，抱起来到炕角上站一站，称“站炕角”。

长命锁

过百岁要给婴儿戴“长命锁”，锁多为银质（现多为金质），上有“长命百岁”或“长命富贵”等字样，及麒麟送子等图案。以祝其富贵、长寿、吉祥。过百岁还要喝喜酒、吃喜面，亲戚、朋友、街坊邻居欢聚一堂，祝福孩子健康成长，长命百岁。

抓周　婴儿的第一个生日，一般都要隆重庆祝。有的是到姥娘家过，请客吃酒。还有一个重要项目是“抓周”，也叫“试周”。就是在一个大盘里放上书本、钢笔、算盘、刀剪、钱币等物品，任婴儿随意抓取，以此来预测他的一生和前途。如今“抓周”已成为一种家庭游戏，为生日平添几分乐趣。

二、寿礼

诞辰　俗称“生日”，它记录了一个人来到世间的年岁，因此历来很受人们重视。本村人庆祝诞辰，一般将 60 岁以前的叫“过生日”，60 岁以后的称为“做寿”。10 年为一大寿。“做寿”有很多讲究，如今仍受人重视。

旧时做寿除已婚的闺女给老人买新衣（或衣料）外，主要是全家聚集在一起陪老人喝庆寿酒、吃寿糕、长寿面、寿桃等。现在做寿基本还是这些习俗，只是有的家庭增加了摄影、摄像、唱祝福歌等新项目。有的在酒楼设宴庆贺，不再在家中聚餐。

过去村里人还有提前做寿衣、寿材、修寿坟的习俗。寿衣是指老人生前做好的送终衣服，也称“送老衣裳”，包括衣裤、鞋袜、帽子等。一般过了六十寿辰开始准备布料，但需过了七十寿辰以后才可缝制。寿材是指老人生前打制好的棺材，以备死后使用。20 世纪 60 年代以前，无论是富贵还是贫贱，只要不沦为乞丐，人们都要攒足钱准备寿材，只是材质不同而已。富贵人家用名贵木材，普通人家用一般木材。寿坟也称“喜坟”，是指老人亡故前修建的墓穴，一般有两种建造方式，一种叫“发玄坟”，用砖砌成；一种叫“石匣坟”，全部用石头砌成，下葬后用石板盖住，这种坟式最为普遍。自 20 世纪 60 年代中期以后，做寿材、修寿坟的习俗已全部被革除，但做寿衣的习俗还在一些家庭中存在。

三、建房、乔迁

建房　建房又称“盖屋”，是农村人的大事。旧时，建房前要请人看风水，择宅基，选黄道吉日开工建造。起屋上梁时要举行庆贺仪式，在东西两架梁上分别贴上“上梁迎百福，立柱纳千祥”的红对联，中间脊印上贴“上梁大吉”的横批。还要绑上筷子，用红绳系上铜制钱，挂上红布等饰物，以求吉利。同时燃放鞭炮，摆设供品，祭奠天地。房屋落成后，主

人要在新房内设宴招待亲朋、工匠和帮工者，酒菜一般都很丰盛，是农村最隆重的宴席之一。

乔迁 新房建成后，房主搬入新房居住，谓之乔迁。这时亲戚朋友们都要携带礼物前来祝贺，称作“烧炕”。

如果搬入新房内居住的是新婚小两口，媳妇的娘家人，则要在“烧炕”时买上箢篼、簸箕、水桶、锅盖、饭桌，甚至碗、勺等居家过日子用的家具、炊具，让小两口勤俭持家，争取过上丰衣足食的好日子。

第三节 丧葬

丧葬礼仪是人生终结的礼仪，礼繁而事细，历来都办得庄严而隆重。

一、丧制 、丧礼

早在春秋时期，中国人便有一套丧葬礼仪的规范制度。几千年来，虽地域不同，时移世异，但这套丧仪中的一些主要内容与程序仍被历代承传了下来，一直相沿至今。

旧时当地人去世后一直采用土葬，“文化大革命”后，逐步采取火化，但火化后其骨灰仍埋入地下。

人去世后从咽气到出殡要停放 3 天（过去有些大户人家有停放 5 ～ 7 天者），中间要经过更衣、报庙、报丧、入殓、吊唁、送盘缠、出殡、安葬等多道程序。

更衣 人在临终前，亲属要为其穿上寿衣，守候跟前，高声呼喊死者称谓，称作“叫魂”。如果子女都在场，则称为“儿女齐全”“有福气”。人咽气后，第一件事是在炕旮旯烧“倒头褡子”，也叫烧“咽气纸”。随之在正间架起灵床（多用门板），而后从死者炕边扯起整匹白布，一直扯到灵床边，称作“扯桥”（意为扯起通向阴间的桥）。接着将死者头部朝东抬起，擦着布桥抬到灵床上，子女们开始在灵床边守灵，

报庙 “文化大革命”前，村东河边有座土地庙，人死之后，从当天起报庙二天，一天三次，报庙时按男性在前（长子在最前手捧牌位），女性在后的顺序，边走边哭边喊死者的称谓，俗称“叫路”，到土地庙前烧香、烧纸。奠茶后，由长子念“过路词”：“爹（娘）×× 年 × 月 × 日，你倒头，上西方，走冥路，过金桥，苦处使钱，甜处安身。”念完后，众人一齐磕头作揖，完后，再从原路返回，将牌位放回原处。

报丧 人去世后，丧家近亲晚辈要到亲友家报告死讯，说明死因和死亡时间、殡丧时间，落实对方参加丧礼人数，称作报丧。

入殓 将死者入棺，称入殓，亦称盛殓。时间多在死后第二天的下午，是向死者遗体告别的仪式，要经过铺棺、装尸、盖棺等程序。装尸前，死者子女要为死者净面，一般是用棉球蘸水在死者脸上象征性地擦拭几下，然后由子女们抬入棺内，盖上被子，放入死者生前喜爱的衣物等。入殓时，死者的亲属都要到场。入殓后，钉上棺盖，称“封棺”，“封棺”后，

入殓仪式即告完成。

吊唁　又称“吊孝”，是悼念死者的一种形式，也是普遍流行的重要丧俗之一。吊唁一般从盛殓之后开始，丧主在家中设灵堂，灵前放一张桌子，桌上摆放死者牌位、香炉、供品，亲友、邻里前来吊孝时，死者亲属陪哭，随后跪拜亲友、邻里，谓之“谢孝”。

旧时，停灵期间，丧家子女要披麻戴孝日夜守灵，朝夕祭奠。出殡的前一天，守灵的人不能睡觉，谓之“坐夜”，意思是最后再陪亲人坐一夜，以尽孝道，现在程序有所简化。

送盘缠　送盘缠就是为死者西行送的钱财费用，时间是亡故后的第二天晚上，报完庙之后进行。事先要扎好纸轿、纸马、纸人，备好包袱、褡子、纸钱等。

送盘缠时，亲友尽量都要到场，地点一般在村头的十字路口，方向一般都是西南方。因为传说祖先是从云南迁移来的，所以亡故后魂灵还要回老家。

参加送盘缠的人都不能啼哭，只能小声喊着死者的称谓，让其上轿西行。待纸人、纸马、纸钱等焚烧完毕后，一齐向西方遥拜。

出殡　出殡是丧礼中最隆重的一道程序，其程序一般为：制旌、修坟、下葬等。

制旌　旌要在出殡前找人制作好，标有死者姓名、年龄等，当死者下葬入穴后，由专人将旌平铺在棺材上，随棺入坟。

开夼　由死者长子在天明之前带领工匠到选择好的地点，开掘土坑，建造坟墓。

闹丧　吹鼓手清晨来到丧家门前吹奏哀乐。

牵棺　在哀乐中，8 名牵棺人走进灵堂，分前后、左右将灵柩背出，放在彩架上，围上棺罩，背棺要求四平八稳，不能倾斜。

发引　由牵棺人将灵柩缓缓抬起。

摔侍盆　随着起棺的三声长号，长子头顶侍盆与众送殡者跪在柩前，在灵柩启动之际，将侍盆摔碎于地。若一次摔不碎，不能二次摔。随着侍盆落地破碎的声音，抬棺人开始起行，送殡的人随之向坟地走去。送殡队伍的前面由旗、罗、伞、旌、童男、童女引路开道，由一老者沿途抛撒纸钱，意思是拿出买路钱，使沿途的强神、恶鬼不加阻拦，让死者的灵魂顺利西去。如果死者有女婿，则要在入坟的路上摆“路祭”，也称“路饯”，意思是为西行之人饯行。“路祭”就是在路中间摆上桌子、供上祭品、燃烛、焚香，女婿对着灵柩行三拜九叩大礼。送葬的亲友都要跪下哭拜。“路祭”仪式结束之后，再一起伴灵柩去墓地。

安葬　安葬又称“下葬”。到达墓地后，送殡的人全部跪到墓穴四周，由顶侍盆者先抹棺，后扫墓，然后将灵柩撤去棺罩，放入墓穴内。棺顶覆盖上“旌”，将儿子手中的哭丧棒放在棺材前头，再由长子用笤帚顺着棺材从前到后扫三遍，将笤帚扔到坟外，再将“五谷囤”“长明灯”等随葬品放入坟内，最后盖上盖石，铲土掩埋，筑起坟丘。将送葬的纸制品与纸钱一起焚烧掉，全体送葬人向死者叩头、诀别，顺来路不回头地回家。子女们在回家前，每人要从坟前抓一把土兜在衣襟中，带回家后撒在墙角或粮囤里，意思是万物土中生，庇佑后代生根发芽，人丁兴旺。

在出殡的同时，留在家中料理丧事的人要在门口放上两把斧，再将一铜盆盛上水，放进硬币，用豆腐丁、大黄米、小米等熬成稀饭，送殡的人回家后都要喝上几口，名曰抬“大豆腐”，意思是大家都有福。儿女回来用水洗脸，捞一个硬币，将硬币放进衣箱中，意思是财源广进，日子兴旺发达。

圆坟 出完殡后，死者的子女和主要亲友仍要在死者家中设牌位供奉，到第二天早晨再一起去坟上祭奠，名曰“圆坟”。圆坟时，要用土把坟堆高，同时将带来的高粱、苞米等种子与土搅拌后，由长子带领绕坟正、反各转3圈，边撒种子边念叨：“一撒金，二撒银，三撒骡马成了群，光要读书做官的，不要喝酒赌钱的。”坟头修圆后，焚烧纸钱，祭奠叩首。众人各自回家，丧事至此结束。

圆坟

烧七、烧周年 从死者去世之日起，每七天就要焚香、烧纸祭祀一次，谓之“烧七”。一般只过三七、五七、七七，其中“五七”最重要。有“五七、三周年，不烧不周全”之说。人死一年，谓之周年，需要到坟上烧纸，祭拜。三周年时需要大祭，人死后第100天，谓之“百日”，也要上坟祭拜。

每个悼念日的头一天晚饭前，死者的长子都要端着牌位带领弟兄们到死者坟前去“请灵”。回家后将牌位供奉在正间桌子上。第二天上午，会同众亲友一起上坟烧纸、祭拜。过五七时，除烧纸外，还要扎纸“箱”“柜”“金山”“银山”“摇钱树”“宅屋”等祭品，与纸钱一起烧掉，意思是让死者在另一个世界有用不完的钱财，享不完的荣华。纸扎祭品随时代的变化而不断变化，近些年又增加摩托车、电视机、电冰箱、汽车等现代物品。2019年，崂山区政府下发文件，禁止焚烧纸钱和纸制品，此后无人再到坟头烧纸。

死者过完三周年后，平日就不再搞祭祀活动了，只在每年的除夕、正月十五、清明节、十月一去上坟扫墓。

“文化大革命”之后，尤其是实行火葬后，普遍使用骨灰盒下葬。棺罩与吹鼓手已不再使用，但其他丧葬礼俗基本沿袭下来，无太多改变。

二、童葬

婴幼儿及未成年人的丧葬称童葬，婴儿死后不埋葬，用“干草把子”包裹，扔村南乱葬岗上。稍大一点的孩子夭亡，用“胡秸箔子”和炕席裹住在野外找个地方挖坑埋葬。儿童及少年死亡，要用小棺材盛殓，埋在自家地头。童葬不举行任何仪式，葬后也不专门祭祀。

第四节　称谓

称谓是表达长幼尊卑、远近亲疏的一种重要的人生礼节，可分为家族称谓、亲戚称谓、社会交际称谓三种情况。

一、家族称谓

域内的家族属九族制，所谓九族，即指自高祖至玄孙共九世为同宗亲族的一家亲近人。以自己为中心，分为直系、旁系。直系指上推至高祖，下推至玄孙；旁系指横推至三从兄弟，即族兄弟，再从兄弟、堂兄弟、兄弟，同为高祖四世之孙。

九族制是以丧服制的五服为主要标志的，五服即指本家，不出五服即可认为是一家族。

称父亲为“爹”，称母亲为“娘”，称祖父为“爷爷”，称祖母为“妈妈”。称父亲的兄弟，按排行叫“大爹”“二爹”“三爹”……父亲兄弟的配偶叫“大娘”“二娘”“三娘”……有的家族对父亲的堂兄弟或未出五服的族兄弟及其配偶也以“爹”“娘”相称。

称曾祖父为“老爷爷”，称曾祖母为“老妈妈”，称高祖父为“老老爷爷”，称高祖母为“老老妈妈”，称祖先为“老爹老妈”。

妻子称丈夫的父母为“爹”“娘”，在外人面前则称“公公”“婆婆”。称丈夫的兄长为“哥哥”，在外人面前则称“大伯”，弟弟为“弟弟”，在外人面前则称“小叔”。称丈夫的姐姐为“大姐”“二姐”，在外人面前则称“大姑子”。称丈夫的妹妹为“妹妹”，在外人面前则称“小姑”。兄弟的配偶之间称妯娌。兄弟、妯娌们称对方的孩子为“侄子”“侄女”。

夫妻之间对称：夫称妻为“孩子他娘”，或按其子女名字叫“×× 他娘”。妻称夫为“孩子他爹”，或“×× 他爹”，或互相以“哎”呼叫。随着时代的发展，现在都是直呼对方姓或名了。在外人面前，旧时，丈夫称妻子为“俺老婆”或“俺家里”。妻称夫为“俺当家的”或“俺老头”。现在年轻人则多称“俺对象”，或称呼其姓“俺家小 ×”。

公公婆婆在外人面前称儿媳为“媳妇”，当面直呼则根据儿媳的姓氏叫“× 嫚”，如王嫚、李嫚、张嫚等。现在一般都直接叫姓或名。

父母称儿子旧时多叫乳名，或按排行叫老二、老三、小三、小四……对外称“俺小伙计”，现在一般都叫学名（当地人叫大名）。

爷爷称孙子为俺孙子，或俺小孙子。称孙子的妻子为孙子媳妇。

老爷爷称曾孙子为重孙子，称曾孙的妻子为重孙子媳妇。

二、亲戚称谓

亲戚关系众多而且复杂，可分为姑表亲、舅表亲、姨表亲。

1. 父亲的姐妹称为姑姑，按排行称她们为大姑、二姑、小姑等。称她们的丈夫为姑父，对姑父的父母称爷爷、妈妈，对姑姑的子女当面称呼以排行叫大哥、大姐、二哥、二姐等，背称则以表兄、表哥、表弟、表姐、表妹相称。对姑表兄弟姐妹的子女均称侄儿、侄女。

2. 母亲的姐妹称其为姨，按排行称她们为大姨、二姨、三姨等。称她们的丈夫为姨父，对姨父的父母称爷爷、妈妈。对姨的子女当面称呼可以按排行称为大哥、大姐、二哥、二姐等。背称则均以表兄、表哥、表弟、表姐、表妹相称。对姨表兄弟姐妹的孩子称侄儿、侄女。

3. 对母亲的父母称姥爷、姥娘。对母亲的兄、弟称为舅舅，按排行分别称大舅、二舅、三舅等。对舅舅的妻子称为妗子。对他们的子女背称表兄、表姐、表弟、表妹，面称长者为哥哥、姐姐，小者直呼其名。

4. 对妻子的父母背称他们为岳父、岳母、丈人、丈母，面称爹、娘。对妻子的哥哥、弟弟背称大舅子、小舅子，面称时对大兄哥按排行称大哥、二哥，对小舅子则直呼其名。对妻子的姐妹背称大姨子、小姨子，面称时对大姨子仍按排行称大姐、二姐，对小姨子则直呼其名。

三、社会交际称谓

在日常的社会交际中，对对方的称谓大致有如下几类。

1. 对比自己父母辈分高的人，称爷爷、妈妈。

2. 对与自己父母辈号相同的人称大爷、大妈、叔叔、婶子。

3. 对与自己年纪相仿的人称哥哥、嫂子、姐姐。对年幼者，直呼其名。

4. 对街坊邻居虽然不是同姓、同一宗族，但往往以辈分称呼。同一宗族的人，不管亲疏，统按辈分称呼。现在青年人已不太讲究这些，大多直呼其名。

5. 对有职位的人按其所任职位称其为某局长、厂长、经理、主任等。

6. 对从事某种职业的专业技术人员，称其为师傅。

7. 人与人之间互称为表示亲近，过去都称“伙计”。

8. 年长的称年幼的叫“爷们”。

9. 旧时称教师和医生均为先生。

10. 新中国成立以后人与人之间通称同志，改革开放以来，同志这一称谓已经少有人用，代之为师傅、先生、小姐、老板。

第五节　家产

家产即家庭财产，围绕家庭财产的分配和继承，产生了分家、养老、过继等习俗。

一、分家

过去子女较多，儿子们结婚之后，需要分开居住，私有制时期分家比较复杂，牵扯到土地、房产、生产资料、家庭财产、经济往来等方面。集体化以后，相对简单，只有房产、家庭经济往来、生产、生活工具等。新中国成立前分家的习俗是：若父母健在由父母做主，并邀请

亲戚族人参加；父母不在，则遵其遗嘱，并请戚、族尊长主之。不管父母健在与否，分家时都需要有亲娘舅在场。分家时，提前将所需要分配之物，按人份搭配清楚，并议定老人赡养，善后之事抓阄为定，后在“中人”（证人）的见证下，写到“分单”上，签字画押后生效。每户各执一份，作为凭据，再无反悔。女子不参与分家，也不尽赡养老人义务，将来也没有继承老人遗产的权利。

集体化以后，分家除有家长、族人等参与外，还需要村干部参加，共同见证。实行计划生育政策，尤其是独生子女政策后，大多数家庭只有一个孩子，分家的情况，已经极少出现。

二、养老

养老是分家时的一项重要内容之一。如何赡养老人，各个时期，各家各户各不一样，需由家长与儿子们共同商定，但归纳起来，主要有三种形式，即“蹲着”“跟着”“轮着”。

“蹲着”是父母单独居住、起灶，儿子们按照约定，按时交纳钱、粮、柴等费用，医药费平摊。老人百年之后，遗产由兄弟们平均继承。

“跟着”是比较大的儿子们结婚后提前分家居住，父母跟未婚的小儿子共同居住生活。分家出去的儿子，只是按分家时的约定，交纳养老费用，待小儿子成婚之后，继续与父母共同生活，照顾老人起居，百年之后，遗产大多由小儿子继承。如果不能与父母共同生活，则需兄弟们聚到一起再次分家，另立分单，遗产继承重新议定。

“轮着”是父母轮流到儿子家里吃饭，或儿子们轮流去给老人做饭或送饭吃，称“轮饭吃”。轮流的时间，由儿子们商定或几天一轮或几十天一轮。这种赡养方式，待老人百年之后遗产平均继承。

2000 年村委会为每位老人都办理了养老保险，每个人都老有所养，再不需要向后代要赡养费。不少老人还把节省下的养老金补贴给后代。同时，根据法律规定，女子与男子一样具有了同等的继承权。值得一提的是，随着生活、医疗水平的提高，老人们寿命越来越长，养老的形式除了由子女服侍外，很多老人或去各类养老机构，或请保姆，或社区居家养老，或和朋友搭伙居家过日子。

三、过继

过继，亦称“出嗣”，是过去为赡养老人与继承遗产和延续后代（早有长子无儿次子继之说），而出现的一种习俗。如果家庭中没有儿子，可以从近支侄辈中“过继”一人为子。过继之后，一切称呼、礼仪、财产继承，甚至死后上家谱都要与过继后的父母相一致。过继是族中大事，要举行仪式，举行仪式时需由立嗣人请族中长者，与被立嗣人父母到场见证，郑重立下“过继单”或“出嗣单”，经签字画押后各自存放。

第六节　其他习俗

其他习俗有代席、喝轮庄酒、吃新鲜麦子饽饽等。

一、代席

代席亦称“待客”或“代桌”，就是代替事主招待客人。旧时，当地人生活拮据，遇上红、白大事，打墙盖屋时，客人一多，家中难以招待过来，这时邻里之间，或本家之人，便相互帮忙招待，谓之“代席”。代席分为酒席与饭席两种规格，酒席一般招待的都是重要客人，需要按规矩上七盘八碗，有酒有肉，规格较高。饭席只是准备几个简单菜和面条、馒头就行，不需备酒，多用于招待一般客人和帮工等。代席作为家庭中的经济往来，等到对方有事时需要还代。20 世纪 80 年代，随着饭店的增多，此习俗已不存在。

二、喝轮庄酒

过去，每年正月，亲朋、邻里、同事之间，互相请客聚餐，称为“喝轮庄酒”。这一时段，一是因打墙盖屋欠下的人情，二是有过年置办下的年货，借此机会，大家聚到一起，边吃、边喝、边聊，融洽关系，增进友谊，也活跃了正月的气氛。21 世纪，随着人们生活水平的不断提高，人们有时不再在家庭中聚餐，而是改到饭店中进行。

三、吃新鲜麦子饽饽

农耕时代，每到麦收完毕，亲朋、邻里就要相互聚到一起，准备酒菜，轮流做东，品尝对方用新鲜麦子面粉做的馒头，共同分享丰收的喜悦。20 世纪 80 年代，当地已不再种植小麦，这个习俗也就随之消失了。

第二章　岁时节日

岁时节日是一种十分特殊的文化现象，每个民族都有自己的传统节日，它是以年为周期，以固定日期为标志，在一定地区普遍进行的一种规范化的集体活动。每个节日都有特定的含义、特定的内容、特定的仪式，甚至特定的饮食、造型物、游乐活动与禁忌等。

新中国成立以后，又有不少新兴的节日，如元旦、三八国际劳动妇女节、五一国际劳动节、六一儿童节、七一建党日、八一建军节、教师节、十一国庆节等。近些年又有了母亲节、父亲节等节日。

第一节　传统节日

传统节日即世代传承下来的节日，可以把它看作对农村文化生活的一种调整，一月一节

小调整，过年（即春节）是大调整。这些节日经过千百年的传承变异，已形成各自不同的内容和特色，有反映生产的农事节日，有悼念民族名士伟人的纪念节日，有祭奠祖先、神灵的祭祀节日，有喜庆丰收、全家团圆的庆贺节日，还有属于游艺娱乐方面的游乐节日等。当地人一直流传有一首歌谣："正月十五，二月二，三月寒食，端午日，六月半年，七月七，八月十五，十月一，冬至，腊八，年除夕。"是对传统节日的一种高度概括。

如今一些大的传统节日，如春节、元宵节、清明节、端午节、七月七、中秋节、十月一、冬至、腊八、小年等仍很受人们重视，一些动植物的生日等影响不大的节日，已逐渐被人们淡忘。

一、春节

春节是我国人民普天同庆的一个重大节日，民间俗称"过年"或"过大年"，年的本义是谷物熟了。《说文解字》："本作秊，谷熟也。从禾，千声。"《春秋谷梁传》说："五谷皆熟为'有年'。"又说："五谷皆大熟为'大有年'。"《尔雅·释天》说："夏曰'岁'，商曰'祀'，周曰'年'，唐虞曰'载'。"又说："岁取星行一次，祀取四时一终，年取禾一熟，载取物终更始。"疏曰："年者禾熟之名，每岁一熟，故以为岁名。"

从以上所引儒家经文对"年"的解释来看，过年最初的含义，就是庆祝五谷丰收的意思。因此，这一节日是一个古老的节日，其历史源远流长。在黄河流域，由于谷物是一年一熟，所以大约在西周时期，年就由谷物成熟之义被引申为表示时间的概念了。由于古代历法的不统一和统治者对岁首的随意改动，所以年节并不固定，到汉武帝时才改定以夏历孟春正月为岁首，一直沿用至今。

该节日被称为"春节"，是近代才出现的事。辛亥革命后，各省代表到南京开会，议定我国采用公历纪年，把公历 1 月 1 日称为"元旦"，将农历正月初一称为"春节"，但是并未命名和实行。

公元 1949 年 9 月 27 日，在中国人民政治协商会议第一次全体会议上，才正式决定我国采用公历纪年，农历正月初一这一天被正式定为"春节"。

春节也是当地最隆重、最热闹的传统节日。虽然人们通常将除夕到正月初二这三天称为"过年"。但是一进年根到正月十六这段日子几乎天天都是节，人们"忙年""迎年""过年"，欢乐与祥和的节日气氛十分浓厚。今天这种传统的习俗，依旧完整地保存着，并不断发展，更有新意。

除夕　俗称"年三十""大年三十"，这一天，家家户户都收拾得窗明几净，墙上贴着新购的年画，门上贴上大红对联，正间正北摆上供桌，挂上宗谱，供桌上供上鱼、肉、饽饽等供品，摆上香炉、蜡台等祭器。

挂祝子

男人们忙着准备香、纸、蜡烛，女人们忙活着做年饭。年三十的年饭是一年中一家人吃得最丰盛的一顿饭。旧时，孩子们盼过年，有的就是盼望过年能吃好饭，当然放鞭炮、凑热闹，更是孩子们的乐趣。

请年 午饭之后，日落之前，家中的男人都要到祖茔去请先辈的魂灵回家过年，谓之请年。请年的时候，由族长带领，端着供品，挨个坟头焚香烧纸、祭拜，燃放鞭炮。祭拜结束，请回家中供奉。之后，再带上香纸去本家祠堂（也叫家庙）祭拜，同时还要去土地庙上香，礼拜。

如今，请年的习俗依旧存在，但已不再以家族为单位，只是各家各户或堂兄弟们结伴而行，也不再去家庙和土地庙上香、祭拜了。请年之后，直到初二晚上送年以前，便不能扫地、泼水了。扫地、泼水意味着对祖先不恭，也会扫去、泼走财运。还不能动针、动剪子，现在这些风俗还在一些家庭中流行。

接灶 接灶就是把灶王爷接回家过年的仪式，接灶一般在晚上七、八点钟，届时，焚香、烧纸，叩头礼拜，燃放鞭炮，迎接一家之主凯旋。接灶后，全家人一起喝酒吃饭，恭候新年。

迎神守岁 民间认为，春节期间，天地诸神要降临人间，与民同乐，因此在年三十晚上要隆重地迎神，以期神灵保佑平安如意，五谷丰登，富贵吉祥。最多迎请的是财神和福、禄、寿、喜诸神。迎神时，要走出村外，人们神情凝重，不许出声，相互碰上，也不能打招呼，生怕惹恼神灵，不随自己回家。

守岁是春节最热闹的时候，屋内灯火通明，香烟缭绕，一家人欢聚一堂，喝团圆酒，吃年夜饭，男女老少尽情欢乐。这时候，晚辈要给长辈磕头，长辈则给小辈分压岁钱。守岁的时候有许多禁忌，说话做事都要十分谨慎，一些不吉利的字眼如“病”“死”“破”“坏”“散”“赔”“输”“愁”等都不能出口，不能说脏话，不能打骂孩子，不能吵架。饺子煮破了要说“中了”，器具打碎了要赶快说一声“岁岁平安”。总之，不管出现什么事都要说好。所以就有了“大年五更死了驴，不好也得说好”的俗语。

守岁要守到新旧年交接的时候，这时候，男人们开始祭拜天地、祖先，燃放鞭炮。女人们则忙着煮水饺。大家在鞭炮声中共同吃水饺，迎新春。

如今，迎神之俗已不存在，但守岁依旧，且增加了观看春节文艺晚会的精神大餐。

拜年 吃过饺子，辞去旧岁，男人们开始带上香纸互相拜年。先从自己家的长辈拜起，叫“家拜”。再出门给本家中的长者拜年，叫“近拜”。长辈要拿出钱来分给未成年的孩子们，叫“压腰钱”。有的人家拿不出钱来，就给个枣饽饽带着，让孩子别空着手走。有时，还由族长率领族人给外族人拜年或相互集体拜年，以加深感情，叫“团拜”。现在有些村民都住上商品楼了，互相走动起来，不像过去住平房时那样方便。因此，传统的拜年方式已渐渐弱化，而电话、短信拜年已成为春节的新风俗。

送年 正月初二深夜是送年的时间，晚上全家人一起吃送年饺子，焚香祭拜，半夜以后，由男性长者带领子孙去村外路口，焚香、烧纸，燃放鞭炮，至此，年算过了，家中不许扫地、

泼水的禁忌也就解除了。

走亲　走亲是春节的一项重要活动，走亲的顺序一般是初二看舅、姨，初三给岳父岳母拜年，叫“走丈人家”，初四看姑姑。新女婿第一年到岳父母家要受到特别款待，一般要住上几天，本家亲友们轮流请客，以示亲近。

走亲时都要带上礼物，旧时，人们生活拮据，走亲时一般都是挎着个篓子，里面装上几个枣饽饽、卷子、点心等物。主人收到后只留下一点，再给换上几样东西，叫“压着篓”。不能把礼品全留下，全留下是表示要断亲。这样走一正月的亲，准备一份礼物也就够了。如今随着人们生活水平的提高，走亲已不再带馒头、点心了，而是带酒、水果、滋补品等东西了。

二、元宵节

元宵节俗称“正月十五”，又称“上元节”。

相传汉高祖刘邦死后，吕后把持朝政，天下大乱，功臣们讨平和诛灭了诸吕的恶势力，拥立刘恒为帝，汉文帝刘恒登基后便决定把每年夺位胜利的正月十五这一天，作为自己出宫与民共庆的日子，并把这天晚上出游叫元宵。宵者，天河夜空也，所以，那时的元宵是指一年的头一个月圆之宵。

东汉明帝时，佛教传入中国，明帝刘庄笃信之，于每年正月十五日夜，在宫廷举行太一神的祭典，寺院也要“燃灯表佛”，并诏令士族庶民一律挂灯。此后，这种佛教礼仪便流传到民间，年年上元之夜，张灯结彩，通宵达旦，这就是元宵节又叫灯节的由来。

本村人过十五除有挂灯的习俗外，还有送灯、照灯、祭祖、抬灯官、踩高跷、跑旱船等习俗。

送灯　灯是用豆面做成的各种动植物造型，并在上边捏一灯碗，蒸熟后，将食用油倒入灯碗点燃。每种灯都要放在一定的位置上，鱼灯用水瓢托着放在水缸内，猪灯放在猪圈墙头，狗灯放在大门口，刺猬灯放在墙角，鸡灯则放到鸡窝边。

照灯　照灯是用点燃的豆面灯或用青萝卜雕刻的灯，也可以拿着蜡烛或灯笼，到处照一照，包括门后、墙角、仰棚、磨旮旯、厢房、南屋、场院屋等闲房以及后院等地方都要一一照到，端着萝卜灯还要边照边念歌谣：“萝卜灯，清凌凌，照的蝎子永无踪，照的蚂蚱不见影，照的耗子不打洞。”

送灯、照灯要在十五、十六晚上各进行一次。

面灯

祭祖　正月十五一大早，人们就要在正间桌子上摆上供品和宗谱（宗谱只供不挂）。下午太阳落山之前，带上香烛（小蜡）纸灯笼等到祖茔去送灯、祭祖。晚上全家人一起吃水饺，祭祀天地、神灵、祖先，燃放烟花爆竹。正月十六和正月十五一样，家家户户依旧张灯结彩，晚上还要吃水饺，放烟花，香火不断。

从正月十五晚上送灯开始，到正月十六晚上散灯为止，如同正月初一一样，家中都不能

扫地、倒污水，以免扫走财运和对神灵祖先不恭。

抬灯官 抬灯官是本村一项很有趣味的娱乐活动，一位装扮成官老爷模样的人，由轿夫们抬着，洋洋自得，前面差役们鸣锣开道，一路走街串巷，俨然一副官老爷出巡的排场，到了大街上，还要开堂判案，引得人们前来围观，热闹非凡。过去，每年的正月十五、十六晚上，都要搞这项活动，“文化大革命”以后，渐废。

闹秧歌 当地人把扭秧歌、踩高跷、划旱船、跑驴等歌舞形式都统称为秧歌，村里的秧歌队，往往把踩高跷、划旱船、跑驴等项目结合在一起，正月里，尤其是十五、十六这两天除在村中表演外，还到周围村镇巡回表演，村民们争相观看，增添了节日的欢乐气氛，这些习俗一直被延承下来。

三、青龙节

农历二月二日称为青龙节，俗称“龙抬头”，这个节日与二十四节气的惊蛰有关，此时阳气逐渐上升，土地解冻，春雷始鸣，万物复苏，蛰伏过冬的动物惊起活动，农事也将从此开始。由于龙在古人想象中能兴云播雨，主掌农业丰歉。所以节日风俗也多与龙和农事有关。

祭神 民间传说二月二日是土地爷生日，所以人们都要去土地庙焚香礼拜，庆贺其诞辰，此俗现已不存。

打灰囤 日出之前，人们都在天井中、大门口、场院用草木灰撒成一个直径 2 ～ 3 米的圆圈，内撒一个“十”字，放上五谷杂粮，叫作“灰囤”。然后再撒上一个梯子形，叫囤梯。如果这天天晴无风，即预示着粮食丰收。如“灰囤”被风刮散，则象征年景欠佳。农谚中的“二月二，龙抬头，大囤满，小囤流”，就寄托了农民渴望丰收的美好愿望。有的人家还把草木灰撒在房屋周围，叫“打围墙”，说可以防止毒虫进家。

上工日 旧时，给人扛活的长工（也叫“觅汉”），从这一天开始到东家上工，所以叫“上工日”，也叫“觅汉上礼”。长工进家后，东家中午要设筵招待。此礼过后，长工们就要开始长年劳作了。“下雨打苫，刮风扛石头”的俗语，就是长工艰辛生活的真实写照。

熏虫 二月二清晨，焚香礼拜后，端香将家中的每个角落都熏一次，叫熏虫。意思是将害虫熏死，一家人没病没灾，身体健康。

炒豆、淋煎饼 二月二的节日饮食，主要是炒豆、淋煎饼。炒豆一俗源于民间传说，这天龙抬头，所以炒的豆子叫“龙眼豆”。一般是把黄豆粘上一层加了糖的面粉，烘炒而成，也有用面粉、地瓜面、糖精等混合做成的“面豆”。还有用地瓜切块晾干、炒熟的“地瓜豆”。民间有歌谣“二月二炒豆，大人孩子一炕头”“二月二淋煎饼，大人孩子一天井”，都是寓意人丁兴旺、平安吉祥的意思。

四、寒食节、清明节

寒食节据说是源于远古人类对火的崇拜，火对人类有益，但也有害。因此，古人便认为火有神灵，应进行祭祀。举行祭祀活动的时候，每年要禁火一次，然后再行点燃，名为“改火”。

禁火节后来演变成了寒食节，成为纪念我国春秋时期晋国的名臣义士介子推的节日。

清明是二十四节气之一，同时也是我国人民春季祭祖的一个共同的民俗传统节日。《岁时百问》载：“万物生长，此时皆清洁而明净，故谓之清明。”清明一到，气温回升，雨水增多，正是春耕春种的大好季节，在农业生产上，清明是一个重要的节气。节气与节日不同，节气是时序的标志，而节日则包含着某种风俗和纪念的意义。清明节是我国民间的一个祭祖日，人们祭祖扫墓，追忆先人，此俗流传至今。

寒食节的时间为冬至后105天，寒食节的第二天为清明节。当地人称“大寒食”“小寒食”，如今人们已经把两节合为一节了。

吃冷食　旧时，寒食节人们不举火，吃冷食，后来改为“日出后不举火”，即日出前把饭提前做好，日落后再做晚饭。

踏青　天未亮，姑娘们带上锅、米、鸡蛋等来到野外做饭、聚餐，并将针、指扣、葱白、钱币等放入米中一起煮，若吃到针、指扣则象征手巧，吃到葱白象征聪明，吃到钱币象征富贵。天亮后，各自回家，此俗名曰“踏青”，现已不存。

打秋千　打秋千是清明节最热闹的娱乐活动之一。秋千有各式各样，有供全村人共同娱乐的大秋千，也有各家各户因地制宜设置的小秋千，还有转秋千。大秋千周围聚集着全村的男女老幼，尤其是妇女们，不管闺女、媳妇这一天都可抛头露面，尽情玩耍。

扫墓　当地人叫“添坟”，是清明节的一项重要活动，表示对祖先的崇敬与怀念，这天，人们要到祖坟去添土、祭奠。添土有讲究，只有父母双亡，坟顶才能尖起，若一方尚在，坟要添成平顶，长圆形，哪个坟上添新土，说明还有后人在，添完坟后，焚香烧纸祭拜。闺女们要在清明节的第二天到坟前祭拜。如今已不分男女，可以根据自己的时间，做出安排。

插片松　当地人称侧柏树为“片松”，清明这天，女人们要在头发上插一支片松，男人们则插在帽子上，以求长寿（也有说是头上可不招虱子），降福避邪，此俗现已基本不存。

树碑　父母双亡三年以上，子女们一般都要为已故的亲人树碑。树碑的时间大多选在清明节，此俗沿袭至今。

五、端午节

端午节也称端阳节，是夏季的一个民俗传统节日。

端午节的由来，有多种说法。一说是源于夏、商、周三代的兰浴，古人这天以兰草汤沐浴，称浴兰节。二说是纪念爱国诗人屈原。楚大夫屈原遭谗不用，五月初五投汨罗江而死，楚人哀之，每至此日，以竹筒贮米投水祭之，并命舟楫拯之，后来演变为吃粽子和龙舟竞渡。三说与夏至有关。夏至是我国历史上最早确定的夏季节气，早在商周时期就有了，称为“仲夏”。《后汉书·礼仪志》就说：汉代五月五日的风俗就是来源于夏、商、周时的夏至节。四说端午节在古代是被当成恶日恶月来对待的。盛夏，是各种疾病滋生、蔓延

的季节，古人解不开这个谜，认为是邪祟作怪，于是便用一系列驱邪避瘟的手段与之抗衡。几千年来，驱邪避瘟一直是端午节的一个主要活动内容，本村人过端午节的习俗也都与这些活动有关。

拉露水 清晨，男女老少都要到野外去采露水，即将植物叶子上的露珠沾到手巾上，用它擦脸、擦眼，说这样擦脸清爽，擦眼明目，不得眼病。有人还把沾湿的手巾带回家中，给不能出门的老人擦脸、擦胳膊和脖子，说是擦了不生疮疥。

插艾蒿 到野外拉露水时，人们还要捎带拔一些艾蒿带回家中，插在大门和屋门两旁，用来避瘟祛邪。艾蒿是一种芳香化浊的药物，具有杀虫和防治植物病害的功效，晾干后收藏，可用来点燃生烟熏蚊子。

戴香布袋 端午那天，妇女、小孩要戴香布袋。香布袋有元宝形、月牙形等多种多样，里面装有艾蒿叶子、香料等。戴在身上芳香四溢，寓意“驱瘟避邪”“祈福免灾”。

戴五索 将红、黄、蓝、白、黑五色线搓成细索，拴在孩子们的手腕、脚脖子或手指上，称为“戴五索”，意思是拴住好养。五索一直要戴到端午节后下第一场雨时，摘下扔进水里。据说，这样做可以把灾病让线给带走。

饮食 端午节的时候，豌豆已收割完毕，家家都要喝豌豆饭，吃豌豆粉。麦子刚上场，有的人家馇麦粒喝，大多人家都是吃面条、水饺，近些年开始兴起吃粽子。

六、过半年

本村人过半年的时间是农历六月初一日，这时小麦已经收割归仓，人们要用新麦子饽饽敬献天地神灵，同时自己也尝尝鲜，并拿着走亲戚。过半年的节日食品是饺子和馒头。

七、入伏

入伏是指进入“三伏”的意思，有民谚“夏至三庚数头伏”，意思是说，从夏至日开始，往后数，数到第三个“庚日”，便开始入伏了。入伏以后，开始进入高温、高湿天气，是一年当中最酷热的一段时间。当地人过去入伏的时候，都擀面条吃，现在已经没有多少人关注这个节气了。

八、立秋

立秋是二十四节气之一，多在农历六月下旬，故有“秋、秋、秋，六月二十头”的民谣。立秋标志着秋天已经来临，气候将有明显变化。人们历来对立秋很重视，有很多谚语，如“立了秋，哪里下雨哪里收”“朝立秋，凉飕飕；夜立秋，热到头”“朝凉午热”等。立秋以后，鲨鱼开始向海岸边浅水里游，容易伤人，所以不能再洗海澡。

旧时，立秋这天都要吃面条。现在生活好了，人们已不太注意吃什么东西了。但有些老年人还保持着这种习俗，煮点面条纪念一下。

九、七月七

七月七又称“七夕”，相传是牛郎织女相会的日子，本村有“磕饽花”“看天河”等习俗。

饽花磕子

饽花

磕饽花　七月七这天，家家户户都会用刻有鱼、蝉、猴、莲蓬、桃等动植物图案的模具（也称磕子）磕出各种各样形状的面食，在锅里烙熟，称作“饽花”。饽花既可当饭吃，又可用线穿起来挂在小孩脖子或墙壁上装饰观赏。磕子都是互相借用，谁家有把图案漂亮的磕子，邻居们都争相去借。

看天河　“天河”即“银河”，初夜，人们到村外，或坐在院子里、平房上，遥望星空，观看天河的形状，预测庄稼的收成如何。农谚说：“天河弯弯吃干饭（指小米干饭，意思是今年能收谷子），天河直溜吃气馏（气馏即菜团子，意思是今年谷子要歉收）。天河俩岔吃地瓜（意思是今年能收地瓜）。”当人们看到弯弯的天河和有支岔的天河，便会互相传告，予庆丰收。

十、财神会

财神俗称财神爷，有文财神和武财神之说。民间传说，文财神是比干与范蠡，武财神是赵公明与关羽。

旧时，财神会是有生意人家的节日。农历七月二十二日这一天，人们要挂上财神像，郑重祭奠，祈求买卖兴隆，财源茂盛，并请伙计们喝酒、燃放鞭炮庆贺。近些年来，随着经济社会的发展，现在不管做不做生意，几乎家家都过这个节日，而且比过去还隆重、热闹。

十一、中秋节

农历八月十五日称为中秋节，是秋季最隆重的节日，与春节、端午节并称为我国民间三大传统节日。

中秋拜月，古已有之，《礼记》载：“天子春朝日，秋夕月”，这说明我国人民早在西周时期就举行隆重的祭月活动了。

月饼

古人对月亮这一美丽、神秘的天体无限神往，于是凭着丰富的想象编出了吴刚砍桂、嫦娥奔月等许多美妙的神话故事，在民间广为流传。自汉至唐，文人墨客纷纷以咏月来抒发情感，八月十五成了抒发情感的最佳时刻。到了北宋太宗年间，官府正式定八月十五为中秋节，取意于三秋之中，届时万民共庆。

当地人对八月十五还有一说，据说元朝末年，社会黑暗，统治阶级施行暴政，逼得老百

姓没有了活路，于是在八月十五这天将写有“八月十五杀鞑子”的字条藏在圆饼中，相互传递，共同行动，终于推翻了异族的统治，因此每年八月十五都要吃月饼庆贺。月饼因其形圆，状如圆月，故名，是八月十五特定的节日吉祥食品。月饼大约在唐代就有了，到了宋代便非常讲究，传至明代便成了中秋的必备食品。如今的月饼更是品种繁多，制作精良，是八月十五必备的祭品与馈赠亲友的佳品。

中秋节又叫“团圆节”，这天晚上全家人欢聚在一起，边饮酒边赏月，边吃团圆饼（月饼），以寄托花好月圆人长寿的美好祝愿。

十二、重阳节

每年农历九月初九日为重阳节。重阳节也是我国的一个民俗传统节日，据史料记载，汉朝初期的时候，当时的皇宫中就在每年的九月九日饮菊花酒，吃“蓬饵”，戴茱萸以求长寿。到汉朝末年，这一习俗便在民间流行了。后来到两晋南北朝，重阳登高，赋诗赏景，大为盛行，并成为当时的一件雅事。唐朝时此节更盛，“独在异乡为异客，每逢佳节倍思亲。遥知兄弟登高处，遍插茱萸少一人”。唐代诗人王维的这首诗，就是吟诵重阳节的。

旧时重阳节，当地人不兴赏菊、佩茱萸等高雅之举，但子女们要为老人送长寿衣、设长寿宴、做长寿桃，以表孝心。

1988 年，我国政府将九月九日规定为敬老节，此后，各地对此节都很重视，节日期间，都要开展敬老活动，组织老人观光赏景。本村历届领导重阳节都要给老人赠送礼品、礼金，让老人们过个愉快的节日。

十三、十月一

十月一又叫寒衣节，是一个秋季祭祀祖先的节日，据说这个节日来源于孟姜女千里寻夫的民间故事，后人们效仿孟姜女为夫送寒衣的做法，并把送寒衣的时间定在十月一日。因为到农历十月一日，正是立冬时节，立冬标志冬天已经来临，天气日渐寒冷，民谚说：“交了十月节，飘下风来就是雪。”人们由自身感受的寒冷而联想到故去的亲人和祖先，因而在祭扫祖茔时，除备祭品外，还要焚烧纸糊的衣服、鞋帽等御寒衣物，让他们免受冻馁之苦。如今送寒衣一俗已经淡化，但上茔祭祖之俗依旧。

旧时，到了十月初一，地里的庄稼已收割完毕，俗称“净坡了”，这时候已无农活可干，这一天雇主们要设宴款待雇工，清算工钱，宣布是否继续留用，留下的叫“打冬”或“打冬活”，留不下的就要另找出路或等待明年再说。

十四、冬至节

冬至是二十四节气之一，中国历史上历制各不相同，夏朝以建寅之月为岁首，商朝以建丑之月为岁首，周朝以建子之月为岁首，秦朝以建亥之月为岁首，汉武帝时始改正朔用夏正，沿用至今。因此我们今天所使用的农历，亦称“夏历”。周朝的时候，以建子之月（十一月）为岁首，规定冬至前一天为岁终之日，就如今天的除夕一样，而“冬至”也就如同今天的春节，

实行夏历以后，冬至一直被排在二十四节气之首，有“冬至大如年”的说法，称为“亚岁”。古时每逢冬至，官府要放假，民间要歇市，举国欢庆。随着时间的推移，其盛况已渐趋减弱，但直至现在，冬至仍是农历十一月的重要节日。

冬至这一天，又称“交九”，由此进入数九寒天。这一天，也是昼最短，夜最长的一天。冬至过后，白天一天比一天长了，当地有“过了冬，一天长一葱”的说法。另外根据从“一九”到“九九”的特点传有这样的谚语：“一九二九不出手，三九四九冰上走，五九六九看河柳，七九六十三，路上行人把衣单。八九七十二，耕田犁牛遍地是，九九八十一，家里送饭坡里吃。”

过去冬至节分两天过，第一天叫“鬼冬”，需要摆供祭祀，吃饺子；第二天（冬至日）叫“人冬”吃包子，现在一般只过一天，吃饺子之俗仍在延续。

十五、腊八节

腊八节起源于古代的腊祭。我国为传统农业大国，自古重视农业，古人认为，农业的丰收是天地万物诸神助佑的结果。因此，在每年收获完毕之后，都要举行盛大的报谢神恩的庆典活动，称为“大蜡”。《礼记·郊特牲》载：“天子大蜡八，蜡之祭也，主先啬而祭司啬也，祭百神以报啬也。”祭祀仪式完毕后，便举行宴会，进行热烈的庆祝活动。

最初的蜡祭，不仅祭神，也祭祖宗。后来，便发展成为以祭祀祖宗为主了，称为“腊祭”。实际上秦时就已改称蜡为腊了，汉腊行于农历十二月，故后世称十二月为腊月。

最初腊八的“八”是指八神，后来发展到专指十二月初八日了。古人进行蜡祭或腊祭的目的，一是为了报答众神与祖宗对农业能获得丰收的助佑。二是为了使劳累了一年的农夫休息下来，进行一番娱乐活动，放松放松。腊八节可以说是民间对古代“大蜡”的传承与演变。

过了腊八，就有了年味。旧时，小孩特别盼望过年，于是就有了一首劝解小孩的民谣：“嫚，嫚你别急，吃了腊八煮，还有二十天另两宿。嫚，嫚你别馋，过了腊八就过年。”如今，生活好了，人们对年的期盼，已不再那么强烈了，这些歌谣也渐渐被人们所淡忘。

十六、祭灶节（小年）

祭灶节也称为“辞灶节”或“小年”， 祭灶之俗，由来久远，上古时期，灶神便被列为“五祀”之一，灶神在民间被称为灶王爷，是民间供奉的主要神灵之一。

关于灶神是谁说法不一，《礼记·礼器》中引孔子的话说：“藏文仲安知礼，燔柴于奥。夫奥者，老妇之祭也。”孔子说，灶神是一位老妇。郑玄也说：“祭灶，祀老妇人，古之始炊者也。”

民间传说，灶王姓张，名单，家境殷实，曾娶贤惠女子郭丁香为妻，后又休妻续娶李海棠。李氏好吃懒做，不久就把张家财产挥霍一空，改嫁他人。张单家境败落，又遭火灾，双目失明，沦为乞丐。一天，他乞讨到一户人家，主人给了他热汤热饭，后得知施饭者就是他的前妻郭丁香，一时羞愧难当，碰死灶前。玉皇念其有悔过之心，封其为灶神。《张郎休妻》《火龙记》

等戏曲演的都是灶王爷的这段故事。

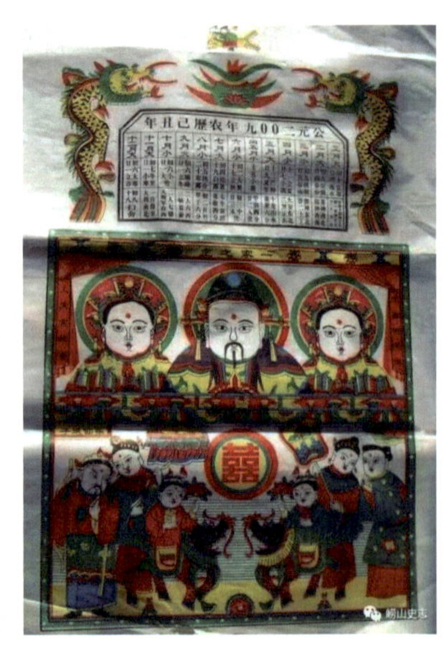

灶王爷像

本村过祭灶节的时间有“官三民四，道士和尚二十五”之说，即家族中出过有功名的人都在腊月二十三过祭灶节，普通百姓过二十四，道士和尚过二十五。过祭灶节前先要请回灶神，祭灶的时候，将灶君神像贴到东间锅灶上方，摆上糖瓜、枣、点心等供品。据说让灶王爷吃糖瓜是为了黏住他的嘴，叫他上天少说话，或者光说好话不说坏话。旧时祭灶还要供上一碗杂合面面汤。杂合面面汤是用白面、豆面、地瓜面混合做成的。据说当年郭丁香给张单吃的就是杂合面面汤。如今杂合面面汤已经没有了，改为供水饺，吃水饺了。

祭奠完毕，将灶祃顶端骑马的灶径裁下，连同纸钱一起焚化，意思是让灶王爷骑马去天庭汇报家庭中一年的情况。一直到除夕晚上回来，与家中人一起欢度新年，庇佑一家过平安日子。

祭灶节以后，家家户户都为准备迎接新年的到来而忙碌，清扫卫生，置办年货，制作节日食品，封墙，贴年画，请香烛，贴春联，一直忙到除夕。

第二节　新兴节日

新中国成立后，特别是改革开放以来，随着政治、经济形势的不断发展，当地又兴起了许多新的节日。

一、元旦

元旦又称“阳历年”。虽然国家规定一天公休日，但现在都是和双休日连在一起休假。元旦虽然没有春节隆重，但人们总要想法过得既快乐又有意义，同学之间、同事之间邮送贺年卡，互致短信、微信恭贺新年蔚然成风，元旦还成了许多青年男女订婚、结婚的大好日子。

二、妇女节

1949 年 12 月，中央人民政府政务院规定，每年的 3 月 8 日为国际劳动妇女节，妇女放假半天。届时各级党委、政府通常要举行会议，对做出贡献的妇女进行表彰。

三、劳动节

劳动节是从 1950 年开始在我国广大城乡普遍施行的全民性的节日。每逢节日，过去放假一天。从 1999 年开始，改为三天，加上两个相邻的双休日，共为七天，称为“五一黄金周”。节日期间，人们或走亲访友，或结伴远行，游山玩水，逍遥快活。有人还将婚礼定在这一天，众多亲友欢聚一堂，更增加了节日的欢乐气氛。2008 年，五一假期由三天改为一天，“五一黄金周”被取消。

四、母亲节、父亲节

五月的第二个星期天是母亲节，六月的第三个星期天是父亲节，母亲节较父亲节在当地要兴得早一些。节日里儿女们或请父母到饭店吃饭，或请父母外出游玩，更多的是给父母买衣服或者送礼物。

五、建党节

7 月 1 日是中国共产党诞生纪念日，简称建党节或“党的生日”。每年建党节，各地党组织以多种活动形式庆祝党的生日，如召开纪念大会并评选表彰先进组织和优秀党员、走访老党员、老干部、组织基层民主生活会、举办各类传统教育活动等。

六、国庆节

国庆节是为了庆祝中华人民共和国成立。从 1950 年起，每年的 10 月 1 日成了中国各族人民隆重欢庆的节日，也是国家法定的节日。过去节日放假两天，从 1999 年开始，假期延长为三天，并与相邻的周六、周日调休后组合为七天的国庆长假，称为“国庆黄金周”，用放假的形式让民众共同感受国庆的欢乐。国庆节也是青年男女婚嫁的好日子，不少青年男女选择在这一天喜结连理。

七、沙子口鲅鱼节

沙子口鲅鱼节由沙子口街道主办。自 2005 年以来，每年 4 月份新鲅鱼上市时开幕，现已举办了十六届，成为岛城传统的民俗文化节庆活动。它通过“行鲅鱼之礼，传承孝道文化”促进了当地旅游经济的发展。节日期间，联合推出的鲅鱼美食、观光旅游、休闲娱乐、渔港海鲜等活动，使游人争相参与、赞不绝口，为南姜社区也带来了丰厚的经济效益和社会效益。

第三章　民间信仰

第一节　诸神崇拜

在当地，万物有灵的观念比较盛行，除了敬拜天地、祖先外，山川河流、风雨雷电、动物植物都被认为有神灵存在。有的神灵是来源于民间故事，有的是出于对历史人物的崇拜，有的则属人们的生产、生活需要，现在有些神灵崇拜还存留于人们的生活中。

天地神　天地神俗称天地爷，是民间普遍信仰和崇拜的神祇，被看作主宰宇宙万物的大神。旧时，每到春节，人们都要在天井南墙根下设天地堂，堂中供着牌位，牌位上写着“天地三界十方万灵真宰之神”，供奉祭品、香火，直到送年。有的人家在套院墙的时候，直接留一个小神龛，长年放置天地神牌位，称“天地窝子”，春节时祭天地神，平日不再祭祀。

土地神　土地神俗称“土地爷爷”，是我国民间最普遍供奉的神祇之一。在众多神祇中，他目前是地位较低的一位神，只管某一地段的事务，但在中国古代他却是地位较高的一位神。

古代把土地神称为“社神”。 社神源于人们对土地的崇拜，我国古籍中多有记载。《公羊传》：“社者，土地之主也。”《孝经纬》：“社者，土地之神也。土地阔不可祭，故封土为社，以报功也。”《通俗编·神鬼》：“今凡社者，俱呼土地。”所谓社祭，就是祭祀社神即土地神的仪式和活动。举行如同节日般的集会，史称“社会”。进行社会活动时要表演各种文艺节目，搭台唱戏，称为“社戏”，可见古人祭社的仪式与活动是十分隆重的。

随着社会的发展和宗教的产生，土地神的地位开始下降，由最初的自然崇拜，逐渐被人格化、封建化，成了具有多种社会职能的低级神祇。

“文化大革命”前，村东河崖上建有一座土地庙，庙里有用石头雕成的神像，称“土地爷爷”，“文化大革命”时被毁。相传，土地爷爷除管理土地，保佑风调雨顺、五谷丰登外，作为地方神还负责临时收容新亡的魂灵，因此人死之后，家属首先要去土地庙“报庙”，意思是陪死者的魂魄前去报到。之后在发丧前要一日三次送浆水、焚香烧纸，请求土地爷爷多加照应。

财神　财神是民间最受崇拜的神祇之一，财神有文财神与武财神之说，文武财神在庙宇中多与天后娘娘同时供奉。在当地每当腊月二十三过了小年后，即陆续有人到各家送财神（一张木版印制的财神像），恭贺过年发财。如果已经买到了财神像。则说：“财神已经请回来了。”并客气地将来人送出门外。除夕夜，各家各户都要到村头去恭迎财神。迎神时，手捧一炷香，不能说话，往回走时，不准回头，一直到进家把香插到香炉里为止。

农历七月二十二日给财神爷过生日，叫过“财神会”，家家燃放鞭炮，摆宴庆贺，财神只接不送，历来如此。

灶神　亦称“灶王爷”“ 灶君”，是人们最熟悉的神祇之一。传说是玉皇大帝派到各户人家的专使，被称为一家之主。他没有庙宇，只有一张彩色木版画像。每年腊月二十三过小年的时候 ，贴在东边灶头墙壁上。供上糖瓜、水果，送他“上天言好事”。年除夕从天宫接回来，“下界降吉祥”。接灶之后，画像焚烧，设牌位供奉，直到送年。

门神　门神也是“五祀”之一，最初的门神是用桃木刻的两个人像，一个叫神荼，一个叫郁垒，是对恶鬼毫不留情的两兄弟。唐代以后，又把秦琼和尉迟敬德两位大将军当门神奉祀了，桃木刻的人像也变成画像了。供门神是为了防止恶鬼进门，保护家宅平安。

本村人过年的时候，一般不贴门神，只是在大门框上挂两只香炉，又称“挂炉”，焚香祭祀。

海神　当地人尤其是渔民最敬奉的是海神，明朝崇祯年间即在黍子疃东侧海边上建立一座庙宇，称作“海庙”，奉祀三官大帝和东海龙王，清朝光绪年间又增筑天后圣母殿，供人们祭拜。每年正月十三日逢庙会，海庙内外人山人海，香火极盛，好不热闹。

第二节　灵物崇拜

灵物崇拜历史久远，可追溯至东夷文化的狐图腾崇拜。当地的灵物崇拜主要是对狐仙和黄仙的崇拜。

狐仙　当地古有狐图腾崇拜的习俗，称狐狸为“狐仙”，认为它们神通广大，可以变幻成人形，能成仙得道。而成仙得道的狐狸则能为人治病消灾，带来福瑞。如有得罪，也会受到报应，遭遇灾祸。因此，人们对其颇为礼敬，禁忌直呼其名，而称“狐仙”“仙家”“他老人家”或“胡三太爷”等。有些家庭妇女，特别是老年妇女遇有难事，往往带上香纸、供品前去求助。

黄仙　当地人称黄鼠狼为“老黄”或“黄仙”，视其为很有神气的灵物，传说也颇多。它常在夜间偷食民间鸡鸭，人们都恨它，它还有迷惑人的本领，使人神志不清，胡言乱语，有时又能说准一些事，俗称“上老黄神”。有些人遇到病灾祸难时，一般都向它的“香头”占卜算卦，求药解救，也有的摆供请“老黄客”，治病消灾。随着科学的发展，这些现象已越来越少了。

第四章　迷信 陋习

第一节　迷信

当地的主要迷信活动有叫魂、站鸡蛋、占验卜兆等。

一、叫魂

叫魂主要用于受惊吓的幼孩，俗称“掉魂了”，孩子受惊吓出现精神萎靡不振，惊悸、发烧等症状时，民间常用此法。叫魂的方法很多，常有烧香叫魂法、拖衣叫魂法、随惊随叫法、写帖子叫魂法等。

二、站鸡蛋

若有人家丢失财物，就将一枚鸡蛋放在镜面上，双手扶住，连说三遍被怀疑人的名字后，双手放开，鸡蛋立住，说明猜对了。若倒了，再猜第二个被怀疑人，直到立住为止。

站鸡蛋还被用于得病的人，家中有人得病怀疑是已故亲人的原因，便用站鸡蛋的方法逐一查对，直到鸡蛋立住，就对被怀疑人许愿：“快点让 ××× 病好了，× 月 × 日去还愿。”

三、占验卜兆

占验卜兆是一个古老的行业，门类众多，自古至今，多有信者，常见的如下。

算卦　是最常见的占卜形式，算卦的方法很多，但最常用的方法是用制钱在卦筒里摇动，

然后倒出，根据字和幂的数目与次序来确定卦像，预卜祸福吉凶，算卦者多会察言观色。

算命 是根据人的出生年、月、日、时配以天干地支，排出生辰八字，按照阴阳五行学说的理论和五行相生相克的道理，来诠释人命的贵与贱、好与坏，及流年运程的顺与逆、祸与福。

相术 是以人的面貌、五官、骨骼、手纹、气色、神态来推测吉凶祸福、贵贱寿夭的一种方法，分为相面、相骨、看手相等多个门类。

测字 亦作“拆字”，是占卜的又一种形式。测字者根据汉字的字形，字义和写字时的背景情况来分析所卜事情的吉凶，其中多随机应变，牵强附会。

相宅 即看风水，看坟地为“相阴宅”，看住所称“相阳宅”。看风水的方式很多，但归纳起来，其精髓为“龙”“穴”“砂”“水”四大要素。根据“龙真”“穴的”“砂环”“水抱”的原则，选择适宜建坟与造屋的地方。

抽签 鉴有竹、纸不同形制，上面写有不同的词句，以签上的词句来介绍吉凶，祸福。签有上上、上、中、下、下下五种，每种又有若干支和若干解释，求福、求禄、求婚姻、求事业都可以用。问卜者随意从卦筒中抽出一支，由卜者根据事项进行解答，有时难免牵强附会，现在多在庙宇中进行。

征兆 主要有“梦兆”“眼跳兆”等，通常以推理的方法来介绍梦兆，分正梦、噩梦、思梦、喜梦、寝梦、惧梦六类。通常说梦与现实相反。如梦见死人，说是增寿，谓之“梦死得生”。梦见红色的东西不吉利，梦见白色的则吉利，眼皮突然跳动不止，也被视为征兆，一说“眼皮跳，客来到”；一说是背后有人说坏话；还有说“左眼跳财，右眼跳坏”；还有人说“男左女右”等林林总总，吉凶参半。

第二节　禁忌

禁忌包括饮食禁忌、居住禁忌、言行禁忌、岁时节令禁忌等多个方面。

一、饮食禁忌

在饮食习俗中有许多禁忌和约定俗成的规矩，如客人没吃完饭或筵席没散不能收拾碗筷，客人没走不能扫地，因为这样做是意味着赶客人走。做客喝酒时，不得将酒杯倒扣，因为那是对其他人的不敬，最后一杯酒要等端上饭后再一饮而尽，不能空着酒杯等饭，因为那样表示对主人家不满。做客吃饭时，一条完整的鱼吃光一面时，不能主动去翻过来，要看主人的意思。有时候，一个盘中盛有两条以上鱼时，客人则要主动提出掰下一条或几条去，以表示自己懂礼貌，这其实也与当时的生活水平有关系，同情主人家，舍不得全给吃掉，留下一条，另做他用。

吃饭的时候，不能说话，怕吃进风去，引起肚子痛。忌用筷子敲空碗，因为乞丐讨饭时是这样敲的，敲碗意味着没饭吃。盛饭时忌勺子往外翻，因为这是旧时给犯人盛饭时的舀法。

另外，妇女怀孕后，不能吃兔子肉，吃了兔子肉，生下的孩子会长破口（兔唇）。不能吃驴肉，

吃了驴肉生下的孩子会是驴脾气。不能吃狗肉，吃了狗肉，生下的孩子身上会带狗腥味。怀孕的妇女不能吃饭过多，吃饭多了，肚子的孩子长得过胖，会发生难产。

二、居住禁忌

住所大门忌冲山墙角，如无法避开，则要在犯冲处刻上“太公在此”四字。宅基不能直冲通街道，也不能面对庙宇，实在无法回避，要在住宅外面一角安一块小石碑，刻上“泰山石敢当”五个字，以趋吉避凶。建房用的木料，忌用桑木、槐木，因为“桑”与“丧”同音，“槐”与“坏”同音，且沾着“鬼”字，恐不吉利。尤其忌讳用桑木做梁、檩，用槐木做门槛，当地人有“头不顶桑，脚不跐槐”的说法。现如今，人们很少讲究这些了。

三、言行禁忌

渔民在船上不能说“翻”字，如刷锅用的饭帚，要叫“炊帚”；吃鱼、烙饼需要翻过来的时候要说“划过来”。在船上不能打眼罩和卡腰，据说这是巡海夜叉的惯用动作，此举易招惹他们，导致船毁人亡。编制缆绳时，忌讳女人从缆绳上面跨过去，若发生此种现象，则该段缆绳即弃之不用，否则入海易断。大小便时只能在船尾，若有不知者在船头方便，则会引起船长忌讳。

四、岁时节令禁忌

过春节，请年以后，直到初二送年之前，不能扫地，扫地意味着对祖先不敬，不许向外泼水，怕泼走财运，出嫁的闺女送年之前不能回娘家，家中人去世三年内，不能贴春联，孩子们不能出去拜年，走亲戚。饺子煮破了要说“中了”，馒头裂了要说“笑了”，饭吃完了要说“好了”。筵席上菜忌单数，要 4 盘、6 盘、8 盘、10 盘、12 盘或 16 盘等。祭祖供神则忌双数，供品要 3 碗、5 碗或 3 盘、5 盘，点心、水果要 3 碟、5 碟，酒要 3 盅，一炷香要 3 支，饽饽一摞要 5 个。

随着科学的普及，有些带有迷信色彩的禁忌，已经慢慢消除或淡化了，但有些或多或少地存在着。

第三节　陋习

旧时本村主要有赌博、早婚、缠足、束胸等陋习。

一、赌博

旧时，赌博有打骰子、押宝、推牌九、打麻将等形式。冬闲、耍正月期间行赌者极多。染此恶习者多倾家荡产，最终堕落为地痞流氓，危害社会。1949 年后，政府严令禁止赌博，但是仍有少数人暗中用扑克牌、麻将行赌。

二、早婚

旧时，在“早娶媳妇早养儿，早养儿子早得济”观念支配下，未成年男女往往过早结婚，

域内甚至出现 13 岁成婚的情况。有的父母给儿女定“娃娃亲”，或者近亲结婚，以至于造成婚姻悲剧和后代畸形或者低能的情况。1950 年，《婚姻法》颁布实施后，早婚的陋习逐步得到控制以至于根除。

三、缠足

旧时女子 10 来岁便用布条将其双脚裹成尖形，严重损害了女孩的正常发育，束缚了女子的正常工作。民国时期，政府曾明令禁止缠足，但未能杜绝。1949 年以后，这一陋习才得以彻底根除。

四、束胸

当今女子提倡丰胸，旧时未婚女子要用内衣束紧胸部，严重影响生长发育，使众多女子深受其害。

第五章　方言

方言是一种语言的地方变体，在语音、词汇、语法上各有其特点，是语言分化的结果。本地方言属于汉语北方方言中的胶辽官话，具有胶东方言的明显特征，也有自己的特色和丰富含义，推敲起来颇有风味，有的比喻恰切，若换句话说，很难表达。随着教育的普及，人民文化水平的提高和当地人与外界的交流增多，方言正逐步被普通话所代替，但这将是一个很长的过程。

第一节　语音

语音是语义的载体，担负着传递语言信息的重要任务。 本地方言的语音特点是没有去声，古代全浊上声字和去声字分别归到阴平和阳平里面，哪些字归阴平，哪些字归阳平，没有规律可循，而且有些字的归属很不稳定，同一个字甲读归阴平，乙读可能归阳平。有时同一个人读同一个字，归属也有不同。现将本地方言中的一些常用字语音与普通话的语音相对照，用汉语拼音加以标识。

把喝（he）读作（ha）

把河、盒、荷（he）都读作（huo）

把客（ke）读作（kei）

把渴、磕（ke）读作（ka）

把棵（ke）读作（kuo）

把泥（ni）读作（mi）

把麦（mai）读作（mei）

把脚（jiao）读作（jue）

把角（jiao）读作（jia）

把人（ren）读作（yen）

把鞋（xie）读作（xiai）
把推、腿（tui）读作（tei）
把妹（mei）读作（men）
把闺(gui)读作(gun)
把割（ge）读作（ga）
把哥、歌（ge）读作（guo）
把鹅、饿（e）读作（wo）
把胳膊（ge bo）读作（ga ba）
把萝卜（luo bo）读作（luo bei）
把妯娌（zhou li）读作（zhu li）

第二节 词汇

词是代表一定意义的能独立运用的最小的语言单位，它一般具有固定的语音形式，一种语言中所有的词和成语等固定用语的总汇就是该语言的词汇。一种语言只有一个词汇，但包含的词可以多到几十万个。这些词所表达的都是与人们世世代代的日常生活关系非常密切的事物。例如：自然现象、动物、植物、人的肢体和器官、亲属称谓、情态行为等。现将当地方言中的一些方言词与普通话运用的词对照着介绍如下。

一、称谓方面

曾祖父叫老爷爷
曾祖母叫老妈妈
祖父叫爷爷
祖母叫妈妈
爸爸叫爹
妈妈叫娘
伯父叫大爹
叔父叫二爹、三爹
伯母叫大娘
叔母叫二娘、三娘
外公叫姥爷
外婆叫姥娘
舅母叫妗子
姑娘叫嫚
渔民叫艄公
土匪叫红胡子
男人叫汉们
长工叫觅汉

二、情态行为方面

称品行不端的人为“杂碎”
称献殷勤的人为“能颠先”
称爱出风头的人叫“展扬”
称拍马溜须的行为叫“舔抹”
称放纵轻浮的行为叫“能扎煞”
称胡作非为叫“做动”
称闯祸叫“做腊”
称清楚叫“皴亮”
称嘲笑人叫“要悄人”
称讲下流话叫“说谈话”
称粗野蛮横的人叫“二望种”
称傻子叫“痴死”
称偷懒耍滑叫“刁蛋”
称撒娇叫“鬼扎”
称干活勤快叫“下力”
称找别扭叫“发熊”
称不懂装懂叫“死充”
称突然叫“直愣中的”

称串门叫“闯门子”
称欠债叫“拉饥荒”
称还债叫“打饥荒”
称夸耀、显摆叫“骗弄”
称用白眼看人叫“挖候”
称用眼的余光看人叫“斜抹”
称坏了叫“踢蹬了”
称践踏叫“扑蹚”
称骂人叫“噘人”
称睡觉叫“困觉”
称快一点叫“娘母的”
称没注意叫“没果睬”
称吝啬叫“嗄固”
称算了叫“罢什的”
称高兴叫“欢气”或“恣的”
称给人亏吃叫“插把人”
称故意地叫“单为的”
称吵嘴叫“咬嘎”
称斥责叫“嘁嘎”
称舒服叫“舒挲”
称历数过错叫“吧数”
称不害臊叫“不害淡”
称惨叫“促咔”
称赶紧叫“嗄急”
称蠕动叫“鼓拥”
称变形叫“瘪越”
称随便走走叫“拉旮”
称修理叫“扎箍”
称搅动叫“豁络”
称大声喊叫叫“歇咧”
称收缩叫“固数”
称假装叫“装熊”
称差不多叫“朝大谱”
称太过分叫“大篱笆”
称斗嘴叫“抬杠”
称不讲卫生叫“拉撒的”

三、生活方面

称面条叫“面汤”
称饺子叫“小馉扎”
称包子叫“大馉扎”
称粥叫“粘煮”
称醋叫“忌讳”
称木拖鞋叫“木呱打”
称背心叫“两膀穷”
称烟囱叫“釜台”
称炉灶叫“锅头”
称影壁叫“照壁”
称大门洞叫“过挡”
称用纸糊的天花板叫“仰墙”
称祝贺乔迁新居叫“烧炕”
称台阶叫“礓嚓”
称饿叫“饥困”
称疙瘩汤叫“馉扎汤”
称咸菜叫“瓜齑”
称鹅卵石叫“河乱蛋子”
称一点点叫“一虱嗄子”
称胡琴叫“吱弓”
称铜钹叫“咣嚓”

四、人体与疾病方面

称额头为“叶颅盖”
称颏为“下巴骨”
称肘为“拐柱”
称胫、腓骨为“干腿子”

称腋为“肌枕窝”
称膝盖为“膊裸盖”
称踝为“脚麻骨”
称大拇指为“大妈指头”
称小指为“小妈指头”
称肩胛骨为“掀板骨”
称麻疹为“生瘀子”
称疟疾为“发脾寒”
称中耳炎为“耳朵底子”
称流口水为“拉拉痴水”
称气管炎、哮喘病为“齁”
称钩虫病叫“黄病”
称淋巴结核叫“老鼠疮”
称带状疱疹叫“蛇带”
称癫痫叫“羊嗄喳风”
称面瘫叫“吊旋风”
称坐骨叫“腚巴骨”
称腮腺炎叫“炸髓”

五、动植物方面

称狼为“马虎”
称狐狸为“貔子”
称黄鼠狼为“老黄”
称蛇为“长虫”
称蜥蜴为“马蛇子”
称壁虎为“蝎虎”
称螳螂为“刀郎”
称青蛙为“蟑蚊”
称蝌蚪为“蝈蝈蛲子”
称癞蛤蟆为“喀巴”
称蚯蚓为“蛐蟮”
称孑孓为“倒拐虫”
称喜雀为“鸦雀”
称鸽子为“布嗄”
称啄木鸟为“捣打木子”
称向日葵为“转映剋”
称刺槐为“咔槭”
称小叶石苇为“刀疮药”
称桔梗为“包袱花”
称葎草为“拉狗蛋”
称丹参为“杂杂花”
称威灵仙为“铁扫帚”
称香螺为“老娘孛脐”
称鲨鱼为“锉鱼”
称大理菊为“地瓜花”
称海葵为“海腚根”
称酸枣树为“黄毛棘子”
称蒲公英为“補補丁”
称苍蝇为“苍羊”
称萤火虫为“叭”
称瓢虫为“货郎”
称蚜虫为“迷虫子”
称泥鳅为“米狗”
称蟋蟀为“土蛰”
称寄生蟹为“跑卜篓”
称海鳗为“即钩”
称海豚为“海猪”
称海星为“海盘缠”
称流苏为“牛筋子”
称紫薇为“痒痒挠”
称曼陀罗花为“洋金花”
称百合为“山墩子”

六、时令气象方面

称太阳为“日头”

称月亮为“月明”

称昨天为“夜来”

称上午为“头晌”

称下午为“过晌”

称早晨为“早晌”

称中午为“晌晚”

称流星为“跑星”

称冰雹为“叭子”

称彩虹为“将”

称暖和为“闹乎”

称颗粒性雪花为“饭卜拉”

称大片雪花为“棉花头”

第三节　语法

语法是人们说话所要遵循的规则，语法的组合规则和聚合规则构成一种语言的语法规则，当地方言的语法与普通话差别不大，但也有一些特点。

一、语素顺序

当地方言有同素异序现象，同素异序词有时意义上有差别，但多数并无不同，有时两种说法都对，如：

相貌（xīang mào）　貌相（mào xìang）

颠倒（diān dǎo）　倒颠（dǎo diàn）

积攒（jī zǎn）　攒积（zuān jī）

捣鼓（dǎo gu）　鼓捣（gǔ dāo）

俯就（fǔ jiù）　就俯（jiù fū）

摆布（bǎi bu）　布摆（bù bǎi）

以上各组词语，在当地方言中两种说法同时存在，意义上没有什么区别。但是，有的同素异序词却有意义上的区别。例如：碎杂（suì za），指语言庸俗、琐碎；而杂碎（zá suì），则意为无赖之极，人品极差。

二、语音变化

在语音中有些词语所使用的汉字完全相同，但意义却并不相同，这实际上是一些同形词，这些同形词当地人用音变来区分，常使用一些儿化音。

如“轧合”一词就有“合伙”“结交”“姘头”等不同意义。

轧合（gā huo）合伙的意思。例：今年俺两个人轧伙张钩钓鱼。

轧合（gǎ huò）结交的意思。例：出门在外，要紧多轧合人。

好人（hao ren）指忠厚老实，具有良好道德品质的人。例：xxx 真是个好人。

好人儿（hao ren r）指长得漂亮、俊俏。例：xxx 真好人儿。

老妈妈（lao ma ma）对曾祖母的称呼。

老妈妈儿（lao ma ma r）指年纪很大的女性。

老爷爷（lao ye ye）对曾祖父的称呼。

老爷爷儿（lao ye ye r）指年纪很大的男性。

三、调类活用

踩（cǎi）	践踏（动词）	后头（hòu tóu）	后脑勺（名词）
踩（cāi）	泥泞（形容词）	后头（hòu tou）	后面（名词）
光棍（gūang guèn）	指办事精明（形容词）	妈妈（mā ma）	母亲（名词）
光棍儿（gūang guen）	单身汉（名词）	妈妈（mǎ mà）	祖母（名词）

名词作形容词　孙：这个人孙死了（懦弱）

熊：这家伙发熊（坏）；今天真使熊了（累的厉害）

草鸡：真草鸡了（怯懦告饶）

鬼：这家伙太鬼了（狡猾）

名词作动词　用泥泥墙、畦畦小葱、用墼墼起后窗来。

四、特殊比较句

当地话有一种比较句，一是在比较语后面加“起”字。

肯定比较：张三好起李四；一天好起一天。

否定比较：梨不甜起苹果；他不高起我。

疑问比较：他能强起你？他高不高起你？

二是常把相反的词义组合在一个词组中，用“母是”“麻大”两个方言副词相连接、对比。“母是”“麻大”，相当于现代汉语的“很”。如：

母是高高下（形容很高）	麻大高高下（形容很矮）
母是厚厚薄（形容很厚）	麻大厚厚薄（形容很薄）
母是粗粗细（形容很粗）	麻大粗粗细（形容很细）
母是长长短（形容很长）	麻大长长短（形容很短）
母是大大小（形容很大）	麻大一点点（形容很小）

五、习惯用叠词

域内方言语法中有喜欢用叠词的习惯。

红松松的	脆生生的
紫莹莹的	急溜溜的
白潦潦的	快当当的
黄卡卡的	慢悠悠的
黑乎乎的	恶狠狠的

狠扎扎的
凉渗渗的
扎固扎固
拍打拍打
抻把抻把
打破打破
挣把挣把
拾掇拾掇
捋把捋把
捆打捆打
溜达溜达
拉旮拉旮
洗把洗把
掂对掂对
剁打剁打
端详端详
砸把砸把
挤把挤把
撕把撕把
拿把拿把
捣估捣估
心思心思
理刷理刷
方便方便
轱拥轱拥
玉成玉成
蛰卧蛰卧

第四节 谚语

谚语指多年在当地流传表达民俗的简练而又形象的语句，当地谚语源远流长，简练朴实，含义深刻，内容广泛，数量众多，生产、生活、时政、礼仪、天文、地理等无所不包。人们用“富在深山有远亲，穷在闹市无人问”“人敬有的，狗咬丑的”来讽喻世态炎凉。用“羊皮褥子狗皮袄，两好赶一好”“一个巴掌拍不响，一人发火难打仗”来辩证地比喻人和人之间的关系。用“蟹子过河随大流”“塌天有大家，过河有矮子”来反映人们的从众心理。用“省囤尖不省囤底”“宁肯撇了不肯缺了”来告诫居家过日子之道。用“初八、二十三，两头响嘣干”“初一、十五正一海，吃了响饭晚了海”来准确计算潮汛。用“中伏萝卜，末伏菜”来说明农时。用“日头甩腿，等不到天黑”等来预测气象变化。总之，凡世间之事，都能用谚语来概括。至今，流传在当地的上千条谚语中，尽管有些含有消极的成分，但是也是当时人们的一些意识需求及对当时一些现象的抨击。自古至今，人们用谚语教育人，劝诫人并传授生产、生活经验，成为一部人民生活的“百科全书”，对生产、生活有着重要的指导性作用。

这样的语句很多，现仅撷取一部分常用的特别是具有地方特色的语句介绍如下。

一、日常生活类

一口吃不成个胖子
一个打算顶十个干的
一家门口一个天
一块坏肉臭满锅
一步赶不上十步撵不上
一批隔一批孙子不如儿
一个人一个命，一个巴蛰子一个瓮

十年碰不上个闰腊月

十里路无真信

人活一口气，神活一路（柱）香

人在运里，马在阵里

人老一年，驴老一宿

人多了乱，龙多了旱，母鸡多了不下蛋

人要脸，树要皮，没脸蛋子没法治

千难万难，不离崂山

千年的字会说话

干屎抹不到人身上

山顶上看日头，回到家摸枕头

卤水点豆腐，一物降一物

吃了人家的嘴短，拿了人家的手短

吃人家的吃出汗来，吃自己的吃出泪来

反过来打肚皮，复过去打脊梁

打不着鹿也不能让鹿吃草

外财不发命薄人

打起来没好手，嘶起来没好口

穷怕亲戚富怕贼

懒驴上磨屎尿多

有狠心的儿女，没有狠心的爹娘

麦怕胎里旱，人怕老来贱

眼经不如手经，手经不如常拨弄

兔子长大不成驴，蒿子长大不成树

瘸驴单走窟窿桥

黄鼠狼专咬病伢子

使大钱在命，使小钱在挣

闲着不喂驴，忙了驴不吃

二、农业、渔业类

麦子成和秕，单看正月二十一

六月六，看谷秀

有地方买种，没地方买苗

七月的核桃，八月的梨，九月的柿子赶大集

立冬萝卜小雪菜，再不收拾要冻坏

春天插一棍，秋天吃一顿

二月寒食不用忙，三月寒食忙不上

有钱难买五月旱，六月连阴吃饱饭

忙煞忙，先打场

人哄地皮，地哄肚皮

谷雨前后，种瓜种豆

青割麦子一包面，青割大麦一溜线

立冬收葱，不收就空

种地不施粪，等于瞎胡混

庄稼一枝花，全靠肥当家

麦子不怕草，就怕坷垃咬

深栽茄子浅栽葱

立夏鱼上车

小满前后挖厚的

初十傍明海

初六二十一，早晚晒海底

七月八月看大潮

清明的蟹子，谷雨的虾

鱼过千层网，网网还有鱼

河中鲤，海中鲳，不如秦皇（中华鲟）那碗汤

加吉头，鲭鲭嘴，刀鱼肚囊鲅鱼尾

三、气象类

一场春雨一场暖，一场秋雨一场寒

正月十五不收灯，二月二日刮大风

春冷雨，秋热雨，五黄六月呵杂（闷）雨

清明难得晴，谷雨难得阴

雪下高山霜打洼

长到夏至短到冬

天黄有雨，地黄有风

早上立了秋，晚上凉飕飕

大雪不封地，不过三五日

下雪温温化雪凉

大了春的雪，狗都撵不上

过了冬，一天长一葱

交了十月节；飘下风来就是雪

石头出汗，大雨不断

冬在头冻死牛，冬在尾冻死鬼，冬在中暖烘烘

阴天的日头，独瓣子蒜

呼雷大，雨点小，走路不用跑

东南风刮三天，下雨不用求神仙

第五节　歇后语

歇后语是一种短小、风趣、形象的语句，有时用比喻或双关的语句表达其实际意义。流传在当地的歇后语数量众多，内容丰富，既有在全国广泛流传的语句，又有本地区所独特的语句，其语句形象生动，含意深刻，幽默、风趣，且言简意明、易记、易传，是受当地人民喜爱的口头文学形式之一。

七个眼的唢呐——没法捂扎

大年五更没月明——演就了

大年五更死了驴——不好也得说好

正月十五贴对联——晚了半月

大麦岛洗澡——没有旁人揽的

小老鼠扛木锨——大头在后边

捣打木子歪了嘴——命该如此

山东头的二鬼子——死眼皮

天上拉屎——狗的命

木匠抓锛——有尺寸

沙窝里栽葱——白（辈）大

大嫚要饭——死心眼

吃大烟拔豆棍——一码归一码

狗头长角——出（羊）洋相

石湾看坡——专抓自己人们

老头拾粪——自掘（觉）着

苍蝇跟着个卖盐的——操些闲心

狗咬马虎——两将怕

南山顶上滚石头——石打石

窗户棂子吹喇叭——名声在外

脱裤子放屁——两道手续

卖油不拿称——赘上一撇子

拖拉机上坑——耕（惊）人

鸭子肉好吃——嘴硬

瞎汉点灯——白费蜡

锅腰子上山——前（钱）上紧

痴死过年——好景

瞎汉磨刀——快了

蒸的饼子——不用抢

碾砣子磕碾底——石磕石

日本的呱打——提不起来

地瓜爬头解板——不是料

鸡爪子爬墙——不是手

西北风刮棘子——连风带刺

杀猪杀出屎来——一人一个杀法

橡子树不发芽——死柞

志鹿淹地——平气了

大头宝拾粪——该谁的谁的

瘸子打围——不能跑就能叫唤

下雨天吃棘子——将就将就

梢瓜打驴——去了一半子

三泡屎拉了两泡——光剩本屎（事）了

马虎不吃死人肉——叫活人惯的

提着尿罐要饭——臊了门户

第六节　谜语

谜语也称“猜门”“破门”，当地流传的传统谜语种类繁多、内容丰富，从人们的衣食住行，到天文地理、动物、植物、自然现象、诗词字句等，且寓意深刻，构思巧妙，语言风趣、流畅。

一、植物类

一棵树，黑乎乎，上头结着紫二姑——茄子。

麻屋子，红帐子，里头困着个白胖子——花生。

兄弟七八个，围着柱子座，谁若松了手，衣裳就裂破——蒜头。

爹不亲，娘不爱，把它埋到南河沿，等到长大成了材，锯割斧剁把它卖——柳树。

奇怪奇怪真奇怪，骨头长在皮肉外——核桃。

东风、西风、南风、北风、旋风——西瓜、冬瓜、北瓜、南瓜、绞瓜。

大哥平普踏，二哥一脸疤，三哥歪歪嘴，四哥一枝花——苹果、核桃、桃、石榴。

二、动物类

从南来了个跩呀跩，不脱裤子就下海——鸭子。

奇怪奇怪真奇怪，鼓开脊梁生小孩——蝎子。

年年六月天气热，爬上树梢瞎歇咧——蝉。

吃肉不用问，张开口就啃，伸手要打它，一跳走了人——跳蚤。

不用打火不用油，夜夜提灯把路行，待到十月寒风起，灯死火灭不见影——萤火虫。

头小脖细肚子大，双手挥动两盘铡，一不小心碰上它，皮开肉绽冒血花——螳螂。

为我打你，为你打我，打破你的肚子，出着我的血——蚊子。

行也坐，立也坐，卧也坐，坐也坐——青蛙。

行也卧，立也卧，坐也卧，卧也卧——蛇。

大哥红脸大汉，二哥骑马射箭，三哥畏畏擦擦，四哥好吃懒动弹——臭虫、跳蚤、虱子、虮子。

三、用具类

一棵树，两半子，里边夹着个黑汉子——铡刀。

两张小嘴不多大，挥动胳把就说话——风箱。

四四方方屋里放，穷家富户都用上，夜里陪着小姐睡，白天看着大嫂缝衣裳——炕席。

奇怪奇怪真奇怪，肠子长在肚皮外——辘轳。

在娘家青枝绿叶，到婆家面黄肌瘦，不提起倒也罢了，一提起来泪洒江河——竹篙。

一个小孩不多高，天天捶打烈火烧，锄镰锨镢头上出，刀枪剑戟头顶造——铁匠墩子。

一棵大树高高立，大树顶上挂红旗，风里来，雨里去，一年到头湿漉漉——桅杆。

兄弟几十个，并排椅上座，天下女子们，个个都爱它——梳子。

浑身都是眼，专找闲事管，一旦需要它，挺身堵枪杆——顶针。

个子不多高，脾气特别爆，粉身又碎骨，化作迎春炮——爆竹。

腰缠一根线，能在半空站，不怕大风刮，就怕天出汗——风筝。

公婆两个摞压摞，又吃又吐又吆喝，羞的老驴不喜看，戴上捂眼转圈噘——石磨磨面。

四、自然现象

朝也来，晚也来，从来不露面，咕咚几下门，马上就离开——风。

兄弟千千万，住在白云间，旱天盼它来，涝天把它嫌——雨。

看不见，抓不着，一时没它没法活——空气。

披着棉袍来，光着身子走，柳丝想拉它，它却不肯留——雪花。

一匹五彩段，横在蓝天间，伸手够不着，睁眼能看见——彩虹。

五、字、词类

一点一横，俩眼一瞪——“六”字。

上不在上，下不在下，天无它大，人有它大——“一”字。

一个不出头，两个不出头，三个不出头，不是不出头，就是不出头——“森”字。

一点一横长，一撇到南洋，南洋两棵树，长在石头上——“磨”字。

画时圆，写时方，冬时短，夏时长——“日”字。

木在口中栽，不猜杏与呆，有人猜困字，不算好文才——“束”字。

一个大的，一个小的，一个会蹦的，一个会跑的，一个吃人的，一个吃草的——“骚”字。

种豆山脚下，月亮半天挂，有柴没有木，王里是一家——岂有此理。

虫去凤窝飞去鸟，七人头上长青草，大雨下在横山上，半个朋友不见了——风花雪月。

第七节　儿歌

儿歌是以低幼儿童为主要接受对象的具有民歌风味的简短诗歌，内容多反映儿童的生活情趣。歌词多采用比兴手法，词句音韵流畅，易于上口，曲调接近语言音调，节奏轻快，童趣横生。

噢了了（l i ǎ o）

噢了了，噢了了，

狗别咬，猫别叫，

好孩子，困大觉，
做好梦，别尿尿，
一困困到日头照，
醒来喂你吃饺饺。

萹竹芽，红根根

萹竹子芽，红根根，
姥娘教俺引针针。
姥娘、姥娘引不上，
姥娘打俺两柱棒，
上南园，哭两声，
回来还是俺亲姥娘。

第八节　民谣

民谣词句简练、押韵、上口，风格清朗，内容广泛，涉及劳动、生活、爱情、时政等各个方面。

一、回妈家谣

狗汪汪，驴叫唤，妈家哥哥来叫俺。“娘娘住几天？”住到腊月二十三，买上爆仗买上鞭，噼里啪啦过新年。

二、背草谣

背草拾草，路上捡了个破棉袄，穿着吧虱子咬，哄（扔）了吧可惜了，拆拆洗洗另缝缝，干干净净都说好。

三、鸦鹊谣

鸦鹊喳喳尾巴长，将了媳妇忘了娘，把娘放到石磅后，把媳妇背到炕头上。

四、肚子痛

肚子痛，找老熊，老熊不在家，找三疤，三疤在家磨刀子，吓的小孩好好的。

五、老雕歌

老雕老雕你打场，挣个饽饽给你娘，你娘不吃给老黑，老黑吃了好打滚。

六、呱嗒板

呱嗒板，唱刘海，刘海有个花布衫，谁做的，娘做的，提起娘来难受的。

七、娘啊娘，好狠的心

娘啊娘，好狠的心，把俺送到午山村，挑担水满断筋，石头瓦茬垫脚心。

八、解放青岛歌

叫声同志你快快走，
打开青岛住洋楼，
大白菜，炒猪肉，
苦尽甜来多享受。

第十二篇

村民生活

第一章　经济收入

本村的经济收入主要有农业收入、渔业收入、经营收入和其他一些收入，集体经济时期，还出现过副业收入。

第一节　农业收入

农业收入是早期村民们的主要收入。虽然当时地多人少，但由于耕种方式落后，品种原始，粮食产量很低。据 1934 年李村乡区建设办事处经济调查显示：“农作物、副产物每年每亩之收益约 30 元。人们辛勤劳作一年，除去缴纳皇粮国税所剩无几，仅能维持温饱，后来随着人口的不断增加，人均耕地面积逐渐减少。到 1951 年土地改革时，全村土地人均不足 1 亩，最多者不过 2 亩，极个别家庭只有极少量土地，甚至无土地。当时的粮食亩产量仅 200 来斤，可见大部分人家基本不能自足。

1961 年成立南姜生产大队时，村里已逾千人，仅分得土地 717 亩。后来随着周边驻军的国防征用，土地数量不断减少，加上人口的不断增加。20 世纪 70 年代，人均耕地仅有 4 分左右。虽然粮食产量不断提升，但仍不能自足，需去集市购买议价粮食补充。按当时全村的粮食产量，折合成国家的粮食收购价计算，每年人均农业收入不足 30 元。

1982 年实行联产承包责任制时，人均分得土地仅 3 分左右。1985 年以后，随着渔业生产的迅猛发展，大部分人已不再从事农业生产，只有少部分人栽种一点地瓜、蔬菜等自己食用，农业基本没有收入。

第二节　渔业收入

早期的渔业生产主要在近海进行，由于捕捞工具落后，捕获量有限，受当时交通运输条件的限制，市场规模很小，鱼货价格较低，收入不高。20 世纪初期，随着木帆船的出现，和捕捞工具的不断改进，海上捕捞逐步进入深海，捕获量增大。而青岛的开埠和沙子口鱼行的大量出现，更使渔业收入成为村里的主要收入之一。20 世纪 30 年代以后，村里已经出现了能独自养船经营的业户。

1955 年爱国渔业社成立后，渔民吃国家供应粮，挣工资，劳动热情高涨，所有收入全部交给集体所有，社员们都从中获益。1960 年、1961 年实行自负盈亏政策，这两年货海出奇的好，而海产品又可以进入自由市场，自主定价，绝大多数渔民挣到了大钱。当时一般工人的工资

每月只有 30 ～ 40 元钱，而大多数渔民的年收入在千元以上，有的甚至更多，人们都戏称这两年的渔民为碰上了“闰腊月”。但也有个别船发生意外，出现亏损的情况。1962 年，渔船收归集体所有，渔民改为挣工分，劳动热情下降，加之当时实行统购通销政策，海产品价格定的较低，利润很薄，故海洋捕捞的集体收入不多，这一时期的主要海上收入来自海带养殖。

实行承包经营之后，渔民的生产积极性被重新激发起来，随着海产品价格的上涨，渔业收入激增，到 20 世纪 90 年代，已经出现独家经营的船局。有些业户在进行水产捕捞的同时，还兼养扇贝，有的则以养殖扇贝为主业。由于渔业生产收入的不确定性，渔民的个人收入也各不一样，从最初的每人每年数千元，到几万元逐步增加，独自经营的船局，有的年收入可达十几万元。扇贝养殖的个别业户，个别年份可达几十万元。21 世纪，随着渔船数量的激增和渔业资源的减少，渔业收入开始下降，有些船局入不敷出，被迫转行或转包经营。

第三节 副业收入

副业是生产队时期，组织社员集体外出打工的一个附属产业。本村社员搞副业，主要是到青岛汽车五队、四方机厂、人交公司、自行车厂、青岛房管局、外贸纺织厂、崂山建筑公司、西镇船厂和青岛煤建公司等单位当搬运工和干杂务活。这些活又脏又累，工资待遇相对高一些，每月可达 60 元以上，生产队每天给搞副业人员记 10 工分，发给 4 角钱的生活补助费，在汽车五队搞副业的人员发的生活补助费最高，达到每天 8 角钱，剩余部分全部归集体所有。因此副业收入，也是当时生产队的重要收入之一。

第四节 经营收入

村里人最早的经营是从贩卖海鲜鱼货开始的。早期只是沿街叫卖，或去集市交易，收入有限。青岛开埠之后，人们开始向青岛市区贩运，收入开始不断增加。到民国时期，已有人在市区内开办货栈经营，还有人置办马车专门从事运输经营，收入不菲。集体化以后，这些经营活动都被取消。

生产队期间，村里办过水貂养殖场、金属拉链厂、麻袋组等经营项目，但效益一般，收入都不是很高。改革开放以后，各项经营活动逐渐恢复，最早开始的还是海产品经营活动，人们骑自行车、摩托车或是乘坐公交车向青岛市内贩卖海鲜，获利颇丰。后来，有人开始租用冷库，加工销售海产品。在完成早期财富积累后，20 世纪 90 年代后，有人开始建造冷藏厂，注册成立公司，创建游艇厂等各种企业，进行生产经营活动，有些项目的年销售收入超过亿元。这一时期，还有些人从事餐饮等其他行业，也都获利不少。同时，村集体也陆续建造了渔业仓库、海珍品养殖场、物资供应站、聚乙烯抽丝厂、前海加油站、冷藏厂等，并进行了房地

产开发项目，都创造了一定的经济效益。

第五节　其他收入

私有制经济时期，一些少地、无地和缺少生产资料的村民，主要靠给人打工生活，常年打工者，称为“长工”，季节性打工者称为“短工”。长工按年计酬，一般折合成粮食，一年给点地瓜干及其他杂粮等，有时候给做件衣服或给少量的工钱，最高每年80元，最低30元。短工有两种，一种是帮人干农活，工钱每日3～5角；一种是帮人出海捕捞，后者风险较大，酬劳由双方共同议定。

新中国成立后，集体经济时期，沙子口公社办了一些企业，部分社员被招进这些企业上班，挣的工资归个人所有，每月30～40元。另外，当时家家户户都养生猪，所有生猪都由沙子口食品站统一收购，按照猪的肥瘦确定等级，每斤生猪5角至6角钱。这也是一户人家一年当中除年终开支以外的主要收入。

改革开放以后，一些自己没有产业或怀有一技之长的村民则选择去工厂、企业上班，领取工资。工资数额从最初的每月数百元，逐年上涨。现最低工资每月都在2000元以上，多者逾万。

第二章　饮食

饮食是人类生存的第一需求，随着社会生产力的发展和人们经济生活的不断改善，饮食习俗也在不断变化和丰富。

饮食习俗主要表现在日常生活饮食和礼仪饮食两个方面。日常生活饮食包括饮食结构和一天的餐饮次数、时间等。礼仪饮食则包括节日食品、礼仪往来食品、祭祀供品及饮食仪规等。

有些饮食习俗有相对的稳定性，如礼仪食俗中的过年吃水饺、正月十五吃元宵、五月端午吃粽子、七月七吃饽花、八月十五吃月饼、腊八节喝腊八粥等，沿袭至今。

在饮食习俗中，有些体现了中国孝文化的精神，如在新粮或新鲜瓜果收获时要请老人先吃，叫“尝鲜”。做了好菜，要让老人先“开头筷”。打下麦子要请老人吃新鲜麦子饽饽。渔民第一次出海捕捞上的鲜海货要先祭奠天地，孝敬老人，才能自己吃。特别是春天鲜鲅鱼刚上市的时候，都要先做给老人吃，结了婚的男子还要给丈人、丈母娘去送鲅鱼。这个习俗一直到今天还在延承。

村里可耕地不多，过去人们的饮食以地瓜、地瓜干为主食，兼食谷子、玉米、高粱、大麦、黍子、䅟子等五谷杂粮，小麦面粉很少。副食以豆类、蔬菜、地瓜叶、野菜、海菜等为主，

偶尔可吃点豆腐，肉、蛋极少，只有在过年、过节、家中有大事时才可享用。但海产品较多，特别是干、咸海产品有渔民的家庭可常年食用。

餐饮次数一般是一日三餐，但过去在农闲时为了省粮省火，则一日两餐，称“吃两顿饭”。随着近三十多年来生活水平的不断提高，这种习俗已不复存在。

第一节　主食

一、地瓜

新中国成立前后，地瓜一直是本村人的主食，由于地瓜产量高，茎叶是喂牲畜的好饲料，碰到饥荒年人也可以食用，且适于山岭薄地生长，因此被广泛栽种。由于地瓜是主食，因此围绕地瓜的储存、加工、制作形成了一整套的东西。

储存　鲜地瓜要长期储存很不容易，既怕冻，又怕太热，所以冬天多把地瓜放在顶棚上，或在屋内挖地窖存放。一般可吃到来年夏初，一年中可食用 8 个多月的时间。

加工　地瓜最多的加工方法是把生地瓜切成片，晒干、储存，称作“地瓜干”。再一种加工方法是把生地瓜擦成丝，晒干储存，称为“地瓜丝”。还有一种方法，是把一部分小地瓜煮熟，切成片或整个晒干、储存，称为“地瓜枣”，也叫“硬硬干”。

制作　地瓜的制作法有多种，鲜地瓜主要是整个煮食，再就是切成小块或擦成丝，与其他豆类、谷类混合煮粥，叫“馇地瓜饭”。

地瓜干的吃法主要是煮着吃，或把生地瓜干碾成小碎块，与豆面一起制作成窝窝头，蒸熟吃，称“汽馏”。还有把地瓜干煮熟、碾碎，掺上煮熟碾碎的豆类，用地瓜面或面粉包起来，蒸食，称“豆包”。地瓜丝可以做“汽馏”“豆包”，也可以馇稀饭喝，可以单馇，也可以与其他谷物、豆类混合馇。

地瓜干磨成粉，称地瓜面。地瓜面可以包包子，包豆包，擀面条。但由于黏性小，制作起来需要技巧，做面条时往往与面粉、豆面等混合在一起擀，这种混合面，称“面汤面”。地瓜面还可以做面糊喝，这种面糊虽然看上去有些黑，但喝起来甜稠可口。地瓜面的另一种做法就是烀饼子，可以单独做，也可以与其他面粉混合起来做。

二、小麦

旧时，当地很少种植小麦，面食只有逢年过节、婚丧嫁娶时才可享用。如今已成为主食，而且面食品种最为繁多。

馒头　也叫“饽饽”，在饽饽顶端做上 5 个鼻子，插上五个红枣，叫“枣饽饽”。把面卷起来蒸熟叫“卷子”。在面卷里加上油、葱花，叫“油卷子”。用刻有纹饰的木头模子磕出来的面食叫“花”。

饼　饼有发面饼、烫面饼、冷水面饼多种，可以蒸，也可以烙。按饼的层次分有单饼、多层饼，

馒头

火烧

在多层饼中放上油、葱花，称“油养饼”。面粉加鸡蛋烙的饼叫鸡蛋饼。

火烧　火烧有硬面火烧、发面火烧、油火烧多种。

饽扎　包子叫“大饽扎”，饺子叫“小饽扎”，用小海蛎子等海鲜调的饽扎馅是当地一大特色。

面条　面条也叫“面汤”，用纯面粉擀的叫“白楱面”面汤，用黄豆面、地瓜面和面粉混合擀的面条叫“豆面”面汤。用纯面粉擀的宽面条叫“宽心面”，是结婚时新郎、新娘必吃的食品。切成块状菱形的叫“面叶”，也叫“片儿汤”。

饽扎汤　把面粉搅拌成面疙瘩做的汤，叫“饽扎汤”。饽扎汤可以单纯用面粉做，也可以放上小土豆块等蔬菜和蛤蜊肉等小海鲜一起做。

三、玉米

玉米在当地种植的历史不是很长，但因其产量高，20 世纪 60 年代，开始大面积种植。玉米的主要吃法是烀饼子，再就是加上酵母，掺上面粉蒸“发糕”，还可以做面糊喝，称为“苞米粘煮”。

玉米饼子

四、稻谷类

当地不种稻子，过去能吃上大米的人很少，只是逢年过节偶尔吃一次，主要是“闷干饭”和熬稀饭。谷的种植历史很长，过去吃干饭主要是吃小米干饭，小米的另一种吃法就是熬稀饭喝。用黍子米做的饭叫“大黄米饭”。大黄米主要用于包糕吃，是一种节日食品。有时人们还用胡秫米（高粱米）、糁子米做干饭，或磨成粉来做面食吃。

第二节　副食

一、豆类

当地的豆类主要是黄豆、绿豆、豇豆、豌豆等。这些豆类除黄豆可以磨成粉掺在面粉、

地瓜面中擀面条，掺在苞米面中烀饼子，掺在地瓜干中蒸汽馏外，主要是与谷类一起做干饭、熬稀饭。用豌豆做的豌豆粉也是当地的一种特色食品。

二、蔬菜

蔬菜最多的是萝卜、大头菜、豆角、土豆等，过去村里基本不种大白菜，只种过一种叫“天津绿”的白菜，另外，还有小白菜、油菜、苔菜、芹菜、香菜、菠菜、茼蒿、茄子、胡萝卜、四季豆、碎筋子、海瓜、拉瓜、北瓜、黄瓜、丝瓜等。

四季豆

茄子

三、地瓜叶

旧时由于可耕地少，粮食难以自足，遇到歉收年大多数人家都要辅以地瓜叶充饥，地瓜叶可以鲜吃，但大多是晒干了，放上点地瓜面做成菜团子吃。如今新鲜地瓜叶成了美食品，很多中老年村民都争着吃。

四、野菜

野菜也是过去人们常吃的东西，特别碰上饥荒年，野菜吃的更多。一般都在野菜里掺上少许粮食或麸皮做成菜团、菜饭食用。常吃的野菜有蚂蚱菜、扫帚菜、灰菜、苦菜子、萹竹牙、荠菜、阴青菜、包袱花根、槐花等。蚂蚱菜、苦菜子、包袱花根、槐花、荠菜、阴青菜人们至今还在吃，蚂蚱菜、荠菜可以包包子、包饺子吃，也可以拌凉菜吃，槐花主要是包包子吃，苦菜和阴青菜主要是做凉拌菜。

五、海菜

海菜主要是叶孤菜、老鼠羽巴、海麻线、谷穗菜、滑菜、紫菜、海藻、海蓬菜等。

六、饼干、点心

饼干过去只是喂孩子吃一点，点心只能过年正月走亲的时候，给老人们作为贵重礼品带一点，平时很少有人买来自己吃。自 20 世纪 80 年代以后，各种各样的糕点已经成为人们的主要副食品。

第三节　其他

一、馇渣

豆腐旧时在当地是节日食品，平时一般人吃不到，只能吃豆腐渣。最常见的吃法是加上萝卜等蔬菜馇着吃，既当饭又当菜。

二、小豆腐

将黄豆用水泡了以后磨成豆沫子，与萝卜等蔬菜一起馇着吃叫馇小豆腐。

三、盐浆

过去渔民放流网捕鱼大多是腌制加工，在加工过程中，把鱼的内脏单独腌制储存，叫盐浆，可以常年食用。

四、虾浆

用小虾、小蟹子磨成浆，加盐腌制，叫虾浆，味道鲜美，特别是吃面条最和味，至今仍是当地人餐桌上的佳肴。

五、干鱼、咸鱼

从前渔民大多把捕捞的鱼加工成鱼干或腌制成咸鱼储存、销售、食用，常加工的干鱼有鲅鱼、黄鱼、鳝鱼、刀鱼、偏口鱼、面条鱼及各种小杂鱼。腌制咸鱼最多的是鲅鱼、白鳞鱼、刀鱼、鲐鲅鱼等。这些干鱼和咸鱼各有各的味道，特别是干鳝鱼、干偏口鱼、咸鲅鱼、咸白鳞、咸刀鱼等风味独特，食后让人回味无穷。现在随着冷冻技术的不断发展，干鱼、咸鱼已经越来越少，有些人虽然还加工一点，但由于加工方法不同，味道也和过去大不一样。

第三章　衣饰

衣饰民俗是指人们在穿衣、戴帽、佩戴、装饰方面的风俗习惯。

第一节　帽

一、半帽

半帽因其形状像半个西瓜，又名“瓜皮帽”，清朝时期盛行。是用上尖下宽的多块绸布制成，用琉璃蛋或绒布结为顶饰（称“帽葫芦”）。红色顶饰为青年人所戴，蓝色顶饰为中老年人所戴。家中遇有丧事，则顶饰用白布包住，辛亥革命后逐渐被淘汰。

半帽

二、橹头帽

橹头帽也叫“满头橹”或“老头乐”，帽子为圆筒形，卷上去是一软胎绒线帽，撸下来则脸和后颈全可遮掩，仅露出双眼，防寒效果甚佳，是老年人冬季常戴的一种帽子。

三、礼帽

礼帽因状如旧时洗脸用的铜盆，又名“铜盆帽”，民国时期盛行。多与长衫配合穿戴，20 世纪 50 年代后逐渐消失。

礼帽

四、棉帽

棉帽又名“三大扇”，多用青布絮上棉花做成，也有的两个耳扇及后沿用织绒或皮毛制作。两个耳扇及后沿可以放下来系紧，也可以翻上去系起来，是中青年人冬季必备的御寒物品。

五、妇女帽

中青年妇女多不戴帽，有些老年妇女戴一种叫作头箍的“箍帽”。箍帽是用两片约 6 厘米宽的绒布做好后，用两根带子箍在头上。另一种是用黑色平绒做成的软帽，帽前饰以绿色琉璃“帽珠”，叫“老婆帽子”，20 世纪 70 年代后，已无人戴用。

六、苇笠

苇笠用苇篾或高粱秸篾编制而成，呈六角形，也叫“六角帽子”，是当地人夏季戴用的，用以遮阳和挡雨。

七、军帽、干部帽

20 世纪 50 年代后干部帽广泛流行，多为青色。到“文化大革命”时期，军帽又备受人们青睐。一些青年人以戴上一顶军帽而感到荣耀。另外，还有八角帽、鸭舌帽、博士帽等多种帽子。

军帽

干部帽

进入 80 年代后，随着生活水平的提高，人们的审美意识不断增强。帽子除了实用功能外，其装饰美化生活的功能日益突出。不同款式、不同色调的单帽、棉帽、草帽争奇斗艳，使服饰文化更加丰富多彩。现在的青壮年男子已很少有人戴帽子，而作为遮阳用的“太阳帽”则正在悄然兴起。

第二节　衣、裤

一、衣

旧时，普通百姓都穿粗布短衣，上衣有单衫、夹袄、棉袄 3 种。男上衣为对襟，一排布

旧服装

列宁装

西装

制扣子，称“子母扣”。女上衣都带大襟，大襟从左到右裹住全胸，个别有钱人穿长袍马褂。19 世纪 90 年代后，马褂渐被淘汰，但长袍长衫（亦称大褂）仍然流行，戴礼帽、穿长衫是会亲访友和礼节交往中的最好穿戴。这一装扮直到 20 世纪 50 年代才逐渐被淘汰。

20 世纪 50 年代时，男子多穿中山服和学生服，冬季穿棉大衣或呢子大衣（也叫大氅），夏季兴穿制服短裤，女子多穿列宁服和连衣裙。冬季穿一种帽子和上衣连在一起的短大衣，叫“棉猴”，大多数人仍多着便衣裤褂。衣料已经改善，土布已遭淘汰，灯芯绒布、蓝士林布较普遍，春秋衫、春秋裤等针织品穿着也很广泛。绒衣（也叫球衣或卫生衣），毛衣等也开始流行。

20 世纪 60 年代到 70 年代，化纤、化棉混纺布畅销，中山服、军便服是这一时期的主要制式。80 年代男女开始穿西服，各类衣服颜色也由灰、黄、蓝变为五颜六色。90 年代后，服装样式更趋多样化，人们追求款式、追求新潮，有西服、夹克服、太空服、T 恤衫、猎装、裘皮服装、羊毛衫等多种多样。

二、裤

旧时裤子有单裤、夹裤、棉裤三类。裤子的裤腰都很大，穿时用布腰带扎住，老年人还喜欢用布带把裤脚扎起来。新中国成立以后，慢慢开始穿制服裤子，样式有中山裤、西裤、牛仔裤、喇叭裤、老板裤、直筒裤等。

第三节　鞋、袜

一、布鞋

布鞋是流行最久、穿着时间最长的一种鞋，一般为圆头、圆口、布帮、布底，有单鞋和棉鞋两种。旧时做鞋要经过搓麻绳、纳鞋底、做鞋帮、绱鞋等多道工序。现在的布鞋都是橡胶

老式布鞋

底或塑料底了。

二、猪皮绑

猪皮绑用整块猪皮缝制而成，猪毛向外，穿时用带子绑在脚上，是旧时渔民们冬天在船上穿着御寒、防水的专用鞋。

三、蒲窝

蒲窝用蒲草加麻棕编织而成，男女老幼皆可穿用，是过去冬季穿着的一种鞋子。

四、胶皮绑

胶皮绑又名“磕不倒”，是用轮胎外带做鞋底，帘子布做鞋面制成的，因结实耐穿、价格低廉，生活困难时期，人们多有穿用，20 世纪 60 年代后期绝迹。

五、木呱哒

木呱哒是一种用梧桐板做鞋底，钉上一根皮子带而成的简易拖鞋，旧时夏天时穿用。

如今人们劳动时多穿胶鞋、运动鞋，节日和走亲访友时穿皮鞋、皮靴等。

六、袜子

旧时人们都穿用土布做的布袜，结实耐穿，但粗糙厚重。后来机制线袜传入，因穿着舒适，很快流行开来，线袜不结实，易破，破时人们用布把底缝补加厚。后来出现尼龙袜、尼龙加底袜等，都比线袜结实。现如今的袜子款式越来越多，用料也很讲究，有线袜、丝袜、运动袜、船袜、除臭袜等。

第四节　首饰佩戴

金戒指

项链

妇女们的首饰佩戴有耳环、耳坠、手镯、项链、戒指等多种。耳环俗称“圈”，有金质、银质两种，分别叫“金圈”“银圈”，一年四季佩戴。耳坠俗称“坠子”，一般在节日和礼仪往来时佩戴。结婚后的妇女带簪，梳头时插在纂上，簪一般为平板式，上部微弯，下部尖细。另有一种针形簪子，簪头镶有珠子或珠花。

手镯在民间也很流行。成年人戴的为平板式，饰有花纹。小孩戴的为圆形，对接处有两个小圆豆以避免损伤皮肉。有的在手镯上系一对小铃铛，小孩摇动小手，哗哗作响，饶有情趣。小孩还戴锁，是锁住小孩好养的意思，称为长命锁，是过百岁时的必戴饰物，有金质和银质

两种，一般家庭多为银质。

旧时，除富户、官宦人家有金镯、金坠、金项链、金圈、金戒指外，一般人家的饰物多是银质的。现在戴金戒指、金项链、金圈、金镯子、金手链已很普遍，而戴银饰物的人反而很少。最近几年又兴起了一种珍珠项链，用各种各样珍珠串成的项链进入了千家万户。

第四章　居住

第一节　旧时住所

本村早期的住所多为茅草屋，檐头较低，室内面积较小，坐北朝南，各家自成院落，独门独户。

一、结构

房屋结构为起脊，用梁、檩、柱构成骨架，用黄泥砌乱石墙，草披屋顶（间有石墙瓦顶），木棂窗户。坐北朝南的房子为“正屋”，坐南朝北的为“倒屋”，东西两侧为厢房。有的厢房为平顶，称“平房”。正屋中间一间为“正间”，也叫“明间”，两边称“梢间”，再往里叫“套间”，也称“里间”。正间设有两个锅灶，通向东西间炕内，供做饭取暖用，地面全部为夯土。在正间的南侧上方用木板或高粱秸制作顶棚，冬天可用来存放地瓜。梢间多在北侧设棚，用于储存杂物。南侧扎仰棚，仰棚用胡秸扎制，上面用厚纸裱糊，再用花纸封贴，装饰蝙蝠、团花等剪纸。

老街旧屋

房间墙壁用花纸或白纸封贴，一般到春节以前家家户户都要封墙贴画，贴的画称为年画，有单张的也有四联的。单张年画多为喜庆有余，如意吉祥，或是传统故事画面，而四联的年画则类似于连环画，描绘一个完整的故事，图文并茂，深受人们喜爱。

二、布局

通常情况下长辈住正屋，晚辈住厢屋或南屋。住一幢房子的，长辈住外间，晚辈住里间（套间），长辈住东间，晚辈住西间。

厢房通风、采光条件很差，冬冷夏热，南倒屋虽然采光较厢房好一点，但御寒条件同样很差，所以民间有“东厢南房，不孝的儿郎”“有钱不住东厢房，冬不暖，夏不凉”的俗语。富有人家的厢房和南屋多不住人，只用作堆放杂物、农具，储存粮食、柴草，厢房里边安放石磨作磨房，饲养驴、骡子等大牲畜。

大多数家庭都是10来口人，两三代住在一个院落里，一铺土炕一般要睡四五个人，有些家庭六七口家，只能住在一栋10来平方米的厢房中。

三、院落

院落俗称“天井”，过去大多数房屋都设前后两院。前院面积较大，是一家人平时活动的主要场地，院子西南侧或东南侧建有猪圈、厕所，而猪圈和厕所往往是不分的，统称为“圈”。

后院面积很小，又称“滴水院”，一是为了把屋上的雨水滴在自己的院子里，所谓“肥水不流外人田”。二是过去的草顶房屋，用不了几年就要换草重修，有后院可以在自己的宅基内搭脚手架，不需借用他人的地方。另外，也是为了挡住后窗，使住处比较隐蔽、安全，同时也有一定的御寒作用。

院子周边筑有“院墙”，多用石块砌成，院墙上面抹石灰或用薄方块石压顶，院墙高度不能超过屋檐。

院子的出口称大门口，多为南向，亦有东向或西向，但很少为北向。对门邻居的大门口不能直接相对，要相互偏离，否则是犯“冲”。

大门为两扇，多涂为黑色，每扇装一个铁制的门环，右边的门环连着门内“摇关”，“摇关”可以转动，供随手掩门使用。门上还装有铁制的环扣，叫“门划拉”，用以锁门，大门内侧设有门栓，供关门用。

大门上部修有门楼，一般人家的大门，门楼都比较简陋。有的房子的大门是与南屋或厢屋连在一起的，为一体建筑，只是留有一条通道，称“过道”，也叫“过挡”。

第二节　新式住宅

从20世纪70年代开始，村民建房都由生产大队（村委会）统一规划，街道、胡同、房屋逐步达到整齐划一。房屋外墙都为砖石结构，红瓦覆顶，玻璃门窗，地面用水泥硬化。室内面积逐步扩大，檐头逐渐增高。

80年代以后，老旧草房基本绝迹，被改造成了瓦房。同时传统的一明二梢，正间地上建两个锅灶通向东西两间土炕的建造格局也被改变，灶房有的被移到了南边，有的被移到了北边，正间成了会客厅，两边的寝室有的换成了床，有的只保留一铺炕。院子中的大圈多被填平，改造成小厕所。

住宅小区

90年代以后建造的房屋，全部设计为套房，客厅、卧室、厨房、卫生间一应俱全，

住宅内部都开始进行装修，居住条件出现质的飞跃，住房面积也大量增加，两代人住在一栋房子的情况已不太多见，不少人还拥有两套以上房屋。

高层楼房则如当前的商品房样式布局一致。随着旧村改造工程的正式启动，旧的村庄已荡然无存，随之而起的是鳞次栉比的高楼大厦，村庄即将与青岛市区融为一体。

第五章　用具

第一节　车辆

过去人们出门多是步行，有时以驴代步，个别大户人家和一些运输专业户家中养有骡、马和马车，一般人家只有独轮车。马车当地叫“大车”，双轮，木架结构。最早时轮子为木制，后来换成橡胶轮，可用一匹骡、马拉，也可用两匹骡、马拉，是当时的大型运载工具。

独轮车最早也为木轮，木架结构，后来换成橡胶轮、铁架结构，因适合在乡间小路上运行，所以使用很普遍，一直到20世纪80年代尚未绝迹。

自行车

摩托车

汽车

德国侵占青岛后，自行车开始逐步传入崂山，本村不少人用自行车向市区贩运海鲜非常便捷，慢慢地成了当地的主要交通工具。

进入80年代后期，摩托车开始进入寻常百姓家。21世纪，随着经济的不断发展，一些收入高的家庭开始购置汽车，各种款式的货车、面包车、轿车已经越来越多，有的家庭拥有两辆或更多辆汽车。

第二节　家具

一、旧时家具

旧时，一般家庭中有衣橱、木箱、三抽桌、高板凳、钱柜、长方矮腿吃饭桌子、长条矮腿凳子、矮腿小板凳、矮腿小炕桌、大吃饭盘子、小木茶盘子等。个别大户人家可有八仙桌、香几、

大镜面橱、梳妆台、太师椅等家具。旧家具全部为实木所作，以楸木、梧桐居多，间有各种硬杂木，全部采用榫卯结构。

二、新式家具

自20世纪70年代，开始出现大衣橱、写字台、椅子、高方桌、圆桌、大头桌、高低橱、食品橱、书橱、木床、沙发等各种新式家具。80年代后，传统的长方矮腿吃饭桌全部为高方桌或圆桌所替代。新式家具的制作材料已改为由实木和纤维板、胶合板共同组成，其基本构造仍采用榫卯结构，但部分部件辅以铁钉固定。

第三节　生活器具

一、炊具

炊具主要是锅、碗、瓢、盆、盖垫、饭帚、饭罩、铁抢子、铁勺子、木锅梁、竹箅子、风箱、煤锨板、火棍、水舀子等。

旧时所使用的铁锅为生铁铸造，有10印、8印、6印，但大多数家庭安装的是10印锅。一般每户安有2口，也有3口者。瓢是将葫芦剖开晾晒后，舀水使用。盆有陶盆和瓷盆两种，大小不一，功能各异。饭罩为陶制，盖垫有用高粱秸梢部订制的挺杆盖垫，有用木头做的木盖垫。木锅梁和竹箅子用于蒸饭，风箱和煤锨板、火棍是烧火做饭时使用。

20世纪80年代以后，有些家庭只留一个锅灶，剩一口大铁锅，后来随着液化气和天然气的普遍使用，大铁锅逐渐被小炒锅所替代。随着大锅灶的消除，这些物品也就不存在了，风箱、煤锨板也失去了它们的作用，水瓢为水舀子所替代，慢慢都消失了。现在的炊具多为铁质和不锈钢制品。

二、炉具

火盆　火盆为陶制，大小不一，是村里人最早的取暖用具。过去一些富有人家，冬天的时候，将木炭放在盆里燃烧取暖御寒。

火炉　域内火炉是随着煤炭而出现的，大约产生于20世纪初。最早的火炉是用黄泥制作而成的，下面有铁质炉条，顶部有炉圈和炉盖，多设置在炕旮旯或正间地靠炕一侧，用烟筒通向炕内烟道，称“炕炉子”。后改为用生铁铸造，直接通往炕内烟道的还称炕炉子。有的连接铁质烟筒将煤烟排出户外，称“吊炉子”或“烟筒炉子”。炉子即可取暖，又可烧水、做饭，为家家户户冬天不可缺少的取暖用具。现在虽大多家庭都已集体供暖或用电器取暖，但仍有个别孤立房屋中还有使用者，并未绝迹。

火炉

三、其他器具

其他器具包括水缸、水筲、木桶、木盆，及其他各种各样的坛坛罐罐。这些坛坛罐罐有陶器、也有瓷器，有大有小，形态、功能各不一样。其中每家每户必不可少的是水缸、咸菜缸（也叫浮酱瓮）和虾酱坛。另外常用的器具还有圆斗、笆斗子、笸箩、簸箕、夹篓子、竹筐、罗面箩、罗面卦、水壶、暖瓶、茶壶、茶碗、油灯、袜子板、针线笸箩等。针线笸箩大多为纸浆制作，同时用纸浆制作的还有纸缸、纸盒等器具。这些纸缸、纸盒轻便、坚固、耐用。过去，几乎家家都有几个这样的纸制品，一直使用到20世纪80年代，现在个别家庭中仍有存留。

第四节 家用电器

最早的家用电器是20世纪70年代开始使用的鼓风机和半导体收音机。鼓风机主要是代替风箱烧火做饭时用。继收音机以后，逐步开始有了录音机、电视机、照相机、摄像机、影碟机、洗衣机、吸排油烟机、电风扇、电褥子、电热器、电饭锅、高压锅、豆浆机、电饼铛、电脑、电冰箱、电冰柜、吹风机、空调等各式各样的家用电器。

吸排油烟机

电视机

第五节 通讯

20世纪50年代前，本村通讯主要以信函为主，极个别家庭因有特殊情况，可以拍发电报。1955年爱国渔业社等高级合作社成立后，在合作社办公室北墙上安装了一部固定在墙壁上的手摇式电话机，可以通过交换台与外界通电话。80年代更换为台式可移动电话机，但仍需通过沙子口邮电局交换台接转。村民们有事都需要通过这部电话机与外界联系。

1991年5月9日，村里安装程控电话交换机一台，村委办公室和部分社员家庭开始安装拨号电话。程控电话共有4条中继线，分别是8807201、8807202、8807532、8807533。进入各家各户的电话为分机，分机号码为4位数。村民之间互相通话，直拨分机号码即可，不收费。与外界通话可以直接拨对方电话号码，按国家规定标准收费。外界拨入电话须经总机转接。曲文华、曲盛华先后担任话务员。1999年下半年，随着住宅固定电话的普及，程控电话撤销，

电话通讯进入了便捷时代。

从 1998 年上半年，村里有人开始购置传呼机，传呼机只能接受对方信息 ，回复需另找电话完成。1999 年以后，部分村民开始拥有移动电话。21 世纪，移动电话的数量越来越多，传呼机逐渐退出历史舞台。2010 年以后，成年人及部分少年儿童几乎都持有移动电话，有些家庭反而将固定电话撤除，完全进入无线通讯时代。

第六节　家庭计算机

域内的家庭计算机最早出现在 20 世纪末，个别准备接受高等教育的学生家庭购置了家庭计算机，而后逐渐增多，开始阶段都为台式。2005 年，有些家庭购置了手提式。以后，凡有学生的家庭，几乎家家都有购置，且款式多样，既有台式，还有便携式、掌上电脑等。

第六章　福利保障

第一节　五保户供养

旧时，鳏、寡、孤独老人生活没有保障。新中国成立后，党和政府对鳏寡孤独老人十分关心。五保户是生产队集体经济时期，对缺乏子女赡养或失去劳动能力，而由集体负责供养的一些老年人家庭的一种称呼。所谓五保即保吃、保住、保烧、保医、保葬。接受此保障的农户即五保户。五保户身后的房屋等个人财产将来归集体所有。村里自 20 世纪 60 年代开始实行这一制度，对所有符合条件的家庭，由集体负责供养。供养标准不低于全村平均生活水平。对有特殊困难者，平时安排专人照顾其衣、食、起、居，负担全部费用，直至老人过世，村里负责一切善后事宜。

20 世纪 90 年代以后，各个乡镇均建立敬老院，提高五保人的生活费，将五保老人集中供养。2020 年以来，崂山区政府统一建起社区福利服务中心，设有专人服务，各项设施配套齐全，五保老人过着颐养天年的幸福生活。

第二节　养老保险

1993 年 5 月 8 日，南姜村注册成立青岛市崂山前海工贸总公司，该公司属符合国家规定的具有法人资格的农工商企业，村民们都成为农工商职工。2001 年根据崂山区政府文件规定，村两委为职工们办理了养老保险，当年由村集体为 350 名老人全额缴纳保险金，并为 731 人

连带补工令 8750 元，村集体交纳 50%，个人交纳 50%。2002 年养老保险缴纳数额为每人每年 2160 元，村集体交纳 50%，个人交纳 50%，而后逐年增加。现在每人每年缴纳金额为 7668 元，集体交纳 50%，个人交纳 50%。养老金开始为每月 270 元，而后逐年增加，现已每月 3000 元左右。

第三节　医疗保险

2003 年实行大病统筹制度，大病统筹资金采取个人交一点，国家和集体筹资补贴一部分的办法，作为参加大病统筹的村民们住院治疗的备用金。本村当年个人交纳部分为每人 30 元，全部由村集体出资，而后逐年有所增加。

2010 年又为适龄居民办理了社会统筹医疗保险，开始为每人每年 1320 元，逐年增加到 3530 元，村集体交纳 50%，个人交纳 50%，大病报销比例已达 70% 以上，大大减轻了大病病人的医疗负担。

第四节　节日慰问

自 20 世纪 90 年代开始，每到过年、八月十五等重大节日，村委会都会给村民发放大米、白面等慰问品。2000 年以后直接发慰问金，一般中秋节每人发 800 元，春节每人 1200 元。

农历九月初九是我国的传统节日重阳节，1988 年，我国政府将其规定为敬老节。自此以后，历届村领导对这一节日都很重视，每逢节日都要给 60 岁以上的老人赠送礼品、礼金。后来直接作出规定，60 岁以上老人每年赠送 600 元，70 岁以上赠送 700 元，80 岁以上赠送 800 元，90 岁以上赠送 900 元，99 岁以上每年赠送 10000 元，让老人们都能过一个愉快的节日。

第七章　文明创建

加强社会主义精神文明建设和物质文明建设，是历届村领导班子的中心任务，围绕两个文明的创建，各届领导班子，都开展了大量工作，并取得显著成效。

第一节　创建文明村庄

20 世纪 80 年代以来，按照区、街创建文明村庄的要求，南姜村首先成立了精神文明建

设领导小组，由党支部书记牵头，宣传委员具体负责，制定了专题规划，确立十项工作重点，建立了奖励制度，开展了一系列丰富多彩的活动，取得显著成效。

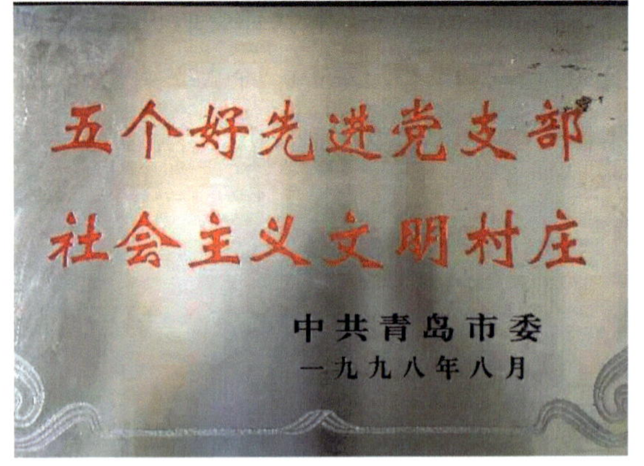

文明村庄奖牌

村里先后被评为崂山区“一级经济强村”，青岛市“十佳文明村庄”，青岛市“五个好先进党支部社会主义文明村庄”，崂山区“安全村庄”“土地管理先进村”，山东省“幸福进万家活动幸福村居”，崂山区“环境建设文明示范村”“经济发展先进村”，青岛市“渔业工作先进村，安全社区”，崂山区“经济发展先进村”“爱国卫生先进村庄”“安全村庄”“平安社区”“平安示范小区”“新农村建设十佳示范区”“文明社区”等。

第二节　创建文明单位

创建文明单位的获奖项目众多，自1995年以来，主要有青岛市“党员电化教育示范单位”，青岛市“红旗村党支部”，青岛市“三优一做活动先进单位”，青岛市“基层依法治理示范单位”，青岛市“爱国卫生运动活动月先进集体”，青岛市“外事接待工作先进单位”，青岛市“优秀老年人协会组织”，崂山区“三优一做活动十佳先进集体”“创建卫生先进社区工作先进集体”“党管武装工作先进集体”“护林防火先进单位”“先进人民调解委员会”“档案工作先进集体”“巾帼文明标兵队”“统战工作先进单位”“民兵预备役工作先进单位”“先进妇代会”“创建全国文明城市优秀单位”“先进基层党组织”“四五普法先进单位”“爱国卫生运动先进集体”“先进妇联”“防范和处理邪教工作先进单位”“三八红旗集体”等。

1996年度“三优一做先进”单位奖牌

第三节　创建文明家庭

文明家庭的创建始自20世纪90年代，1999年、2002年曲知群、王会超家庭先后两次被评为“崂山区文明家庭”，2011年又被评为“青岛市五好文明家庭”。

李金梅因孝敬老人，受到人们广泛赞誉，2011 年被评为“青岛市敬老奉献明星”。

曲桂琴新婚不久，两个小姑在同一年被查出糖尿病和白血病。为了给她们治病，她白天打工赚钱，晚上再到医院陪护。两位小姑去世后，她和丈夫一起照顾年迈的公婆，每天早出晚归，省吃俭用，赚钱还债，从不言悔，被人们誉为“好媳妇”，2012 年，被表彰为第三届“崂山区道德模范”。

文明家庭奖牌

第十三篇

景观古迹

第一章　自然景观

第一节　陆地景观

一、烟台山

烟台山位于村庄北侧，是崂山四大支脉之一的午山山脉的一部分。崂山古称牢山、劳山、辅唐山、大劳山、小劳山等。大劳山系指巨峰周围山脉，小劳山就是指午山山脉一带，烟台山东北侧的村庄就叫小崂山村。烟台山之名，是因其山顶部曾设有报警用烟墩而得名，主峰海拔269.2米。

烟台山

在周边低山丘陵中，烟台山异峰突兀，犹如鹤立鸡群，极具地标性。山峰上部南北两侧陡峭险峻，东西两侧相对平缓，易于攀登，峰顶花岗岩石崮上有人工夯筑的圆形土台，长有杂草与灌木。山顶北侧下方的花岗岩石壁上有摩崖刻石两处，为晋太安二年（303）所镌，为崂山地区摩崖刻石中之最古者。峰顶南侧花岗岩上有德文刻石一处，为1913年德国人所镌。山上树木以黑松和刺槐为主要树种，并生长有各种灌木和草本植物。另据民间传说，山上还有公主坟，仙人脚窝，狐仙洞等景观。居高临下，俯瞰村庄容貌尽收眼底，放眼远眺，海天一色，渔舟点点，一派诗情画意，令人心驰神往。

二、夹尖山

夹尖山位于村庄西北部，大岭与西山的交汇处。大岭为东西走向，西山为南北走向，夹尖山正位于其拐角处。当地方言将角读作 jia，因此山山顶部高而尖，故称为夹尖山。

夹尖山

夹尖山东襟大岭与烟台山遥遥相对，西、北两侧与石老人、午山诸峦毗连，南侧经西山逶迤入海。山上以黑松和刺槐为优势树种，另有板栗、麻栎、山合欢和各种灌木及大量草本植物。在繁茂的植被中生长有崂山百合、桔梗、威灵仙、射干、丹参、车前草、白头翁、金银花等各种各样的中草药。在西山中部有一直径约6米、进深10余米的矿洞，周围

散落着一些绿色石渣。村里人称其为“山金窝子”，是1931年，有人在此开采“绿石英”时留下的。现已大部瘀塞，仅存遗迹。西山东北部有一花岗岩石壁，石壁顶部向前伸出，犹如屋檐状，常有燕子在此栖息，故名“燕窝”。“燕窝”正前方，原有两株大棠梨子树，树冠扩展，枝繁叶茂，花开季节，雪白一片，是一处很具观赏价值的自然景观。20世纪90年代后，树已不存，仅剩“燕窝”。山西南侧为石老人观光园，登山四顾，郁郁葱葱，山下绿树中掩映着一排排现代建筑，远处碧海蓝天中，镶嵌着大公岛、小公岛、小屿岛三座岛屿，宛若一幅水墨丹青，让人赏心悦目。

三、大凤台、小凤台

大凤台、小凤台位于村庄东南侧约1.5公里处，是两座伸入大海中的小山丘。大凤台海拔64.3米，小凤台海拔30.5米。对这两座山丘的名称，历来有不同的说法，一为烽火台说，一为风台子说，一为凤凰台说，以后一种说法较为人们所认同。因此，当地驻军将两座山丘统称为“凤凰山”。这两座山丘虽不十分高大巍峨，却林木蓊郁，景致幽雅。大凤台东南坡有一高耸的岩壁，名“大壁子”，上方有“三人看牌”右侧有“响洞子”等海蚀洞和“大涧”“二涧”“猪嘴”“一迈（mei）”等景观。小凤台东岐岩壁陡峭，顶部平坦，名黄花台子，其上有一花岗岩侵蚀坑，名“茶汤壶”，常年积水。后岐名獾窝后，有獾栖居。大凤台西南部、小凤台东南部崖壁陡峭，过去都是当地人撒线钓鱼的好地方，20世纪70年代曾有人在大凤台钓到10多斤重的大白鳝鱼。在大、小凤台之间，有一个砾石滩，称作“洋岚子”，盛产石花菜、牡蛎、海螺等各种海产品，是过去人们赶海的好去处。乘船从海上观望两座山丘，另有一番景象。

大凤台

四、南爪木

南爪木位于村庄西南侧，是一座孤立于海边的小山包，海拔40.7米。南爪木一名，为历代村里人口口相传，但在近代所绘制的地图上却将其标注为“难抓锚”，意思可能是认为此处不宜下锚。但当地人并不认同这一说法，而认为村庄周围的山脉是一条“龙脉”，这一山包是这条龙脉伸入海中的一只“龙爪”，因其位于村庄之南，故名。

南爪木东侧与南川子之间，有一个小海

北海分局科考码头

湾，称为“爪木圈”，海湾中原有各种各样、大小不一、色彩斑斓的鹅卵石，当地人称作“滑哒”，可以把玩，后多被人取去砌花坛、铺路面等使用，现已所剩无几。

五、花子洞

花子洞位于南爪木西北侧，鹁鸽窝东部，为一天然花岗岩洞穴，洞径、进深各约2米。相传很早以前曾有乞丐在此长期居住，乞丐亦称“叫花子”，故名“花子洞”。2012年，崂山路拓宽时，将其掩埋。从此，这处景观便消失在人们的视野里。

第二节　海洋景观

一、前湾

前湾位于村庄东南，东河入海口处，东起大风台，西至南川子。海湾前原有一大片广阔的细沙沙滩，是渔民们晒网、补网、撬筐、修船等作业的地方。休渔季节，渔民们将竹竿埋入沙内，有些渔船也拉到沙滩上，船底朝上，用沙掩埋，以防干裂。

前湾旧貌

沙滩上生长有麸子苗、海蓬菜、刺蓬子、铁蒺藜等植物，间有沙参生长。沙滩北部有房屋三间，称作“海屋子”。屋北侧称“海屋后”，是村里人种植蔬菜的主要区域。海屋子周围生长有成片的山草，屋东侧筑有一长约数十米的沙堤，上面植有紫穗槐。屋子前方有两个大池子，供旧时渔民们“血网”使用，另有窝棚一处，用于储存和看管渔具使用。

前湾新貌

海湾东侧，有一片砾石滩，名“东圈”，生长有牡蛎、卜喽、石蟹子和各种海菜。前湾海滩上，退潮以后的小水湾中，生长有成群的随子鱼、胱鱼等小型鱼类。潮间带生长有沙蛤蜊和跑山马、蟹皱皱等小蟹子。20世纪60年代以前，这里是岸基拉网的渔场，可以拉到面条鱼、青板鱼、鼓眼鱼等小型鱼类，数量众多。有时亦可拉到鲅鱼、白鳞鱼、刀鱼等大型鱼类。

海湾西北侧，东河自北而来，转而向东，形成一段连海的河道，称作“里湖”，是河水和海水的交汇处。高潮位时，水域宽阔，水势平稳，是村中孩童学游泳和嬉戏的地方。海湾西南侧原有先民们用天然花岗岩石块堆砌的两个东西走向，伸入海中十几米的简易码头，称“大码头”“二码头”，供靠泊渔船使用。南侧有“望儿石”“穴”等岩礁。远处有小公岛等岛屿，形成了绚丽多姿的海滨风光。

20 世纪 80 年代以后，受诸多因素影响，海滩面积逐渐缩小。1990 年，为方便渔船靠泊，村里在海湾北侧修建港池一处。1992 年，开始在西侧建顺岸码头一座，并在码头周边地区建设了各种配套设施。2020 年，又对码头进行了全面的维护、维修，并建设了一处功能齐全、管理规范的海鲜交易市场，使古老的前海湾又呈现出新的面貌，成为一处新的景观。

二、鹁鸽窝

鹁鸽窝位于村庄西南侧的海岸带上，为一花岗岩海蚀洞穴，洞高约 6 米，进深约 10 米，洞口南向，洞呈不规则形，低潮位时，沙底裸露，高潮位时，海水可灌入，洞顶部岩石多已风化坍塌，仅中间存一条东西向的岩带，犹如桥状，称“神仙桥”，洞上方有一直径约 3 米的洞口，站在洞口向下观望，让人心惊胆战，是一处难得的海蚀地貌景观。洞内原有野鸽生栖，故名鹁鸽窝。

三、望儿石

望儿石位于前湾西南侧，是一座矗立在海岸边上，高约 3 米的孤立岩礁，顶部平坦可容人站立。据村民世代相传，很久以前，村里有一户人家，母子两人相依为命，儿子以出海捕鱼为生。有一次，儿子出海久久未归，母亲盼子心切，天天到海边来眺望，为了能看得远，每天都要攀爬到这座岩礁上，望眼欲穿，日复一日，天天如此，可终未能盼到儿子归来。后来人们感念这位母亲的执着，就称这座岩礁叫“望儿石”。1993 年建造前湾码头时，将其筑建在码头内，只给人们留下了一段辛酸的回忆。

四、海岛

处处乱　位于大风台东南侧，地处北纬 36° 05′，东经 120° 32′。面积 0.065 平方千米，最高点海拔 7.2 米。距陆地最近点 300 米。岛呈椭圆形，无主峰，岩石犬牙交错，嶙峋突兀。北侧名“北旋子”，乱石杂陈，故名。岛西侧有 7 个礁盘，平时一般退潮时仅能显露出 2 ～ 3 个来，如能显露出 5 个礁盘时，就已经属于退大潮，7 个礁盘全部显露的情况极其罕见，属于退特大潮。海岛周围岩礁中近海资源丰富，是一处赶海、垂钓的好地方。

大福岛　位于村庄东南方向，地处北纬 36° 05′ 41″，东经 120° 34′ 51″，面积 0.584 平方千米，海岸线长 5.85 千米，最高点海拔 87.5 米，距陆地最近点 0.18 海里。相传秦始皇当年遣徐福率 3000 童男、童女去东海寻求长生不老之药，即从该岛乘船而去，故亦名“徐福岛”，村里人多称其为福岛。岛形极不规则，呈东、北、西三个方向放射状。东、北侧长而宽，西侧短而尖，岛上为丘陵地形，坡度较缓，唯东部陡峭。岛岸多岩石，有沙滩亦有砾石滩，

大福岛

地层为白垩系青山组，岩性主要为安山玢岩等。岛表层为黄沙土壤，南部平缓处土层较厚，其余土层较薄，全岛植被覆盖率约80%，林木覆盖率约30%，北坡林木较稀疏，呈块状或点状分布。木本植物主要分布在西部和南部，生长繁茂，绿树成荫，主要植物有刺槐、柘树、麻栎、黑松、地锦、木防己、葛子、石竹子、黄花菜等。岛上有水井一眼，可以饮用，筑有码头一座，可供小型船只泊靠，环岛道路修的较为完整。岛的北部与南窑半岛之间，有一海峡，称做“福塔流”，海流速度较快，鱼类资源丰富，是提线钓鱼和困崖张钩钓鱼的好场所。

小福岛　位于大福岛西侧，因面积较大福岛小，故名，当地人多称其为“涝岛子”。地处北纬36°　05′　46″，东经120°　34′　30″，面积0.0136平方千米，海岸线长0.58千米，最高点海拔10.6米，距陆地最近点0.27海里。岛岸多礁石，岛顶平缓，无高落差断层，地层为白垩系青山组，岩性主要为安山玢岩等，表层为黄沙土。岛上植被覆盖率约50%，主要有黄花菜，山草及少量灌木，无淡水。岛周围水域藻类资源丰富，犹以石花菜数量较多，自然生长的刺参、盘鲍、牡蛎、海螺及近海岸边鱼类资源也较为丰富，是赶海、垂钓的好去处。

驮篓岛　位于村庄东南侧，地处北纬36°　04′　44″，东经120°　35′　03″，面积0.0094平方千米，海岸线长0.52千米，最高点海拔17米，距陆地最近点1.35海里。该岛呈东西走向，岛形中间凹，两头凸，状似驮篓，故名。全岛为礁岩。北坡陡，南坡缓。岩石为燕山期花岗细晶岩，东北，东西向节理发育。地貌为基岩礁盘，岛上无淡水，植被稀疏，仅灯塔周围分布有黄花菜及少量芦苇、蒿类等草本植物。海岛周围海产品资源丰富，是传统的张钩钓鱼渔场。

驮篓岛

小公岛　亦名车轱岛。位于村庄正前方，地处北纬36°　59′　45　″，东经120°　35′　04　″。面积0.0121平方千米，海岸线长0.54千米，最高点海拔37米，距陆地最近点6.2海里。岛上有灯柱一座。岩石主要为云母片麻岩，两条东北向小断层将岛屿切分为三块，中部面积大，两侧面积小，剥蚀残丘，加海蚀地貌，岛的周围为悬崖，岛顶呈平缓馒头状。岛上植被覆盖

率70%。低处以海滨前胡为主，向上杂生山蚂蚱菜，野菊花等，岛顶缓坡黄花菜为优势种，数量众多。岛上唯一木本植物为西北坡两株大叶胡颓子。海岛周边区域是传统的捕鱼场，近些年又放养了鲍鱼等海珍品。岛南部有一海沟，可停靠小型船只，岛上有简易小路通向岛顶。黄花菜盛开时，岛上一片金黄，很具观赏价值。

小公岛

大公岛　亦称“大岛”，位于村庄南侧偏西方向，地处北纬35° 57′ 37″，东经120° 29′ 32″，面积0.1555平方千米，距陆地最近点8海里，海岸线长1.93千米，最高点海拔120米。该岛呈东西走向，岛形像金字塔，坡度23°，侏罗系莱阳组砂、页、砾岩，周边岩浆岩侵入，火山活动影响重结晶。地层特征明显，岩层多向西北方向倾斜。倾角30°至45°，属剥蚀低丘，山脊呈东西向，地形坡度较大，四周悬崖峭壁，岩缝洞穴较多。

岛上多有30～50厘米厚的土层，土质为多年风化的沙土。植被覆盖率约75%。低海拔以草丛为主，其中鸭跖草为优势种，成片生长，杂生葎草、韭蒜薹、黄花菜、皱叶酸模、杠板归和一些禾本科、菊科植物等。还有扶芳藤、木防己和地锦，以地锦生长最为茂盛，在岛南坡覆盖了大部分人工建筑物。海拔30米以上的木本植物有黄连木、泡桐、柘树、刺槐、桃树、冬青、朴树、榆树和紫穗槐等。其中朴树分布在岛东北坡顶，数量众多，形成林片，且树龄古老。最大一株树干基部从岩石缝冲出，分成四个主干，两两扭在一起，南北向排列，冠幅南北11米，东西12米。另有刺槐林分布在岛的西北坡。岛西南侧有几株榆树，树龄古老。最大一株高10余米，冠幅7米，胸径30厘米。

大公岛

岛顶部筑有灯塔和附属房屋，岛屿南部有亭子一座，上面爬满地锦，好似一处人为修饰的园林景观。西侧有小码头两座，环岛道路修的较为完整。岛的四周多悬崖峭壁，蔚为壮观，乘船从东侧观望岛形似一只巨鳌，头东南，尾西北，鳌头前有一巨石，好像巨鳌正在吞食一般。由于岛上植被茂密，岛四周悬崖高耸，岩缝洞穴密布，食物充足，为鸟类提供了良好的栖息地。因而鸟类繁多，约有100余种。另外还有野兔生长。岛周围鱼类资源丰富，是当地重要的渔场之一。繁茂的植被，众多的鸟类，奇特的地质景观，使之成为一处极具开发价值的海上旅游观光胜地。

小屿岛　亦称“小岛”，位于村庄西南侧，地处北纬35° 57′ 46″，东经

120° 28′ 47″，面积 0.0113 平方千米，海岸线长 0.61 千米，最高点海拔 41.9 米，距陆地最近点 7.56 海里。侏罗系莱阳组砂、页、砾岩，地层特征明显，岩层多向西北方向倾斜，整个岛屿呈东南—西北走向。岛顶呈椭圆形，东南部高，西北部低，为露岩礁、基岩岛。岛四周峭壁环绕，岛上生长有黄花菜及禾本科植物，各种海鸟、候鸟在岛上生长繁殖。该岛与大公岛相距 1.2 千米，处在大公岛上各种鸟类活动范围内，亦在大公岛的旅游观光范围内。

潮连岛　潮连岛位于村庄前方较远处，地处北纬 35° 53′ 21″ ～ 35° 53′ 43″，东经 120° 52′ 08″ ～ 120° 52′ 54″。由太平角岛、西山头岛、潮连岛三部分组成，是一处小岛群。秋高气爽时，偶尔可依稀眺望到其轮廓。因中间岛屿狭长且较大，两端小岛体积较小，形同钱褡子，故也称“褡裢岛”，又因其岛形狭长，颇似沧海中的巨舟，又名“沧舟岛”，当地人多称其为“沧岛”。

该岛东北端南侧有一个因断裂而形成的小岛 - 太平角岛。两岛间隔一条约 60 米长、5 米宽的潮沟，沟底为砾石。岛西南端隔一条约 10 米的小潮沟，也有一个小岛，名西山头岛，太平角岛与西山头岛低潮位时与潮连岛相连，涨潮时与潮连岛隔开，故统称为潮连岛。

岛呈东北 - 西南走向，岛型狭长，背阴面山势陡峭，并有断崖，朝阳面坡度约 30°，岛体岩石呈层状，为混合岩，土层较薄，岛顶南坡土壤较好，可以种植蔬菜。

岛上有灯塔一座，并设有雾笛，东部和西部各有一处蓄水塘坝，另有淡水井两眼，中部北侧有石砌水泥简易码头一座，长 13 米，南侧亦有一小型石砌码头，岛上有 1.5 千米的道路，可以通行汽车。

岛的东北部南岸与太平角西侧相夹，形成一个半圆形的海湾，叫太平湾。湾内可容纳渔船上百条，是天然的避风港湾。岛周围鱼类资源丰富，有鲈鱼、黑鲪、鳗鱼、鲅鱼、牙鲆鱼等。刺参及贝类资源也较为丰富。过去是当地人放流网的重要渔场，现在成为定置渔具和拉底网的重要场所。

岛上的主要植被有松树、刺槐、紫穗槐、枸杞等乔、灌木，草本植物长势较好，有海滨前胡、金银花、野菊花、蒲草、黄蒿、黄花菜、百合、地锦等。由于受特殊气候环境影响，形态异于陆地同类植被，具有一定的观赏价值。

第二章　人文景观

第一节　庙宇 祠堂

一、海庙

海庙亦名沧海观，因内祀海神，故当地人都称为“海庙”，坐落于村东侧约 1.5 公里处

海庙文物保护单位

的海岸边。始建于明崇祯七年（1634），原庙宇有正殿3间，左右配殿各两间，配房8间，为单檐硬山式建筑，原祀三官大帝和龙王。清代光绪年间又在原殿后侧增筑了天后圣母殿。庙前筑有大戏台一座，供庙会时唱大戏使用。

每年正月十三日逢庙会，庙会这天，周围村庄的人们扶老携幼纷至沓来。有看光景的，有要把戏的，有做买卖的，但最多的还是烧香许愿的。从早到晚人流不断，庙内庙外人山人海，热闹非凡。海庙地处海隅，交通并不十分便利，香火和人气能如此之盛，是与其所供奉的天后圣母分不开的。天后圣母亦称妈祖，是沿海人民的保护神。妈祖信仰源于民间，有深厚的群众基础。妈祖救助海难的故事，在沿海一带广为流传，妈祖是最贴近百姓生活的神祇，因此备受人民的爱戴与崇拜。

海庙庙会上最热闹、隆重的场面，当数“请龙牌”仪式了。如果哪一年货海特别好，渔业大丰收时，姜哥庄和石湾村的渔民，就自发地组织“请龙牌”活动。这一活动起源于何时，共搞过多少次，未曾深究。但最后一次“请龙牌”是在 1961 年到 1963 年连请三年。1961 年正逢我国遭受自然灾害时期，在这种时候搞这样的活动，似乎有悖常理，却有其深刻的社会背景。这三年，虽然农业歉收，但是货海是出奇的好，更重要的是当年正赶上我国实行“三自一包”的国内政策，渔业生产实行自负盈亏，鱼货可以进入自由市场，自主定价买卖，可以说是既丰产又丰收，绝大多数渔民们都挣到了大钱，当地人戏称这一年为“闰腊月”。为感谢神祇庇佑，庆贺大丰收，由南姜村和东姜村的渔民们发起，周围村庄的渔民们积极响应，踊跃捐款，共同筹资搞了“请龙牌”活动。

这一活动是从正月十二日下午太阳落山时开始的，先将提前画好的天后圣母、三官大帝、东海龙王的画像供奉到宗祠的香案上，然后“请龙牌”的队伍从宗祠出发，由道士和民间乐队相随，还租用了戏班的伴朝銮驾等仪仗。浩浩荡荡的人流，簇拥着几乘官轿，敲锣打鼓，拥入庙中，恭恭敬敬地迎请出天后圣母、三官大帝、东海龙王等神祇的牌位，置于轿中，再按原路返回村子。回到村之后，先在南姜村落脚，然后走街串巷，依次自东姜、石湾、北姜、西姜的路线巡游，各村都在大街上设祭坛，跪拜、祭奠、燃放鞭炮。这时候巡游队伍就要落轿，乐队开始停下来演奏，道士们则诵经作法，村里人都打着灯笼、手电，聚集到街上观瞻。当时虽然没有电灯，大街上却是灯火通明，比过年还隆重、热闹。巡游结束后，神祇的牌位被供奉到宗祠中，人们陆续前去进香。一夜香火不断，孩子们则在大街上和宗祠中嬉戏、玩耍，像过年一样，彻夜无眠。

第二天上午，由村里的高跷队在前面开路引导，巡游队伍与赶庙会的人群汇成一条巨流，

浩浩荡荡拥去庙中，将神祇的牌位放回原处。这时候锣鼓喧天，鞭炮齐鸣，万头攒动，把庙会引入了高潮。这一天，也是姜哥庄、石湾村招待客人的日子，家家户户宾朋满座，酒肉飘香，一派节日景象。

“文化大革命”期间，庙内神像、文物被毁，房屋由部队使用。改革开放以后，当地渔民每到正月十三，都不约而同地前往庙前空地上燃放鞭炮。1995年，村里开始举办龙王节。1999年，区里对部分庙宇建筑进行了修复，并恢复了庙会活动，但已无昔日气氛。现修复的庙宇建筑坐北朝南，有正殿三间，左右偏殿各两间，和庙宇大门、院墙等，为单檐硬山式建筑，正殿内供有妈祖、龙王等画像。院内有银杏、耐冬等古树名木。

1998年，海庙被公布为区级文物保护单位。2007年被公布为省级文物保护单位。2013年与崂山太清宫、上清宫等古庙宇一起被公布为“崂山道教建筑群”国家重点文物保护单位。

二、土地庙

土地庙位于老村东侧，东河西岸上，庙下筑有台基，需拾级而上。庙宇建筑很小，高不过2米，通体用花岗岩雕砌而成，内祀土地爷石雕神像一尊。庙前有一个大的花岗岩石香炉和两株高大的柏树，粗需两人合抱，树冠遮阴亩余，是村子的标志性树木景观。过去每到过年、正月十五、二月二，村民们都要前去进香。平时村中有成年人故去，其子女、亲人都要到庙前“报庙”、焚香、祭奠、哭拜，一日三次，风雨无阻，直至安葬为止。“文化大革命”期间被毁，其后在庙台上筑建高大的影壁一座，绘有毛主席巨幅画像。道路拓宽工程时被拆除。

三、宗祠

宗祠也称“家庙”，是曲姓族人祭祀祖先的地方。域内宗祠共有两处，一名“世德堂”，一名“古风堂”。

世德堂　位于老村大街中段北侧，是“世德族”人祭祀祖先之处。坐北朝南，有正房三间，单檐硬山式建筑，花岗岩墙体、青瓦覆顶。另建有厢房、院墙及门楼。门楼内上方挂有“世德堂”匾额一块。院子西北侧有柏树一株，南侧另有一株软枣树，总占地面积270平方米。大门南向，临街。庙东侧隔胡同与民房相邻，西侧及北侧与民居相连。宗祠进门正北墙壁上悬有“曲氏宗祠”匾额一块，装有木屏一面，上面填写历代先祖名讳，下方摆放香几桌，摆放祭器、祭品。木屏平时掩闭，年除夕早晨开启，供族人瞻仰祭拜。正月初二，送完年后掩闭。正月十五重新开启，正月十六下半夜关闭。如果哪一年举办“请龙牌”活动，则正月十二日即打开庙门，供奉“龙牌”，第二天“龙牌”被请出后，庙门重新关闭。

“文化大革命”初期，庙中文物被毁，房屋由集体使用。曾先后作为小学教室，以及生产队加工绳索、麻袋等场所使用过。2013年，旧村改造时被拆除。

古风堂　位于东姜村东北侧，是“古风族”人祭祀祖先之处。坐北朝南，正房三间，东西12米，面阔6米，单檐硬山式建筑，青瓦覆顶，花岗岩墙体，另建有东厢房、院落和门楼。院内植有青桐子、国槐等树木，总占地面积216平方米，大门南向，前有宽阔胡同，周围为民居，出胡同西去为北姜村大街。宗祠屋门上方挂有“曲氏宗祠”匾额一块，进门正北墙壁上有大宗谱，上书历代先祖名讳，下方摆放香几桌，摆放祭器、祭品。大宗谱平时掩蔽，年除夕开启，供族人祭拜，送年之后掩蔽。正月十五庙门重新开启，正月十六后半夜关闭，举办“请龙牌”活动时，正月十二日再开启，正月十三关闭。

“文化大革命”初期，庙内文物被毁，房屋废弃，后被改建为民居。2006 年旧村改造工程实施前被拆除。

第二节 石刻 古迹

一、西晋石刻

西晋石刻位于村北，烟台山顶北侧的花岗岩石壁上，刻石有两处，彼此相连，皆为晋太安二年（303）所镌。刻石虽不十分工整，但仍从其粗犷的笔迹中得见汉隶之余韵，并显现出向魏碑转化的趋势。

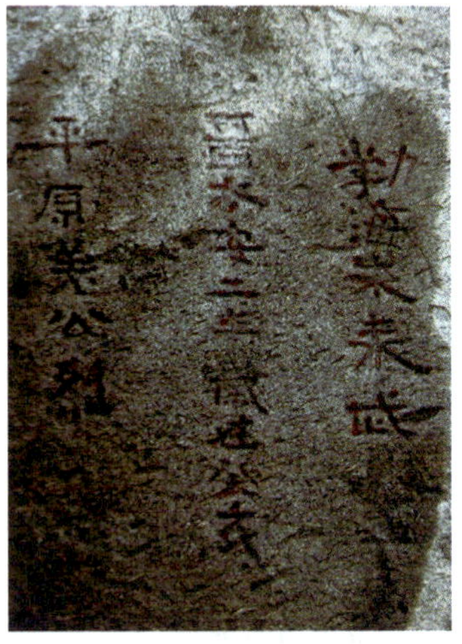
勃海石刻

其一为：

勃海朱耒武

晋太安二年岁在癸亥

平原羌公烈

其二为：

高阳刘初孙

魏世渊

晋太安二年

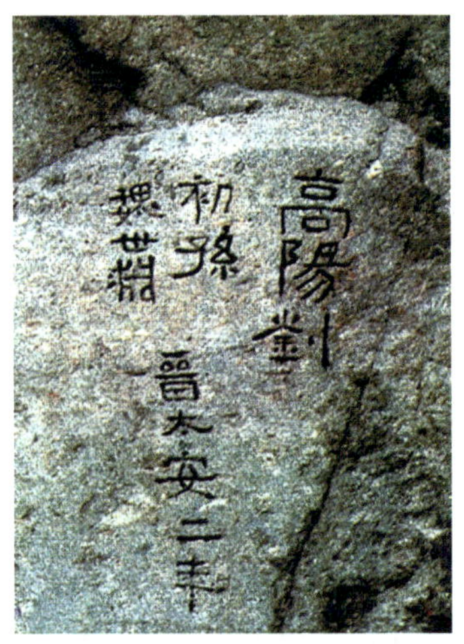
高阳石刻

此处刻石为崂山地区最古老的刻石，具有一定的文物价值。

二、烟墩

烟墩位于烟台山顶部，为一处古代烽火台遗址，在圆锥形花岗岩峰顶上，有一座人工夯筑而成的圆锥形土台，直径约 6 米。土台东侧有一堆建筑用石块。

三、海庙残碑

残碑于“文化大革命”时期被推倒，现存放于海庙院内，碑文已残缺不全，大致内容如下：

立碑记自乾隆五十三年四月十四日□□□□□□□功□有典支之地及到同治二年十一月十四日新主持宋新维将□□出□□□□不许□行典去如有此事□□留地道人□不可一概而逐谁典□□兄望水龙宫而前□不配会首曲守升曲守意曲士彦曲□□王□本王公元同治三年三月

十四日同立。

四、祖茔

祖茔乃曲姓祖先安葬处，共有多处，分布于村庄四周，主要的有以下几处。

世德族祖茔　俗称西茔，位于老村西侧不远处，为一家族式墓葬群，茔中墓、碑林立，占地面积数十亩，为村周围规模最大的茔地之一。在茔地的中央地带有一高大的封土，墓前立有“曲氏始祖”墓碑一座，为一世祖曲江，元配刘氏以及继室李氏的合葬墓。

过去，每年除夕请年时，本族人都要前去祭拜。1965 年，根据上级的统一部署，开展了平坟头运动，西茔亦被夷为平地。在平坟头的过程中，发现有不少衣冠冢，应为海难所致，可见当年渔业捕捞风险之大。

1970 年以后，夷出的平地逐渐被批建为民宅。2012 年，实施旧村改造工程时，被统一规划为住宅小区。除西茔外，还有南茔、东茔等多处，现均已不存。

古风族祖茔　古风族祖茔分为多处，据清光绪七年（1881）所修族谱记载：一、二世祖茔域在村西头，西山根地，南向。三、四世祖茔域在大岭前石湾村东头，路北地，南向。五世祖（附：六世祖长支、二支）茔域在村前地，东向。六世祖三支茔域在村东头路南地，东向。七世祖二支茔域在村东头路北地，东向。在诸多茔域中，以位于原姜哥庄小学前方的茔域规模最大，每到请年时，族人们多要前去祭拜。1965 年被夷为平地，后逐渐批建为民房，旧村改造前被拆除。除这些茔域外，尚有东茔、西茔、南茔等多处，这些茔地现都已不存。

五、帽子碑

帽子碑位于东疃顶部北侧，因曾树立有数支雕饰有龙纹碑头的石碑而得名。这些石碑多为贞节碑，专为表彰村中历代那些忠孝节烈事迹感人的优秀女性所立。

古时，立雕饰有龙纹碑头的贞节碑是一件很严肃、隆重的大事，需由地方政府官员呈送事迹材料，上报礼部审核后，经皇帝批准，方可施行，是一种很高的褒奖，被村里人，特别是备受褒奖的女子家族人，视作一种荣耀。

在群碑中有一支是为世德族十二世曲中泮之妻王氏所立，王氏 18 岁时新婚不久，丈夫突遭野狼袭击，不幸身亡；其终生守节未嫁，过世后之楟祖族人为其树碑，碑正面书“贞淑流芳”四字，为本村处士曲成章所撰，本支后人一直到“文化大革命”以前，过年都要前去祭拜。

六、葛家院

葛家院是一处地名，位于老村西南侧，南爪木东北侧之交汇处，据说这里原来有一座寺院，名曰“葛家院”。

这座寺院创建于何时，无任何文字资料记载，只是村里人世代相传，说当年这座寺院里的僧人们十分霸道，欺压百姓，惹起众怒，村民们愤而将其告上官府，经官府查实后上奏朝廷，皇上下旨，将庙宇拆毁，将恶僧处死，而处死的方法很离奇，说是用金耙给耙了，并且在耙的过程中，还掉了一个金耙齿，这个金耙齿后来一直也没有找到。

传说终归是传说，但从这座庙宇的名字看，这应为一户葛姓人家私自建造的一座寺院，因为中国历代封建统治者都不允许私人建造寺院，私建寺院是杀头之罪。所以即使村民们不上控，这座寺院也难免庙毁人亡的悲剧，崂山太清宫门前的海印寺被拆毁就是例证。这座被拆毁的庙宇空地，后来成为村里的一块公共墓地，俗称“南茔”，也应是佐证。时光荏苒，真假难辨，一切都被掩埋在历史的尘埃中，只有这处地名，一直流传了下来。

第十四篇

人物

第一章　人物传略

第一节　旧时人物

曲成章　男，世德族人，清代处士，约生活于清道光年间至宣统年间。少年时期就读私塾，博览群书，涉猎广泛，终生以教书为业，桃李众多。擅篆刻、木刻，尤精书法，帽子碑中的“贞淑流芳”石碑碑文，“曲氏宗祠”“沧海观”匾额，清光绪年间海庙重修时所立石碑碑文及楹联等文字皆为其手书。

清光绪八年（1882）主修《曲氏族谱》（世德族），有手稿传世，深为族人称道。通晓医术，手写过一本名为《瘰疬专行》的医书，治愈过众多患有瘰疬（颈淋巴结核）的病人。曾著有《牛马经》一部，“文化大革命”初期被焚毁。

曲士清　男，世德族人，约生活于清道光至光绪年间，因长得高大魁伟，人称曲士大清，或直接称其为曲大清。曲大清天生神力，据村民世代相传，村中沟沿上的那些青色大石头，都是他从爪木圈扛回来的，有效阻止了下大雨时，洪水漫堤，损坏周边住宅事件的发生，保护了村民的生命财产安全。

其为人仗义，乐于助人。有一年，村民们在海崖上遭外村人欺凌，派人回村请曲大清帮忙，当时他正患病在家，发冷发烧，闻听此事，二话没说，披了一床毯子，就去追赶上这伙人，讨要公道。这伙人依仗有些拳脚功夫，与他对垒，怎奈好拳不压力，没用几个回合，就被他打得落荒而逃，并互相提醒，“千万躲避那个披毯子的”。这一次，打出了村威，外村人再也不敢随便欺负姜哥庄人，这件事一直为村里人所称道。

曲凤伟　男，古风族人，约生活于清咸丰年间至民国时期。少年时期在私塾中受业，饱读诗书，学成后设馆授徒。在同时代的塾馆中，他的塾馆在周围影响最大，门徒众多。其徒弟中王吉珍后考入京师大学堂（北京大学前身），另一徒弟曲学准曾任山东省督察司令，都成为在当地很有影响的人物。

曲学准　男，1891年出生，少年时期在村塾中学习中国传统文化，青年时期，外出闯社会。北洋军政府执政时期（1923—1928），追随张宗昌任山东省督查司令。任职期间，在村内大街西南侧建造私人宅第一处，为一规模较大的四合院建筑，新中国成立以后成为村里的办公场所，俗称“大屋”或“老大队”。

1928年北洋军政府倒台后，其被南京国民政府判刑入狱，1938年亡故。

曲经砥　男，1897年出生，自20世纪40年代开始，到“文化大革命”前，一直负责看护“世德族”家庙。每年除夕至正月初三、正月十五到正月十七的大部分时间，都在家庙中劳作，

并无报酬。其人德高望重，乐善好施，因掌握推拿、针灸等技艺，经常为身有微恙的村民义务服务，深受村民尊重。1973 年 4 月病故。

曲春俭 男，1898 年出生，少年时代，就读村塾，青年时期，拜师学习石材加工技艺，其心灵手巧，不久成为当地有名的石匠，曾远赴朝鲜等地参加工程建设，深得同道赞许。尤擅石雕技艺，帽子碑中的“贞淑流芳”“松贞柏寿”石碑，均为其所镌，沙子口“成化坛”门前的一对石狮子雕刻得形象逼真，栩栩如生，狮子口中所含石珠，既可滚动，又无法取出，堪称一绝，深受人们喜爱。本地后来的石匠不少都是他的徒弟，有些成了当地有名的石匠。1950 年病故。

曲学恢 男，1900 年出生。少年时期就读于姜哥庄蒙养堂，姜哥庄公学堂，师范毕业后入职青岛市邮政局，任甲级邮务员。

1937 年，七七事变后，调任徐州市邮政局，先后任徐州市邮政局办公室主任，徐州市邮政局一支局局长。1948 年病故。

第二节 当代人士

曲经绪 男，1903 年出生，自 20 世纪 50 年代开始，在村里负责参与渔业生产经营管理，业务经验丰富，对工作认真负责，任劳任怨，深受群众称颂。1952 年受到青岛市人民政府表彰，并被山东省人民政府评为劳动模范。1957 年又被评为青岛市社会主义渔业建设积极分子和山东省社会主义渔业建设积极分子，村里人一直都称其为“老模范”。1981 年病故。

曲学生 男，1906 年出生，一直以航海捕捞为业。15 岁开始，随人张钩钓鱼，后张过大网，放过流网，从事过海上运输等各项海上作业活动。具有航海捕捞工作方面的禀赋，能通过观察、记忆、海底问路等各种方法综合分析、判断，掌握渔船在海中的位置；熟练掌握木帆船驾驶操作技术，沉稳应对各种复杂海况，保障船只行驶安全，被誉为“女姑口以南第一好舵手”，深为业内称道折服。

集体经济时期，一直担任流网船船长。20 世纪 60 年代，村里建造了一条名为“大排子”的大型木帆船，其任船长，带领渔民年年都“下南洋”，放流网捕捞，大都能满载而归，为集体渔业经济的发展做出了贡献。1973 年病故。

牟喜忠 男，1911 年出生，原籍中韩街道牟家村，于解放以前迁来本村定居，以出海捕捞为业，有较为丰富的近海捕捞经验和较为过硬的定置渔具捕捞技术。1949 年后，爱国渔业社时期，担任船长，积极参加渔业生产竞赛活动，连续夺得小红旗，深得同道赞许。1956 年被评为“青岛市社会主义渔业建设积极分子”，1957 年被评为“青岛市劳动模范”。人民公社化以后，一直担任船长，为南姜村的渔业生产发展做出了贡献。1988 年 9 月病故。

曲学茂 男，1913 年出生，少年时期就读于姜哥庄小学，20 世纪 30 年代开始学习工程

测绘和建筑施工工作，曾在淄博、上海等地参加过工程建设，逐步成长为一名工程技术人员。1949年以后，进入海军某工程部，参与了海军北海舰队的多项工程规划、设计和建设，一直担任工程技术员和施工员。

退休以后，继续协助村里进行村庄规划工作，为村庄的规划建设做出了贡献。1998年6月病故。

曲宝伦　男，1917年出生，1930年就读于青岛市立李村中学，1933年考入青岛师范学校修业，1936年毕业后，先后任职大河东小学、登瀛小学教师、教导主任。1953年任大麦岛小学校长，1958年任杨家上流小学校长，1962年至1966年任姜哥庄小学校长。“文化大革命”期间，先后任姜哥庄学校、沙子口中学教师，1977年离休。离休后经常义务到姜哥庄小学教书法课。

1951年被评为崂山办事处模范教师，1951年、1952年连续当选青岛市各界人民代表。1953年被青岛市政府任命为崂山郊区政府监察委员。1954年至1966年连续6届当选崂山郊区（县）人民代表，人委委员。2010年10月病故。

曲振梅　男，1918年出生，少年时期，就读于姜哥庄公立小学，青年时期去青岛市区谋生，学习汽车驾驶技术。

1949年后，一直在青岛钢厂从事驾驶员工作，由于工作业绩突出，多次被评为先进工作者。1975年代表青岛市出席了第四届全国人民代表大会。1992年病故。

曲学荣　男，1918年出生，少年聪慧，具有商业禀赋，青年时期，去青岛市区经商创业，20世纪40年代初，在莘县路创建“荣发祥”商号，由于经营有道，生意很快做得风生水起。抗日战争和解放战争时期，由于日、顽严密封锁，抗日根据地和解放区物资极度匮乏，其冒着极大的风险，通过各种秘密渠道，向抗日根据地和解放区输送各种急需物资，并曾掩护和营救过共产党的地下工作者，为抗日战争和解放战争的胜利做出了贡献。

1949年以后，积极拥护党的工商业政策，在城市工商业改造中，被青岛供销社任命为莘县路杂品公司（现称土产公司）资方经理，为新中国的经济建设努力工作，屡次受到上级嘉奖。

1974年帮助村里成立了麻袋组，并一直提供支持和帮助，为村里的经济发展做出了贡献。1977年病故。

曲学丰　男，1923年出生，少年时期在姜哥庄小学就读。20世纪50年代进入军工单位工作，任司务长。后被错误处理。党的十一届三中全会后，组织为其平反，退休后由部队发放退休金。

回村后，经常帮助村里搞宣传工作。20世纪六七十年代，参加贫下中农管理学校工作，担任过第5生产小队队长和南姜大队农业技术队队长。2004年病故。

曲学教　男，1924年出生，少年时期就读于姜哥庄小学，1950年加入中国共产党，是村里早期的共产党员之一，解放初期，即参与村里的各项组织管理工作，得到村民信任。

1956年作为青岛代表团的10名成员之一，赴济南参加山东省第三届社会主义农业建设

积极分子代表大会，被山东省人民委员会授予积极分子称号。

1958年，调往沙子口人民公社海带养殖场任场长，开创了沙子口社办企业之先河。

1961年，南姜生产大队成立时，根据上级党组织安排，回村担任首届南姜大队党支部书记，任职期间，正值我国三年困难时期，面对困难，勇于担当，为开创南姜生产大队的新局面奠定了基础。

即将步入晚年之际，仍继续为集体发挥余热，1978年出任村办企业领导职务，不遗余力为村民创造财富，受到村民尊重。1998年11月病故。

曲立节　男，1924年出生，1949年加入中国共产党，是村里最早的党员之一。1952年任姜哥庄乡乡长，20世纪60年代时，负责南姜生产大队的渔业、副业等工作。2010年病故。

曲立坤　男，1927年出生，1951年参加工作，任姜哥庄乡乡文书，1952年任沙子口渔业社统计员，1955年加入中国共产党。1961年任沙子口渔业社经理；其后历任过城阳、西大洋、仰口、沙子口水产站站长、党支部书记。崂山县水产供销公司经理；崂山水产局技术推广站站长；崂山县水产局机关党支部书记等职务。

1956年被评为青岛市渔业先进工作者，1968年出席青岛市先进个人代表大会；1972年出席青岛市商业系统先进工作者代表大会，是大会主席团成员之一，1993年被评为山东省水产战线先进个人。1997年退休，2016年10月病故。

曲志超　曾用名曲知大，男，1928年出生。1950年3月参加工作，1956年9月加入中国共产党。1959年2月任山东省财政厅公社财务处科员、秘书；1961年2月任山东省财政厅办公室秘书；1974年12月任山东省财政厅行政事业财务处负责人、副处长；1978年12月任山东省财政厅办公室主任；1980年11月任山东省税务局办公室主任等职。1992年4月病故。

曲成节　男，1929年出生，中共党员。解放初期，在姜哥庄村、姜哥庄乡工作，1955年，调到崂山县水产局，任职办事员、科员。1971年调入沙子口人民公社，先后担任渔业水产助理，水产办公室主任等职务。1989年退休，2002年病故。

曲知诰　男，1929年出生，中共党员，少年时期就读于姜哥庄小学。1949年6月1日，村庄解放后，参加民兵队伍，成为村里最早的民兵干部之一。1963年任南姜哥庄生产大队大队长。1966年8月任南姜大队党支部书记。1969年1月任南姜大队革命委员会主任。1970年4月任南姜大队党的核心领导小组组长。1979年3月任南姜生产大队党支部书记。任职期间，带领广大党员群众，认真贯彻落实党在农村的各项方针政策，紧跟时代步伐，为保障社会稳定，促进南姜大队集体经济发展做出了贡献。1982年卸任后，继续在村里从事民政调解工作，为加强和谐村庄建设，发挥了积极作用。2002年5月病故。

曲学宇　男，1929年出生。高级经济师1951年毕业于青岛私立商业职业学校，历任青岛药材站计划科科长、青岛中药厂厂长、青岛医药公司计划业务处处长、青岛市医药经营公司副经理等职。长期从事工商计划、生产、经营管理，并多次参加企业的开创和组建工作。

1955年参加组建青岛药材站，开辟了青岛市中成药生产经营业务；两次负责整顿青岛中药厂，使企业转亏为盈；1983年参加青岛医药公司的筹建工作，负责建立了青岛医药系统工商计划管理体系和统计工作体系，拟定了青岛地区医院生产经营的“七五”规划和“八五”规划；1987年负责组建青岛市医药经营公司。2008年病故。

曲学荀　男，1931年出生，中共党员。1949年参加工作，先后在济南市实业公司、轻工业局、化学工业局、济南市统计局，从事计划和统计工作。1974年调入济南轻骑摩托车厂任计划科长，后任济南轻骑摩托车总公司综合计划处处长、总经济师、副总经理，有高级经济师和统计师技术职称。在全国性刊物发表《浅论中国摩托车的发展战略》论文。名载国家人事部编印的《中国专家大辞典》第2卷。副厅级干部，已退休。2020年病故。

曲知夏　男，1932年出生，中共党员。1949年5月参加工作，任姜哥庄乡政府公安员，兼任乡民兵队长。1953年3月调黑龙江省鸡西市恒山矿，先后任电工、机电师、副井长。1961年调黑龙江省委工农干校学习，后任恒山矿六井井长。1964年任鸡西市张新矿二探区区长、机电科科长、党支部书记，二区副区长、区长、副矿长、矿长等职。1983年1月任鸡西市张新矿服务公司总经理（正处级）。

1956年被评为黑龙江省第二届工业交通先进工作者，1957年被青年团鸡西市委授予“青年社会主义建设突击手”称号，1958年3月鸡西市人民委员会授予“先进生产者”称号，1959年4月被评为黑龙江省劳动模范。曾多次被评为优秀党务工作者。1983年12月离休，2020年病故。

曲知忠　男，1932年出生。初中、高中均毕业于青岛二中。1952年考入上海交通大学量具刃具专业学习，在上海高校运动会上获“三铁”第一名。1956年9月毕业后分配到沈阳重型机器厂技术实验室工作，熟悉四国文字，曾以工程师身份借调机械工业部编写《机械手册》。20世纪60年代初期，研究电弧焊技术，解决了圆弧齿轮的技术难题，在参加全国技术革新能手大会上，受到周总理接见。1975年因心脏病病故。

曲振竹　男，1933年出生，中共党员。解放初期在村里从事渔、农业生产，1955年到青岛市水产局工作，任机关团支部书记。1961年，在自然灾害时期，重新回村务农，后又开始从事渔业捕捞，有过硬的远海捕捞技术和较为丰富的捕捞经验。20世纪70年代初，村里建造了一对机动拉网船，其任船长。1974年调往崂山县水产部门工作，任生产股股长。1984年任崂山区水产局生产科科长。1993年退休，2013年病故。

曲照华　女，1934年出生，中共党员。1951年2月任鞍钢氧气厂文化教员、教育科科长；1956年7月任鞍山市立山区立山小学校长；1962年7月任立山区双山小学校长兼党支部书记；1970年7月任立山区中华片（六所小学）片长兼党总支书记；1971年3月任鞍山市立山区教育局办公室主任兼教育科科长；1977年9月任鞍山市立山区工业局党委组织部部长、党委政工部部长、干部科科长、劳动人事科科长等职。

1953年5月被授予鞍山市社会主义教育先进个人荣誉称号，多次被评为先进工作者、优秀党员。2014年病故。

曲知己 男，1934年出生，中学高级教师。1959年7月毕业于山东艺术学院美术系，分配到淄博幼儿师范学校任教师，后调到惠民师范学校任教研组长。1962年调到青岛27中任教，1980年调到青岛师范学校任教，1986年调到青岛58中担任教研组长，1995年退休。

一生致力于绘画艺术创作和绘画艺术教育，培养了一大批优秀的艺术人才。其作品多次参加省、市、全国展览并获奖。经常深入崂山写生，创作了一大批生动、质朴、富有生活气息的作品，对爱崂山、画崂山起到了重要的推动作用，是崂山画院的老师，青岛市音、体、美专业高级教师职称评审委员会委员。2016年病故。

曲学勉 男，1936年出生，中共党员，高级政工师，曾任铁道部组织部副部长等职务。2021年2月病故。

曲知洪 男，1937年出生，1961年毕业于山东冶金学院，在沙子口中学任教，中学高级教师职称。2014年病故。

曲学团 男，1940年出生，大学本科学历，高级工程师。1966年毕业于山东工学院，分配至滕州市鲁南化工厂工作，1981年调入烟台市万华集团，任设备科科长，高级工程师。2010年退休，2019年病故。

曲立祝 男，1941年出生，中共党员，高级工程师。1961年在青岛水产学校上学期间，参军入伍，历任战士、班长、排长、连指导员。

1978年转业到红寨人民公社（后改为流亭镇、流亭街道办事处），先后担任组织组组长、农机站站长等职务。2001年退休。2011年病故。

曲立密 男，1953年出生，中共党员。1974年12月参军入伍，1975年于浙江江山海军9274部队学习航海专业，1978年担任排级军官，1982年后于海军福建基地37692部队，担任副连级分队长。1985年转业至青岛工商银行一支行工作，任工会主席。2003年8月病故。

第二章　人物简介

第一节　军政企业人员

曲训江 男，1937年出生，中共党员。辽宁省石油公司处长、高级工程师，曾任辽宁省机电设备成套局技术员，庄河县物资局技术员，辽宁省石油公司技术员、工程师，兼任《石油商技》《油库管理与安全》两杂志编委和辽宁省劳动保护科学技术学会理事。参与“辽宁省技术政策研究”等科技项目。编著有《石油库设备检修规程》《石油库清罐安全技术规程》

《管道泵应用试验》等著作。

曾获中国石化销售公司科技进步一等奖、二等奖3次，省、部级科技进步一等奖1项、三等奖2项。1998年1月退休。

曲桂华　女，1938年出生，空军大校军衔。1960年青岛第25中学高中毕业后，直接由学校保送到解放军西安电讯工程学院学习，1964年加入中国共产党，1965年毕业分配到解放军总参55所，1970年集体转到解放军空军第三研究所，1994年被评为高级工程师。1998年10月在空军第三研究所退休。

曾先后被评为优秀学员，受嘉奖三次，优秀党员四次，1992年荣立三等功一次。1992年、1995年两次获解放军科技进步二等奖，1992年、1996年两次获三等奖。

曲学岐　男，1939年出生，中共党员。1964年11月参加工作，1971年至1980年先后任青岛料石厂保卫科科员、党总支文书、革委会副主任。1980年至1982年任青岛料石总厂组织科科长，1982年至1983年任青岛料石总厂厂长。1984年至1999年任青岛北方石材工业公司党委委员、董事、副总经理。

工作期间，分别于1983年去日本学习先进石材开采技术，1984年赴德国、意大利考察引进世界先进开采加工设备。

1978年在建造毛主席纪念堂工程中荣立个人二等功。

曲学实　男，1941年出生，大学本科学历，高级工程师职称。1966年南京大学毕业，曾任江苏省气象局处长等职务

曲淑华　女，1942年出生，中共党员，沙子口街道办事处科级干部。1957年6月参加工作，曾在沙子口广播站、党委办公室、人大常委会办公室工作。曾获山东省新闻工作者协会先进工作者、崂山区委区政府先进工作者称号。

曲知勇　男，1944年出生，中共党员。1960年8月入海军高级专科学校学习，1962年8月入海军军械学校学习，1965年1月任海军装备部驻八七四厂军代表，1989年11月任海军西安办事处管理处长，1990年12月任海军西安办事处总工程师，1992年任海军西安军代局副局长，1996年任海军斯贝工程办主任，海军大校军衔。1999年退休。

曲知泉　男，1947年出生，中共党员。1964年11月参加工作，1966年7月任青岛料石厂革委会常委、文书。1972年8月任该厂党总支文书兼团总支书记。1976年11月任青岛市农业大学大寨工作团队员。1978年2月任青岛市“双打”工作队队员。12月任青岛料石总厂外建工程负责人。1984年8月任青岛保温材料厂基建设备科科员。1985年1月任该厂供销科科长，1987年1月任生产科科长，1988年3月任生产技术科科长，1991年任该厂厂长助理兼厂办主任，享受副厂级待遇，后因病辞去职务。

工作期间，曾于1987年、1988年连续两年被青岛市建筑材料工业局党委授予优秀共产党员荣誉称号。1987年、1990年被评为青岛市建筑材料工业局先进工作者。2007年退休。

曲同锦 男，1949 年出生，大学专科学历。1968 年服役于海军舟山基地司令部战士、会计、助理员。1969 年加入中国共产党，1975 年调海军潜艇学院任区队长、股长。1987 年转业到青岛市财政局任科长。1995 年调财政部驻青岛市财政监管专员办事处任处长、调研员（正县级）。2009 年退休。

曲学眺 男，1949 年出生，大学专科学历，1971 年加入中国共产党。1972 年参加工作，历任惜福镇公社党委常委、北宅公社管委副主任、北宅乡政府副乡长、崂山旅游办公室副主任等职。1990 年调青岛市崂山风景区管理委员会，历任景保处处长、崂山林场场长兼崂山国家森林公园管理处处长，调研员（正处级）。2009 年退休。

曲宝睦 男，1949 年出生，中共党员，大学本科学历。1968 年 3 月参军入伍，退役后就职于济南市财税局，任办事员、副股长、科员等职。1982 年 6 月任济南市税务局槐荫分局副局长兼党支部副书记、局长、党支部书记；1989 年 2 月任济南市税务局税经一处处长；1991 年 3 月任济南市税务局一分局局长；1994 年 8 月任济南市税务局直属经收分局局长；1996 年 3 月任济南市税务局副局长、党组成员；2007 年 12 月任济南市税务局巡视员。2009 年退休。

曲宝光 男，1951 年出生，中共党员，高级政工师。1974 年毕业于青岛医学专科学校，先后在崂山县人民医院（现青岛市第八人民医院）、沙子口卫生院任职内科医生、口腔科医生、副院长。1987 年毕业于北京人文函大文学系。1990 年后，先后担任青岛市崂山风景区管委会流清管理处副处长，太清管理处副处长，景保处副处长、处长，青岛市崂山文化研究会秘书长，青岛市旅游区协会秘书长，荣立三等功两次。

曾组织研究编写了《青岛崂山风景名胜资源调查评价与保护的研究》《崂山药用植物研究》《崂山志》《崂山风物》等专著十几部。荣获山东省自然科学类三等奖一项，山东省环保科技进步二等奖一项、三等奖一项，山东省文化艺术科学优秀成果一等奖一项，山东省开发利用档案信息资源一等奖一项，曾在各种报刊发表文章数十篇，是中国民俗学会会员。2011 年退休。

曲宝树 男，1951 年出生。1968 年下乡辽宁省盘锦垦区清水农场。1970 年任农场农科实验站技术员、西清、育红大队革委会副主任，清水农场双打办副主任。1975 年加入中国共产党。1978 年调任辽宁省公安厅警卫处。1980 年调任辽宁省委书记黄欧东的科级警卫秘书。1983 年转武警现役军人任正营、副团中校参谋。1985 年 8 月进入辽宁省委党校（大专）学习，1987 年被评为优秀学员。1993 年转业，任辽宁省公安厅预审处副处级调研员。1995 年调辽宁省政法委任办公室副主任。1998 年任辽宁省最高人民法院法警总队长。2000 年退休时为正处级、三级警监。

曲宝丽 女，1953 年出生。中共党员，社科院法律专业在职研究生毕业。1968 年下乡辽宁省盘锦垦区清水农场。同年 9 月参加工作。1970 年任中共辽宁省盘锦地委办事组、组织组工作人员。1972 年任辽宁省委组织部副处长、处长。1999 年任沈阳市沈河区委副书记。2001

年任辽宁省委组织部副厅级巡视员。2004 年任鞍山市委常委，组织部长，某陆军预备役通讯团第一政委、党委第一书记，上校军衔。2010 年至 2016 年任辽宁省人大常委会委员、人事任免委员会主任、教科文卫委员会副主任委员。2016 年 3 月退休。

曲宝山　男，1954 年出生，中共党员。1972 年参加工作，1978 年任沈阳市铁西区计划委员会科员、副科长、科长等职。1984 年中央广播电视大学毕业（大专）。1985 年任辽宁省物价局副处长、处长、辽宁省价格监督检查分局局长，副厅级巡视员。2014 年退休。

曲立盛　男，1955 年出生，中共党员，大学本科学历。1973 年 12 月参军入伍，历任海军北海舰队战士、班长、副连长、连长、营、团职职务，海军上校军衔，荣立三等功二次。

1999 年转业，任青岛市公安局正处级侦查员，一级警督警衔，而后先后任调研员、处长、助理巡视员，三级警监警衔，二级医疗保健。

曲训清　男，1955 年出生，中共党员，大学双本科学历，研究生课程进修班结业，高级会计师。1978 年参加工作，任职崂山师范、崂山十五中主管会计。1985 年起任崂山县（区）教育局、城阳区教委、教体局主管会计，财务副主任科员，计划财务科科长，2000 年 9 月任城阳区政府教育督导室主任。2002 年 7 月结业于曲阜师范大学研究生课程进修班教育学原理专业。2005 年 8 月任青岛市政府教育督导室督学。2015 年退休。

1988 年至 2003 年，先后六次被评为山东省和青岛市先进工作者。七次被评为崂山区、城阳区先进工作者，并受到记功奖励。

2000 年，撰写的《浅谈对新修订的〈会计法〉中，有关单位负责人的法律责任的理解和认识》一文，在全国人大办公厅、国务院法制办公室等单位主办的“用友杯”学习新《会计法》有奖征文活动中荣获二等奖。2000 年 6 月撰写的《教育提供经费方式及扩张效应分析》一文，荣获山东省第四届中小学教育科研优秀成果二等奖。

曲知典　男，1958 年出生，中共党员，大专学历。1976 年 8 月于姜哥庄小学任教师；1995 年 2 月任姜哥庄小学校长；2018 年 2 月于崂山六中退休。

工作期间，多次荣获市区级荣誉称号。

曲知波　男，1959 年出生，1978 年高中毕业后，开始创业搞个体经营。1988 年创建崂山昌兴水产品有限公司，任经理。1993 年 5 月创建青岛碧湾海产品有限公司，任董事长兼总经理至今。2006 年 12 月创建青岛博高华实业有限公司，任董事长至今。

青岛碧湾海产品有限公司被评为青岛市创汇先进企业、山东省龙头企业。其本人于 2003 年被青岛市工商联评为优秀民营企业家。2004 年被评为中国农产品加工业十大新闻人物。2005 年被选为崂山区政协委员，并被农业部评为全国乡镇企业家。

曲立国　男，1960 年出生，中共党员，大学本科学历，乡企高级工程师。1981 年 3 月任青岛沙建集团项目经理。2002 年至今任青岛沙建建设集团有限公司副总经理，党总支副书记，市政公司经理。2005 年被评为崂山区优秀工会工作者，参与建设的沙子口海堤工程被水利部

授予“大禹奖”。2006 年被评为“全国水利行业工程建设优秀项目经理”。2017 年度被授予“崂山区劳动模范”荣誉称号。

曲宝洪 男，1960 年出生，中共党员，大学本科学历。1980 年，青岛师范学校毕业后任教。1986 年 8 月，任岭西小学负责人； 1987 年 8 月，任汉河中学（崂山五中）教导主任；1991 年 8 月，任沙子口成人教育中心教导主任；1992 年 3 月，任沙子口教研室数学教研员，并负责小学部教研；1999 年 10 月，任沙子口教育中心工会主席；2011 年 8 月，任崂山五中党支部书记；2018 年 7 月，任崂山区教育督导室沙子口督学责任区督学。2020 年 10 月退休。

工作期间，曾荣获全国学生作文优秀指导奖、青岛市工会工作先进个人、崂山县新长征青年突击手称号；多次荣获崂山区优秀教师、优秀教育工作者等荣誉称号。

曲学涛 男，1963 年出生，中共党员，大学本科学历。1979 年参加工作，1984 年任沙子口水产供销站业务科长，1993 年任沙子口水产冷藏厂副厂长，1994 年任沙子口水产供销站经理，1997 年兼任崂山区海水育苗场场长，1999 年任崂山区广通食品有限公司董事长、党支部书记。2020 年至今任广通食品有限公司董事长、总经理。

2012 年，当选为崂山区政协委员，崂山区工商联副主席，中华全国工商业联合会水产业商会副会长。

1999 年被授予“崂山区劳动模范”，2007 年被评为“崂山区优秀党务工作者”，2015 年被授予“青岛市劳动模范”荣誉称号。

曲知宏 男，1964 年出生，研究生学历，博士学位。曾任河北省信托投资公司总经理，国都证券公司副总经理等职务。

曲克明 男，1964 年出生，中共党员，研究生学历，硕士学位，研究员职称。现任中国水产科学研究院黄海水产研究所环境室主任，上海海洋大学硕士生导师。

1985 年，毕业于青岛海洋大学，入职中国水产科学研究院黄海水产研究所工作。1999 年被评为副研究员，2005 年任该研究所开发处副处长，2007 年被评为研究员，2008 年任该所科研处副处长。2011 年 6 月至今任现职务。

2005 年以来，主持国家科技支撑计划、“863”、农业部溢油专项、农业部财政项目等省部级课题 20 余项，获得国家各类奖励 13 项。其中 2010 年获国家海洋局海洋创新成果一等奖 1 项，2012 年获中国水产科学研究院科技进步一等奖 1 项，2013 年获中华农业科技优秀团队奖 1 项。

近 5 年来，获授权专利 8 项，新型专利 4 项，软件著作权登记 1 项。发表学术论文 24 篇，其中核心期刊 23 篇，SCI15 篇，主编专著 3 部，参编 1 部。

曲宝恩 男，1964 年出生，中共党员，大学本科学历，高级工程师。1984 年 7 月参加工作，任职崂山林场技术员。1993 年 4 月至 2014 年 8 月先后任崂山区沙子口镇林业站站长，沙子口街道办事处农业服务中心主任。2014 年 8 月至 2019 年 12 月，任沙子口街道办事处文

体中心主任。

代表作品有歌曲《美哉，崂山》《沙子口是个好地方》《梧桐花开鲅鱼跳》《回家过年》，快板《点赞崂山》，山东柳琴《山海品质新崂山》等。

曲同明　男，1964年出生，中共党员，大学本科学历，中学高级教师。1984年7月毕业于青岛师专政治专业，先后任职崂山七中、崂山十五中教师。1991年在北京师范大学哲学系政治教育专业本科函授毕业。同年，调入青岛五十八中任教师。2002年任青岛五十八中学生处副主任。2010年至今任青岛五十八中工会主席。

1987年被评为崂山县优秀教师，1997年被评为青岛市教学能手，2004年被评为青岛市优秀教师，2005年被评为青岛市中小学学科带头人，2006年被评为山东省特级教师，2006年获青岛市十佳师德标兵称号，2007年被评为青岛市教育局专业技术拔尖人才，2008年获市总工会颁发的青岛市“工人先锋号”称号。

1996年举行过青岛市公开课，2003年举行了山东省公开课。撰写的《浅析隐性课程在培养学生素质中的作用》《非预设性课堂行为的应对策略》分别发表在《中国教育教学杂志研究》《中学政治教学参考》等刊物。

曲宝勇　男，1967年出生，中共党员，1990年7月毕业于青岛大学管理工程系，本科学历，学士学位。1990年7月任崂山区经济委员会企管科科员，2000年9月任李沧区计划生育委员会管理科副科长，2020年12月任李沧区计划生育委员会办公室主任，2015年7月至今任李沧区应急管理局四级调研员。

曾多次荣获青岛市流动人口计划生育工作先进个人。

曲　红　女，1968年出生。中共党员，硕士研究生学历。1986年参加工作，1993年至2009年在共青团青岛市委宣传部、青工部、希望工程办公室、统战部等单位任部长、主任等职务。其间于1999年5月和2005年9月，分别参加北京大学和山东省委党校在职干部研究生班学习，获硕士学历。2009年12月至2013年8月，任青岛市纪委纠正不正之风工作室副主任。2013年8月至2016年7月，任青岛市纪委、宣传部部长。2016年至2022年5月任青岛市纪委纪检监察干部监督室主任，市纪委委员，2022年5月至今任青岛市纪委常委，市监委委员。

曲光岩　曾用名曲广岩，男，1969年出生，中共党员，大学本科学历。1990年7月毕业于青岛广播电视大学财务会计专业。先后任职崂山县沙子口镇经济委员会、崂山县乡镇企业局、崂山县住房资金管理中心办事员、科员。1997年任李沧区住房资金管理中心业务科科长。1999年12月在山东省委党校经济管理专业毕业。2007年调任青岛市住房公积金管理中心监察室副主任。2010年任主任（正处级）、稽核处处长，机关党委专职副书记。现任青岛市住房公积金管理中心崂山管理处主任。

2009年被青岛市纪委、监察局评为纪检案件审理工作先进个人，2018年被评为青岛市住

房公积金系统“优秀党务工作者”，2019年被评为青岛市市直机关“优秀党务工作者”。

曲同晓 男，1970年出生，中共党员，大专学历。1990年12月参军入伍87368部队战士，1992年9月，入空军后勤学院学习。1994年7月任空军87022部队司务长。1996年9月至1997年7月入空军政治学院在职学习，取得大专文凭。2000年3月任87022部队教导队队长（正连职），2002年8月任该部队管理营正连职助理员。服役期间，先后荣立三等功三次，并多次受到嘉奖。

2004年3月转业，经青岛市军转办培训考试后，于2004年9月，入职青岛技术开发区税务局，从事税源管理、税务稽查工作。2018年7月，国家税务总局青岛技术开发区税务局从事纳税评估工作，现任“二级主办”职级。

曲　路 男，1970年出生，中共党员，高级工程师。1992年抚顺石油学院本科毕业，2010年辽宁石油化工大学研究生毕业，获硕士学位。现任中国石油管道设计院，东北分院副院长兼总工程师。

曲同光 男，1971年出生，大学本科学历，高级教练员（副高）职称，1995年7月毕业于山东师范大学，同年入职青岛市城阳区体育学校，任教练员，2003年任该校副校长。2007年至今任该校校长，城阳区体育总会秘书长。

曲　淼 女，1975年出生，1993年12月入伍，1999年6月加入中国共产党，1999年7月毕业于海军第二军医大学南京军医学院。2005年3月任海军某潜艇部队医院门诊所所长；2008年3月任该部政治部干事；2013年8月任海军北海舰队某仓库卫生队队长，2019年退出现役。海军上校军衔。

2004年12月荣立三等功；2010年11月被海军评为计划生育工作先进个人；服役期间多次获得嘉奖。

曲守辉 男，1977年出生，中共党员，大学本科学历。1993年12月入伍，任武警山东边防总队、青岛边防支队战士。1998年9月考取武警黄金指挥学校会计专业（湖北襄樊）。2000年6月毕业分配到武警交通指挥部（北京）任会计。2003年5月调到武警青岛支队任排长、副队长、指导员、司令部管理员。武警上尉军衔。2016年正连级转业到青岛海洋发展局任副科级办事员至今。

2009年荣立三等功一次，服役期间多次获得嘉奖。

曲燕妮 女，1978年出生，中共党员，党校本科学历。1996年毕业于青岛卫生学校，1997年4月参加工作，为青岛市崂山风景区管委会职工。2005年12月毕业于山东省委党校经济管理专业。2011年1月任崂山林场森保科副科长。2014年12月任崂山风景区华楼管理处办公室副主任（主持工作）。2016年至今任流清管理处办公室副主任、主任。

2000年11月被山东省档案局评为“企业工作目标管理先进个人”，2012年10月被评为“全市林业有害生物防控工作先进个人”，2020年获青岛市事业单位脱贫攻坚专项嘉奖。

曲　凯　女，1983年出生，大学本科学历，2005年7月在中国海监北海航空支队参加工作，2019年9月调入武警海警总队第六支队，任副处级职务。工作期间，多次获市级荣誉称号。

第二节　科教文卫人员

曲知义　男，1936年出生，1955年毕业于青岛建筑工程学校工业与民用建筑专业，分配到马鞍山钢铁厂工程处，任技术员。1960年调入马鞍山文联《文艺月刊》任编辑。1963年调回青岛房管局四方修缮工程队任施工员，工程师，1988年退休。

其业余爱好广泛，多才多艺。1964年在《青岛日报》发表相声《一家之主》《修房》等作品，得到好评。后借调到局工会，从事文艺创作，先后创作了《巧接亲》《铁码头》《红雁火炉》《双喜临门》等大量曲艺作品，这些作品曾多次被专业剧团选用，和省、市多种报刊选登。

退休之后，习练书法，有较深的造诣，步入耄耋之年，仍笔耕不辍，先后写了《我忆四方》《十年海云庵》《梦里，我们手拉着手》《李涌颂》等作品，在微信公众号“青岛故事”发表，受到广泛关注。2021年，被聘任为青岛市相声艺术研究会顾问。

曲淑云　女，1943年出生，中共党员。1962年青岛幼儿师范毕业。1984年前任幼儿园教师。1984年至1998年任原四方区教工幼儿园园长。1998年退休。

工作期间多次被评为区、市先进个人。1983年获山东儿童工作先进奖；1984年获山东省园丁奖、青岛市优秀母亲奖；1994年与丈夫、著名雕塑家于家骥同时（青岛唯一）获得青岛市教育名家称号。

曲晾华　女，1944年出生，青岛幼儿师范毕业。中共党员。1962年就职于崂山县姜哥庄小学任教师；1964年调入崂山县机关幼儿园任教师；1984年任该园副园长；1989年任园长，1999年在该岗位退休。中小学高级教师。

1987年9月被评为青岛市优秀保教工作者；1989年5月被授予青岛市托幼先进工作者荣誉称号；1996年6月被评为青岛市儿童少年工作先进个人；曾多次当选为青岛市崂山区人民代表大会代表。

曲淑真　女，1945年出生，中共党员，大学本科学历，高级工程师职称。1965年入济南轻工业学院学习，1969年毕业。毕业后，分配到山东临沂玻璃厂生产技术科工作，被评为高级工程师。1991年调任政工科工作，2000年退休。

曲慧光　女，1949年出生，中共党员，中学高级教师。1968年7月青岛师范毕业，1968年8月至1978年7月于姜哥庄小学任教。1978年8月至1986年7月于沙子口小学任教。1984年公派赴曲阜师范大学深造。1986年8月至退休，于李沧区教育研究发展中心工作。

工作期间，多次承担市级公开课、研究课，不断探索先进教学方法，成为学科带头人。在数十年的教学工作中，先后获青岛市教学能手、山东省优秀教师、全国优秀教师等荣誉称号。

曲秀玲　女，1952年出生，中共党员，大专学历，中小学一级教师职称。1973年2月参加工作，先后在姜哥庄小学、沙子口中学、于哥庄小学任教。1981年入青岛师范学校学习，1983年到车李宋小学任教。1988年至1996年先后在张家小学、浮山小学任教导主任、副校长。1996年8月至2007年7月先后在张家小学，张村小学任校长。2007年退休。

1986年被评为"青岛市优秀园丁""优秀班主任"，1995年4月被授予"崂山区劳动模范"，1997年4月被授予"青岛市劳动模范"荣誉称号。

曲同笋　男，1952年出生，大学本科学历，副教授职称。1981年毕业于青岛大学政教系，同年入职崂山第七中学任教师。1985年调往青岛师范学校任教。1987年于青岛教育学院政法系法律专业学习，1990年毕业。自1989年到2012年一直任教于青岛电大外语学院，被评为副教授职称。2012年退休。

曲学存　男，1956年出生，大学本科学历，高级工程师职称。1978年毕业于山东海洋学院（现中国海洋大学）水产养殖系，同年留校工作至退休。

主要从事贝类的实验教学、贝类的分类和贝类的苗种试产研究，主编和参编著作7部，发表论文十几篇。1985年以来，先后获得国家教委三等奖二项，山东省科学技术进步奖二等奖一项，中国海洋大学自然理论成果二等奖一项和研究成果奖一项。

2015年获学校授予的"优秀实习指导教师"荣誉称号。

曲宝来　男，1960年出生，九三学社社员，大学本科学历，高级美术师，青岛拔尖人才资深专家。1980年毕业于山东美校，任青岛市外贸局设计室主任。1989年毕业于山东艺术学院，先后任中国抽纱山东进出口公司科长、东欧部经理、艺方公司总经理。2004年至今成立曲宝来艺术研究工作室，山海城艺术研究中心。

其是中国美术家协会会员，九三学社中央书画院委员，教育部美术硕博士评审专家，山东美协艺委会副主任，青岛市美术家协会副主席，青岛市美协油画艺委会主任，青岛市人大代表，青岛科大硕士生导师。获山东省泰山文艺奖，齐鲁文化之星，改革开放优秀社会主义建设者称号。

作品被《美术》《中国艺术家》《中国水彩》《画廊》等近百种杂志、书刊选登，荣获过第十二届全国美展中国美术奖、创作奖、优秀奖，第十、十一届全国水彩画、粉画展优秀奖，第十届中国艺术节优秀奖，台湾世界水彩画大展评审团荣誉奖，山东省美展油画、水彩画展金奖四项，连续两届获中国美协水彩年度画家。

出版有《曲宝来，不一样的诗意》专著，《油画名家　曲宝来》画集。许多作品被山东省政府，山东美术馆，东莞美术馆，山东中华文化学院，青岛美术馆，青岛市政府，上合组织青岛峰会，台湾阿特荻克瑞公司，青岛国际机场等专业机构收藏。

曲宝刚　男，1963年出生，1973年考入山东省五七艺术学校（现山东艺术学院）学习京剧表演，1979年毕业，分配到青岛市京剧团做演员工作。1983年参加电视剧《顾大嫂》拍摄，

成为影视演员，之后先后参加了《三上五台山》《水浒传》《中华英雄》《英雄无泪》《鹤经昆仑》《带血的钞票》《北洋水师》《白眉大侠》《金色海湾》《甘十九妹》《成吉思汗》等十几部影视作品的演出、设计、导演等工作。

曲俊杰　女，1965 年出生，中共党员。1983 年 7 月毕业于青岛卫生学校，2005 年毕业于潍坊医学院，本科学历。现任沙子口卫生院副院长兼工会主席。曾荣获《崂山区十佳医务工作者》《青岛市建功女明星》等荣誉称号。副主任医护师职称。

曲宝成　男，1966 年出生，中共党员，大学本科学历，中小学高级教师职称。1987 年 7 月参加工作，先后在崂山五中、崂山六中任教，现任崂山六中工会主席。曾荣获崂山区优秀教育工作者，青岛市教育技术先进个人等荣誉称号。

曲克辉　男，1966 年出生，大学本科学历，中学高级教师职称。1986 年 7 月毕业于青岛大学师范学院，同年任职崂山第一职业高中教师，1990 年 7 月至今任崂山四中教师。

宋　燕　女，1969 年出生，本科学历，中小学高级教师职称。1989 年参加工作，为青岛市崂山区第五中学数学教师。曾获区级第一届“秋实奖”光荣称号；举行过区级公开课，多次获区级优质课一等奖；所带的班曾获得区级、市级优秀班集体；所撰写的论文多次在国家、省、市获奖。

曲　宁　女，1971 年出生，研究生学历，硕士学位。长沙铁道学院毕业，在英国获硕士学位，现为中土公司高级会计师。

曲　晶　女，1971 年出生，中共党员。1992 年 7 月毕业于青岛市团校，任青岛北山小学大队辅导员、副教导主任；2002 年 8 月任青岛东川路小学副校长；2006 年 8 月任青岛李村小学副校长；2014 年 8 月任青岛大枣园小学副校长，2015 年任该校校长至今，中小学高级教师。1999 年被授予“青岛市少先队优秀辅导员”荣誉称号；2011 年 6 月被评为青岛市教学能手。

曲一帆　女，1980 年出生，中共党员，2011 年中国政法大学国际法学院法学博士毕业。现任北京对外经济贸易大学教育与开放经济研究中心研究部主任、副研究员。2016 年被聘为中国教育智库网专家，中国民办教育学会研究分会副理事长，主要研究领域为教育政策与法律，在《清华大学教育研究》《中国电化教育》《光明日报》《经济日报》上都有论文发表。撰写的多份内参获得省部级领导批示，曾主持多次国家和省部级课题，参与国家多项教育政策与法律的制定工作。

曲　茜　女，1982 年出生 ，中共党员，研究生学历。2005 年 7 月青岛大学英语专业毕业，获学士学位。2008 年 7 月山东大学英语专业研究生毕业，获硕士学位。2008 年 9 月至 2016 年 2 月任青岛国家海洋科学研究中心主任科员。2016 年至今任青岛市贸促会经贸促进处高级职员（副处级）。2017 年参加全国翻译专业资格水平考试，取得高级翻译职称。

从事外事翻译工作 10 年，多次组织海洋科技、经贸代表团出访，熟悉外事接待的各项程序，能熟练进行专业研讨会、座谈会等的交替传译和同声传译工作。笔译字数累计达 50 万。

第三节　先模人物

先模人物包括区级以上劳动模范、市级以上先进个人、立功人员等。

区级以上劳动模范

表 14 — 1

姓　名	性别	工 作 单 位	职　务	称　号	授予时间
曲经绪	男	沙子口街道南姜村	村民	山东省劳动模范	1952 年 5 月
牟喜忠	男	沙子口街道南姜村	村民	青岛市劳动模范	1957 年 5 月
曲知夏	男	黑龙江省鸡西市张新矿	总经理	黑龙江省劳动模范	1959 年 4 月
曲秀玲	女	浮山小学	副校长	崂山区劳动模范	1995 年 4 月
曲秀玲	女	张村小学	校长	青岛市劳动模范	1997 年 4 月
曲学涛	男	崂山区广通食品有限公司	董事长	崂山区劳动模范	1999 年 4 月
曲知春	男	广辰集团碧海山庄	经理	崂山区劳动模范	1999 年 4 月
曲训海	男	沙子口街道南姜村	村书记	崂山区劳动模范	1999 年 4 月
曲训海	男	沙子口街道南姜村	村书记	青岛市劳动模范	2009 年 4 月
曲学涛	男	崂山区广通食品有限公司	董事长	青岛市劳动模范	2015 年 4 月
曲立国	男	青岛沙建建设集团	副总经理	崂山区劳动模范	2017 年 4 月

市级以上先进个人

表 14 — 2

姓　名	性别	工作单位	荣誉称号	授奖机关	授予时间
曲照华	女	鞍山市立山区教育局	鞍山市社会主义教育先进个人	鞍山市政府	1953 年
曲学教	男	姜哥庄村	山东省社会主义农业建设积极分子	山东省政府	1956 年
曲知夏	男	黑龙江省鸡西市张新矿	鸡西市先进工作者	鸡西市委	1958 年
曲慧光	女	城阳教师进修学院	青岛市先进工作者	青岛市政府	1982 年
曲慧光	女	城阳教师进修学院	山东省优秀教师	山东省政府	1983 年
曲晾华	女	崂山区机关幼儿园	青岛市优秀保教工作者	青岛市政府	1987 年
曲训清	男	城阳区教育局	青岛市会计先进工作者	青岛市政府	1988 年
曲晾华	女	崂山区机关幼儿园	青岛市托幼先进工作者	青岛市政府	1989 年
曲训清	男	城阳区教育局	青岛市会计先进工作者	青岛市政府	1990 年
曲慧光	女	城阳教师进修学院	全国优秀教师	国家教委	1993 年
曲立坤	男	沙子口水产站	省水产战线先进个人	山东省水产局	1993 年

续表 14－2

曲训清	男	城阳区教育局	山东省教育系统先进工作者	山东省政府	1997 年
曲训海	男	南姜社区	市优秀党支部书记	青岛市政府	1997 年
曲宝光	男	青岛市崂山风管局	青岛市环境保护工作先进工作者	青岛市政府	1998 年
曲训清	男	城阳区教育局	青岛市优秀教育工作者	青岛市政府	1999 年
曲燕妮	女	青岛市崂山风管局	山东省档案管理工作先进工作者	山东省档案局	2000 年
曲宝光	男	青岛市崂山风管局	青岛市环境保护工作先进工作者	青岛市政府	2001 年
曲宝光	男	青岛市崂山风管局	青岛市环境保护工作先进工作者	青岛市政府	2002 年
曲文峰	女	青岛第六十八中学	全省民族教育民族团结教育先进个人	山东省教育厅	2003 年
曲宝光	男	青岛市崂山风管局	青岛市环境保护工作先进工作者	青岛市政府	2004 年
曲同明	男	青岛第五十八中学	山东省特级教师	山东省政府	2006 年
曲文峰	女	青岛第六十八中学	西藏自治区优秀教师	西藏自治区教育厅	2007 年
曲立泽	男	海军潜艇基地	海军优秀职工	海军后勤部	2010 年
曲　淼	女	海军某仓库	海军计划生育工作先进个人	中国人民解放军海军	2010 年

立功人员

表 14－3

姓　名	性别	工作单位	立功情况	授予时间
曲知祥	男	中国人民解放军	参加解放战争荣立三等功四次	1949 年至 1954 年
曲立庆	男	中国人民解放军	参加抗美援朝荣立二等功一次、三等功一次	1950 年至 1953 年
曲学智	男	中国人民解放军	参加抗美援朝荣立二等功一次、三等功一次	1950 年至 1953 年
曲立吉	男	中国人民解放军	参加抗美援朝荣立二等功两次、三等功三次	1950 年至 1953 年
曲振锷	男	中国人民解放军	服役期间工作成绩突出荣立三等功三次	1950 年至 1958 年
曲学岐	男	青岛料石厂	建造毛主席纪念堂工程中荣立二等功	1978 年
曲知清	男	中国人民解放军	参加对越自卫反击战荣立三等功	1979 年
曲学遂	男	中国人民解放军	参加对越自卫反击战荣立三等功	1979 年
曲桂花	女	中国人民解放军	工作成绩突出荣立三等功	1992 年
曲同晓	男	中国人民解放军	工作成绩突出荣立三等功	1994 年
曲训凯	男	中国人民解放军	工作成绩突出荣立三等功	1996 年
曲同晓	男	中国人民解放军	工作成绩突出荣立三等功	1996 年
曲同峰	男	南姜哥庄村委	民政调解工作做出突出贡献荣立三等功	1997 年
曲同晓	男	中国人民解放军	工作成绩突出荣立三等功	1999 年

续表 14－3

曲宝光	男	青岛市崂山风管局	创建国家园林城市荣立三等功	2000 年
曲训波	男	中国人民解放军	工作成绩突出荣立三等功	2000 年
曲宝光	男	青岛市崂山风管局	工作成绩突出荣立三等功	2001 年
曲同良	男	南姜哥庄村委	全区防治非典工作中做出突出成绩，荣立三等功	2003 年
曲宝东	男	中国人民解放军	工作成绩突出荣立三等功	2003 年
曲训波	男	中国人民解放军	工作成绩突出荣立三等功	2003 年
曲　淼	女	中国人民解放军	工作成绩突出荣立三等功	2004 年
曲立泽	男	中国人民解放军	工作成绩突出荣立三等功	2004 年
曲训鹏	男	中国人民解放军	抗震救灾荣立三等功	2008 年
曲守辉	男	中国人民解放军	工作成绩突出荣立三等功	2009 年
曲宝浩	男	中国人民解放军	工作成绩突出荣立三等功	2009 年
曲　正	男	中国人民解放军	工作成绩突出荣立三等功	2018 年
朱苗苗	女	中国人民解放军	工作成绩突出荣立三等功	2018 年

附录

文献选载

胶澳租借地合同

一八九八年八月二十二日，清光绪二十四年七月初六日，青岛。

大清划界官员新授山东兖沂曹济道彭虞孙，山东登莱青道东海关监督李希杰；

大德划界官员巡抚罗绅达，都司代莫林，游击罗所，都司法勒根汉；

在本日所定立之合同列下：

第一款　划定入胶澳向北德国租界地界，从崂山湾东半岛东北角起，由此界限大概至山岭到岔涧山上山口止，对白沙河河涧到胶澳向阴岔东北角，两国划界官员带同地保乡约，详细定立界石。

第一界石立在崂山湾半岛东北角。

第二界石立在砖塔岭西南山口之山神庙侧。煤窑、砖塔岭均在中国界内，烟云涧、南窑均在德国租界内。

第三界石立在狗皮岭之北约一百步，随即前往岭尖定立。

第四界石立在岔涧庙东北偏北，距庙约中国二里，计德一千二百迈当。

第五界石立在第四界石东北岭上，此处有山涧直达白沙河，大河东椒涧、大按子村、鸣红涧村、岔涧庙均在德国租界内。

第六界石立在河东东北，约中国二里，计德国一千二百迈当。

第七界石立在第六界石偏北，相距约中国二里，计德一千一百迈当，北坞、王哥庄大路之间。

双石屋、河东、河西暨北九水庙、蔚竹庵均在德国租界内，自此在山岭上划清界限，至第八界石。

第八界石立在薛家庄、王哥庄大路之间，距薛家庄约中国三里，计德一千八百迈当，往东北至薛家庄地界为限；榜石（即棒石）、北坞、薛家庄均在德国租界之内。

自第八界石起，其界限划于山岭白沙河北岸，此岭即为以下之界线：

甲、尖石系第一线，在老虎涧西口大路中间小坛之前，偏东二十九度；第二线自白沙河外湾老虎涧村之西，偏东五十五度。

乙、为圆山头，上有松树，第一线在香里、杨家村大路之间，过白沙河，偏东三百四十五度；第二线在康公祠前，石牌楼、杨家村、华阴集大路之间，偏东七十三度。大老村（即大崂村）、老虎涧、香里、梁村、杨家村均在德国租界之内，此界按照以上情形定立，以免将来分划村田，致有争端。

第九界石立在路里、杨家村之间，康公祠之西，距乾河之东约六十步，计德五十迈当，自此向南，定于华阴集、杨家村之大路北，向正西乾河草地上，再往南至白沙河定立。

第十界石立在华阴集之西南，白沙河南岸，所以第十一界石在南岸之故，因河中旱滩，仍属中国，自此界线在旱滩南岔，白沙河北岸。至第十二界石在白沙河北岸，附近九家庄立定;所以白沙河之旱滩、华阴集、九家庄仍在中国界内。

第十三界石立在白沙河北岸，沙沟赴夏庄之渡口，沙沟在中国界内，夏庄在德国租界内。

第十四界石立在白沙河北岸，茔里赴黄埠之渡口，茔里、古镇在中国界内，黄埠在德国租界之内。

第十五界石立在白沙河北岸，古镇赴黄埠之渡口。

第十六界石立在白沙河北岸，流亭赴勾塔埠之渡口，距碧阴庵偏西约一百五十步，计德一百二十迈当，所以流亭在中国界内，勾塔埠在德国租界内。

第十七界石立在白沙河北岸，太商赴勾塔埠之渡口，太商仍在中国界内。

第十八界石立在白沙河北岸，白沙村赴勾塔埠之渡口，白沙村仍在中国界内。

第十九界石立在白沙河北岸，白沙村赴仙家寨之渡口，仙家寨在德国租界内。

第二十界石立在白沙河北岸，赵村赴宋哥庄之渡口，赵村在中国界内，宋哥庄在德国租界内。

第二十一界石立在白沙河北岸，港东赴女姑之渡口，港东在中国界内，蓝家庄、后路均在德国租界内。

第二十二界石立在白沙河北岸，向阴岛东北角胶澳涨潮之处。

第二款　画定入胶澳向南德国租界地址，从齐伯山（即黄岛）西南偏南海岔、壕北头，由运河往西至壕北头界限指向壕洼，往南至运河，离官厅向东北，偏北四百迈当。

再沿运河西岸至灵山卫、薛家岛、石桥之处，由此越壕南头地界至海，由此向笛罗山，从薛家岛往西南至半岛，均在德国租界之内。

第一界石立在齐伯山（又名黄岛）西南偏南海岔。

第二界石立在运河中游。

第三界石立在灵山卫、薛家岛大路中间，近运河之壕北头、壕洼、壕南头三村，均在德国租界内。

张家湾、官厅、焦家庄均在中国界内。

此项合同，应缮两份，中、德官员各执一份。

大清光绪二十四年七月初六

大德一千八百九十八年八月二十二日

沙子口胶海分关小记

沙子口一隅，属山东省即墨县，居崂山之南，虽僻处海角，然山明水秀，风清日朗，气候适中，更有天然浴身之水池，可能振奋人之精神，真不愧市外仙境之称，故外国游士，有鉴于斯，时常来住此地游览，惜乎商业不兴，居民大都渔户，故贸易不振耳。

沙子口胶海分关设立于德占时代西历一八九九年四月十七日，专收帆船土产出入口税。德国时沙子口分关办事者，有关者一西人，录事一中国人，海差三中国人，水手一中国人。今则关全用中国人，而录事一名又取消，其余照常。此分关收税，以出产水果盐鱼为大宗，每年合计收入，税关平五千余两左右，每年二季，春天鱼，秋天梨，余外清闲，是沙子口分关实情也。

本资料选载自《关声》1930年第12期

沙子口胶海分关旧影

文件辑存

青岛市崂山区房屋征收管理局文件

崂房征字【2011】9号

青岛市崂山区房屋征收管理局
关于对《崂山区沙子口街道南姜哥庄社区
村庄改造住宅房屋搬迁安置补偿方案》审核意见的报告

区两改项目建设指挥部：

沙子口街道办事处报送的《崂山区沙子口街道南姜哥庄社区村庄改造住宅房屋搬迁安置补偿方案》已经我局审核，现将审核后的《崂山区沙子口街道南姜哥庄社区村庄改造住宅房屋搬迁安置补偿方案》呈上，请予以批准。

附件：崂山区沙子口街道南姜哥庄社区村庄改造住宅房屋搬迁安置补偿方案

二〇一一年十月二十六日

主题词：房屋搬迁　补偿方案　审核　报告

崂山区房屋征收管理局办公室　　2011年10月26日印发

崂山区两改项目建设指挥部文件

崂两改指字【2011】9号

崂山区两改项目建设指挥部
关于对《崂山区沙子口街道南姜哥庄社区村庄改造住宅房屋搬迁安置补偿方案》
的批复

区房屋征收管理局：

你局报送的《崂山区沙子口街道南姜哥庄社区村庄改造住宅房屋搬迁安置补偿方案》（崂房征字【2011】9号文）收悉，经研究，同意该方案，你局要指导街道做好政策解释、搬迁协议签订等工作，推进搬迁安置工作顺利开展。

二〇一一年十一月十四日

附件：关于对《崂山区沙子口街道南姜哥庄社区村庄改造住宅房屋搬迁安置补偿方案》审核意见的报告

主题词：指挥部　　搬迁　　补偿方案　　批复

抄送：崂山区沙子口街道办事处

崂山区两改项目建设指挥部办公室　2011年11月14日印发

崂山区沙子口街道南姜哥社区村庄改造住宅房屋搬迁安置补偿方案

为加快社区城市化进程，改变社区居住面貌，改善居民的居住条件和环境，提高居民的生活质量，维护当事人的合法权益，依据《城乡规划法》、《合同法》、《青岛市征用集体土地房屋拆迁补偿暂行规定》（青岛市人民政府令第141号）、青岛市崂山区人民政府《关于进一步加强房屋拆迁管理工作的通知》（崂政发〔2009〕8号）等有关规定，结合本社区实际情况，本着维护居民利益、集体利益，提高社会效益的原则制定本方案。经社区“两委”研究，党员会议讨论、居民代表大会通过后实施。

一、一般规定

（一）搬迁补偿人（以下简称“搬迁人”）　青岛青建博海源诚置业有限公司。

（二）搬迁范围

本社区村庄改造范围内的住宅房屋。

（三）搬迁补偿对象（以下简称“被搬迁人”）

本社区村庄改造范围内持有《集体土地建设用地使用证》所载明的房屋的合法所有人。

（四）搬迁安置工作小组

青岛青建博海源诚置业有限公司和社区“两委”及承办单位组成搬迁安置工作小组，负

责村庄改造的搬迁安置工作；由社区党员和社区居民代表组成监督小组，负责对村庄改造搬迁安置工作的全过程进行监督，本着“公开、公平、公正、透明”的原则开展工作。

（五）搬迁期限

以发布的搬迁通知中规定的时间为准。

二、住宅房屋的搬迁补偿

（一）搬迁补偿方式

实行房屋补偿、货币补偿两种方式，由被搬迁人自行选择，并以签订的搬迁补偿协议为准。

房屋补偿是根据本方案确定的应安置面积、户型，按照就近挂靠面积的原则，自愿选择就近上靠或就近下靠户型，对被搬迁房屋进行安置。

货币补偿是根据本方案确定的应补偿面积，按照市场评估价 10200 元 / 平方米对全部应补偿面积以一次性货币支付的方式进行补偿。

（二）安置房屋的产权性质

安置房屋的产权性质为国有出让土地上的房屋。

（三）被搬迁住宅房屋搬迁补偿面积及奖励面积的确定

1. 搬迁补偿面积的确定

被搬迁房屋搬迁补偿面积的确定以《集体土地建设用地使用证》载明的占地面积为准，是合法二层的加二层的合法建筑面积，以上面积即为搬迁补偿面积。

2. 奖励面积的确定

（1）在规定时间内签订搬迁补偿协议并按协议约定时间腾空房屋的按搬迁补偿面积的 5% 给予奖励。

（2）选择高层房屋补偿的，搬迁补偿面积中以高层房屋补偿的部分，在 2.（1）基础上再按该部分面积的 7% 给予奖励。

3. 房屋补偿的应安置面积的确定

搬迁补偿面积与奖励面积的总和即为应安置面积（含公摊面积）。

4. 货币补偿的应补偿面积的确定

搬迁补偿面积与奖励面积（不含选择高层房屋补偿的奖励面积）的总和即为应补偿面积。

5. 凡与《集体土地建设用地使用证》载明内容不一致的占地面积（二层为合法建筑面积），应按《集体土地建设用地使用证》载明内容给予确认补偿面积；若《集体土地建设用地使用证》所载明的内容与地籍档案不一致，应按地籍档案所载明的内容给予确认。

（四）房屋补偿方式及标准

1. 安置房屋的位置及户型

安置房屋位于本社区规划区域范围内，其中：

套一房，建筑面积约为 68 平方米；

套二房，建筑面积约为 85 平方米、98 平方米；

套三房，建筑面积约为 115 平方米、130 平方米、150 平方米。

本次搬迁提供的安置房屋示意户型、面积，供被搬迁居民选择房屋时进行参考，最终安置房屋户型及面积在听取大多数居民意见的基础上，以规划部门的审批意见为准。

安置房屋户型面积是指按照法规及规范测算的建筑面积，含公摊面积。

2. 安置房屋分配办法

安置房屋分配采取在公证处监督下抓阄定位的方式进行，抓阄细则另行制定。

3. 结算方法

（1）被搬迁人应安置面积拆一还一，互不找差价。

（2）被搬迁人应根据本方案确定的户型面积，按照就近挂靠面积的原则，选择一套或两套以上房屋。

被搬迁人应安置面积不足所选安置房屋户型面积需上靠户型时，超出应安置面积部分，每个《集体土地建设用地使用证》最高不超过 20 平方米，其中：10 平方米以内（含 10 平方米）的按 4080 元 / 平方米结算，其余部分按 8160 元 / 平方米结算。本项规定仅限于被搬迁人本人使用，不得互相转让。

下靠户型时，下靠户型后应安置面积剩余部分，小于最小安置房屋户型面积时，按市场评估价 10200 元 / 平方米乘以剩余面积进行结算。

（3）安置房屋的建筑面积以房产测绘部门实测为准。

（4）在回迁安置时安置房屋建筑面积超出协议签订面积的，超面积部分在 3% 之内不找差价，超出 3% 部分按 3000 元 / 平方米补交房款。若安置房屋建筑面积小于协议签订面积的，小于部分按照市场评估价 10200 元 / 平方米进行结算。

（5）最终结算在领取安置房屋钥匙时一次性结清。

4. 过渡方式与临时过渡费标准

（1）过渡方式。

本次搬迁采取被搬迁人自行过渡的方式。

（2）临时过渡费标准。

按照确定的搬迁补偿面积 13 元 / 平方米·月，自搬迁腾房之日起共计 30 个月。

（3）超期过渡费标准。

若因搬迁人的原因超期安置，按超期 1 ～ 6 个月 26 元 / 平方米·月，超期 7 ～ 12 个月 39 元 / 平方米·月，超期 13 个月以上 52 元 / 平方米·月的标准发放超期过渡费。

（4）已签订搬迁协议的，临时过渡费与超期过渡费按以下两种方式由被搬迁人自行选择，并出具书面材料：

①按照原协议约定：18 个月以内 8 元 / 平方米·月；19 ～ 24 个月 16 元 / 平方米·月；

25个月以上24元/平方米·月；

当本次村庄改造新方案搬迁超期过渡费达到26元/平方米·月时，随之涨到26元/平方米·月，之后按本方案执行。

②按照本方案重新签订协议，过渡费标准按本方案执行。

5. 搬家补助费标准

搬家补助费按每个《集体土地建设用地使用证》一次600元，两次共计1200元计发。

6. 按时搬迁奖励费标准

在搬迁通知规定的时间内签订搬迁补偿协议的，每个《集体土地建设用地使用证》奖励60000元，逾期不予奖励；按搬迁补偿协议约定时间搬迁腾房的，每个《集体土地建设用地使用证》奖励30000元，逾期不予奖励。

7. 按时回迁奖励费标准

在回迁通知规定的时间内回迁的，每个《集体土地建设用地使用证》奖励20000元，逾期不予奖励。

8. 物业奖励费标准

在搬迁通知规定的时间内签订搬迁补偿协议并按协议约定时间搬迁腾房的，根据应安置面积，按现行二类普通小区高层住宅收费标准1.12元/平方米·月，以“前五年免收、后五年减半”的方式予以一次性奖励。逾期不签订协议和不搬迁腾房的不予奖励。

9. 临时过渡费、搬家补助费、按时搬迁奖励费、物业奖励费按协议约定时间搬迁腾房后10日内发放；按时回迁奖励费回迁结算时发放。

（五）货币补偿方式及标准

1. 搬迁补偿费标准

搬迁补偿费按确定的应补偿面积以市场评估价10200元/平方米进行结算。

2. 临时过渡费标准

按照确定的搬迁补偿面积13元/平方米·月，一次性计发10个月。

3. 搬家补助费标准

按每个《集体土地建设用地使用证》一次600元计发。

4. 按时搬迁奖励费标准

在搬迁通知规定的时间内签订搬迁补偿协议的，每个《集体土地建设用地使用证》奖励60000元，逾期不予奖励；按搬迁补偿协议约定时间搬迁腾房的，每个《集体土地建设用地使用证》奖励50000元，逾期不予奖励。

5. 搬迁补偿费、临时过渡费、搬家补助费、按时搬迁奖励费按协议约定时间搬迁腾房后10日内发放。

（六）其他房屋及附属物的补偿

1. 违章建筑房屋的拆除补助

对违章建筑房屋按最高不超过260元/平方米给予一次性拆除补助，但2004年5月31日以后建设的不予补助。

2. 在住宅房屋中从事生产、经营，但未经土地、规划、房产等部门批准变更使用性质的，均按住宅房屋确认补偿。

3. 院内其他附属设施（水井、花木、室内外装修等）不再给予补偿。

（七）在规定期限内不签订协议、不搬迁的政策

在规定时间内不签订协议、不搬迁的，不享受以上任何奖励及补助等有关政策，在规定期限外签订协议搬迁的，临时过渡费的发放按本方案规定的时间减去拖延的时间。

三、两代及两代以上居住在一起并只有一处宅基地且符合宅基地审批政策的房屋补偿办法

两代及两代以上居住在一起并只有一处宅基地且符合宅基地审批政策（鲁政发〔2001〕89号）、上靠户型前应安置面积未达到150平方米的，经本人申请，社区“两委”批准并公示无异议，可申请应安置面积达到150平方米。申请增加的面积只能用于房屋安置并在领取安置房屋钥匙时按2350元/平方米结算。

被搬迁人因房屋转让或赠与等原因导致的面积不足者，不列入本条款优惠范围。

四、无《集体土地建设用地使用证》房屋的处理办法

无《集体土地建设用地使用证》的房屋原则上不予补偿（经政府批准已建成但因客观原因未办理《集体土地建设用地使用证》的房屋除外）。由相关部门或社区批准建设没有办理《集体土地建设用地使用证》的2010年12月31日以前建成且居住10年以上的住宅房屋，被搬迁居民认同搬迁补偿方案，本人提供当时向村委会缴纳有关款项等原始资料证明，经区相关部门、街道及社区共同研究并经社区公示无异议的给予确认，其搬迁补偿政策参照有《集体土地建设用地使用证》的房屋执行。

五、安置房屋的建设标准和装修标准

安置房屋的建设标准和装修标准按照崂山区城乡建设局《关于印发青岛市崂山区拆迁安置区住宅建设及装修参考标准的通知》（崂建〔2010〕160号）有关规定执行。

六、附则

（一）若发生因房屋产权不清、遗产纠纷、赠与、继承、分家析产、买卖和产权纠纷等造成原房屋产权人与房屋的实际使用人不符的，当事人原则上应通过司法程序妥善解决后，持相应的法律文书或证明材料方可签订搬迁补偿协议。但为了保证被搬迁人的合法权益及搬迁工作能够顺利进行，争议各方可先行出具授权委托书，签订搬迁补偿协议，并由公证部门对其财产进行证据保全，待搬迁工作完毕后，由争议各方再自行解决。逾期未解决的，由搬迁人申请证据保全公证，搬迁补偿金提存公证，按时搬迁。

（二）在搬迁补偿协议签订过程中，若发生赠与的情况，应提供亲属证明资料。

（三）未尽事宜参照国家相关法律法规执行。

谱牒文选

曲氏谱序（世德族）

余家世传，明初自云南迁至即墨，而原其始至未知卜居何里，今按宗谱所载，移居于姜哥庄南头町已十数世矣。考宗谱首一世祖讳江，配刘氏、李氏合葬于南头村西。至乾隆乙卯，恒祥祖、得文祖率族人立石墓前，题曰：曲氏始祖。复考二世祖长讳山，配王氏，次讳万，配卢氏、辛氏，亦俱合葬于南头村西山。祖墓志久建昭然可考，而万祖墓志未立，则淼然莫稽耳。又考三世祖兄弟四人，有有讳有配者，有有讳无配者，且求墓之所在，惟隆祖有碑，其墓可知，馀俱未之知也。相传石湾、南头分町时即在此世。至若四世、五世以及六世、七世诸祖，各世昆季繁庶，讳配俱有者虽多，而葬所失考者不少，代远年湮，谁能起九原而问之也，亦惟春秋两祭，大家同向先茔叩拜而已。嗟乎！诸祖茔域使当日亦如一世、二世祖立石墓前，亦何至有坵垅恍惚而莫辩者耶。顾先茔之失考，虽以墓碑之不建，实由族谱之不载耳。吾家旧谱虽创，而记载未悉，自一世以至五世，率皆远而难稽，此亦后之人无可如何者也。然自六世以来，则间有可考者，使于此而犹不详，为考订则失之东隅，何以收之桑榆乎。况吾族瓜瓞繁衍，日盛一日，因本地湫隘，散处四方者甚多，倘历久不修，势必至遗其世次，忘其名字，迨异日回里微特不知为某支子孙，且恐愈远愈疏，久将不知为一家矣。其如敦睦之谓何哉，今秋余以修谱事询诸族众，莫不欣然响应，共称盛事，因而谨遵旧稿，仍于无可考者阙之，有可考者续之，规模具而款式定，然后相与誊写成帙，使各支家藏而披阅之，庶动木本水源之思焉耳。是为序。

旹

光绪八年岁次壬午年冬　　　　十六世孙　成章　敬识

重为修谱粉屏序

族谱者，所以谋慈和，养义气，相亲相爱之乳郭也。宗屏者，所以严尊卑，肃观瞻，起敬起孝之标准也。前辈元良、经正、成章诸公有监于此，竭力提倡修谱系、设屏帐，其用意深远而谆笃矣。但是为日已久，计今六十五年，子孙繁衍，瓜瓞绵绵，谱之章幅既无余屏之位次又将满，倘再荏苒退诿，不旦有谱等于无谱，有屏等于无屏乎。况梁痿屏尘其于报本追远之谓何，何幸本族学桃等窥前辈之心迹，为后来之步武，共同负责，群力合作，谱则缮写

以付梓，屏则改观以栖神，更为之添椁换梁，尽凋刻之巧，措金碧之饰，皆所以示庄严，示尊崇也。又幸本族之居者，各备饮食，以省费迁者，乐于输纳，以成功团结联合之盛于今为最。故谨序之以鸣豫焉。

经理人

允修

经坎

成智 成臣 成桃 成晓 成义

学举 学君 学平 学桃 学芳 学杨

知方

宝庆

旹

民国三十五年仲冬

十七世孙

学斌　沐手敬志

为三修族谱序

族之有谱，犹水之有源、木之有本也。我曲氏家族，自六世以上“旧谱虽创而记载未悉”。清光绪八年，元良、经正、成章诸公首倡修谱，“遵旧稿于无可考者阙之，有可考者续之”。始具规模而“誊写成帙使各支家藏而披阅之”。自一九四六年，经允修、经坎、瑞周、瑞宝等六代族人通力协作，重修族谱，基本上普及到每户一册。从重修族谱积于今已五十有七年。时代变迁，几经沧桑，家庙濒临泯没，祖坟墓碑皆潜踪匿迹。各户家藏之族谱亦焚毁殆尽，幸存者如凤毛麟角。目前无论迁居外地或祖居原籍之族人，能自知为某支系后裔者亦寥若星辰。长此以往，则吾族人将愈远愈疏，久后不知为一家矣，且一九四六年重修之族谱，命名定式仅到二十五世。缘宗族之蕃衍昌盛，亦必再为延续。故续修族谱，实为我族人当务之急。

族谱续修，尔后身居异域者寻根归里，能确知系某支子孙，将遂而心安，外出差旅者，遇本姓而叙同宗，亦胜他乡遇故知。念及同宗之谊，素有夙愿者，或捐弃前嫌而重归于好，遇事急争者，将严以律己而息事宁人。故续修族谱，既慎终而追远，亦敦宗而睦族。对淳化民风民俗，增强安定团结，或起润物无声，潜移默化之功，对推行德化教育，促进精神文明建设亦有所助焉。愿吾族同胞，精诚团结，立志奋发，自强不息，各尽所能，为国家多做贡献，为家族增添光彩，则我宗族将更加本固枝荣，源远流长也。

公元二零零三年（岁次癸未）仲冬　　　　十七世孙　学璧　敬志

曲氏族谱补录

迁于青岛市北区世德族之业祖派下（2003 年三修族谱时遗漏，在此予以补录）

南姜曲氏世德族	七世祖之业派下
七世	之业
八世	一高
九世	永宣
十世	复顺
十一世	恒有
十二世	中江
十三世	士孝
十四世	元谟
十五世	

十五世	十六世	十七世	十八世	十九世	二十世	二十一世
经增						
经恩						
经旭 二男	成凤 李氏 一男	学智 黄福兰 四男 三女	知忠 王珍琴 三男 一女	宝树 一女	一帆 嫁北京	
	成林 刘氏			宝山 刘亚琴 一男	训韬 陆亭 一男	悦宽
				宝奎 高伟 一男	训嵩 丛玥 一男	守昱
				宝丽 嫁沈阳		
			知义 廉丽文 二男	宝民 杨瑞君 一男	训一 王海燕 一男 一女	珂（男）
						琦（女）
				宝刚 王淑夏 二男	训永 杨婷 一男 一女	则全（男）
						洋（女）
					训五	
			知德			
			知孝 赵瑞英 一女	真 嫁北京		
			淑云			
			嫁青岛			
			淑贞			
			嫁日照			
			淑华			

曲氏谱序（古风族）

余家隶籍墨邑，莫知所从来，卜居姜庄亦莫知所自始，但考宗图所载，已历十数世于兹矣。闻之家有庙不忘本源，族有谱以别世系，二者同条而共贯者也。吾家祠堂建立已久，而族谱自来未有，虽由后人不修之失，亦缘前人无创之故也。然以无创而仍不修，是终无创之之人，亦终无修之之时，其流弊宁有极哉。况吾族瓜瓞繁衍，日盛一日，因本地狭隘，而散处四方者甚多，居不一处，人各一心，吉凶疾病不一闻问，岁时伏腊未尝往来，使无以联属之，势必至忘其世次，遗其姓名，迨异日回里微特不知其为某支子孙，且恐愈远愈疏，久将不知为一家矣。修谱之事，我高祖有志未逮，幸今春我曾祖与我三祖以修谱事询族众，咸欣然应曰：修谱之事，以敦本也，以睦族也，宜急成之，但上世代远年湮，昭穆莫稽，宗支莫详，今谨按宗图所载，并族众所知者，相与会同以序之耳。

旹

光绪七年岁次辛巳秋七月十六世孙　荣贵　敬识

后叙谱序（古风族）

人之所以独尊于天地者，谱系故也，伦理之所以得伸于家门者，修谱故也，此先人修谱之深意。虽然前人修之，后人怠焉，不特忍于始祖承先启后之苦，并有惭于修谱之前人无以问心也。长此以往，支派颠倒于当前，次序错乱于永世，居者之察检惘然，迁者之过问茫然，不且不认一家人乎。今同族人等念及于此，奋然而起，恐数世后敦宗睦族之谊更不堪设想，于是访族长及族人，莫不以为是，莫不愿备歀付梓，是何惮而不续也，续之正所以接修者之深意也，浦虽无才，亦力赞成云。

旹

中华民国二十五年二月十五世孙春浦敬识

曲氏族谱序（世德族东北分支）

我曲氏宗族自一世祖曲江从云南迁至莱州府即墨县姜哥庄（今山东省青岛市南姜哥庄）以来，已有六百余年。自十世祖曲复陈闯关东以来，至少也有二百三十年。现今，我族人数已有六千七百人之多，其中东北族人七百六十人。近一百多年来，山东族人已三次重修族谱，因我东北族人与山东失去联系，所以未能入谱。而我东北族人又没有支谱。时值我们祖国繁荣昌盛，民族和谐团结，我东北族人生活幸福安康。此时编修家谱，已是势在必行，水到渠成。

国有史，方有志，家有谱。这是我中华民族历史的三大基石。家谱也是家史，它既可以帮助我们了解民族历史和传统文化，又能使我们了解自己家族的盛衰荣辱，并从中解剖自己，吸取教训。家谱又能促进族人的和谐团结，尤其是近代社会，族人分布越来越广，更需要家谱这样的纽带增强族人的亲和力。家谱还能使我们明了门第出处，分清辈分，敬祖认宗。家谱还可以帮助我们避免近亲结婚，近亲结婚，贻害无穷，这是现代科学早已证明的。编修家谱，也是一个家族兴盛的体现。按过去说法，家谱应六十年一大修， 三十年一小修，假如一个家族不修家谱甚至没有家谱，会被看作是衰败迹象。编修族谱的意义，将会在岁月流逝中，逐渐显现出来。三十年以后，有些族人可能才会理解其深刻含意。

家谱并不是封建落后文化，而是一种文明，是对中华民族几千年来优秀文化成果的继承。家谱也不会消亡。因为这是我中华儿女亲情、族情、乡情的结晶和凝聚。这种情结又总是以思乡和寻根问古等形式表现出来，即使你走得再远，你也会时而回过头来，透过泪眼去看一下那早已模糊的方向。这就是家谱不会消亡的源泉所在。

编修家谱，也要与时俱进，不断创新，应该赋予其新的内容和形式，使其成为一种先进的文化。这次，我们也进行了一些探索和尝试，不当之处，望族人谅解。

最后，我们殷切期望后人能将族谱代代相承，延续发展，直到永远。

十八世 曲树人 曲述伦

2008 年 12 月

《世德族》东北支溯源
——与族人们商榷

曲知泉　曲宝光

2008 年，东北曲姓族人撰修家谱时，为寻根溯源，几经周折，探访到我村，根据其前五代先人们的辈序字的用字读音，基本与我村“世德族”八世祖至十二世祖的读音和用字相近，及其他轶闻传说，时代背景，史料记载等诸多因素，综合分析与反复探讨，双方达成共识，认为我们属于同根同源，随即，东北分支的《曲氏族谱》正式定稿，并邀请我村代表参加了家谱首发仪式，此后双方一直保持着联系，相互有来往。

对于我们同属一个祖先，大家已经没有异议，但对东北支族人出自南姜《世德族》哪一支系，在《世德族》光绪八年（1882）和 2003 年两次续修的族谱上都没有明确的记载，这也令双方都感到有些困惑，尤其是东北支族人，在他们撰修的族谱中，也做了多种猜测与探讨，但都无定论。为了理清这一脉络，我们通过查阅族谱和有关史料，特别是《即墨县志》的记载，并根据东北族人的轶闻传说，结合各种历史背景，也进行了一些探讨，在此与族人们共同商榷。

一、世系溯源

东北族人撰修家谱时，共收到5份写有一世祖为曲义封和曲义财的支谱，其中3份为曲义财，2份为曲义封。二世祖有4份为曲永乐，1份为曲水乐，可见曲水乐为抄写有误。三世祖有2份为曲复陈，1份为曲福臣，1份为曲富臣，1份为曲复臣。这些辈号字发音一致，只是用字不同，基本可以认定同为“复”字辈。

再来看我村“世德族”的《曲氏族谱》辈序字，七世祖共39人，大部分为“之”字辈，八世祖30人，其中27人为“一”字辈，3人为“全”字辈，九世祖全为“永”字 辈，十世祖南姜支为“復”字辈，从这些辈序字可以看出，东北支的一世祖“义”字辈与南姜祖谱上八世祖的“一”字辈同音，应为同一辈序，二世祖“永”与族谱上的九世祖“永”完全一致，三世祖“复”“福”“富”与族谱上的十世祖“復”同音，而“复”“復”两字也通用。由此，可以认定，这三辈的辈序字是一致的，就是族谱上所确定的“一”“永”“復”三个范字。

从我村的立村时间推算，“一”字辈人大多应该生活于清乾隆年间前期，也就是说，曲义封、曲义财兄弟两人闯关东的时间应该是在清朝乾隆年间前期。这一时期当地应有重大自然灾害发生，迫使人们不得不背井离乡，寻求活路，这从族谱和《即墨县志》中都可寻出佐证。

据族谱所载，我七世祖时，共有族兄弟39人，名讳齐全，无一缺失。而到八世祖时则只有族兄弟30人，其中3人名讳无考，这其中应有曲义封、曲义财两兄弟，另一人也应为外出讨生活，不知所终。

对这一时期发生的灾情，清同治癸酉年（1873）刊《即墨县志》上有如下记载：

1. 乾隆十三年（1748）五月，旱，蝗，饥，疫并发，村民多逃亡。
2. 乾隆二十四年（1759）六月二十九日，“大风雨一日夜，木尽拔，禾更损”。
3. 乾隆三十一年（1766）夏六月，大雨三日，西南城垣颓。
4. 乾隆三十六年（1771）夏，旱，蝗，饿殍遍野。

在这几次大的自然灾害中，以1748年和1771年的两次灾害对域内伤害应该最为严重。因本域多为山墡薄地，最怕遭遇旱灾，旱灾甚至可以导致绝收，让人没有活路，不得不外出求生，寻求活路。当时最佳的选择是闯关东，山东人闯关东，有其历史渊源。清初，满族统治者，曾将山东的“造反者”遣送去关东地区，那里气候寒冷，生存艰难，但却资源丰富，只要辛勤劳作，就有生路，因此穷苦的山东贫民很早就对关东有了了解。

清政府在中原巩固政权以后，大量满族人不断涌入关内，圈占汉人土地，而东北地区则地广人稀，无人耕种，造成朝廷税收减少，民族矛盾激化。为改变这一状况，清顺治元年(1644)，清廷颁布《辽东招民开垦条例》，条例中给出了许多优惠条件，吸引了众多少地、无地的贫民前去垦殖，这一条例一直延续到康熙六年（1667），在这23年间，“鲁民移民东北者甚多”，许多地区因移民而“地利大辟，户益繁息”。其后虽优惠条件逐步取消，并采取了严格的限制措施，但仍有为生活所迫的饥民，不断进入东北地区，尤以乾隆年间移民人数最多。

从这些资料记载中，我们可以做出如下推断，东北支族人移居东北的时间应在清乾隆十三年（1748）至清乾隆三十六年（1771）之间，其始祖应为曲义封、曲义财两兄弟。

二、世系传承

在确定曲义封、曲义财两兄弟为东北支族人始祖之后，我们再来考证其出自世德族哪一支。根据族谱所载，“一”字辈为第八世，考其来源应从七世开始。族谱记载中，五世之前，未分世系，五世之后出现支系，六世时共有应运、应元、应魁，大林四支。七世时又有之业、之椁、之孝、之学、之柏五支，考七世五支中，“一”字辈先祖名讳完整，无一缺失。因此这五支可以排除。应运、应魁、大林三支中，也未见有缺失者，唯应元祖派下，七世祖之正，家谱中记载，其有三子，但只有第三子“一报”有名讳，其余二子名讳缺失，由此，我们有理由认为，这缺失的两位就是曲义封、曲义财两兄弟。这从他们的名字序列中，也能窥出一些端倪。应元祖三子，长子之正，次子之雅，三子之法。之正三子，之雅无子，之法一子，名“一金”。我们假设，曲义封、曲义财、曲一报为三兄弟的话，那他们三兄弟的名字应该是“一封”“一财”“一报”，加上他们的堂兄弟“一金”，那连起来，就可以读为“金、封、财、报”。这四个字，看起来互不相干，但仔细琢磨，应该是有寓意的，它的寓意应当是“金、银、财、宝”的谐音和引申义。银在当地方言中与“人”同音，“一人”之名不太吉利，那为什么将银改为封呢？这是有历史原因的，封是古时银子的计量单位，500两银子为“一封”。后来泛化为用纸或布包起来的银子，都称为“一封”，数量不等，一封银子，其实就相当于一包银子的意思。因此用“封”代替银是有其合理性的。“报”是宝的谐音，因此将“金、银、财、宝”解读为四兄弟不无道理。这样看来，东北支族人与南姜世德族血缘最近的一支应为曲一报支，次为曲一金支，这两个支派现都香火绵延。

三、释疑解惑

东北支族人在这次修谱过程中，提供了一些传说，也提出了一些疑问，主要有哥三个闯关东走丢一人的传说，老家在“涝亭”的传说和始祖究竟是谁的疑惑，同时，对第一发祥地我们也冒昧地揣测了一下。

1. 走丢一人的传说

东北族人一直有个传说，说当年是三兄弟一起来闯关东，结果半路上走丢了一个。这一传说，应该进一步证实了曲义封、曲义财、曲一报为三兄弟的猜想，据史料记载，当年咱们山东人闯关东的主要路线是走水路，即从蓬莱登船，到辽宁省旅顺港登岸，这两地的最近距离只有56海里，如果顺风顺水，一日一夜即可抵达。哥三个闯关东走丢的一个地方，应该是在蓬莱，原因是清朝乾隆年间，朝廷已经严禁关内人员去往东北，但迫于生计，很多山东饥民仍不管不顾，想方设法偷渡前往，由于是偷渡，登船时不会很有秩序，甚至是在夜间进行，在黑暗与混乱中，没能挤上船去，是很有可能的事情。无奈之下，没有登上渡船的兄弟只好循路回家，这走丢的一人很可能就是当时未登上船的曲一报。

2. “涝亭”的传说

在东北族人关于老家在哪里的传说中，梅河口市曲树博提供，少年时曾听爷爷说过，老家在崂山脚下“涝亭”。对这个传说，我们认为“涝亭”应为“崂顶”的音变。但今天的崂顶距离我们很远，要说我们住在崂山脚下的“崂顶”的话，似乎不太妥当，但其实这又为他们的老家就是我们村提供了一个佐证。崂山自古以来有过多种称谓，最早称“牢山”，后又称“劳山”“辅唐山”“鳌山”，其中还有一段时间被称为“大劳山”“小劳山”，大劳山系指今天巨峰周围的山脉，现在在距离巨峰较近的一个村庄就叫“大崂村”。而“小劳山”则指午山一带山脉，我村周边的山脉都属于午山山脉的一部分。从我村的角度看，现在的烟台顶是这一系列山脉中最高的一座山峰，是主峰。这一山峰被称为“烟台顶”是因山顶部设有报警用的烟墩而得名。在此之前，这座山峰应被称为“小劳山顶”，简称“劳顶”。至今小劳山顶东北侧山脚下的一个村子，还被称为“小崂山”村。而我村的位置确确实实就在“劳顶”脚下。由此看来，这一传说，并不虚妄，而是为他们的老家就是我们村，提供了又一证据。

3. 第一发祥地之谜

东北支族人认定的先祖到达东北的第一个落脚点是辽宁省岫岩县岫岩镇河北村五道沟，根据是这里有一栋保存完好的老祖宅和三世祖曲福陈的墓碑，因此认为这里是其支族的第一发祥地。

对这一点，我们有不同的想法，东北支先祖初到关东时与我一世祖曲江初到南姜时，情况完全不同，当年曲江先祖迁来南姜时，是明朝的政府行为，不管是军屯也好，民屯也好，都由政府统一划拨土地，安排食宿，给予种子、农具等生产、生活资料，携妻带子，举家迁徙。因此，能够直接在此立村繁衍。而我东北支先祖闯关东时是个人行为，主要是为了求生存，在既无土地，又无生产资料的情况下，只能靠为大户人家做活谋生。因此，要挣下一份家业，需要很长时间的积累，有时甚至不是一代人所能完成的，从五道沟的自然环境看，这里山高、石多、地少，不应该是大户人家占据的地方，这里距旅顺港约 200 公里，步行至少需要 5 天时间，对饥肠辘辘的人来说，这是一段很遥远的距离，因此，最大的可能是，初始阶段，是在距旅顺港较近的富庶地区讨生活，经过两三代人的艰苦努力，有了一定的积蓄之后，才到这块当时尚无人耕种的土地上，自立门户，垦荒造地，置办家业，繁衍生息。由此，我们猜测，五道沟不一定是最早的发祥地，而最早的落脚点在哪里，已无从考证。

4. 始祖是谁之惑

曲义封、曲义财两人究竟谁是始祖，我们在此也做一猜测。首先，曲义封、曲义财不是一个人，而是兄弟二人，但从支谱上看，两人都配牟氏，这说明，兄弟二人只有一人娶妻生子，这娶妻的一人，究竟是谁，难下结论。但猜测起来，曲义财的可能性较大一些，原因一是因为兄弟二人初到此地时，身无分文，要想积攒起娶亲之钱，需要时日，而曲义财年龄相对较小，通过兄弟二人多年的打拼，积攒下钱为老二娶亲成家是有可能性的。

二是咱们当地有称大爹为“亲爹”的称谓习俗，如果曲永乐为曲义财所出，曲永乐应称呼曲一封为“亲爹”。传至后人，就难以分辨亲疏。但从咱们当地的传统看，往往都是先给长子娶亲，有些经济条件较差的家庭有时候只能给长子一人娶亲。由此看来，曲义封、曲义财都有可能是东北族人的先祖。斗转星移，沧海桑田，一段尘封已久的历史谁也无法起九原而问之，仅仅是些猜测而已，只是在与族人们商榷。但他们的七世祖先为曲之正，属应元祖派下的后人不会有错。而我们所有世德族人都是一世祖曲江的苗裔，这一点，更不会有错，愿我族人和睦友善，勠力同心，开拓进取，繁荣昌盛。

我的几点看法
——与族人们商榷

知泉、宝光：

首先，我代表东北族人对你们的辛苦付出表示衷心的感谢！

我反复认真地阅读了你们关于《<世德族>东北支溯源——与族人们商榷》一文。

谈谈我的看法：

一、我非常赞同你们关于我东北分支是曲应元后裔的推测分析。

我东北分支到底应归属于南姜的哪一支？在我起草《世德族东北族谱》初期（以下简称《东北族谱》）就想对这一问题给出明确答案。但是，通过对山东族谱的反复研究，我百看不得其解。直到《东北族谱》付印时，我还是一头雾水。这简直成了我的心病！

看到你们的推测，我真是心悦诚服。你们分析得有理有据，非常可信。假如有生之年，我还能重写《东北族谱》，一定会把你们的推测加进去。

另外，你们对“一、永、复”三辈分序字相同的分析以及对“崂顶”地址的分析与我基本相同。但是你们的分析更加可靠可信，对崂山历史名称的演变研究得更透彻。这更证明了我们是同根同族！我都非常赞同！

二、关于辽宁省岫岩县五道沟不一定是东北族人第一发祥地的分析。我不否认，也不确认。

我在撰写《东北族谱》时，对这个问题也是产生过疑问的。当时，我与五道沟族人接触后，按我大概推算，总感觉当年的五道沟少了一些人？这些人是不是另有落脚点呢？因为当时没再继续寻找，所以就把五道沟确定为东北族人的第一发祥地了。

三、关于东北族人的一世祖是曲一封还是曲一财？

我更倾向是曲一封。因为：

在我撰写《东北族谱》时，亲眼见到了保存在各家的五份家谱。

凡是写“曲一财”的几份，记录都不完整，而且字迹歪歪扭扭。给我的印象，抄写人的

文化程度不及小学四年级的水平。我认为出错的概率较大！

而写“曲一封”的那份，字迹工整，记录全面。并且当时抄写人曲树伦还健在。他曾是我们当地的小学老师，是个比较细心严谨的人。因此，我相信他抄写的族谱准确率更高一些。

综上所述，我认为东北族人的一世祖是曲一封。

尽管我们有不同看法。但是我建议你们不要修改原文。因为我们都是在推测分析，都没有更充分的证据证明谁对谁错。而分析的视野开阔一点，有可能更接近事实！

对那些我们都解不开并且缺少事实证明的“迷”，我建议就把这些推测留给后人。

不管怎样，这篇文章更加证明了我们东北族人与山东世德族是同宗同族。我们共同的祖先是一世祖曲江。这是最重要的！这一点非常可喜可贺！

以上拙见供参考。

十八世　曲树人

南姜哥庄社区居民公约

为引导全体居民树立“爱国守法、明礼诚信、团结友爱、勤俭自强、敬业奉献”的基本道德观念，提高自我管理、自我教育、自我服务的自觉性和能力，努力把本社区建设成“生产发展、生活宽裕、乡风文明、村容整洁、管理民主”的社会主义新型社区，根据《中华人民共和国村民委员会组织法》《山东省实施〈中华人民共和国村民委员会组织法〉办法》及其他有关法律、法规，结合本社区实际，经社区两委会议审议，社区党员、社区居民代表大会讨论通过，社区居民会议审议通过，特制定本社区居民公约。

第一条　遵守国家法律、法规，遵守公民道德规范，倡导社会主义核心价值观，做爱国守法、明礼诚信、团结友善、勤俭自强、敬业奉献的好居民。

第二条　努力学习党的路线、方针、政策，关心新农村建设事业。自觉接受国家法律、法规和社会主义荣辱观及公民基本道德教育，积极参加文化知识和专业技能培训，争做遵规守法、诚实守信的合格公民和勤劳致富、科技致富的新型农民，参与全民健身活动，营造积极向上的社区氛围。热爱社区、建设社区，自觉维护社区荣誉和利益，支持社区党组织、居委会的各项工作、决议和规定，积极参加社区组织的各项活动。

第三条　加强社会主义精神文明建设，努力学习科学文化知识，讲礼貌、尊老爱幼、团结互助；讲文明、讲卫生，搞好环境美化和绿化；学科学、学文化、移风易俗，反对封建迷信，不参加邪教和非法组织活动。

第四条　发扬尊老爱幼传统美德，父母应尽教育抚养未成年子女的义务，当好监护人；子女应尽赡养老人的义务，要经常回家探望老人，关心关怀老人；夫妻相互尊重，家庭和睦、

男女平等，不歧视妇女和残疾人；家庭发生矛盾纠纷，要相互忍让，协商解决，反对男尊女卑，不准虐待家庭成员。

第五条 邻里之间相互多往来，增进交流、和谐相处，要互助、互爱、以礼相待；邻里发生纠纷，应互谅互让，能自行和解的，自行和解处理，和解不成可申请社区调解委员会调解，对调解结果达不成共识的双方可申请法律援助或到当地法院起诉。对不听劝阻制造和激化矛盾的当事人情节轻微的，给予批评教育；造成人身或财产损害的，依法承担相应的法律责任。

第六条 居民有节约用水及按时缴纳水费义务，对于违反者，居委会可视情况协同相关部门对其进行相应处罚。

第七条 凡符合服兵役条件的居民，应积极参加兵役登记和体检。严禁不参加兵役登记、体检、故意作假体检不合格和拒绝应征入伍的行为。

第八条 遵纪守法、不偷盗、不赌博、不吸毒、不打架斗殴，维护社会公共秩序；禁止参与诬告干部、打架斗殴。禁止在各种信息群、交流群、学习群内发布、转发未经有关部门核实的不实言论、信息。编排、恶意中伤、诬陷两委成员及他人言论。偷盗、赌博或吸食毒品，经公安、司法机关调查取证后受到处理者，自违规违约日开始，取消本人“本年度内”的社区有关补助款。

第九条 自觉遵守计划生育法律、法规、政策，实行计划生育，提倡优生优育，更好的落实新时代计生任务，提倡移风易俗、男女平等，不得违反规定私自进行非医学需要的胎儿性别鉴定和选择性别终止妊娠，按规定实行大月分流引产审批制度。

严禁计划外生育，如有违反，自违规违约日开始，取消本人及其家庭成员“连续五年度”的社区有关补助款。

第十条 遵守信访条例。社区居民有合法信访的权利和维护信访秩序的义务，严禁非法集会、游行、示威和传播谣言；不违反法定程序越级上访和聚众集体上访；不造谣、不传谣、不信谣；应逐级反映情况，也可以按法律程序请纪检部门处理，如有捏造事实、胡搅蛮缠、侮辱诽谤、越级上访、纠众聚众冲击办公场所及公共场所、阻挠破坏正常办公秩序等行为，造成社区集体利益受损害的，停止对其发放“本年度内”社区的有关补助款及取消社区提供的一切服务。对已按《信访条例》终结处理的信访问题或对其他纠纷处理不服的，居民应寻求社区法律援助，根据相关法律法规依法解决。

第十一条 要破除封建迷信，反对婚嫁、丧葬铺张浪费，提倡勤俭持家、节约办事，按照移风易俗工作要求，社区“红白理事会”对居民婚丧嫁娶等重大事情给予指导监督，居民应主动向社区“红白理事会”申报事由，并在经办时本着厉行节约原则，反对浪费和大操大办；社区居民要严格遵守殡葬改革有关要求，禁止抛洒、焚烧丧葬祭祀用品，禁止上山烧香烧纸，燃放鞭炮；禁止制售冥币、纸扎物品及其他丧葬、祭奠等迷信用品；禁止违规建设、销售墓地，按规定将骨灰盒放入怀念堂存放或进行植树葬。对违反相关政策规定的，一经发现并查实者，

自查实违规日起取消该户家庭成员“本年度内”社区的有关补助款及取消社区提供的一切服务，直至整改完毕。

对本社区居民为非本社区居民在本社区集体土地上建造的墓地，或非本社区居民在本社区集体土地上私自建造的墓地，无论是否属于规划用地范围内，一律自行拆除、迁移。如拒不拆除，社区有权拆除恢复土地原貌或者请求政府相关部门予以拆除，社区可要求违法修建者赔偿损失，并缴纳拆除、清理、恢复土地原貌的相关费用。对有违反上述规定的居民和在墓地拆除过程中进行阻挠的其他居民，取消该户家庭成员“本年度内”社区的有关补助款及取消社区提供的一切服务，直至整改完毕。情节严重的，通过司法程序处理。

第十二条 护林防火人人有责。防火期内禁止携带火种进山、禁止焚烧祭祀用品；一旦发生险情要积极参与扑救（儿童、妇女、残疾人除外），要配合社区及上级部门做好护林防火工作；保护水利设施、合理用水；保护生态环境，不乱开荒地、不乱栽种；禁止乱砍滥伐、私搭乱建违章建筑；禁止在本社区饲养家禽、牲畜等，如有违反，取消本户所有家庭成员“本年度内”社区的有关补助款及取消社区提供的一切服务。

第十三条 倡导低碳环保生活方式，共同建设环境优美社区，主动参加本社区的环境卫生清扫工作。禁止向社区内河道排放污水、倾倒垃圾；禁止未经批准在社区内主要道路两侧、公共道路堆放物料，占用道路。生活垃圾倒入指定位置分类投放，不乱堆杂物，自行车、机动车自觉停放到位，僵尸车辆联系有关部门及时处理；禁止损坏公共设施和花草树木，保持公共道路及卫生整洁。

第十四条 垃圾要按要求分类投放，集中处理。用袋子装好后，分类投入指定垃圾箱内，禁止放在楼道、路边、垃圾箱旁及其他影响整体容貌、妨碍通行的地方。垃圾箱内不得乱倒粪便、污水、建筑垃圾等；宠物饲养者应随时将宠物产生的粪便装入袋内，扔入指定垃圾箱。

第十五条 居民养犬应严格遵守《青岛市养犬管理办法》，文明养犬，禁止养无证、无牌犬及明令禁养的大型犬。违反规定的居民，造成他人财产损失或人身伤害的，应当给予赔偿；社区视情节轻重对当事人按有关规定给予处理。

第十六条 社区区域内所有土地（山林、滩涂、矿产）除依法被征用外，均属社区居民集体所有，由居委会或经济合作社统一管理，土地承包者和依法使用者只有使用权，没有所有权。居民应主动服从社区规划建设，自觉遵守相关规定，不乱修、乱建、随意改建房屋结构；积极配合政府做好征地拆迁安置工作。在社区规划建设过程中，居民应依法遵守整体规划建设规定，无故阻止干扰施工或不按规定进行上访者，取消本人及家庭其他成员“本年度内”的社区有关补助款。

第十七条 社区居民出租房屋前需到居委会登记、备案，说明承租人的身份及情况，禁止租住给从事污染社区环境、有犯罪前科及身份不明者。双方应当签订书面房屋租赁协议，并于协议签订后5日内报社区网格工作站登记入档，同时到公安机关办理暂住证。房主应监

督流入的育龄妇女服从计划生育各项管理和社区内的卫生管理规定。承租人应当遵守本公约。违反本条规定的，由社区居委会责令外来承租人限期离开本社区，因不服从社区管理而发生扰乱社会治安秩序的有关企业和个人，应当承担相应的法律后果，社区视情节停发相关人员的福利待遇。

第十八条 空挂户不享受社区的优惠待遇。

第十九条 凡违反本居民公约应进行处理的，必须在调查核实后，经居民委员会或居民代表会议集体讨论、决定，不得擅自处理。

第二十条 居民到社区居委会办理落户迁移、社会养老保险、基本医疗保险、城镇低保、廉租住房、无犯罪记录证明、就业困难人员认定、贫困学生证明、党组织关系转接等业务时，先查看《居民公约》履行情况，信用良好、守信履约的优先办理，失信违约、有不良记录的，待主动履约、信用修复后再办理。

第二十一条 本居民公约具有社区与居民、居民与居民之间的契约性质，对全体居民均有相同的约束力。全体居民都应当自觉遵守执行，任何人不得以在外经商、务工为由拒绝执行。居住本社区的外来人员参照执行本规约。如有与国家法律、法规、政策相抵触的，按照国家法律、法规、政策执行。如违反本公约，社区将对违约人行为进行批评教育、赔礼道歉、恢复原状或赔偿损失及公示或通报。

第二十二条 本公约 2021 年 9 月 16 日由南姜社区居民会议审议通过，自 2021 年 9 月 16 日起施行。

南姜哥庄社区

2021 年 9 月 16 日

诗文选辑

曲士清传奇

曲知泉

曲士清是世德族应元祖派下第十三世孙，生活于清道光至光绪年间。其人身高足有七尺有余，虎背熊腰，力大无穷，有天生之神力。为人憨厚老实、忠诚善良、勤劳勇敢，从不以力压人、童叟不欺、乐于助人，被族人尊称为曲士大清。此人的传说很多，在此仅将搜集的几个典例故事记述如下，供族人阅览。

劈柴院挑劈柴的故事

某年临近年关，曲士清与他人合伙，租用船只将劈柴运至青岛小港码头交易。交易后所剩不多，又觉等一日不值得，临近傍晚时分曲士清步行来到中山路劈柴院寻找买家，见一掌柜便与其交谈。开始掌柜以年底不好销售且不能存货压仓为由拒绝，但经不起曲士清的软磨硬泡及再三恳求，掌柜无奈之下便问道：你有多少货？曲士清见状答道：不多，就一担。掌柜回了一句：那你明天上午送过来吧。第二天一早，曲士清用皮绳子捆绑好两大捆劈柴，用船上的二桅杆从小港码头挑至劈柴院大门口。掌柜见状十分惊奇，遂感叹道：这哪是一担呀，这分明是两座小山，便问：你用什么工具运过来的？曲士清答：我自己挑过来的！掌柜压根不相信，就指责他不诚实，欺骗人，拒绝收货。经曲士清再三解释，掌柜说那你挑来我看是真是假，若你能挑着走二十步，我就要你的货。曲士清一听买卖有转机，不费吹灰之力立即挑起劈柴，从容不迫地大步朝南向春和楼方向走去。掌柜见状目瞪口呆，连忙喊道：行了，回来吧，你的货我都要了。曲士清越发精神抖擞地大步向前走，边走边说：掌柜的，谢谢您，我再走上二十步您看看。此刻围观的人多了起来，过往的行人也都驻步观看稀奇事，都纷纷竖起大拇指称赞，同呼：“神力，神力。”自此有了曲士大清一肩挑响中山路之说，流传岛城至今。

李村河扛驮子的故事

曲士清经常给本村“立盛货栈”去李村等地驮运渔需物资。有一次去李村运苘麻，一驮装了四件（老称每件 200 斤）。货栈的老板说：你装这么多，我们可没人能帮你抬上去。曲士清回答说：不用你们帮忙，只需帮我牵着骡子就行。他自己将驮子一头立地，驮子成直立状，让老板牵骡子按其要求做，他再将驮子轻轻放倒在骡子身上，非常巧妙地将驮子安装好。途经李村木桥时正遇寒冬，桥面上冻打滑，骡子滑倒跌入桥下水中，他纵身跳入水中，连骡子和驮子一起扛起走到对岸上路。此举惊呆了过往行人，无不称赞真是大力士，一时传遍李村重镇。

“小心那个披红毯子”的故事

某年，有一“泰和盛”号船遇海难事故，漂泊至海庙湾。船上有余留物资，当地村民进行打捞，其中有一门大炮（什么炮不详）被我村村民发现，大炮正将出水上岸时，某村村民上前抢夺，想归为己有。双方发生争执打斗，因这些人有拳脚功夫，我村民不是对手，不一会工夫被击败，眼看大炮要被抢走，就立即派人回村搬救兵，请曲士大清帮忙。当时他正患疟疾（发脾寒）期间，听闻此事，怒不可遏，二话没说，披上一条红毯子，跟随来人从大头茔小路直插后湾豁子嘴海滩将这些人拦截住，双方进行打斗。曲士清并没有什么拳脚功夫却有过顶之力、粗大健壮的身躯，一只手抓紧红毯子，用另一只手与其搏斗，手到之处必有人受伤倒地，这些人根本近不了他的身，即便偶尔受到拳脚触身，对他而言也只是拂皮挠痒而已，这些人受伤者众多，哭爹喊娘，丑态百出，但还不忘提醒同伙：“要紧小心那个披红毯子的”，经过一番激战后，这伙人被打得落荒而逃，大炮保住了。是年夺炮事件后，曲士大清去某村姐姐家“送

饭”喝喜酒，某村是必经之路，心中有点打怵，怕遭人寻仇报复。因此，曲士清提前做好防备，穿上一双跟脚的新鞋束紧腰带，用一根比较坚硬的梨木扁担挑着礼物。上午去的路上被某村人发现，且组织人马在其回家的路上埋伏。当其走到“将军石”附近时，被某村拳脚功夫较高的二十余人截住，他不慌不乱临危不惧，借着酒气来了一个先发制人，抡起扁担冲向这些人。这些人群起迎战，功夫再好，也抵不了曲士清的神力及梨木扁担，几个回合下来，被其击败，伤者中有不少人跪地求饶。此时某村的族长出面，当面认错道歉求和，再不结村中仇，并邀请曲士清到村中吃一酒席。此战打出了威气，并进一步提高了他的知名度，威震四面八方，某村人称其为铁塔将军。

大街滑达石的来历

老村大街西起西沟拐弯处东至湛流干路相接区域是村口，在大街两旁、沟沿边缘、胡同头上、桥头周边，大小巷口随处可见布满很多形状各异、大小不一、颜色多为青灰色的滑达石。这些石头经海水侵蚀后无棱无角，自然面平整光滑，特别是雨过天晴在阳光的照耀下闪闪发光。这些石头在当时，既起到加固沟沿防洪决堤的作用，也无形中成为村民休闲娱乐、劳作的好场所。

值得一提的是，在大街东段的沟沿有一长条滑达石，此石平面光滑，面上有一天然的小坑，形状如同鲍鱼壳，被村民用作掂猪肉骨头。这些石头均是曲士清在农闲和上坡回家时从海边捡拾并扛回安装好的。此举不图名利，但汗水洒遍南姜村的大街小巷，他的辛勤劳作及付出可想而知了！

随着老村旧村改造，这些滑达石随之自然消失，但曲士清的故事族人们永不会忘记，并会代代相传。

南姜曲姓祖宅考

曲宝光

姜哥庄村坐落在大岭之前，三面环山，一面临海，山明水秀，景色宜人，是一处适合人类居住的风水宝地。在这方土地上，过去一直生活着王、曲两大姓，其中王姓主要居住在西姜和北姜，为同一宗族。曲姓则来自两个不同的宗族，东姜与南姜东侧的一部分为同一宗族，南姜的另外一大部分与石湾村、坡前沟村的曲姓为同一宗族，笔者乃此宗中人，本文仅就本宗之祖宅所在做一探究，以追本穷源，缅怀先祖伟业，解读先祖智慧，与族人共勉。

据光绪八年（1882）重修曲氏谱序载：“余家世传明初自云南迁至即墨，而原其始至未知卜居何里，今按宗谱所载，移居于姜哥庄南头町已十数世矣，考宗谱首一世祖讳江配刘氏，李氏合葬于南头村西……”2003 年三修族谱后记载：“我曲氏自一世祖迁居南姜至今已近

600年……现已繁衍了二十二代，在世6000多人。”600年沧桑岁月，6000多人繁衍生息，这6000多人应源于同一祖宅，所谓一本万殊，万殊一本，这一祖宅究竟在哪里呢？

探求祖宅所在，离不开中国的传统文化。中华民族被称为龙的民族，源远流长的中国传统文化也被称为龙的文化，而风水学就是龙文化中的一个重要组成部分。风水学又称堪舆学、地理学、相宅术，崂山人也称踩地气或看地气。风水学不是迷信的学问，它是古人研究环境，即“天、地、人”三者关系的学问，其宗旨是审慎周密地考察，了解自然环境，顺应自然，有节制地利用自然，创造良好的居住与生存环境，赢得最佳的天时、地利与人和，达到天人合一的至善境界。

传说中的龙是一个像山一样绵延起伏的庞然大物，故而人们常把山比作龙。古之风水，以龙山为吉地，以山的气脉集结处为龙穴，古人认为在吉地的龙穴作墓或建宅可以得到吉祥。风水选择的方式方法虽然很多，但归纳起来其精髓为龙、穴、砂、水四大要素，其原理是“龙真”“穴地”“砂环”“水抱”四大准则。龙指山脉，“真龙”指生气流动着的山脉，龙在蜿蜒崎岖之地跑，“生气”也势必随其蜿蜒崎岖地流动，其中的主山为“来龙”，山顶蜿蜒而下的山梁为“龙脉”，也称“去脉”，寻龙的目的是点穴，点穴必须先寻龙。“穴”指山脉停驻，生气聚结的吉穴。“砂”指穴周围的山势，“砂环”指穴地背侧和左右山势重叠环抱的大好自然环境，砂环可以使地中聚结的生气不致被风吹散。“水”指与穴相关的水流、水向，“水抱”指穴地面前有水抱流，水抱使地中生气环聚在内，而没有走失的可能。

风水选择的最基本原则是依山傍水，山体是大地的骨架，水域是万物生机之源泉，没有水，人就不能生存。依山的形势中有一类是土包屋，即三面群山环绕，奥中有旷，南面敞开，房屋隐于其中，姜哥庄村就属于此类形势。顺乘生气是风水选择的另一原则，风水理论认为，气是万物的本原，太极即气，一气积而两仪生，二生三而五行具，土得之于气，水得之于气，人得之于气，气感而应，万物莫不得之于气。那么怎样辨别生气呢？明代蒋平阶在《水龙经》中指出，识别生气的关键是望水，“气者，水之母，水者，气之止，气行则水随，而水止则气止，子母同情，水气相逐也。夫溢于地外而有迹者为水，行于地中而无形者为气，表里同用，此造化之妙用。故察地中之气趋东趋西，即其水或去或来而知之矣。行龙必水辅，气止必有水界”。这就讲清了水和气的关系，风水理论提倡在有生气的地方修建房屋住宅，这叫作乘生气。只有得到生气的滋润，万物才会欣欣向荣，人类才会健康长寿，兴旺发达。笔者非此道中人，仅能依据以上理论按图索骥来探寻这一吉穴所在。

姜哥庄村边有两条河流，一条是自石湾村西北侧山涧汇集而下的河流，俗称“东河”，一条是自北姜村西侧山脉而下的溪流，俗称“西沟”。早期的姜哥庄村就位于这两条溪流中间的空地上，取山之阳、水之曲处立村是最佳的居住选择。南姜曲姓早期的住宅都位于南姜村大街的北侧，自西山而来的溪流在其西南方折而向东，从街前缓缓流过，东去与自石湾村而来的水流汇合，注入前湾大海中。在这条溪流中段，有一股自北而来的泉水，形成一个水窝子，俗称“小

窝”，水质甘洌，水势旺盛，终年不涸，这当是一处生气聚结的吉穴，也应该是祖上的饮水之处。后来随着人口的繁衍增加，已不能满足人们的生活需要，于是就去村东侧另寻水脉打了水井，这个小窝就成了人们的洗浴之地。其实抛开风水学不讲，就按照生活常识说，也是这个道理，人的生存首先离不开水源，人的居住处距离水源既不能太远也不能太近，太远取之不便，太近又易遭受水患，因此要取适中的位置，既方便又安全。纵观穴地周围建筑，最佳的位置当数位于大街北侧中段的曲氏宗祠了，想来，这应该就是我们的祖宅所在。

宗祠的建立应在族人繁衍增加，支系较多之后，早期的祖先供奉祭祀只在祖宅中即可。后来随着人口的不断增多，祖宅已难以容纳，于是便在祖宅的基础上，建立起宗祠，供族人共同祭祀、瞻仰，这应该是有其合理性的。宗祠也是族人共同商讨、议定族中大事和供族中后辈学习修为的场所。

祖茔过去是最受族人敬重的地方，祖先的安葬之地甚至比居住地更为重要。墓地的选择除应遵循风水学的基本原则外，按照当地人的传统习惯，一直认为，我们的老家在遥远的云南地区，因此，人过世之后，在有条件时，一般都要选取西南方向择地安葬，以期魂归故里。而南姜曲姓祖茔的位置，恰恰就在宗祠的西南方，所有这些，都在证实南姜的曲氏宗祠就是南姜曲姓的祖宅所在，也即根之所在。

通过对祖宅的探究，可以窥见祖先卜居之智慧，再通过祖先的创村建业，也可领略到祖先的开拓精神与超前意识。遥想当年，祖先初到时，人烟稀少，沃土千亩，只要辛勤耕垦，若无天灾人祸，应无衣食之忧。但为长远计，到二世时即分出一支，去占据水之上游的另一块地气——石湾村，在此安村立业，繁衍生息。石湾村最早称为石碗村，就因村前有一形同碗状的花岗岩裂隙泉而得名，这是又一处生气聚结的吉穴。到七世时，又从此处分出一支，迁去大岭后，创立坡前沟村，形成河上、河下，山前、山后遥相呼应的族群居住格局，这三个村的曲姓不但血脉相连，而且水脉也是相通的。除此三村之外，另有几支先后迁去错埠岭村、于家下河、东李村、佛尔崖村、彭家庄村、流清河村、沙子口村等处定居，繁衍生息。如今这些吉地都已相继兴旺发达，在庆幸我们赶上了好时代的同时，也不可忘记祖上的无量功德。

随着城市化进程的不断加快，旧的村庄即将消失，原有的居住格局也将不复存在，一切都将成为历史，渐渐淡出人们的记忆。所抹不掉的唯有文化的情愫，文化镌刻着民族之根，是族人守望、传承的精神财富。南姜的曲氏宗祠既是族人的根之所在，也是一个文化符号，蕴含着丰富的人文内涵，承载着这方水土上所独有的文化基因，历久弥新。为此，建议在进行新居建设时，能否将其一并考虑进去，加以规划、改造、建设，赋予它新的文化内涵，使其成为一处集民俗、休闲等文化于一体的社区文化活动中心。平时供居民学习、休闲，逢年过节时，亦可供族人凭吊。并可作为爱国主义和革命传统教育基地，进行爱国主义和革命传统教育，弘扬民族精神和民族文化，使我们自强不息的民族精神和优秀的传统文化世世代代地永续传承下去。

原载《崂山春秋》2008 年 12 月总第 22 期

南姜曲姓辈序范字窥意

曲宝光

谱牒文化是中国传统文化的一个重要分支，每部宗谱都承载着一个宗族繁衍生息、文化传承的诸多信息。宗谱中的辈序是用以表明同家族的血缘秩序和关系的名字序列，每个辈序都有一个范字，辈序范字的制定则是宗谱中的重要组成部分。

对于宗谱中的辈序范字应用起源于何时，说法不一，有源于唐说，有源于宋说，但查阅历朝皇族谱系，都未见有明确的辈序范字使用，但明朝之后，皇族谱系辈序范字则十分清晰。另外，作为汉族姓氏中影响较大的孔姓，明代以前也并无行辈范字，只是到第五十六代时，由明太祖朱元璋赐给孔氏十字作为行辈范字，此后孔氏不准随便取名，而后到明崇祯年间、清同治年间，又各续立十字，至今仍在使用。由此可见，明初以后使用辈序范字是毫无疑问的，而后逐渐传入民间，被民间广泛采用。

辈序的每一个字都饱含精选之功，蕴有特定的含义，一般由族中有学问有名望的人制定，其意多为修身齐家、安民治国、吉祥安康、兴旺发达等内容，体现出家族一定的价值取向、社会责任和对子孙后代的殷切希望，以诗体性的文字，予以阐述，颇具文化内涵。

南姜曲姓（世德族）的族谱辈序范字，也同样含有这样的一些文化元素，笔者乃此宗中人，今不揣愚陋，粗加探析，以期能窥其大意，究其内涵。

据谱序记载，先祖于明初自云南迁居于南姜定居，自一世至四世，因人口不多，并未使用辈序范字，只有单字姓名，五世之后，出现辈序，但并不完全一致，亦无系统性。八世时，尽管当时族人已分居于南姜、石湾、坡前沟三地，但辈序字大多为“一”，可见这是统一使用辈序范字的开端。一即一切，一切即一，一也有从此开始的意思，从一字辈开始，南姜和石湾的两支同宗曲姓（坡前沟为石湾分支）各制定八代范字，这些范字，有同有异，互相关联，同代表是同一宗族，异代表属于不同分支，南姜一支为“永、復、恒、中、士、元、经、成”，石湾一支为“永、秉、得、洪、正、元、瑞、成”。从这些范字中，可以窥出先祖对儒家经典的推崇，叮嘱后代，要永远秉承儒家的中庸之道，学习儒家的经典，只有饱读经书，才能进入士的阶层，只有秉持一颗正直的心，堂堂正正做人，老老实实做事，才能得到祥瑞，过上好日子。

至清同治年间，族中已出现不少“成”字辈，范字已用罄，修谱序辈已迫在眉睫，于是于光绪八年（1882）由南姜村曲成章发起，石湾村、坡前沟村积极响应，重新修谱，并续定了新的辈序范字。这次制定的辈序范字的难度极大，因为当时本宗已有三大支，既要有同，又要有异，既要秉承先祖遗训，又要启迪后人进取，还要有诗风词韵，读起来朗朗上口，实

属不易，而且当时的“成”字辈已经在使用，必须保留，因此续辈范字就从成开始。三支范字分别为：南姜支“成、学、知、宝、训，守、道、锡、良、才”；石湾支“立、心、知、先、世，守、法、修、良、书”；坡前沟支“乐、贤、知、嘉、行，守、善、肇、良、基”。这三十个范字，虽不能说尽善尽美，却也充满了智慧。先来解读南姜支范字：“成学知宝训”，是承接前谱范字之意谈感受，意思是：当我们对儒家经典学有所成的时候，方知道祖上的训导是多么宝贵，接下来的五字“守道锡良才”，是对后人的教诲和期望，教育后人一定要守“道”，道乃天地万物之本源，道之大源出于天，天不变，道亦不变，做人必须守天道，不能做伤天害理之事，要对得起天地良心。“锡”古字通“赐”，意为：若是如此，则有可能天赐良才。再来看石湾支的十个范字“立心知先世，守法修良书”，一是说要将祖上的训导铭记于心，不能忘记；二也有温故而知新之意，知先人创业之维艰，用心之良苦，教诲后人一定要守法，这个法，一可理解为大道之法，亦可理解为国家法典。总之，人是要守法自律，以达修身、齐家、治国、平天下之目的，要多读书、读好书，将来成为对社会有用的优秀人才。可能因为修谱之时，石湾支已经有了不少成字辈号之人，或者是因为头一年曲姓《古风族》新修族谱时，已将其十七世确定为“立”字辈，两个同地居住的家族，论辈排序容易混淆，所以从族谱上看，石湾支并未用“立”字辈范字，而继续沿用了“成”字辈，但意思都通，并无不妥。最后再看坡前沟支的范字“乐贤知嘉行，守善肇良基”，这应为儒家思想文化中见贤思齐之意，出自《论语·里仁》“见贤思齐焉，见不贤而自省也”。意思是，我们知道祖上让我们学习儒家经典，就是要让我们学习先贤们高尚的情操和行为，成为一个德行高尚的人。“守善肇良基”，“肇”始也，人之初，性本善，这是告诫后人，无论何时都要保持一颗正直善良的心，都要行善积德，这是做人的根本。

这三十个范字，虽有同异，但世系清晰，内涵一致，既承前启后，继往开来，又言简意赅，寓意深远，人要 “守道”“守法”“守善”，这些做人的基本准则，永远不会过时。

一部最普通的农家族谱，就蕴含着如此之多的文化元素，窥斑见豹，足显我中华传统文化之博大精深。文化是民族之根，民族之魂，也是民族的未来和希望，因此，学习继承和发扬优秀的传统文化是我们的历史使命，让我们携手并肩，共创中华民族美好的未来。

原载《崂山春秋》2020 年第 2 期　总第 68 期

沙子口是个好地方歌词

曲宝恩

一湾碧水映蓝天，群山环抱手相牵。
村庄新貌赛珍珠，镶嵌青山绿水间。
东风吹来春满园，鱼腾盛世谱新篇。
敲响迎春进军鼓，复兴路上加油干。
茶香浓郁樱桃艳，码头繁忙海味鲜。
洁白海鸥翩翩舞，鸟语花香丛林间。
一湾碧水映蓝天，群山环抱手相牵。
村庄新貌赛珍珠，镶嵌青山绿水间。
东风吹来春满园，鱼腾盛世谱新篇。
敲响迎春进军鼓，复兴路上加油干。
文明时尚新风赞，鲅鱼节把孝道传。
唱出心中幸福曲，沙子口是咱好家园。

梧桐花开鲅鱼跳歌词

曲宝恩

又是一年春汛到，梧桐花开鲅鱼跳。
码头沸腾鱼船归，车流不息人欢笑。
又是一年春汛到，梧桐花开鲅鱼跳。
新鲜的鲅鱼送父母，尊敬老人尽孝道。
新鲜鲅鱼买几条，敬送老人尽孝道。
老爸岳父端起杯，老妈岳母抿嘴笑。
鲅鱼节开节了，沙子口岸人如潮。
鱼虾满舱大丰收，美好生活看今朝。
又是一年春汛到，梧桐花开鲅鱼跳。
新鲜的鲅鱼送父母，尊敬老人尽孝道。
敬老爱老又养老，传统美德要记牢。
树高千丈靠根深，中华美德节节高。

寻根问祖诗一首

曲智义

寻根问祖回南姜，背山面海好风光。
百业昌盛贫变富，家人同心族兴旺。
内孝外善家风正，党风廉洁是榜样。
立德树人应国策，勤俭持家奔小康。
祖训在心不忘本，愿为南姜献芬芳。

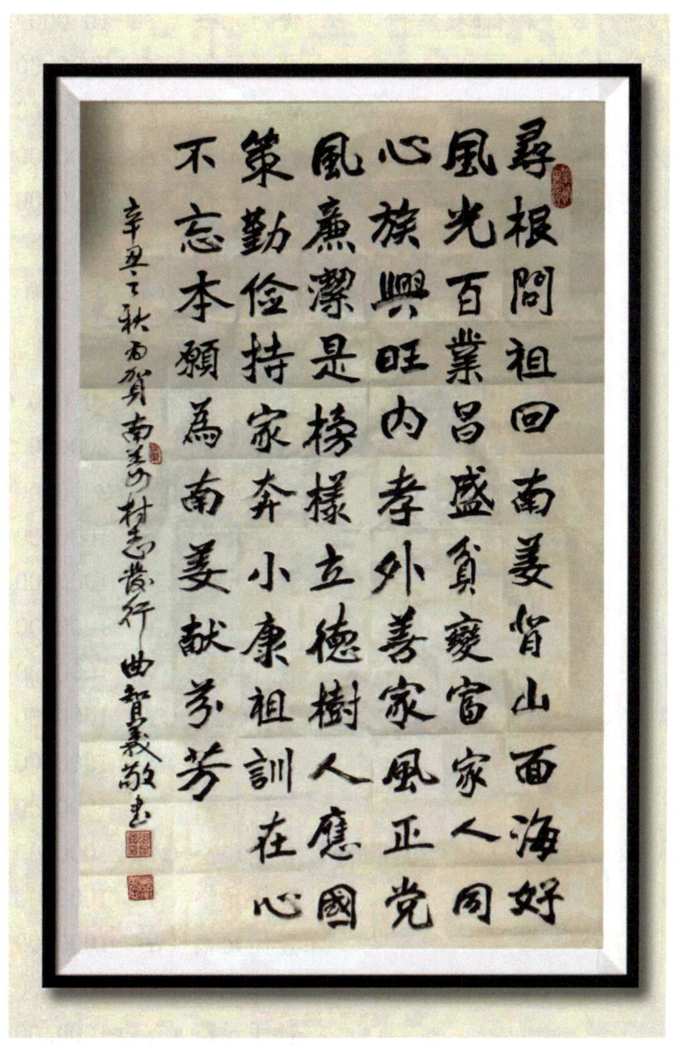

寻根问祖诗一首

光 荣 榜

编纂《南姜哥庄村志》捐款企业与个人名单

企业捐款名单

捐款企业	捐款金额
青岛碧湾海产有限公司	贰万元整（￥：20 000.00 ）
青岛鑫港水产有限公司	壹万元整（￥：10 000.00 ）
青岛五发海味食品有限公司	壹万元整（￥：10 000.00 ）
青岛市崂山北海游艇有限公司	壹万元整（￥：10 000.00 ）
青岛市举晟源建筑工程有限公司	壹万元整（￥：10 000.00 ）
青岛知宁海产品有限公司	捌仟元整（￥：8000.00 ）
青岛南姜码头工贸有限公司	伍仟元整（￥：5000.00 ）
青岛崂山区益明峰土石方工程队	贰仟元整（￥：2000.00 ）
青岛知亮好建筑有限公司	贰仟元整（￥：2000.00 ）

个人捐款名单

捐款人	捐款金额
曲立国	壹万元整（￥：10 000.00 ）
曲知群	贰仟元整（￥：2000.00 ）
曲宝义	贰仟元整（￥：2000.00 ）
曲宝冬	壹仟元整（￥：1000.00 ）
曲训波（小）	壹仟元整（￥：1000.00 ）
曲知平	壹仟元整（￥：1000.00 ）
曲知浜	壹仟元整（￥：1000.00 ）
曲宝海（小）	壹仟元整（￥：1000.00 ）
曲宝勇	壹仟元整（￥：1000.00 ）
曲海蓝	壹仟元整（￥：1000.00 ）
曲宝华（小）	壹仟元整（￥：1000.00 ）
曲金红	壹仟元整（￥：1000.00 ）
曲宝光	壹仟元整（￥：1000.00 ）
曲知典	壹仟元整（￥：1000.00 ）
曲宝洪	壹仟元整（￥：1000.00 ）
曲成传	壹仟元整（￥：1000.00 ）
曲知泉	壹仟元整（￥：1000.00 ）

编后记

在社区两委的领导和支持下，《南姜哥庄村志》编纂工作如期告竣。经过反复核实、增补、研磨、修改，除概述、大事记、附录外，志稿共形成14篇内容，即将付梓面世。

《南姜哥庄村志》的编纂工作始自2013年9月，当时成立了由党委书记任主任、居委会主任任副主任、两委委员为成员的编委会，并组成了由曲宝光、曲知泉、曲成悦、曲训海等人参加的写作班子。班子成立后，制定了编纂大纲，以编纂大纲为依据，收集资料，组织编写出了部分篇、章的初稿。2014年5月，因编纂人员的身体原因，这项工作被迫搁置。

2020年5月，组成现在的工作班子，在原有工作的基础上，重新开始村志编纂工作。2021年10月，完成初稿，报送沙子口街道办事处审核通过。根据沙子口街道办事处专家提出的修改、补充意见，又进行补充调查和反复修订。2022年7月31日，召开了由崂山区史志研究中心、沙子口街道办事处有关领导参加的专家评审会。与会专家张树枫、辛兆山、钟绍群对村志样稿给予充分肯定。专家和领导们还对村志提出了很多有价值的修改意见和建议，对进一步提高村志质量起到了至关重要的作用。

本志是南姜哥庄村历史上的第一部村志，无前例可循。编纂人员唯有通过查阅史料、档案，广泛收集资料；通过调查、走访、座谈及电话采访等多种形式获取信息。在众多受访者中，既有老干部、老党员，也有热心的父老乡亲，每一位受访人员均不厌其烦，知无不言，坦诚相告。正是有了大家的倾心助力，村志内容才能得以充实、完善。可以说，村志的编纂完成，是每位参与者共同努力的结果。在此，谨向各位受访者表示衷心的感谢。

《南姜哥庄村志》的成书得到了社区两委的大力支持。编纂期间，社区两委先后多次召开专门会议，研究部署村志编纂工作各项事宜，确定志书的重点内容。本着“拿不准的坚决不写，写上去的坚决不错”的原则，指导编纂人员数易其稿。形成样稿后，又广泛征求社会各界意见，力求最大程度还原历史事实、客观准确反映社会发展的脉络。

村志的完成还要感谢南姜全体居民，是大家的生活和工作实践，铸就了这本志书的内容基础。最后，特别感谢崂山区档案局、沙子口街道办事处领导和专家的关怀指导，他们为村志编纂提供了不可替代的帮助。

修志难，修村志尤其难。难在所涉及的事物历史久远，资料阙如，加之编纂人员水平有限，难免有疏漏、错讹之处。恳请各位读者批评、指正，若后世晚辈能继续稽考不辍，臻于完善，将村志世代传承，乃我村之幸事也！

编者

2022年3月

图书在版编目（CIP）数据

南姜哥庄村志 / 《南姜哥庄村志》编纂委员会编. --
青岛 : 中国海洋大学出版社, 2023.5
ISBN 978-7-5670-3487-7

Ⅰ. ①南… Ⅱ. ①南… Ⅲ. ①村史—崂山区 Ⅳ.
①K295.25

中国国家版本馆CIP数据核字(2023)第081097号

南姜哥庄村志 (Nan Jiang Ge Zhuang Cun Zhi)

出版发行 中国海洋大学出版社
社　　址 青岛市香港东路 23 号　　邮政编码 266071
出 版 人 刘文菁
网　　址 http://pub.ouc.edu.cn
电子信箱 1193406329@qq.com
订购电话 0532-82032573（传真）
责任编辑 孙宇菲　　电　　话 0532-85902349
印　　制 青岛华泰兴制版印刷有限公司
版　　次 2023 年 5 月第 1 版
印　　次 2023 年 5 月第 1 次印刷
成品尺寸 210 mm × 285 mm
印　　张 28.5
字　　数 313 千字
印　　数 1—1600
定　　价 368.00 元
审 图 号 GS（2023）2202 号

发现印装质量问题，请致电 15898830009，由印刷厂负责调换。